Schutzinteresse und Deliktsstruktur der „Bestechungsdelikte"
(§§ 331 ff. StGB)

Frankfurter kriminalwissenschaftliche Studien

Bd./Vol. 98

PETER LANG
Frankfurt am Main · Berlin · Bern · Bruxelles · New York · Oxford · Wien

Christiane Rüdiger

Schutzinteresse und Deliktsstruktur der „Bestechungsdelikte" (§§ 331 ff. StGB)

PETER LANG
Europäischer Verlag der Wissenschaften

Bibliografische Information der Deutschen Nationalbibliothek
Die Deutsche Nationalbibliothek verzeichnet diese Publikation in der Deutschen Nationalbibliografie; detaillierte bibliografische Daten sind im Internet über <http://www.d-nb.de> abrufbar.

Zugl.: Frankfurt (Main), Univ., Diss., 2005

D 30
ISSN 0170-6918
ISBN-10: 3-631-55231-9
ISBN-13: 978-3-631-55231-5

www.peterlang.de

Von den Richtern und Amtleuten

Du sollst das Recht nicht beugen und sollst auch die Person nicht ansehen und keine Geschenke nehmen; denn Geschenke machen die Weise blind und verdrehen die Sache der Gerechten. (Die Bibel, 5. Mose 16, 17)

Vorwort

Die vorliegende Arbeit lag dem Fachbereich Rechtswissenschaft der Johann Wolfgang Goethe-Universität in Frankfurt am Main im Wintersemester 2005/2006 als Dissertation vor. Literatur und Rechtsprechung wurden in Einzelfällen bis Oktober 2006 eingearbeitet.

Herzlich danken möchte ich Herrn Prof. Dr. Walter Kargl für die Erstellung des Erstgutachtens und für seine wertvollen Anregungen während der Betreuung meiner Arbeit. Herrn Prof. Dr. Ulfrid Neumann danke ich für die Erstellung des Zweitgutachtens.

Frankfurt am Main den, 23.10.2006 Christiane Rüdiger

Inhaltsverzeichnis

A: Einleitung

Die Korruptionsbekämpfung zählt zu den aktuellen kriminalpolitischen Themen der Gegenwart[1]. Funk, Fernsehen und Presse versorgen den Bürger nahezu täglich mit Berichten zu diesem Thema[2]. Die zahlreichen Probleme des scheinbar weit verbreiteten „Schmiergeldunwesens" gelten als eine der zentralen Bedrohungen unseres Rechtsstaates und haben den Gesetzgeber einmal mehr aktiv werden lassen. Der sog. Herzklappenskandal[3], in dessen Zentrum der Verdacht der Gewährung von Vorteilen an Ärzte stand, die maßgeblich an Kaufentscheidungen von Krankenhäusern beteiligt waren, hatte Einfluss auf die Veränderung der Bestechungstatbestände durch das Gesetz zur Bekämpfung der Korruption (KorrBekG) vom 13.08.1997[4]. Nach Initiativen der Länder Sachsen-Anhalt, Bayern, und Berlin hat der Bundesrat im November 1995 einen Gesetzentwurf zur Bekämpfung der Korruption beschlossen[5] und dem Bundestag zugeleitet[6].

---

[1] Schaupensteiner erachtet die Bekämpfung der Korruption gar als „gegenwärtig wichtigstes Thema der Rechtspolitik", Kriminalistik 1996, 237; Scholz, Korruption in Deutschland 1995, 9; Zachert, BKA-Forschungsreihe 33, Vorwort; kritisch Volk, NJW 1996, 879 ff.; Stächelin, Strafgesetzgebung, 312 ff.; Hettinger, NJW 1996, 2263 ff. bezweifeln den gesetzgeberischen Handlungsbedarf.

[2] Einige Beispiele aus dem Jahr 2001: FAZ v. 29.03.2001 „Wegen Bestechlichkeit verurteilt. Wachtmeister verkauft Akten des Amtsgerichts an Vorbestraften"; FR v. 14.07.2001, 26 „Der Staatsanwalt als scharfer Hund, der niemanden aus der Hand frisst" und „18 weitere Geständnisse im Korruptionsskandal"; FR v. 23.07.2001 „Schweizer Justiz bestätigt Schmiergeldzahlung bei Leuna-Verkauf"; FAZ v. 30.07.2001, 8 „Korruptes Deutschland"; FR v. 31.07.2001, 20 „Kooperation und Korruption"; FR v. 29.08.2001 „Stadt fordert von ihren bestechlichen Mitarbeitern Geld zurück", FAZ v. 01.11.2001 „Korruptionsfall bei der Deutschen Bahn"; FAZ v. 06.11.2001 „Bahn: Weitere Korruptionsfälle möglich"; FAZ v. 14.11.2001, 12 „Bestechungsvorwurf im Daum Prozeß"; vgl. zu den Hintergründen der Fälle jüngster Zeit Leyendecker, Korruptionsfalle.

[3] BGH NJW 2002, 2801 ff.; vgl. dazu unten S. 9 ff.; der Herzklappenskandal hat nicht nur die Gerichte und Öffentlichkeit beschäftigt, sondern auch in Fachkreisen besondere Aufmerksamkeit auf sich gezogen vgl. Göben, MedR 1999, 345 ff.; Lippert, NJW 2000, 1772 f.; Lüderssen, Zusammenarbeit von Medizinprodukte-Industrie, Krankenhäusern und Ärzten, ders., StV 1997, 318 ff.; Tondorf/Waider, MedR 1997, 102 ff.; Zieschang, StV 2001, 290 ff.; ders., JZ 2000, 95 f.; Kuhlen, JR 2003, 231 ff.; Bernsmann, StV 2003, 521 ff.; Heinrich, NStZ 2005, 256 ff.; Korte, NStZ 2003, 156 ff.

[4] BGBl., Teil I 1997, 2038 ff.

[5] Beschluss BR/Drs. 298/95; die Initiativen der Länder BR/Drs. 298/1/95; BR/Drs. 298/3/95; BR/Drs. 298/2/95.

Dieser hat sodann seine eigene Vorlage eines Korruptionsbekämpfungsgesetzes erarbeitet[7].

Die Gesetzgebungsorgane vertraten einhellig die Ansicht, die §§ 108 e, 331 ff. StGB, 12, 22 UWG erbrächten ihre Präventionsleistung nur unzureichend. So lautet es in dem Gesetzentwurf des Bundesrates[8]: „Das kollusive, von verwerflichem Gewinnstreben bestimmte Zusammenwirken von Amtsträgern und Personen in der Wirtschaft erschüttert in besonderem Maße das Vertrauen der Rechtsgemeinschaft in die Integrität der öffentlichen Verwaltung und verursacht hohen volkswirtschaftlichen Schaden. (...) Es liegt im vordringlichen Interesse des Staates, Mißständen effektiv entgegenzuwirken. Dringend notwendig sind Verbesserungen auf dem Gebiet der Prävention. (...) Das straf- und strafverfahrensrechtliche Instrumentarium zur Bekämpfung der Korruption ist zu diesem Zweck auszubauen".

Daraufhin wurde durch die Neugestaltung der Tatbestände eine im Hinblick auf den Einzugsbereich möglicher Strafverfolgung ohnehin schon weite Tatbestandsfassung erneut bedenklich ausgedehnt. Um das „Vertrauen der Bürger in die Integrität des Staates als einer der Eckpfeiler unserer Gesellschaft auch in Zukunft" sicherzustellen[9], hat der Gesetzgeber nicht nur die Strafandrohungen der §§ 331 ff. StGB durchgängig verschärft[10], sondern die Bestimmungen der

---

[6] BT/Drs. 13/3353.
[7] BT/Drs. 13/5584.
[8] Gesetzentwurf des Bundesrates, BT/Drs. 13/3353, 1; ähnlich der Entwurf eines Gesetzes zur Bekämpfung der Korruption der Fraktionen der CDU/CSU und der Fraktion der FDP, BT/Drs. 13/5584, 1, der von der Bundesregierung unverändert übernommen wurde BT/Drs. 13/6424.
[9] Gesetzentwurf der Fraktion der CDU/CSU und FDP, BT/Drs. 13/5584, 1, 8, und der Bundesregierung, BT/Drs. 13/6424, 1.
[10] Die Vorteilsannahme und –gewährung kann nun mit Freiheitsstrafe bis zu 3 Jahren bestraft werden (zuvor bis zu 2 Jahren); bei Richtern und Schiedsrichtern reicht der Strafrahmen bis zu 5 Jahren (zuvor bis zu 3 Jahren). Der Strafrahmen bei der Bestechlichkeit und Bestechung in §§ 332, 334 StGB wurde zwar nicht verändert, es wurde jedoch mit § 335 StGB eine Strafzumessungsregel eingefügt, die Tat in besonders schweren Fällen als Verbrechen mit Freiheitsstrafe nicht unter einem bzw. zwei Jahren einordnet; der Bundesrat führte präventive Gründe für die Strafschärfungen an, BT/Drs. 13/3353, 1 f., 12 „empfindliche Strafschärfungen bei den Bestechungsdelikten (...) sollen den Rang der geschützten Rechtsgüter besser kennzeichnen, die abschreckende Wirkung erhöhen".

Vorteilsannahme (§ 331 I StGB) und Vorteilsgewährung (§ 333 I StGB) auch tatbestandlich erweitert.

Gemäß § 331 I StGB a.F. machte sich ein Amtsträger wegen Vorteilsannahme strafbar, wenn er als Gegenleistung für eine vergangene oder künftige Diensthandlung einen Vorteil forderte, sich versprechen ließ oder annahm. Nach der Neufassung der Vorschrift reicht es nunmehr aus, wenn der Amtsträger den Vorteil für sich *oder einen Dritten* fordert, sich versprechen lässt oder annimmt. Hierdurch sollen (strafwürdige) Fälle erfasst werden, in denen der Amtsträger den Vorteil für einen Dritten z. B. eine Personenvereinigung fordert, ohne selbst bessergestellt zu sein. Der Gesetzgeber korrigierte insoweit die zuvor herrschende Ansicht in Schrifttum[11] und Rechtsprechung[12], wonach die genannten Vorschriften eigennütziges Handeln des Amtsträgers voraussetzten und Vorteile an Dritte nur dann als tatbestandsmäßig erachtet wurden, wenn der staatliche Funktionsträger selbst zumindest mittelbaren Nutzen daraus zog.

Als Begründung für diese Ausweitung dient einmal mehr der Verweis auf die geschützten Rechtsgüter der „Lauterkeit des öffentlichen Dienstes" und des „Vertrauens der Öffentlichkeit in diese Lauterkeit". Diese Schutzgüter seien durch Drittzuwendungen in gleicher Weise „nachhaltig erschüttert"[13].

Seit Existenz der Neufassung muss der Vorteil in §§ 331, 333 StGB zudem nicht mehr *als Gegenleistung* für eine Dienst*handlung* des Amtsinhabers gewährt werden[14]. Nun genügt es, wenn er im Sinne eines nicht näher konkretisierten Gegenseitigkeitsverhältnisses *für die Dienstausübung* zugewendet wird. Korrespondierend wurde der Tatbestand der Vorteilsgewährung (§ 333 I StGB) spie-

[11] Sch/Sch-Cramer, 25. Aufl., § 331, Rn. 20; Jescheck, LK-StGB, 11. Aufl., Stand 01.05.1996, § 331, Rn. 6; Tenckhoff, JR 1989, 33 ff,; unter Verweis auf die Entstehungsgeschichte der Vorschriften Sonnen, JA 1988, 232 ff., 233.
[12] BGHSt 14, 123 ff., 127 f.; 35, 128 ff., 135 ebenfalls unter Hinweis auf die Entstehungsgeschichte des § 331 StGB, die zum Ausdruck bringe, dass nur eigennützige Handlungsweisen des Amtsträgers erfasst werden sollten; 33, 336 ff., 339; OLG Düsseldorf, NJW 1987, 1213 f. (= JR 1987, 168 f.).
[13] Gesetzentwurf der Fraktionen von CDU/CSU und FDP vom 24.09.1996, BT/Drs. 13/5584, 16.
[14] Vgl. die Rechtsprechung des BGH zur alten Gesetzesfassung BGHSt 32, 290 ff., 291; 39, 45 ff., 46 f.; BGH NStZ 2001, 425 ff., 426.

gelbildlich neu gefasst. Diese Erweiterungen dienten der Erfassung solcher Fälle, in denen das „allgemeine Wohlwollen und die Geneigtheit des Amtsträgers" erkauft werden soll[15]. Hierdurch wollte man Schwierigkeiten überwinden, die bei der Anwendung dieser Vorschriften in ihrer ursprünglichen Fassung daraus resultierten, dass die Gewährung des Vorteils als Gegenleistung für eine hinreichend bestimmte Diensthandlung nicht mit der erforderlichen Sicherheit nachweisbar war[16].

Nicht unterschlagen werden darf die Ausweitung des Amtsträgerbegriffs in § 11 I Nr. 2c StGB durch Einführung der Worte „unbeschadet der zur Aufgabenerfüllung gewählten Rechtsform". Der 5. Senat des BGH hatte eine dahingehende Änderung des Tatbestandes bereits im Vorfeld angeregt, als er in seiner Entscheidung vom 29.01.1992[17] mit den Ausführungen schloss, dass die Ausgestal-

---

[15] Bericht und die Beschlussempfehlung des Rechtsausschusses des Bundestages vom 26.06.1997, BT/Drs. 13/8079, 15.

[16] Bericht und die Beschlussempfehlung des Rechtsausschusses des Bundestages vom 26.06.1997, BT/Drs. 13/8079, 15; siehe die Kritik Schaupensteiners im Hinblick auf die kartellrechtliche Ahndung wettbewerbsbeschränkender Absprachen gegen Ausschreibung nach altem Recht, FAZ v. 04.09.2004, 9; vgl. auch die Entscheidung des BGH v. 27.10.1960, BGHSt 15, 239 ff., 249 wo der 2. Senat einer Verurteilung des Angeklagten durch das LG mit dem Argument entgegentrat, dass sich die Vorteilsgewährung nach dem klaren Wortlaut der Vorschrift stets auf die noch bevorstehende Amtshandlung beziehen müsse. Hierzu müsse der Amtsträger in einer Unrechtsvereinbarung seine ausdrückliche oder stillschweigende Bereitschaft erkennbar machen, „bei seiner Entscheidung nicht ausschließlich sachliche Gesichtspunkte walten zu lassen, sondern der Rücksicht auf den Vorteil Raum zu geben." Dies vermochte der BGH bei dem Angeklagten, der als Referent bei der Vergabe von Lieferungsaufträgen mitzuwirken hatte und dem in dieser Funktion bei der Besichtigung von Unternehmen Übernachtungskosten, Bewirtungskosten und gelegentlich Leihwagen gewährt wurden, nicht zu erkennen; vgl. auch die abweichende Entscheidung des BGH vom 29.02.1984, BGHSt 32, 290 ff., wo der 2. Senat den Weg für Lockerungen der Unrechtsvereinbarung bereitet, wenn er nicht fordern will „daß die Diensthandlung, die den Gegenstand der Unrechtsvereinbarung bildet, in ihrer konkreten Gestalt nach Zeitpunkt, Anlass und Ausführungsweise in allen Einzelheiten schon feststeht", das Einverständnis sich jedoch darauf beziehen müsse, dass der Amtsträger „innerhalb eines bestimmten Aufgabenbereiches oder Kreises von Lebensbeziehungen nach einer gewissen Richtung hin tätig werden soll" und die „einvernehmlich in Auge gefaßte Diensthandlung (...) dabei nach ihrem sachlichen Gehalt zumindest in groben Umrissen erkennbar und festgelegt sein" müsse.

[17] BGHSt 38, 199 ff. der Entscheidung lag – kurz gefasst – folgender Sachverhalt zugrunde: Die Angeklagten nahmen als Geschäftsführer eines auf dem Gebiet des sozialen Wohnungsbaus tätigen, landeseigenen Unternehmens, das in der Rechtsform einer GmbH geführt wurde, im Zusammenhang mit einer Vertragsunterzeichnung großzügige Geschenke an.

tung öffentlich rechtlicher Körperschaften im Falle der Verwendung einer privatrechtlichen Organisationsform zu nicht unerheblichen Strafbarkeitslücken bei der Bekämpfung der Korruption führe, die nicht im Wege der Auslegung, sondern durch den Gesetzgeber zu schließen seinen[18].

Die vorliegende Arbeit beschäftigt sich mit der Frage, ob die Reaktion des Strafgesetzgebers in der Korruptionsbekämpfung, unter der Prämisse eines rational begründeten Strafrechts, akzeptabel ist. Am Beispiel aktueller Gerichtsentscheidungen soll zunächst der derzeit von der Rechtsanwendung praktizierte Umgang mit den gesetzlichen Tatbeständen der §§ 331 ff. StGB a.F. und n.F. vorgestellt werden. Vor diesem Hintergrund eröffnen sich Fragen zum Verhältnis von Wortlautauslegung, Teleologie und verfassungsrechtlicher Reduktion. Auf der Suche nach den Ursachen einer Hinwendung zur teleologischen Betrachtung und verfassungskonformen „Auslegung" wird der Hierarchie der unterschiedlichen Auslegungsmethoden zueinander wesentliche Bedeutung zukommen.

Der weitaus größte Teil der Arbeit widmet sich der Überprüfung der Legitimität der vom Gesetzgeber in §§ 331 ff. StGB erhobenen Verhaltenssanktionierungen. Auf der Suche nach dem den Bestechungstatbeständen zugrundeliegendem Schutzinteresse ist die Rolle des vom Gesetzgeber im Normsetzungsprozess der §§ 331 ff. StGB gewählten Deliktstypus von zentraler Bedeutung. Die Deliktsnatur der Vorschriften wird daher ermittelt werden, um sodann am Maßstab der gefundenen Resultate zu untersuchen, inwieweit sich Auswirkungen im Hinblick auf die Legitimität der §§ 331 ff. StGB ergeben.

Die Bestechungsdelikte beschränken sich nach unangefochtener Auffassung nicht auf den Schutz individueller Interessen, sondern dienen dem kollektiven Rechtsgüterschutz. Es gilt zu klären, ob die Aufgabe des Strafrechts (zumindest auch) im Rechtsgüterschutz zu suchen ist[19], und ob diese Lehre geeignet ist, den

---

[18] BGHSt 38, 199 ff., 205.

[19] So die überwiegende Ansicht Lackner/Kühl, Vor. § 13, Rn. 3; Sch/Sch-Lenckner/Eisele, Vor. § 13 ff., Rn. 8; Jescheck, LK-StGB, Vor. § 13, Rn. 5 ff.; Rudolphi, SK-StGB, Vor. § 1, Rn. 1, Freund, StrafR. AT, § 1 I, Rn. 3; Otto, StrafR. AT, § 1, Rn. 22 ff.; Jescheck/Weigend, Strafrecht AT, § 1 III, Nr. 1; Hassemer, NStZ 1989, 553 ff., 557; Roxin, StrafR. AT 1, § 2 I.; Maurach/Zipf, StrafR. AT 1, § 19 II. A 1, Rn. 5 stellen fest, es habe „den Anschein, daß der

Gesetzgeber dadurch zu begrenzen, dass sie ihm zu einer rationalen Begründung strafrechtlicher Sanktionierung anhält. Obgleich der Begriff des Rechtsgutes Gegenstand zahlreicher Abhandlungen geworden ist[20], zeichnet sich kein Konsens ab. Aufgrund der in den letzten Jahrzehnten vermehrt implementierten Vorverlagerung strafbaren Verhaltens durch Schaffung abstrakter Gefährdungsbekämpfungstatbestände[21], hat das Thema erneut an Aktualität gewonnen. Zum einen wird angeprangert, dass das am Individuum orientierte Strafrecht sich nicht mehr durch Bezugnahme auf einen an der Person ausgerichteten Rechtsgutsbegriff legitimiere[22], zum anderen aber gerade der individuell orientierte Rechtsgutsbegriff dafür verantwortlich gemacht, dass das Strafrecht in aktuellen gesellschaftspolitischen Fragen zu versagen drohe[23]. Ein Blick auf diese diametral entgegengesetzten Sichtweisen verdeutlicht die Notwendigkeit, die legitimatorische Funktion des Rechtsgutsbegriffs – speziell bei den kollektiven Gütern – erneut zur Diskussion zu stellen. Es ist daher gleichzeitig Aufgabe der Arbeit, die unterschiedlichen Ansätze in der Rechtsgutslehre zu ordnen und auf ihren Ursprung hin zu untersuchen, um anschließend den hier verwendeten Begriff des Schutzinteresses inhaltlich präzisieren zu können.

---

immer wieder angefeindete und angezweifelte Begriff des Rechtsgutes sich im Rechtsdenken der Gegenwart im wesentlichen durchgesetzt hat".

[20] Vgl. nur Amelung, Rechtsgüterschutz; Marx, Rechtsgutsbegriff; Hassemer, Verbrechen; Sina, Dogmengeschichte; Rudolphi, FS für Honig, 151 ff.; Jäger, Rechtsgüterschutz; Hohmann, Umweltdelikte; Stächelin, Strafgesetzgebung; Müssig, Schutz abstrakter Rechtsgüter; Hefendehl, Kollektive Rechtsgüter; Kindhäuser, Gefährdung; zum Rechtsgut der Amtsdelikte Heinrich, Amtsträgerbegriff; zu den Bestechungsdelikten Schwieger, Vorteilsbegriff; Jaques, Bestechungstatbestände; Graupe, Systematik und Rechtsgut.

[21] Zu nennen sind die „Bekämpfungsgesetze" zur Bekämpfung der Wirtschaftskriminalität (1. WiKG) vom 29.07.1976 (BGBl., Teil I, 2034 ff.), das Gesetz zur Bekämpfung der Umweltkriminalität (18. StrÄndG) vom 28.03.1980 (BGBl., Teil I, 373 ff.), das zweite Gesetz zur Bekämpfung der Wirtschaftskriminalität (2. WiKG) vom 15.05.1986 (BGBl., Teil I, 721 ff.), das Gesetz zur Bekämpfung des Terrorismus vom 19.12.1986 (BGBl., Teil I, 2566 ff.); das Gesetz zur Bekämpfung illegalen Rauschgifthandels und anderer Erscheinungsformen der Organisierten Kriminalität (OrgkG) vom 15.07.1992 (BGBl., Teil I, 1302 ff.), Gesetz zur Bekämpfung der Korruption vom 13.08.1997 (BGBl., Teil I, 2038 ff.).

[22] So im Kern die Kritik von Hohmann, Umweltdelikte, 23 ff., 120 ff.; Heinrich, Amtsträgerbegriff, 255 ff.

[23] Stratenwerth, ZStW 105 (1993), 679 ff., 681; Tiedemann, JuS 1989, 689 ff., 691; Jakobs, StrafR. AT, 2. Abschn., Rn. 18.

In einem abschließenden Kapitel werden die §§ 331 ff. StGB am zuvor herausgearbeiteten Interessenmaßstab gemessen, um Aufschluss über die Berechtigung der dort enthaltenen Verhaltenssanktionierungen zu gewinnen.

B: Konkretisierung des Anwendungsbereiches der §§ 331 ff. StGB

Zur Veranschaulichung der in der vorliegenden Arbeit zu besprechenden Probleme bietet sich der Einstieg über Fallbeispiele aus der Rechtsprechung an. Angestoßen durch den sog. Herzklappenskandal in den neunziger Jahren stehen heute u.a. das Hochschul- und Forschungssponsering durch Drittmittel im Zentrum der Debatte über die Abgrenzung strafbaren Verhaltens und rechtlich zu billigender Vorteilsannahme[24]. Zahlreiche Unklarheiten existieren weiterhin im Rahmen der Einwerbung oder Annahme von Parteispenden durch Amtsträger bzw. angehende Amtsträger[25]. Zur Verdeutlichung der diesbezüglichen Problematik schließt sich ein weiterer aktueller Fall aus der Praxis an.

I. BGH, Urt. v. 23.05.2002[26]

1. Sachverhalt

Der Angeklagte A war zur Tatzeit Professor an der Universität Heidelberg und Ärztlicher Direktor der Abteilung Herzchirurgie des Universitätsklinikums. In seinen Pflichtenkreis fielen Entscheidungen über die Auswahl und Verwendung der dort implantierten Herzklappen und Herzschrittmacher. Deren eigentliche vertragliche Bestellung oblag der Materialverwaltung der Universität, die auf Grundlage der Vorgaben der medizinischen Abteilungen bestmögliche Konditionen mit den Lieferanten auszuhandeln hatte. A schloss 1988 mit Mitarbeitern der medizintechnischen Firma M-GmbH, von der die Universitätsklinik unter anderem Herzklappen, Herzschrittmacher und Defibrillatoren bezog, eine Drittmittelvereinbarung. Danach wurden ihm von der Firma 5 % ihres Umsatzes mit der Klinik als „Boni" auf einem bei dem Unternehmen geführten „Bonuskonto" zu Forschungszwecken zur Verfügung gestellt. Das Geld musste der Universität

[24] Drittmittel sind nach der Definition des Wissenschaftsrates solche Mittel, die zur Förderung von Forschung und Entwicklung sowie des wissenschaftlichen Nachwuchses zusätzlich zum regulären Haushalt von öffentlichen oder privaten Stellen eingeworben werden; vgl. Wiss.rat/Drs. 4717/00; zum Problem der Definition von Drittmitteln vgl. Diettrich/Schatz, MedR 2001, 614 ff.

[25] Vgl. Tröndle/Fischer, § 331, Rn. 28 ff.

[26] Abgedruckt in NJW 2002, 2801 ff.

selbst oder einer ihr zugehörigen Institutionen zugute kommen, mochte auch der Begünstigte über die nähere Verwendung bestimmen. Im Zeitraum von 1990 – 1992 ließ A die angelaufenen „Boni" von etwa 162.000 DM in sechs Tranchen dem Konto des gemeinnützigen Fördervereins „Freunde und Förderer der Herzchirurgie Heidelberg" gutschreiben, den er mit seinen Mitarbeitern gegründet hatte, um die von ihm als ineffizient eingestufte Drittmittelverwaltung der Universität zu umgehen. Die Gelder, über die A als Vorsitzender des Vereins faktisch allein verfügen konnte, verwendete er ausschließlich für seine Forschungstätigkeit an der Universität und in seiner Klinikabteilung. So wurden davon Geräte angeschafft, Kongressreisen finanziert und Aushilfslöhne für geringfügig Beschäftigte bezahlt.

2. Entscheidung

Die StrK des Landgerichts Heidelberg hat A wegen Untreue in sechs Fällen, davon in fünf Fällen jeweils in Tateinheit mit Vorteilsannahme (§ 331 I StGB a.F.), zu einer Gesamtgeldstrafe von 200 Tagessätzen zu je 1000 DM verurteilt. Auch wenn die Zuwendungen an den Förderverein geflossen wären, seien sie jedenfalls wirtschaftlich auch dem Angeklagten zugute gekommen und hätten für ihn selbst eine Besserstellung zur Folge gehabt. Eine teleologische Einengung des Vorteilsbegriffs mit Blick auf die in Art. 5 III GG verbürgte Forschungsfreiheit komme nicht in Betracht. Diesen Belangen könne durch das geltende Drittmittelrecht bereits ausreichend Rechnung getragen werden. Die Zuwendungen seien als Gegenleistung für die Diensthandlungen der Mitwirkung an der Auswahl der zu beziehenden medizintechnischen Produkte erfolgt.

Der 1. Strafsenat des BGH bestätigte zwar den Schuldspruch hinsichtlich der Vorteilsannahme,[27] hob aber die Verurteilung wegen Untreue sowie den Strafausspruch insgesamt auf und regte bei der Zurückverweisung an das LG im Übrigen eine Einstellung gemäß § 153 StPO an.

Die Würdigung des Handelns des Angeklagten als Vorteilsannahme gemäß § 331 I a.F. begegnet nach Auffassung des 1. Senats unter dem Blickwinkel des gesetzlichen Wortlautes keinen durchgreifenden rechtlichen Bedenken. Da unter

[27] Worauf sich die vorliegende Arbeit konzentriert.

Geltung der alten Gesetzesfassung Drittvorteile nicht ausdrücklich dem Tatbestand unterfielen, geht der BGH, insoweit übereinstimmend mit dem LG, vom Vorliegen eines mittelbaren Vorteils des Angeklagten, in Form einer Verbesserung der Arbeits- und Forschungsbedingungen in seinem Institut, aus[28]. Darüber hinaus hebt der 1. Senat hervor, dass das geforderte Beziehungsverhältnis zwischen Vorteil und Diensthandlung gegeben sei. A habe die für ihn vorteilhaften Arbeits- und Forschungsbedingungen als Gegenleistung dafür erlangt, dass er durch seine Auswahl der Implantate die Beschaffungsentscheidung zu Gunsten der M-GmbH maßgeblich beeinflusst habe.

Gemessen am Maßstab der grammatikalischen Auslegung von § 331 I StGB a.F. handelt es sich hierbei um ein überzeugendes Ergebnis, bei dem es der 1. Senat jedoch nicht belässt. Die zur Förderung von Forschung und Lehre hochschulrechtlich verankerte Dienstaufgabe zur Einwerbung von Drittmittel, gebiete eine generelle Einschränkung des Anwendungsbereiches des § 331 StGB. Nur so ließen sich auf der Tatbestandsebene die landesrechtlichen Vorschriften über die Einwerbung von Drittmitteln mit den Straftatbeständen der §§ 331 ff. StGB in Einklang bringen[29]. Der Schutz des Rechtsgutes des Vertrauens der Allgemeinheit in die Sachlichkeit der Entscheidungen der Amtsträger erfordere im Bereich der medizinischen Forschung und klinischen Versorgung besondere Beachtung. Gerade hier solle auch der Patient, der sich in eine Klinik begebe, das Vertrauen haben können, dass die Auswahl etwa eines implantierten medizinischen Produkts allein nach medizinischen Kriterien erfolge[30]. Das könne nach Lage der Dinge nur durch ein größtmögliches Maß an Durchschaubarkeit (Transparenz) sichergestellt werden. Eine solche Kontrolle werde durch Dokumentation und institutionalisierte Befassung von Aufsichtsinstanzen namentlich über Anzeige- und Genehmigungspflichten erreicht. Damit werde einem Interessenkonflikt entgegengewirkt und von vorneherein die Gefahr minimiert, dass Forscher, die das vorgegebene hochschulrechtliche Verfahren einhalten, Gefahr laufen, in den Verdacht der Vorteilsannahme zu geraten[31].

---

[28] BGH, NJW 2002, 2801 ff., 2804.
[29] BGH, NJW 2002, 2801 ff., 2804.
[30] BGH, NJW 2002, 2801 ff., 2805.
[31] BGH, NJW 2002, 2801 ff., 2805.

3. Problemaufriss

a) Einschränkende Auslegung

Die vorliegenden Entscheidungsgründe enthalten ein Paradebeispiel der teleologischen Reduktion des § 331 a.F. StGB. Der 1. Senat des BGH hat sich in seiner Grundsatzentscheidung augenscheinlich um einen Ausgleich von Interessen der Hochschullehrer, die zur Forschungsfinanzierung auf private Drittmittel angewiesen sind, und dem durch § 331 StGB geschützten Rechtsgut bemüht.

Obgleich er den Tatbestand der Vorteilsannahme im vorliegenden Fall als verwirklicht erachtet, belässt es der 1. Senat – anders als die StrK des Landgerichts – nicht bei der grammatikalisch überzeugenden Begründung, sondern schafft in den weiteren Ausführungen ein obiter dictum zur Vorteilsannahme durch Einwerbung von Drittmitteln. Mit dem Ziel, verfahrensordnungsgemäß eingeworbene Drittmittel aus dem Anwendungsbereich des Tatbestandes herauszuhalten, hebt das Gericht die Notwendigkeit einer tatbestandseinschränkenden Auslegung der sog. Unrechtsvereinbarung hervor. Zwar sei das Vertrauen der Allgemeinheit in die Sachlichkeit von Entscheidungen der Amtsträger gerade im Bereich der medizinischen Forschung besonders schutzwürdig, größtmöglicher Rechtsgüterschutz sei aber durch die geforderte Kontrolle und Transparenz zu erreichen. Diese Auffassung findet im Ergebnis auch in der Literatur Befürworter, wenn hervorgehoben wird, der Vorschlag des BGH berücksichtige in angemessener Weise den von den Bestechungsdelikten verfolgten Schutz der „Lauterkeit des öffentlichen Dienstes“[32].

Vor dem Hintergrund des gesetzlichen Wortlautes der Vorschriften erscheint die Legitimität solcher „Auslegungserwägungen“ – unabhängig von der Frage der normativen Richtigkeit des Auslegungsergebnisses – jedoch problematisch. Hat das Gericht die grammatikalische Verwirklichung des Tatbestandes in der Entscheidung bejaht, könnte mit der „tatbestandseinschränkenden Auslegung“ der Unrechtsvereinbarung vom Rechtsanwender ein „de lege lata nicht existierender

[32] Rönnau, JuS 2003, 232 ff., 236.

Ausnahmetatbestand geschaffen worden sein, der die Norm im Kern berichtigt“[33].

b) Unangemessene Zuwendung

Lüderssen hat in einer Arbeit zur Drittmittelforschung, die hier in Streit stehenden Konstellationen einer ausführlichen dogmatischen Würdigung unterzogen. Entgegen der hier angedeuteten Ansicht, vertritt er die Auffassung, der aufgezeigte Konflikt lasse sich dogmatisch in den Tatbestandsmerkmalen der §§ 331 ff. StGB verorten und behandelt ihn methodisch als Auslegungsproblem[34]. Er platziert Fragen der finanziellen Förderung von Amtsträgern durch Private beim Begriff des Vorteils[35] und betont, dass eine sorgfältig differenzierende Klärung der Struktur des Vorteilsbegriffs Voraussetzung der richtigen Einordnung der Drittmittelsachverhalte sei. Vorteil im Sinne der §§ 331 ff. StGB sei jede Leistung, die den Empfänger materiell oder immateriell besser stellt und auf die er keinen rechtlich begründeten Anspruch hat. Lüderssen befindet sich mit seinem Vorteilsbegriff demzufolge in Gesellschaft der ganz h.M., die als Vorteil im Sinne der §§ 331 ff. StGB jede Zuwendung ansieht, auf die eine Amtsperson oder ein begünstigter Dritter keinen Rechtsanspruch hat und die deren wirtschaftliche, rechtliche oder auch nur persönliche Lage objektiv messbar verbessert[36]. Auch die Rechtsprechung hat sich diesem Vorteilsbegriff angeschlossen[37]. Lüderssen stellt fest, dass die Forschungsförderung und Weiterbildungsfinanzierung gerade auf Verträgen beruhe, die rechtliche Ansprüche begründeten, was per

---

[33] Trotz seines Zuspruchs Rönnau, JuS 2003, 232 ff., 237; trotz Eingestehens eines Restriktionsbedürfnisses gegen ein erneutes gesetzgeberisches Tätigwerden zum jetzigen Zeitpunkt Kuhlen, FS für Schroeder, 535 ff., 543.

[34] So auch Satzger, ZStW 115 (2003), 469 ff.

[35] Lüderssen, Zusammenarbeit von Medizinprodukteindustrie, Krankenhäusern und Ärzten, 35 ff.; teilweise nimmt Lüderssen auch auf das Schutzgut der Bestechungsdelikte Bezug, vgl. ders., FS für Eser, 163 ff., 174.

[36] Lackner/Kühl, § 331, Rn. 4; in diesem Sinne, wenn auch mit unbedeutenden Abweichungen: Sch/Sch-Heine, § 331, Rn. 17, 19; Tröndle/Fischer, § 331, Rn. 11; Rudolphi/Stein, SK-StGB, § 331, Rn. 21; Maurach/Schroeder/Maiwald, StrafR. BT 2, § 79 II, Rn.12; Küper, StrafR. BT, 407; Jescheck, LK-StGB, § 331, Rn.7; Bottke, JR 1989, 432; Hardtung, Erlaubte Vorteilsannahme, 54.

[37] BGHSt 31, 264 ff., 279; 33, 336 ff., 339; 35, 128 ff., 133; OLG Frankfurt, NJW 1990, 2074; OLG Düsseldorf, NJW 1987, 168 f.; OLG Zweibrücken, JR 1982, 381 ff., 382.

definitionem gegen die Annahme eines Vorteils spreche[38]. Diese Erkenntnis zwingt ihn zu einer Auseinandersetzung mit BGHSt 31, 264 ff., wonach ein Vorteil bereits im Abschluss eines Vertrages liegen könne, da die Vorschriften anderenfalls durch einen Vertragsabschluss umgangen werden könnten. Lüderssen gelangt auf dieser Grundlage zu der Folgerung, dass entscheidend sei, ob eine Vereinbarung vorliege, die rechtlichen Bestand habe[39]. Im folgenden prüft er, ob die Drittmittelvereinbarungen gegen §§ 134, 138 BGB verstoßen. Im Rahmen des § 134 BGB berücksichtigt er das Beamtenrecht, das Hochschulrecht und die gesetzlichen Regelungen zum Drittmittelverfahren und gelangt so scheinbar auf dem Weg grammatikalischer Auslegung zum gleichen Ergebnis wie der 1. Senat des BGH im Rahmen seiner teleologischen Reduktion.

Die soeben dargestellte Ansicht, die bei Bestehen eines Rechtsanspruchs die Vorteilseigenschaft der Zuwendung ausschließt, da „die Besserstellung nicht über das von der Rechtsordnung ohnehin vorgesehene Maß hinausgeht", genießt zwar breite[40], nicht aber unangefochtene Zustimmung. Diesem Ansatz wird mit telelogischen Erwägungen entgegengehalten, dass auch bei Bestehen eines Rechtsanspruchs eine Beeinträchtigung des geschützten Rechtsgutes vorliegen könne[41]. Schwieger verweist aufgrund des von ihm propagierten Rechtsgutes der §§ 331 ff. StGB darauf, dass privatrechtliche Ansprüche nicht geeignet seien, den äußerlichen Eindruck der Beeinflussung des Amtsträgers in seiner objektiven Entscheidungsfreiheit zu hindern[42]. Dies solle beim Bestehen öffentlichrechtlicher Ansprüche anders sein. Wenn sich der Besserstellungsanspruch aus der hoheitlichen Amtsstellung eines Funktionsträgers ableite, könne die spätere

[38] Lüderssen, Zusammenarbeit von Medizinprodukteindustrie, Krankenhäusern und Ärzten, 36 f.

[39] Lüderssen, Zusammenarbeit von Medizinprodukteindustrie, Krankenhäusern und Ärzten, 38 f.; dennoch gleichzeitig kritisch zu einer „sekundären Zuständigkeit" des Strafrechts ders., FS für Eser, 163 ff.

[40] Rudolphi/Stein, SK-StGB, § 331, Rn. 22; Sch/Sch-Heine, § 331, Rn. 18; i.E. ebenso Hardtung, Erlaubte Vorteilsannahme, 54; Lackner/Kühl, § 331, Rn. 4; Kuhlen, NK-StGB, § 331, Rn. 49 ff.; Jescheck, LK-StGB, § 331, Rn. 7; Lüderssen, JZ 1997, 112 ff., 114 f.

[41] So z.B. Rönnau, JuS 2003, 232 ff., 235; ähnlich Schwieger, Vorteilsbegriff, 114, 157, 214.

[42] Schwieger, Vorteilsbegriff, 187, verwendet das Beispiel, dass ein Bürger im Rahmen des Genehmigungsverfahrens nach § 2 GaststättenG bei der zuständigen Behörde auf einen ihm bekannten Amtsträger trifft, der noch einen fälligen privatrechtlichen Anspruch gegen ihn hat.

Zuwendung – regelmäßig in Form der zu entrichtenden Gebühren – nicht den äußerlichen Eindruck der Voreingenommenheit erwecken[43].

Die von Schwieger getroffene Unterscheidung lässt eine gerade für die Drittmittelproblematik typische Standartsituation außer Acht. Fehlt es an einem tatbestandsmäßigen Vorteil etwa auch dann, wenn die Zuwendung auf einem rechtlich wirksamen Vertrag zwischen dem Amtsträger bzw. dessen Anstellungskörperschaft und dem Vorteilsgeber als Privatem beruht, der hoheitlichen Bezug aufweist[44]? Lüderssen jedenfalls bejaht dies und stützt seine Argumentation auf die anerkannte Teildefinition des Nichtbestehens eines Anspruchs auf die Zuwendung. Soweit bei der Zusammenarbeit von Ärzten, Krankenhäusern und Industrie wirksame Verträge bestünden, fehle es bereits an einem tatbestandsmäßigen Vorteil[45].

Ob dieser Weg tatsächlich richtungsweisend ist, gilt es am Maßstab grammatikalischer Auslegung zu überprüfen. Im Duden[46] soll die Bedeutung des Wortes Vorteil in etwas (Umstand, Lage, Eigenschaft o. Ä.) liegen, „was sich für jemanden gegenüber anderen günstig auswirkt, ihm Nutzen, Gewinn bringt." Der Begriff des Vorteils wird in der rechtswissenschaftlichen Literatur und Rechtsprechung regelmäßig mit den Begriffen der „Zuwendung"[47], „Besserstellung"[48], „Leistung"[49] oder „Belohnung"[50] gleichgesetzt.

Ist eine so verstandene Zuwendung begriffsmäßig ausgeschlossen, wenn ein rechtlicher Anspruch auf die betreffende Besserstellung besteht? Dies wäre dann der Fall, wenn jeder Vorteil durch einen Anspruch unmittelbar „kompensiert"

[43] Schwieger, Vorteilsbegriff, 185.
[44] Dazu Rudolphi/Stein, SK-StGB, § 331, Rn. 22; a.A. Kuhlen, NK-StGB, § 331, Rn. 55.
[45] Lüderssen, JZ 1997, 112 ff., 114 f.; ders., Zusammenarbeit zwischen Medizinproduktindustrie, Krankenhäusern und Ärzten, 37; Zieschang, WissR. 1999, 111 ff., 117 ff.; ders., JZ 2000, 95 f.; ders., StV 2001, 290.
[46] Duden, Deutsches Universalwörterbuch, 1759.
[47] Tröndle/Fischer, § 331, Rn. 15; Lackner/Kühl, § 331, Rn. 4.
[48] Schwieger, Vorteilsbegriff, 31, der ohne weiteren Begründungsaufwand den Vorteil als Besserstellung qualifiziert.
[49] BGHSt 31, 264 ff., 279; 35, 128 ff., 133.
[50] Pelke, Merkmale „Übel" und „Vorteil", 125 f. Er knüpft an RGSt 16, 42 ff., 45 an und zieht das Abhängigkeitsverhältnisses von Vorteil und Diensthandlung und den Schutzzweck der Bestechungsdelikte als Begriffsbegründung i.S. einer Belohnung heran.

würde und dessen Realisierung keine neuerliche Zuwendung darstellt. Um zu einer Antwort zu gelangen, ist es zunächst notwendig, den Begriff des Anspruchs näher zu konkretisieren. Unter Heranziehung der Legaldefinition in § 194 Abs. 1 BGB ist ein Anspruch das Recht, von einem anderen ein Tun oder Unterlassen zu verlangen. Für die vorliegende Bearbeitung wesentliches Merkmal des Anspruchs ist die Möglichkeit, das verlangte Tun oder Unterlassen mittels Klage durchzusetzen. Diese wird in der Praxis regelmäßig dann Bedeutung erlangen, wenn eine Verpflichtung nicht erfüllt wird. Nur in Ausnahmefällen ist es statthaft, Rechtspositionen mittels privater Gewaltausübung durchzusetzen[51]. Berücksichtigt man weiter, dass sich dem Erkenntnisverfahren das – häufig aussichtslose – Vollstreckungsverfahren anschließt, wird deutlich, dass der tatsächliche Umstand Inhaber eines materiellrechtlichen Anspruchs zu sein, nach wirtschaftlicher Betrachtung mit der tatsächlichen Einverleibung des Anspruchsgegenstandes in das eigene Vermögen nicht gleichzusetzten ist. Vielmehr bedeutet die Durchsetzung eines Anspruchs regelmäßig einen langen, von Misserfolgen gekrönten Weg.

Nach dieser Maßgabe ist die tatsächliche Erlangung des Zugewinns von der bloßen Berechtigung, diesen inne zu haben, zu unterscheiden. Da die tatsächliche Durchsetzung eines bestehenden Anspruchs unsicher ist, handelt es sich dem Wortlaut nach nicht um einen im gleichen Maße gewinnbringenden Umstand des Berechtigten. Daraus wiederum folgt, dass der Vorteilsbegriff grammatikalisch nicht bereits dann ausgeschlossen ist, wenn ein rechtlicher Anspruch auf die betreffende Zuwendung besteht. Begriffsmäßig ist die Erlangung einer Zuwendung vielmehr auch dann vorteilhaft, wenn ein Anspruch auf die Leistung besteht. Am Maßstab des Wortlautes gemessen, stellen damit auch berechtigterweise gewährte Zuwendungen Vorteile im Sinne der Tatbestände dar.

Diese Betrachtung erklärt wohl auch den Vorschlag Lüderssens, im Rahmen einer grammatikalischen Bewältigung des Drittmittelforschung gleichwohl eine „minimale Korrektur" des Wortlautes vorzunehmen[52]. Mit dem von ihm (de lege ferenda) geforderten Merkmal des „unangemessenen Vorteils" hielte der Rechtsanwender jedoch nicht mehr als ein weiteres unpräzises Merkmal des

---

[51] Erlaubt sind z. B. Maßnahmen gemäß §§ 227, 228, 859 I, 904 BGB.

[52] Lüderssen, StV 1997, 318 ff., 323.

Vorteilsbegriffs in den Händen, das kaum geeignet sein dürfte, einen Beitrag zur Konkretisierung des in den Tatbeständen enthaltenen Unrechts zu leisten[53]. De lege lata bieten die Tatbestände der Vorteilsannahme und –gewährung jedenfalls keinen Raum, nur „unangemessene Vorteile" zu erfassen. Aber auch de lege ferenda wäre die Sanktionierung unangemessener Vorteile unter dem Aspekt des Bestimmtheitsgrundsatzes ebenfalls wenig hilfreich, denn auch hier gilt: die von Lüderssen erhoffte „sinnvolle Zusammenarbeit von Wirtschaft und Staat" darf nicht zu Lasten des Gesetzlichkeitsprinzips umgesetzt werden.

Die Lösung vergleichbarer Probleme bezwecken die seit jeher existenten Versuche, geringfügige und immaterielle Zuwendungen im Wege der teleologischen Reduktion den §§ 331, 333 StGB auszugliedern. Diese Bemühungen beziehen sich allerdings nicht auf §§ 332, 334 StGB[54], denen nach einhelligem Verständnis auch geringfügige und immaterielle Zuwendungen erfasst werden.

c) Geringwertige Zuwendung

aa) Sozialadäquanz

Da die §§ 331 ff. StGB ihrer Formulierung nach keine Umschreibung des Umfangs des tatbestandlichen Vorteils enthalten, sind hierunter nach überwiegender Ansicht auch materielle Zuwendungen zu subsumieren, die einen geringen Verkehrswert haben. Konstellationen dieser Art betreffen kleine Präsente bzw. Werbeartikel, die öfffentlich Bedienstete geschenkt bekommen (z.B. die Neujahrsgeschenke für Müllmänner). Vereinzelt wird die Ansicht geäußert, dass geringwertige Zuwendungen, die Amtsträgern nach den allgemein anerkannten Regeln der Höflichkeit Amtsträgern zugewendet werden, bereits begrifflich aus

[53] Es drängt sich die Frage auf, wie Lüderssen, FS für Eser, 163 ff., 173 unter Verwendung dieses Begriffes die von ihm eingeforderte Bestimmtheit bei „Einbeziehung der zivilrechtlichen Implikate" gewährleisten möchte; ebenfalls kritisch Rudolphi/Stein, SK-StGB, § 331, Rn. 22 a.

[54] Vgl. dazu BGH, NStZ 2000, 596 ff., 599, wo der BGH einen Rechtsanwalt und einen Polizeibeamten des Bundesgrenzschutzes wegen Bestechung und Bestechlichkeit in 7 bzw. 11 Fällen verurteilt hat. Der Beamte hatte gegen Zahlung von jeweils 5 DM, einmalig 25 DM, dem angeklagten Rechtsanwalt Wohnanschriften bzw. Aufenthaltsorte von Schuldnern und Prozessgegnern mitgeteilt. Zur Frage der Geringwertigkeit hat der 5. Senat nicht Stellung bezogen, sondern lediglich am Maßstab der gängigen Vorteilsdefinition darauf verwiesen, dass es sich um einen Vorteil im Sinne des § 332 StGB handele, da die Zuwendung keinen bloß vermögensrechtlich neutralen Aufwendungsersatz dargestellt habe.

der Definition des Vorteils auszuschließen seien. Da auch kleine Geschenke stets zu einer Aufstockung des Vermögens des Begünstigten im wirtschaftlichen Sinne führen, genießt diese Auffassung am Maßstab des Wortlauts gemessen keinen Bestand[55]. Die Begründung des begrifflichen Ausschlusses basiert dementsprechend richtigerweise nicht auf grammatikalischen Erwägungen, sondern ebenfalls auf dem Zweck der Norm[56].

Im Rahmen der Vorteilsannahme und -gewährung wird für derartige Zuwendungen in erster Linie ein Strafbarkeitsausschluss aus dem Gedanken der Sozialadäquanz erwogen[57]. Aufgrund der von Welzel entwickelten Lehre von der Sozialadäquanz sollen sozialadäquate Handlungen, d. h. solche, die „sich völlig im Rahmen der geschichtlich gewordenen sozialen Ordnung des Lebens"[58] bewegen, niemals einem Tatbestand unterfallen[59], auch wenn man sie dem Wortlaut

[55] Fuhrmann, GA 1959, 97 ff., 98; Creifelds, GA 1962, 33 f; Sch/Sch-Heine, § 331, Rn. 18; Rudolphi/Stein, SK-StGB, § 331, Rn. 20.

[56] So Ostendorf GA 1982, 333 ff., 345; im Ergebnis auch Rudolphi/Stein, SK-StGB, § 331, Rn. 23, die sozialadäquate Zuwendungen zwar nicht als Vorteile im Sinne der Vorschriften betrachten, dies aber mit dem Vertrauensschutzgut des bei einem objektive Betrachter hervorgerufenen Eindruck begründen; ebenso Schwieger, Vorteilsbegriff, 120 ff.

[57] Lackner/Kühl, § 331, Rn. 14; Tröndle/Fischer, § 331, Rn. 25; Jescheck, LK- StGB, § 331, Rn. 15; Geppert, Jura 1981, 42 ff.; 47; Eb. Schmidt, Bestechungstatbestände, Rn. 262, der die Frage sozialer Adäquanz am Maßstab der Verkehrsitte beurteilen möchte. Die Verkehrsitte sei „vom Richter auf ihr Verhältnis zu dem, was richtig, angemessen und anständig ist zu prüfen."; BGHSt 31, 264 ff., 279.

[58] Welzel, ZStW 58 (1939), 514 ff.

[59] Unter den Befürwortern der sozialen Adäquanz besteht Uneinigkeit darüber, auf welcher Stufe des Deliktsaufbaus die systematische Einordnung der sozialen Adäquanz erfolgen soll; vgl. Zipf, ZStW 82 (1970), 633 ff.; nach überwiegender Ansicht soll bereits die Verwirklichung des gesetzlichen Tatbestandes ausgeschlossen sein (in diesem Sinne Sch/Sch-Cramer/Heine,Lenckner, Vor. § 32, Rn. 107 a; Roxin, FS für Klug, 303 ff., 304; Tröndle/Fischer, Vor. § 32, Rn. 12; dies., § 331, Rn. 25 „der von I vorausgesetzte Zusammenhang fehlt in Fällen der Sozialadäquanz"; Hassemer, wistra 1995, 46 ff., 81; Sax, JZ 1975, 137 ff., 143 f.; Peters, FS für Welzel, 415 ff., 429; Ebert/Kühl, Jura 1981, 225 ff., 226). Nach anderer Auffassung handelt es sich um einen Ausschluss der Rechtswidrigkeit (Klug, FS für Eb. Schmidt, 249 ff.; Schmidt/Leicher, NJW 1960, 846 ff., 850; so wohl auch Lackner/Kühl, § 331, Rn. 14; auch Welzel sah später in der Vornahme derartiger Handlung ein reines Rechtswidrigkeitsmoment; hierzu Welzel, StrafR., 19 f.) bzw. um einen Schuldausschließungsgrund (Roeder, Einhaltung des sozialadäquaten Risikos, 77 f.). Die Rechtsprechung hat den Gedanken übernommen, hält sich aber mit der dogmatischen Einordnung zurück. (Vgl. BGHSt 23, 226 ff., 228 „nicht tatbestandsmäßig oder zumindest nicht rechtswidrig"; für einen Tatbestandsausschluss BGHSt 33, 336 ff., 339); kritisch zur Lehre von der Sozialadäquanz und

nach darunter subsumieren könne. Zudem wird auf das faktische Element der Billigung durch die Allgemeinheit bzw. das sozial Anerkannte abgestellt.[60] Ausschlaggebend sei, dass durch das betreffende sozialadäquate Verhalten das durch die Norm geschützte Rechtsgut nicht verletzt werde.[61] So führt Hirsch[62] aus, dass das in § 331 geschützte Rechtsgut der „Reinheit der Amtsführung nicht berührt wird" und es daher der „ratio legis" entspricht „das Tatbestandsmerkmal Geschenk restriktiv dahingehend auszulegen, dass die üblichen Neujahrsgeschenke an Postboten von ihm nicht erfasst werden". Auch andere Autoren begreifen das Prinzip der Sozialadäquanz als Ausgangspunkt für eine teleologisch zu begründende einschränkende Auslegung von Tatbeständen[63]. Der Vorteil müsse eine bestimmte Schwelle der Geringfügigkeit überschreiten, damit eine Verletzung des geschützten Rechtsgutes nicht von vorne herein ausscheide[64]. Nach ähnlicher Argumentation soll es an einer Rechtsgutsverletzung mangeln, wenn die Zuwendung so gering sei, dass bei vernünftiger Betrachtungsweise nicht der Eindruck entstehen kann, dass der Nehmer sich dem Geber durch die Annahme verpflichtet.[65]

bb) Generelle oder stillschweigende Genehmigung

Eine vor allem im Öffentlichen Recht, aber auch bereits vom Reichsgericht vertretene Ansicht möchte die Einschränkung des Tatbestandes über die Konstruk-

verwandten Konzeptionen Barton, StV 1993, 156 ff., 158 aufgrund ihrer „bedenklichen Unbestimmtheit" und ihres „geradezu vorrechtlichen Charkaters"; Frisch, Zurechnung, 113 spricht von der „zur Erschleichung von Begründungen benutzten schillernden Figur der Sozialadäquanz, die bei vorrechtlichen Normen des Soziallebens Relevanz entfaltet".

[60] Welzel, StrafR., 57; Zipf, ZStW 82 (1970), 633 ff., 638.

[61] Hirsch, ZStW 74 (1962), 87 ff. 126

[62] Hirsch, ZStW 74 (1962), 87 ff. 126.

[63] Lackner/Kühl, Vor. § 32, Rn. 29; Ebert/Kühl, Jura 1981, 225 ff., 226; Roxin, Klug-FS, 303; Dölling, ZStW 96, 36 f.; zur Dogmengeschichte der Sozialadäquanz Melia', GA 95, 179 ff.

[64] Kaiser, NJW 1981, 321 f., 322 bzgl Werbegeschenken bis zu einem Wert von 50 DM; auch Ostendorf, GA 1982, 333 ff. betrachtet das Geringfügigkeitsprinzip als teleologische Auslegungsmethode; Maurach/Schröder/Maiwald, StrafR. BT 2, § 78 II, Rn. 23.

[65] OLG Frankfurt NJW 1990, 2075; Roxin, StrafR. AT I, § 10, Rn. 40; ähnlich Schwieger, Vorteilsbegriff, der auf Grundlage der von ihm propagierten Rechtsgutskonzeption davon ausgeht, dass geringwertige Zuwendungen nicht geeignet sind, die Staatstätigkeit objektiv oder nur scheinbar zu beeinflussen, 118 ff.

tion einer generellen oder stillschweigenden Genehmigung der Annahme geringwertiger Vorteile erreichen[66].

Wagner[67] erachtete bei der einfachen Bestechlichkeit (§ 331 StGB) die Verwirklichung des tatbestandlichen Unrechts aufgrund des Fehlens einer Rechtsgutverletzung in den Fällen stillschweigender Genehmigung durch den Dienstherren als ausgeschlossen. Er knüpft hierbei ausdrücklich nicht an die Verkehrsitte an, sondern sieht eine Bestimmung wie § 70 BBG, die die Annahme von Geschenken bei Genehmigung durch den Dienstherren erlaube, als Bestandteil des Normkomplexes selbst an, der die Empfangnahme von Gegenleistungen für pflichtgemäße Amtshandlungen regele. Deshalb handele der Amtsträger bei wirksam genehmigter Geschenkannahme normgemäß und demzufolge nicht rechtsgutverletzend. Da aus diesem Grunde bereits kein Unwert begründet werde, handele es sich bei der stillschweigenden Genehmigung nicht um eine Frage der Rechtswidrigkeit[68].

Dieser Auffassung hat teilweise auch in der neueren Literatur Anhänger gefunden, die das Moment auch stillschweigender Genehmigungen im objektiven Tatbestand des § 331 StGB – genauer: im Vorteilsbegriff – berücksichtigt wissen möchten[69]. Er sieht das ungeschriebene Tatbestandsmerkmal der Rechtswidrigkeit im Falle der Annahme bestimmter Vorteile z.B. Werbegeschenken durch die Verkehrsitte und durch eine behördliche Genehmigung als ausgeschlossen an[70]. Der Tatbestandsausschluss soll als Gesetzesauslegung einzuordnen sein und stünde mit Wortlaut und Sinn der Vorschrift in Einklang, da die Lauterkeit

---

[66] Battis, BBG, § 70, Rn. 5; ebenso bereits vor Änderung der Vorschriften durch das KorrBkG Ule, BeamtenR. § 43, Rn. 4.; vgl. auch RGSt 63, 367 f.
[67] Wagner, Amtsverbrechen, 305 f.
[68] Wagner, Amtsverbrechen, 305 f.
[69] Kaiser, NJW 1981, 321 f., 322 f. bzgl. Werbegeschenken bis zu einem Wert von 50 DM.
[70] Kaiser knüpft im Rahmen dieser Argumentation, ohne es jedoch ausdrücklich zu erwähnen, wohl an das nach ganz überwiegender Ansicht dem Vorteilsbegriff immanenten Kriterium des Nichtbestehens eines Anspruchs des Amtsträgers auf den Vorteil an. Er hebt explizit hervor, dass er nicht die in § 331 III StGB vorgesehene Genehmigung als Rechtswidrigkeitsausschluss für tragend erachtet und mithin nicht lediglich der Genehmigungsregelung selbst tatbestandsausschließende Wirkung beimisst.

des öffentlichen Dienstes durch geringfügige Zuwendungen nicht beeinträchtigt werde[71].

cc) Geringwertigkeitsprinzip

Ostendorf[72] hat in seinem Aufsatz, der zugleich eine Anmerkung zu einem Urteil des OLG Hamm[73] darstellt, das Geringfügigkeitsprinzip methodisch als Unterfall der teleologischen Auslegung des tatbestandlichen Erfolgsunrechts verortet. Die Tatbestandsauslegung am Maßstab des Schutzgutes müsse neben qualitativen Aspekten auch im Wege einer quantitativen Abgrenzung erfolgen[74], wobei das Geringfügigkeitsprinzip den tatbestandlichen Erfolg limitiere.

Ohne eine nähere Begründung für die eigene These zu liefern, versucht Ostendorf statt dessen möglichen Einwänden gegen die Berücksichtigung des Prinzips der Geringfügigkeit zuvor zu kommen. Dem Einwand, dass es aufgrund differenzierter gesetzlicher Einzelregelungen kein generelles Prüfungskriterium des Geringfügigkeitsprinzips geben könne (argumentum e contrario), tritt Ostendorf mit dem Argument entgegen, dass das Geringfügigkeitsprinzip in zahlreichen Fällen gesetzlichen Niederschlag gefunden habe, spreche mehr für einen generellen als für einen einmaligen Rechtsgedanken[75]. Eine Begründung, die gewiss nicht ausreicht, um das oben genannte Argument zu widerlegen, da eine spezialgesetzliche Ausgestaltung des Geringfügigkeitsprinzips, wie z.B. in §§ 315, 315 a, 315 b, 315 c StGB, eher für die Annahme spricht, dass der Gesetzgeber das Geringfügigkeitsprinzip auf die ausdrücklich vorgesehenen Fälle beschränken wollte.

Ostendorf selbst räumt sodann ein, das Argument der Relativierung der Gesetzeskraft „nicht gänzlich widerlegen, sondern nur relativieren zu können“[76]. Durch prozessuale Einstellungsmöglichkeiten beispielsweise habe der Gesetzgeber in vielen Fällen selbst seine Verhaltensanweisungen zurückgenommen. Jede Strafnorm müsse sich einer verfassungsrechtlichen Überprüfung in der

---

[71] Kaiser, NJW 1981, 321 f., 322.
[72] Ostendorf, GA 1982, 333 ff.
[73] OLG Hamm, NJW 1980, 2537 ff.
[74] Ostendorf, GA 1982, 333 ff., 345.
[75] Ostendorf, GA 1982, 333 ff., 340.
[76] Ostendorf, GA 1982, 333 ff., 341.

Form stellen, dass sie vom Rechtsgüterschutzgedanken unter Wahrung des Verhältnismäßigkeitsprinzips legitimiert sei. Aufgrund der bestehenden Diskrepanz zwischen normativer Unrechtstypisierung und praktischer Unrechtsfeststellung seien die von der Wortbedeutung miterfassten Randbereiche in der praktischen Anwendung stets auf ihre Strafwürdigkeit hin zu überprüfen. Diese Überprüfung habe sich auch darauf zu erstrecken, ob die Regelung unter dem Aspekt der Strafbedürftigkeit nach eingreife[77].

So zutreffend die Argumentation Ostendorfs im Hinblick auf die Überprüfung der Strafbedürftigkeit eines sanktionierten Verhaltens sein mag, so gefährlich ist es, sie als teleologische Auslegungsmethode einzusetzen. Eine hiermit verbundene Gefahr spricht Ostendorf in seiner Anmerkung selbst an: Die Auslegung gerate mit dem Bestimmtheitsgrundsatz in Konflikt, wenn sie nicht mehr vom Wortlaut der Vorschriften gedeckt ist[78].

d) Immaterielle Zuwendung

Neben geringwertigen Besserstellungen unterfallen nach ganz herrschender Ansicht auch immaterielle Vorteile, z.B. Ehrungen und sexuelle Zuwendungen, den Tatbeständen.[79] Diese Auffassung bestätigt sich mit einem Blick auf das etymologische Material. Wie bereits ausgeführt, soll die Bedeutung des Wortes „Vorteil" in etwas (Umstand, Lage, Eigenschaft o. Ä.) liegen, „was sich für jemanden gegenüber anderen günstig auswirkt, ihm Nutzen, Gewinn bringt." An dieser Stelle werden ausdrücklich materielle, finanzielle Vorteile angesprochen[80]. Daraus folgt im Umkehrschluss, dass nicht nur vermögensrelevante Positionen Vorteile im Sinne der Norm sind. Eine Bezeichnung derselben als *materielle* Vorteile wäre sonst überflüssig.

Auch ein Vergleich mit dem Wortlaut des § 263 StGB stützt dieses Ergebnis. Der dort vom Gesetzgeber verwendete Begriff des Vermögensvorteils lässt dar-

---

[77] Ostendorf, GA 1982, 333 ff.

[78] Ostendorf, GA 1982, 333 ff., weist auf S. 344 seiner Arbeit selbst darauf hin, dass der nach Sinn und Zweck fragenden Auslegung im Strafrecht durch den Grundsatz der Tatbestandbestimmtheit engere Grenzen gezogen sind.

[79] Arzt/Weber, StrafR. BT, § 49, Rn. 24; Lackner/Kühl, § 331, Rn. 5; Tröndle/Fischer, § 331, Rn. 11 m.w.N.

[80] Duden, Deutsches Universalwörterbuch, 1759.

auf schließen, dass der Vorteil im Sinne der §§ 331 ff. StGB gerade nicht auf einen materiellen Teilaspekt beschränkt ist[81]. Dieses Ergebnis entspricht der hier zugrundegelegten Definition des Vorteils als günstige, nützliche oder gewinnbringende Lage. Darunter lassen sich Positionen subsumieren, die weder rechtlich noch tatsächlich einen Bezug zum Vermögen erkennen lassen. Ein abweichendes Verständnis des Begriffs ist nicht mehr vom allgemeinen Sprachgebrauch gedeckt. Zwar werden in unserer Gesellschaft für das Individuum günstige Zustände meist einen Geldwert haben – dies ist jedoch keineswegs zwingend und damit nicht notwendiger Bestandteil des Vorteilsbegriffs. Es sind zahlreiche wirtschaftlich irrelevante Positionen denkbar, die für den Einzelnen höchst erstrebenswert sind. Zu berücksichtigen ist vor allem die Befriedigung des menschlichen Geltungsbedürfnisses/Ehrgeizes, z. B. durch Ehrungen und Ehrenämter. Zutreffend werden diese als tatbestandsmäßige Vorteile in Betracht gezogen[82]. Somit ist klargestellt, dass die Bestechungsdelikte unter Berufung auf ihren Wortlaut materielle und immaterielle Vorteile erfassen.

Dieser Befund leistet zweifellos einer Uferlosigkeit des Vorteilsbegriffs Vorschub. Deshalb bemühen sich zahlreiche Autoren um eine Begrenzung des Vorteilsbegriffs. Als Vertreter eines materiellen Vorteilsbegriffs wollten Geerds[83] und Eb. Schmidt[84] in der Vergangenheit immaterielle Vorteile den Tatbeständen ausgliedern. Eb. Schmidt und Lange machten – de lege ferenda – den Vorschlag, das Wort „Vorteil" durch „Entgelt" zu ersetzen[85]. Der Begriff des Entgelts biete eine gewisse Einschränkung und die nötige rechtsstaatliche Gewähr, die schon in der Tradition des Preußischen StGB eine objektive Feststellung der rechtlichen oder wirtschaftlichen Besserstellung erlaubt habe. Die Kritik am immateriellen Vorteilsbegriff liegt damit in der subjektiven Prägung des Begriffs begründet. Schmidt kommt auf Grundlage dieser Überlegung zu dem Ergebnis,

---

[81] Vgl. i.d.S. bereits das Reichsgericht RGSt 9, 166 f; so auch Kargl, ZStW 114 (2002), 763 ff., 772 und Kirschbaum/Schmitz GA 1960, 321 ff., 326; Brauchowitz, Der immaterieller Vorteilsbegriff, 90.

[82] BGHSt 14, 123 ff., 128; OLG Zweibrücken, JR 1982, 381 ff., 383; OLG Karlsruhe, NJW 2001, 907 ff., 908; ebenso Kirschbaum/Schmitz, GA 1960, 321 ff., 325.

[83] Geerds, Unrechtsgehalt, 67.

[84] Eb. Schmidt, Bestechungstatbestände, 20; ebenso Klug, JZ 1960, 724 ff., 726.

[85] Vgl. Niederschriften 10. Bd. 1959, 344 ff., 345, 347 es bestehe die Gefahr, dass sich immer etwas finden lasse, was unter den „Vorteil" subsumiert werden könne und somit einer Bestrafung nach Willkürgesichtspunkten Tor und Tür geöffnet sei.

dass es nicht möglich sei im Bereich des immateriellen Vorteils die notwendigen Unterscheidungen zu treffen, ohne den rechtsstaatlichen Bestimmtheitsgrundsatz preiszugeben[86]. Dieser Auffassung hat sich die Große Strafrechtskommission jedoch nicht angeschlossen, da man befürchtete, den Tatbestand zu sehr einzuschränken[87].

Nach der ausdrücklichen Erfassung immaterieller Vorteile besann sich die Praxis alsbald auf ein anderes Kriterium zur Begrenzung der Weite des immateriellen Vorteilsbegriffs, indem sie die objektive Messbarkeit von immateriellen Besserstellungen forderte und überwiegend bis heute fordert[88]. Sind immaterielle Vorteile in Gestalt subjektiver Empfindungen erfasst, sollen diese wenigstens objektiv messbar sein. Der Wortlaut der Vorschrift lässt wiederum keine Rückschlüsse auf die Eingrenzbarkeit dieser Voraussetzung zu.

Verdeutlichen lässt sich das Problem am Bereich sexueller Zuwendungen. Erfasst sein soll neben der Gestattung des Geschlechtsverkehrs auch die Gewährung „anderer sexueller Gunstbezeugungen“[89]. Demgegenüber dürfe die Hingabe einer flüchtigen Zärtlichkeit (verstanden als Umarmung oder Kuss) jedoch nicht genügen[90]. Der Rechtsprechung des 2. Senates des BGH zufolge reicht die bloße Gelegenheit zu unentgeltlichem sexuellen Kontakt durch das zur Verfügung stellen eines Separée zur Verwirklichung des objektiven Tatbestandes des

---

[86] Eb. Schmidt, Bestechungstatbestände, 16, 20.

[87] Vgl. dazu die Niederschriften von Baldus und Gallas, Niederschriften E 1962 10. Bd., 345 f.; die Einbeziehung auch immaterieller Vorteile wird ausdrücklich bestätigt BT/Drs. 7/550, 269 ff.

[88] Wagner, JZ 1987, 594 ff., 602; Lackner/Kühl, § 331, Rn. 5; Kuhlen, NK-StGB, § 331, Rn. 40 ff.; Rudolphi/Stein, SK-StGB, § 331, Rn. 21; anders Arzt/Weber, StrafR. BT, § 49, Rn. 24, Fn. 35 die die subjektive Prägung des Vorteilsbegriffs hervorheben.

[89] RGSt 9, 166 f.; 64, 291 f.; BGH, NJW 1989, 914 ff., 915; BGH, StV 1994, 527 f., 527; Lackner/Kühl, § 331, Rn. 5; so auch Schwieger, Vorteilsbegriff, 175 auf Grundlage der von ihm entwickelten Vorteilsdefinition

[90] BGH, MDR 1960, 63 f., 63 das Urteil befasste sich mit der Frage, ob eine dem Angeklagten gewährte Umarmung sowie ein Kuss als tatbestandsmäßige Vorteile einzuordnen sind. Der BGH erachtete derartige Zuwendungen nicht als Vorteile im Sinne der §§ 331 ff. StGB. Ohne im Wege der grammatikalischen Auslegung auf die Bedeutung des Wortes „Vorteil“ einzugehen, hob das Gericht zur Begründung seiner Rechtsauffassung hervor, wegen des geringfügigen und vorübergehenden Sinnengenusses, die mit einer solch flüchtigen Zärtlichkeit verbunden sei, erscheine es nicht gerechtfertigt eine Straftat im Amte anzunehmen. Das entspräche auch nicht dem Sinn dieser Strafbestimmungen; zustimmend Lackner/Kühl, § 331, Rn. 5.

§ 331 I StGB nicht aus[91]. Das Gericht begründet seine Ansicht mit dem Sinnzusammenhang des Vorteilsbegriffs. Wörtlich heißt es: „Eine so weite Auslegung des Vorteilsbegriffs würde seine Konturen verwischen und den Sinnzusammenhang auflösen, in dem er einerseits mit dem Erfordernis der Zuwendung, andererseits mit den Tathandlungen des Forderns, Sichversprechenlassen und der Annahme steht." Eine Begründung, die mehr offen lässt, als aufklärt.

Auch die in der Literatur vertretenen Sichtweisen spiegeln seit jeher alles andere als einheitliche Positionen wieder. Beigepflichtet wird teilweise der von Feuerbach[92] geprägten, sodann in seinem Lehrbuch aber selbst wieder aufgegebenen[93] Formel, zu den Bestechungsmitteln zählten „nicht bloß Vorteile am Vermögen, sondern alles andere, was Mittel ist zur Befriedigung des Ehrgeizes, der Eitelkeit und der Sinnenlust" sei[94]. „Grundsätzlich in Einklang" mit dieser Position befindet sich auch Schwieger, der jedoch nicht vom Wortlaut ausgehend argumentiert, sondern am Maßstab des eigenen Rechtsgutsverständnisses den Standpunkt vertritt, auch solche Zuwendungen seien „generell – sozusagen von der Art der betreffenden Anwendung her – durchaus geeignet, den äußerlichen Eindruck hervorzurufen, als habe einer der in §§ 331 ff. StGB genannten Funktionsträger nicht mehr (...) objektiv handeln können"[95]. Solchen Erwägungen werden mit

---

[91] BGH, NJW 1989, 914 ff., 915; die entgegengesetzte Rechtsauffassung hatte zuvor die StrK des LGs Darmstadt vertreten, die den Angeklagten wegen Bestechlichkeit zu einer Freiheitsstrafe von sechs Monaten verurteilt hat, deren Vollstreckung zur Bewährung ausgesetzt wurde. Die StrK hatte die Vorteilszuwendung in der Gelegenheit zur sexuellen Betätigung erblickt, da schon die „Leistungsbereitschaft der entkleideten Prostituierten zu sexuellen Kontakten" „üblicherweise bereits zu vergüten" sei.

[92] Feuerbach, Themis, Teil IV, 210.

[93] Feuerbach, Lehrbuch, § 479 c.

[94] In diesem Sinne: RGSt 64, 291 ff., 291; BGHSt 14, 123 ff., 128; OLG Zweibrücken, NStZ 1982, 204 f., 205 m. krit. Anm. Geerds, JR 1982, 381 ff.; OLG Karlsruhe, NStZ 2001, 654 f., 655; vgl. auch Kirschbaum/Schmitz, GA 1960, 321 ff., 325 f. die den „vorübergehenden Sinnengenuss" des „Riechenlassen an einer Blume" als Vorteil bezeichnen, aber das gesetzlich vorgesehene Beziehungsverhältnis zur Einschränkung heranziehen.

[95] Schwieger, Vorteilsbegriff, 175 ff, trotz weitgehender Übereinstimmung kritisiert Schwieger Feuerbachs Formel sei inhaltlich zu unbestimmt, um argumentativ auch nur eine ähnlich fundierte Begründung liefern zu können, wie seine eigene Position; ebenfalls schutzgutorientiert argumentieren Arzt/Weber, StrafR. BT, § 49, Rn. 24.

Recht Zweifel im Hinblick auf die objektive Messbarkeit der Besserstellung entgegengehalten[96].

Bieten die dargestellten Ansätze also eine geeignete Grundlage, die weit gefassten Tatbestände der Vorteilsannahme bzw. –gewährung teleologisch zu reduzieren? Anders gefragt: Ist das Rechtsgut des Vertrauens der Allgemeinheit in die Sachlichkeit staatlicher Entscheidungen geeignet, den Anwendungsbereich der in §§ 331, 333 StGB angesprochenen Zuwendungen teleologisch zu begrenzen?

Die dargestellten Streitpunkte und Unklarheiten sprechen vorerst eher gegen die Möglichkeiten einer einschränkenden Auslegung. Bevor Fragen, die das Verhältnis der einzelnen Auslegungsmethoden zueinander betreffen, erörtert werden, soll ein weiterer aktueller Fall die methodische Vorgehensweise der Rechtsprechung exemplifizieren.

II. LG Wuppertal, Urt. v. 19.12.2002;[97] BGH Urt. v. 28.10.2004[98]

1. Sachverhalt[99]

Der Angeklagte Dr. K war im Jahre 1996 auf Vorschlag der SPD vom Stadtrat der Stadt Wuppertal zum ersten hauptamtlichen Bürgermeister gewählt worden. Der Mitangeklagte C hatte sich in den neunziger Jahren zu einem der größten Bauinvestoren der Stadt entwickelt. Im Vorfeld der ersten Direktwahl des Wuppertaler Oberbürgermeisters 1999 erschien es der SPD aufgrund des aufwendigen Wahlkampfes der CDU Nordrhein-Westfalen als notwendig, Großspender für den Wahlkampf zu gewinnen. Der Zeuge S, Stadtverordneter und bauplanungspolitischer Sprecher der SPD, sprach daraufhin den Mitangeklagten C auf Unterstützung an. Dieser verband mit der bisherigen Politik des Dr. K „Pla-

[96] Lackner/Kühl, § 331, Rn. 5; Sch/Sch-Cramer, § 331, Rn. 19; Rudolphi/Stein, SK-StGB, § 331, Rn. 21; Wagner, JZ 1987, 594 ff., 602; Kaiser, NJW 1981, 321 f., 322; Hardtung, Erlaubte Vorteilsannahme, 54; unter Verweis auf die Unbestimmtheit zu Recht kritisch Tröndle/Fischer, § 331, Rn. 11c.

[97] LG Wuppertal, NJW 2002, 1405 ff.

[98] BGH, NJW 2004, 3569 ff.

[99] Der umfangreiche Sachverhalt und die Entscheidungsgründe sind auf das vorliegend Wesentliche reduziert; zum Hintergrund des Falles Leyendecker, Korruptionsfalle, 19 ff.

nungssicherheit" und erhoffte sich durch Weiterführung von dessen „investorenfreundlicher" Politik, ein Faktory Outlet Center errichten zu können.

Anläßlich eines Abendessens am 10.11.1998 teilte der Angeklagte C – obgleich selbst Mitglied der CDU – dem Angeklagten Dr. K mit, den Wahlkampf der SPD finanzieren zu wollen. Außerdem solle Dr. K der für die Öffentlichkeitsarbeit des C zuständige Mitarbeiter B zur Verfügung gestellt werden. Der Angeklagte Dr. K äußerte sich hierauf dahingehend, die SPD habe bereits eine Werbeagentur beauftragt, und er lehne es ab, durch direkte Zahlungen an ihn selbst unterstützt zu werden. Zudem merkte er an, er wolle den „rechtlich vorgesehenen Weg" in Form von Spenden an die Partei unter Beachtung des PartG einhalten. Ihm war sowohl bewusst, dass der Mitangeklagte C sich aufgrund seiner Stellung als OB der Stadt im Wahlkampf engagierte, als auch, dass Projekte des Mitangeklagten nach einer Wiederwahl Gegenstand seiner Amtstätigkeit sein würden. Im weiteren Verlauf der Finanzierung des Wahlkampfes wusste und billigte Dr. K, dass dafür ein Betrag von 500.000 DM aufgewendet wurde. Zudem hat er um den Einsatz des Zeugen B im Wahlkampf gewusst und dies gebilligt. Da es dem Mitangeklagten C daran gelegen war, im Rechenschaftsbericht der SPD nicht mit dem gesamten von ihm geleisteten Betrag als Spender aufgeführt zu werden, sorgte er – unter Umgehung des PartGes – dafür, dass sich die Zeugen H, N und K zum Schein als Spender benennen ließen.

2. Entscheidungen

a) Die Strafkammer des Landgerichts

Das LG hat den Angeklagten Dr. K vom Vorwurf der Vorteilsannahme gemäß § 331 StGB freigesprochen, den Mitangeklagten C aber wegen Vorteilsgewährung gemäß § 333 I StGB und Beihilfe zum Betrug verurteilt. Obgleich die StrK die Vorschrift des § 331 StGB dem Wortlaut nach als verwirklicht angesehen hat[100],

[100] Vgl. die Subsumtion unter die einzelnen Merkmale des objektiven Tatbestandes: LG Wuppertal, NJW 2003, 1405 ff., 1405 wo zunächst hervorgehoben wird, dass die n. F. des § 331 StGB Zahlungen an Dritte, wie z.B. Parteispenden in Gestalt sog. Drittvorteile erfasst. Das Sich-Versprechen-Lassen gemäß § 331 StGB erblickt die Kammer in einer konkludenten Billigung der Zuwendungen des Dr. K beim Abendessen, die Dr. K später auch angenommen habe. Da der Angeklagte Amtsträger Dr. K erkannt habe, dass ihn der Mitangeklagte C auf Grund seiner dienstlichen Stellung als OB zur Weiterführung seiner investorenfreundlichen

begründet sie den Freispruch des Dr. K mit einer, an die Urteile des 1. Strafsenates des BGH[101] zur Einwerbung von Drittmitteln angelehnten, teleologischen Auslegung. Da das PartG infolge der Verschleierung der Spendenherkunft durch den Mitangeklagten C nicht eingehalten wurde, war der Weg einer objektiv-teleologischen Auslegung in der Manier der Drittmittelentscheidungen versperrt. Da Dr. K keine Kenntnis von der Umgehung des Parteiengesetzes hatte, reduzierte das LG die Vorteilsannahme über § 16 StGB. Dieser teleologisch vermittelte Irrtum über ein ungeschriebenes objektives Tatbestandsmerkmal kam dem Mitangeklagten C, der Kenntnis von der Umgehung des Parteiengesetzes hatte, nicht zugute. Er wurde trotz spiegelbildlicher Ausgestaltung der Vorschriften gemäß § 333 StGB verurteilt.

Nach Ansicht der StrK ist die Sachlage bei der Einwerbung von Drittmitteln mit der Wahlkampffinanzierung vergleichbar. Im Unterschied zu dem vom BGH im Rahmen der Drittmittelforschung entschiedenen Fall, stelle es zwar keine Dienstaufgabe des Angeklagten Dr. K dar, sich an der Einwerbung von Fremdmitteln zu beteiligen. Dennoch sei er als Spitzenkandidat im Wahlkampf faktisch gehalten gewesen, sich der Spendenwerbung nicht zu verschließen[102]. Dieses vom Landgericht mehrfach unterstrichene „Spannungsverhältnis“ entspreche der Situation der Hochschullehrer im Bereich der Drittmittelforschung. Dem Schutzgut des Vertrauens der Allgemeinheit in die Lauterkeit des Amtsträgers werde bei Einhaltung des für Parteispenden vorgesehenen Verfahrens angemessen Rechnung getragen[103]. Obwohl im vorliegenden Fall von den Vorschriften des Parteiengesetzes abgewichen worden sei, sei der Tatbestand zugunsten des Angeklagten Dr. K zu reduzieren gewesen, da dessen Vorstellung „bei der Tat“, das Parteiengesetz werde eingehalten, berücksichtigt werden müsse (§ 16 StGB)[104]. Den Angeklagten C, der die tatsächlichen Umstände der Tat kannte

---

Politik unterstützen wollte, sei auch der erforderliche Bezug zur Dienstausübung gegeben. Im Hinblick auf den Mitangeklagten C hebt die Kammer hervor, dass es ihm darum gegangen sei, dem Angeklagten Dr. K ein Äquivalent für dessen Dienstausübung – in Gestalt der Unterstützung des Outlet Centers – zu gewähren und dies in Form der Parteispenden auch getan hat.

[101] BGH, NJW 2002, 2801 ff.; siehe dazu den Fall, S. 9 ff. auf den das LG ausdrücklich Bezug nimmt, vgl. NJW 2003, 1405 ff., 1406.

[102] LG Wuppertal, NJW 2003, 1405 ff., 1406.

[103] LG Wuppertal, NJW 2003, 1045 ff., 1046 f.

[104] LG Wuppertal, NJW 2003, 1405 ff., 1406.

und durch das Ansprechen von Scheinspendern die Vorschriften des Parteiengesetzes unterlief, hat das LG wegen Vorteilsgewährung gemäß § 333 I StGB n.F. verurteilt.

b) Der 3. Senat des BGH

Der 3. Senat des BGH hat das Urteil des Landgerichts mit den ihm zugrundeliegenden Feststellungen aufgehoben, soweit es die Angeklagten Dr. K und C betrifft. Auch der Senat erachtet den Tatbestand der Vorteilsannahme durch das Verhalten des Angeklagten Dr. K dem Wortlaut nach als verwirklicht, hebt aber im Gegensatz zur Strafkammer hervor, dass sich die Urteile, die den Sachverhalt der Einwerbung von Drittmitteln betreffen, nicht auf Parteispendenfälle übertragen ließen.

Aus der Begrenzung der Gewährung öffentlicher Mittel an Parteien resultiere deren besonderes Interesse, Spenden einzuwerben[105]. Als Folge seien Parteimitglieder, die die Amtsträgereigenschaft im Sinne der §§ 11 I Nr. 2, 331 I StGB erworben hätten, einem erheblichen Erwartungsdruck ausgesetzt und fühlten sich in gesteigerten Maße aufgefordert, Spenden einzuwerben und entsprechende Zuwendungen an die Partei weiterzuleiten. Hierdurch würde für parteigebundene Amtsträger in besonderer Weise die Gefahr begründet, mit den Korruptionstatbeständen in Konflikt zu geraten. Der auch vom BGH als „Spannungsverhältnis" bezeichnete Konflikt könne jedoch nicht dadurch aufgelöst werden, dass der Amtsträger, der eine nach dem Parteiengesetz zulässige Spende als Drittvorteil fordert, sich versprechen lässt oder annimmt, von der Strafbestimmung des § 331 StGB freigestellt werde[106]. Anhaltspunkte dafür ergäben sich weder aus den reformierten Korruptionstatbeständen noch aus dem PartG.

Mangels Verknüpfung der Vorteilsgewährung mit einer konkreten Diensthandlung würden nach der Erweiterung der Tatbestände der Vorteilsannahme und -gewährung vielmehr auch Zuwendungen zur Gewinnung generellen Wohlwollens und zur „allgemeinen Klimapflege" erfasst. Es sei Sache des Gesetzgebers, die zum Schutze der Lauterkeit des öffentlichen Dienstes und des Vertrauens in diese Lauterkeit notwendigen Maßnahmen im Rahmen des verfassungsrechtlich

[105] BGH, NJW 2004, 3569 ff., 3572.
[106] BGH, NJW 2004, 3569 ff., 3572 f.

eröffneten Gestaltungsspielraums zu ergreifen. Das Spannungsverhältnis, in dem sich der Angeklagte Dr. K befunden habe, sei nicht geeignet, eine Normkorrektur durch den Rechtsanwender zu rechtfertigen[107]. Gegen eine Gleichbehandlung beider Sachverhalte spreche insbesondere die Überlegung, dass der Hochschullehrer im Gegensatz zum Wahlkämpfer keinen widersprechenden Normbefehlen ausgesetzt sei. Ungeachtet des aufgezeigten faktischen Normdrucks zur Einwerbung von Drittmitteln, gebiete das PartG Dr. K gerade nicht Parteispenden einzuwerben. Der lediglich faktisch existierende Erwartungsdruck innerhalb seiner Partei sei aber ungeeignet, den Normbefehl des § 331 I StGB außer Kraft zu setzen.[108] Auch die in § 25 III PartG vorgesehene Publizierungspflicht und die hierdurch erreichte Transparenz sei nicht geeignet, dem Schutzzweck des § 331 StGB hinreichend Rechnung zu tragen, da sie die individuelle Beziehung zwischen Spender und dem die Spende einwerbenden Amtsträger nicht enthülle. Zuletzt kritisiert der 3. Senat des BGH die durch die Auslegung des Landgerichts bedingte Folgen der Ungleichbehandlung parteizugehöriger und parteiloser Amtsträger. Der von der Strafkammer bereitete Weg, sei nur parteizugehörigen Amtsträgern gangbar. Parteilosen Amtsträgern wäre die Legitimierung der Vorteilsannahme über das im PartG vorgesehene Verfahren versperrt. Dies verletze den in Art. 3 I GG verbürgten Gleichheitssatz.

Überraschender Weise gelangt der BGH – trotz des an die grammatikalische Auslegung angelehnten Argumentationsganges – auf anderem Wege zu einer einschränkenden Auslegung des § 331 I StGB. Aus Gründen der verfassungsrechtlich garantierten Waffengleichheit, müssten zur Wahl stehende Kandidaten, die bereits ein Amt im Sinne des § 11 I Nr. 1 StGB inne hätten, solchen Kandidaten ohne Amtsträgereigenschaft gleichgestellt werden[109]. Eine Anwendung der Korruptionstatbestände auf Personen, die noch nicht Amtsträger seien, aber kurz vor der Ernennung stünden[110], sei mit dem Wortlaut der Vorschriften un-

[107] BGH, NJW 2004, 3569 ff., 3573.
[108] BGH, NJW 2004, 3569 ff., 3573.
[109] BGH, NJW 2004, 3569 ff., 3573, 3574 f.
[110] So gefordert von Jescheck, LK-StGB, § 331, Rn. 27, der den Tatbestand trotz dieser Feststellung jedoch erst dann als erfüllt ansieht, „wenn die Unrechtsvereinbarung später bestätigt oder die vereinbarte Diensthandlung tatsächlich vorgenommen wird".

vereinbar[111]. Ein Wahlkandidat, der keine Amtsträgerstellung inne habe, sei in unbeschränkter Weise befugt, Mittel zur Finanzierung seines Wahlkampfes einzuwerben. Ihm sei mangels Amtsträgereigenschaft sogar möglich, zur Erlangung entsprechender Mittel ohne das Risiko strafrechtlicher Verfolgung für den Fall seiner Wahl, dem Zuwendenden künftig pflichtwidrige Diensthandlungen in Aussicht zu stellen oder sich bereit zu zeigen, sich bei künftigen Ermessensentscheidungen wegen der Wahlkampfunterstützung zu Gunsten seines Förderers beeinflussen zu lassen.[112]

Gleichzeitig stellt der 3. Senat jedoch klar, dass diese Auslegung nicht für die Vornahme pflichtwidriger Diensthandlungen und damit für § 332 I i. V. m. III StGB gelten könne. Der Amtsträger müsse an dieser Stelle nicht mit sonstigen Personen gleichgestellt werden, da er sich auf Grund seiner Amtsposition in einer besonderen Pflichtenstellung befinde, die eine Differenzierung erfordere. Hier überwiege die „Verwerflichkeit eines solchen Vorgehens" und damit der „Schutz der Lauterkeit des öffentlichen Dienstes und des Vertrauens der Öffentlichkeit in diese Lauterkeit"[113].

Zur Absicherung seiner „Auslegung" hebt der BGH hervor, weder Wortlaut noch Entstehungsgeschichte der Vorschriften stünden einer verfassungsrechtlichen Reduktion entgegen. Zwar habe der Gesetzgeber die §§ 331, 333 StGB auch deshalb tatbestandlich erweitert, um die als Handlungen im Vorfeld der Korruption für gefährlich erachteten Leistungen zur „allgemeinen Klimapflege" zu erfassen[114], die besondere Situation eines Amtsträgers, der sich um seine Wiederwahl bewerbe, und die sich im Hinblick darauf ergebende verfassungsrechtliche Spannungslage, habe er allerdings erkennbar nicht bedacht[115].

Der 3. Senat selbst bemängelt die mit seinem Lösungsansatz verbundenen Abgrenzungsschwierigkeiten zwischen erlaubter und unerlaubter Wahlkampfunter-

---

[111] BGH, NJW 2004, 3569 ff., 3574; auch Tröndle/Fischer, Vor. § 331, Rn. 2 stehen auf dem Standpunkt die Vorschriften können „nur" von Amtsträgern verwirklicht werden.
[112] BGH, NJW 2004, 3569 ff., 3574.
[113] BGH, NJW 2004, 3569 ff., 3574.
[114] BGH, NJW 2004, 3569 ff., 3575 unter Verweis auf BT/Drs. 13/8079, 15.
[115] BGH, NJW 2004, 3569 ff., 3575 unter Verweis auf BVerfGE, NJW 1305 ff., 1312 zur Auslegung des § 261 II Nr. 1 StGB.

stützung. Diese Probleme seien jedoch „der derzeitigen Rechtslage geschuldet, die – als Folge der weiten Tatbestandsfassung einerseits und der durch das verfassungsrechtliche Gebot der passiven Waffengleichheit bedingten Notwendigkeit restriktiver Auslegung andererseits – eine schärfere Grenzziehung nicht zulässt“[116]. Um die Voraussehbarkeit staatlichen Strafens (Art. 103 II GG) zu gewährleisten, müsse § 331 I StGB (ebenso wie § 333 I StGB) daher in einschränkender Auslegung auf die Fälle beschränkt werden, in denen die Grenze unerlaubter Wahlkampfunterstützung „eindeutig“ überschritten sei.

Im Hinblick auf den Angeklagten C müsse § 333 I StGB ebenfalls nach den oben dargelegten Maßstäben verfassungskonform ausgelegt werden. Dies bedeute in spiegelbildlicher Anwendung der für § 331 I StGB geltenden Grundsätze, dass sich, wer einem Amtsträger eine Zuwendung für seinen Wahlkampf anbietet, verspricht oder gewährt, um ausschließlich dessen allgemeine zukünftige Dienstausübung nach einer erfolgreichen Wahl zu fördern, nicht wegen Vorteilsannahme strafbar mache, da es an der erforderlichen rechtswidrigen Verknüpfung zwischen Vorteil und Dienstausübung fehle[117]. Die erforderlichen Feststellungen hierzu seien im Urteil des LG bezüglich des Angeklagten C nicht mit der gebotenen Eindeutigkeit getroffen. Allein der Umstand, dass der Mitangeklagte C sich mit der Wiederwahl von Dr. K positive Auswirkungen auf sein Vorhaben den Factory Outlet Center zu gründen versprach, lasse mangels Absprache mit dem Angeklagten Dr. K nicht auf den Abschluss einer entsprechenden Unrechtsvereinbarung schließen.

3. Problemaufriss

a) Übereinstimmungen

Die augenscheinliche Übereinstimmung der skizzierten Entscheidungen liegt in deren Ergebnis. Beide Gerichte halten eine Reduktion der Tatbestände der Vorteilsannahme und –gewährung zugunsten des Angeklagten für erforderlich, obgleich sie die Vorschrift des § 331 I StGB dem Wortlaut nach verwirklicht sehen.

---

[116] BGH, NJW 2004, 3569 ff., 3575.

[117] BGH, NJW 2004, 3569 ff., 3576.

Da die Rechtsprechung diesen Widerspruch durch Dezision auflöst, bleibt zu klären, unter welchen Voraussetzungen ein Tatbestand der teleologischen oder verfassungsrechtlichen Reduktion überhaupt bedarf und inwieweit dieser Vorgehensweise – die sich methodisch als Auslegung geriert – dogmatische und rechtliche Grenzen gesetzt sind. Die bisherigen Ausführungen haben bereits zahlreiche Hinweise darauf erbracht, dass die Rechtsprechungsdogmatik auf Kollisionskurs mit dem Gesetzlichkeitsprinzip geht. Über dieses zentrale Problem hinaus, gilt es jedoch zunächst, die immanenten Widersprüche der Entscheidungen aufzudecken.

b) PartG als ungeschriebenes Tatbestandsmerkmal

Schon die erstinstanzliche Entscheidung des Landgerichts Wuppertal wirft zahlreiche Streitpunkte auf. Bedürfte die Berücksichtigung der Fehlvorstellung des Angeklagten Dr. K über § 16 StGB, dessen Wertung die Strafkammer des Landgerichts „vergleichsweise" heranziehen möchte[118], nicht eines ausdrücklich normierten Bezugspunktes im objektiven Tatbestand des § 331 I StGB? Handelt es sich bei der vorgenommenen „Wertung" um einen Aspekt teleologischer Reduktion, der mit dem Wortlaut der Vorschriften in Einklang gebracht werden kann? Wie aber soll das Schutzgut des Vertrauens der Allgemeinheit in die Sachgerechtigkeit staatlicher Entscheidungen dann nicht tangiert sein, wenn das im PartG vorgeschriebene Einwerbungsverfahren gerade nicht eingehalten wurde?

Wurde im oben besprochenen Fall zur Drittmittelforschung noch eine „klassische" teleologische Reduktion des § 331 StGB aus Schutzguterwägungen vorgenommen, bleibt im Parteispendenfall unklar, warum das Vertrauen der Allgemeinheit bei Kenntnis der Nichteinhaltung des vorgesehenen Verfahrens unter Bezugnahme auf § 16 StGB zu reduzieren ist. Der Umstand, dass Dr. K von der Einhaltung des Parteiengesetzes ausgehen „musste und durfte"[119], ist für einen Vertrauensverlust der Allgemeinheit, in Folge einer durch die Öffentlichkeit erlangten Kenntnis der Nichteinhaltung der Vorschriften, ohne Bedeutung. Eine Heranziehung der in § 16 StGB enthaltenen Wertung setzt daher voraus, die Einhaltung des spezialgesetzlich (außerhalb des StGB!) geregelten Verfahrens-

[118] LG Wuppertal, NJW 2003, 1405 ff., 1406.
[119] LG Wuppertal, NJW 2003, 1405 ff., 1406.

ablaufes als ungeschriebenes Tatbestandsmerkmal der Vorteilsannahme und –gewährung zu klassifizieren, auf das sich der Vorsatz des Täters beziehen muss. Woher aber soll ein solches Merkmal Berechtigung genießen, wenn nicht aus dem Wortlaut oder dem Sinn und Zweck der Vorschriften heraus?

c) WahlR als Einschränkungsmaßstab

Ohne diese Schwierigkeiten einer teleologischen Betrachtung offen zu legen, erwägt der 3. Senat des BGH im vorliegenden Fall ausnahmsweise keine teleologisch-schutzgutorientierte, sondern eine verfassungsrechtliche Begrenzung der Vorschriften der Vorteilsannahme und –gewährung. Mit dieser Vorgehensweise droht der gesetzliche Tatbestand als äußerste Grenze der Auslegungsmethodik endgültig aus dem Blick zu geraten.

Als Bürgermeister der Stadt Wuppertal war der Angeklagte Dr. K zum Tatzeitpunkt Amtsträger im Sinne der § 331 I i.V.m. § 11 I Nr. 2 a StGB. Ob er sich den materiellen Vorteil der Wahlkampffinanzierung bei dem Abendessen mit C hat versprechen lassen, kann dahinstehen, da er die Vorteile i.H.v. ca. 500.000 DM und Unterstützung durch B in der darauf folgenden Zeit für die Partei angenommen hat und Drittvorteile von der Neufassung der Vorschriften ausdrücklich erfasst sind. Da Dr. K in Kenntnis seiner dienstlichen Stellung als Bürgermeister handelte und ebenfalls wusste, dass C sich die Weiterführung seiner investorenfreundlichen Politik erhoffte, ist der in § 331 I StGB geforderte Bezug der Vorteilsannahme für die Dienstausübung objektiv wie subjektiv gegeben.

Vor diesem grammatikalischen Hintergrund bleibt unverständlich, dass der Senat die Behauptung aufstellt, der Wortlaut der §§ 331, 333 StGB stehe seiner Auslegung nicht entgegen[120], obgleich er zu Recht die Annahme des Landgerichts teilt, dass das Verhalten des Angeklagten Dr. K ohne weiteres vom gesetzlichen Tatbestand der Vorteilsannahme erfasst sei[121].

Offen bleibt darüber hinaus, aus welchem Grunde der Senat davon ausgeht, der Gesetzgeber habe die besondere Situation des sich wiederbewerbenden Amts-

---

[120] BGH, NJW 2004, 3569 ff., 3575.
[121] BGH, NJW 2004, 3569 ff., 3571.

trägers, erkennbar nicht bedacht[122], obgleich er die Erfassung „allgemeiner Klimapflege“ als gesetzgeberisches Regelungsmotiv herausstellt und selbst zuvor konstatiert, es existierten keine Anhaltspunkte dafür, dass der Gesetzgeber die Einwerbung von Parteispenden von der Strafdrohung des § 331 StGB habe ausnehmen wollen[123].

Nicht überzeugend ist auch die wertungsmäßige Differenzierung zwischen Parteispenden- und Drittmittelproblematik. Die vom BGH angeführten Unterschiede ließen sich mit gutem Grund auch – wie in der Urteilsbegründung des Landgerichts deutlich wurde – als Gemeinsamkeiten der beiden Bereiche interpretieren. Bewegt sich der Gesetzgeber nach Ansicht des 3. Senates im Bereich der Wahlkampffinanzierung trotz des herausgestellten Spannungsverhältnisses im Rahmen seines gesetzgeberischen Ermessens, könnte gleiches für die Drittmittelforschung gelten. Die Vergleichbarkeit des faktischen Erwartungsdrucks von Hochschullehrer und Wahlkämpfer, spricht gegen die angeführte Unterscheidung. Beide Funktionsträger sind neben öffentlichen Zuwendungen auf weitere Mittel angewiesen. Ebenso wie die Vorschriften des Parteiengesetzes Spenden an Parteien nicht nur erlauben, sondern erwünschen (vgl. §§ 25 I 1, 2, 4 IV Nr. 3 und 4 PartG, Art. 21 I 4 GG), ist auch die Drittmittelforschung rechtlich erwünscht. § 25 HRG und die entsprechenden Vorschriften der Landeshochschulgesetze berechtigen die in der Forschung tätigen Hochschulmitglieder dazu, im Rahmen ihrer dienstlichen Aufgaben auch privat finanzierte Forschungsvorhaben durchzuführen[124]. Ein faktischer Zwang dieser Aufgabe nachzukommen, ergibt sich daraus, dass die Einwerbung von Drittmitteln ein Parameter für die Zuweisung universitätsinterner Haushaltsmittel ist. Wer erfolgreich wirbt, erhöht das Institutsbudget[125]. Nur ganz vereinzelt wird die Drittmitteleinwerbung

---

[122] BGH, NJW 2004, 3569 ff., 3575.
[123] BGH, NJW 2004, 3569 ff., 3573.
[124] Z.B. lautet § 36 I HHG i.d.F. v. 31.07.2000 „Die in der Forschung tätigen Mitarbeiter und Angehörigen der Hochschule *sind berechtigt*, im Rahmen ihrer dienstlichen Aufgaben auch solche Forschungsvorhaben durchzuführen, die nicht aus den der Hochschule zur Verfügung stehenden Haushaltsmitteln, sondern aus den Mitteln Dritter finanziert werden; ihre Verpflichtung zur Erfüllung der übrigen Dienstaufgaben bleibt unberührt“.
[125] Kindhäuser/Goy, NStZ 2003, 291 ff., 291; Lippert, VersR 2000, 158; Lüderssen, StV 1997, 318 ff., 322; vgl. auch Laufs, NJW 2002, 1770 ff., 1770.

zur Dienstaufgabe erklärt[126] und damit die vom 3. Senat generell in Rechnung gestellten widersprechenden Normbefehle herbeigeführt.

Weshalb die in § 25 III PartG vorgeschriebene Publizierungspflicht im Gegensatz zum Drittmitteleinwerbungsverfahren nicht dazu geeignet sein soll, dem Vertrauenschutzzweck des § 331 I StGB Genüge zu tun, begründet der BGH damit, dass die Publizierungspflicht die individuelle Beziehung zwischen dem Spender und dem die Spende einwerbenden Amtsträger nicht enthülle[127]. Mit diesem Argument ließe sich ebenfalls die Unbeachtlichkeit der Einhaltung von hochschulrechtlichen Verfahrensvorschriften für die Einwerbung von Drittmitteln begründen, in dessen individuelle Beziehungen die Allgemeinheit ebenfalls keinen Einblick erhält.

Als relevanter Unterschied der beiden Sachverhaltskonstellationen bleibt somit die wertungsmäßig „nicht zu rechtfertigende Ungleichbehandlung von parteizugehörigen und parteilosen Amtsträgern" übrig, „wenn nur der für eine Partei kandidierende Amtsträger für seine Dienstausübung legal eine Wahlkampffinanzierung durch Dritte (...) aufbringen könnte"[128]. Es erscheint fraglich, ob die durch eine schutzgutorientierte Reduktion bedingten unerwünschte Folgen auf die vorliegende Art und Weise korrigiert werden dürfen.

III. Methodik der Lösungsansätze

Obgleich der Kritik der Gerichte im Hinblick auf die Weite der tatbestandlichen Ausgestaltung der §§ 331, 333 StGB nur beigepflichtet werden kann, gibt deren dogmatische Vorgehensweise Anlass zur Kritik.

Strafrechtliche Entscheidungen über die Verwirklichung eines Tatbestandes bedürfen zur Gewährleistung des Verfassungsgrundsatzes der Vorhersehbarkeit staatlicher Strafe (Art. 103 II GG) engerer Grenzen, als sie durch den 3. Senat des BGH im Ausgangsfall zu der Parteispendeneinwerbung gezogen werden. Erkennt man an, dass die erforderliche Abgrenzung unter Berücksichtigung des

126 § 59 Universitätsgesetz Baden-Württemberg i.d.F. v. 01.02.2000.
127 BGH, NJW 2004, 3569 ff., 3573.
128 BGH, NJW 2004, 3569 ff., 3573.

verfassungsrechtlichen Verbotes der passiven Wahlgleichheit „nicht für alle Fälle eindeutig vorauszusagende Ergebnisse der Rechtsanwendung sicherstellen kann“[129], ist das der Sache nach eine Bankrotterklärung an den strafrechtlichen Bestimmtheitsgrundsatz. Mangels eindeutiger Grenzziehung ist die Voraussehbarkeit staatlichen Strafens nicht mehr gewährleistet, wenn §§ 331 I, 333 I StGB „in einschränkender Auslegung auf die Fälle beschränkt werden, in denen die aufgezeigte Grenze eindeutig überschritten ist“[130]. Wie vom BGH selbst bezweifelt, bietet unsere Verfassung keineswegs eine unmissverständliche Grenze. So verständlich die Bemühungen des BGH sind, die Vorteilsannahme und -gewährung verfassungsrechtlich zu reduzieren, sie führen vom Regen in die Traufe. Weder wird das „Auslegungsergebnis“ dem strafrechtlichen Bestimmtheitsgrundsatz gerecht noch ist dem Gesetzlichkeitsprinzip genüge getan.

Auch die Vorgehensweise der Strafkammer hilft nicht weiter. Als teleologische Reduktion verpackt, schleichen sich schutzgutorientierte Erwägungen ein, die weder in sich schlüssig sind, noch einer grammatikalischen Betrachtung standhalten. In sich konsistent ist die Argumentation der StrK nicht, weil das Schutzgut des Vertrauens der Allgemeinheit sehr wohl bei der im Fall anerkanntermaßen gegebenen Nichteinhaltung der Verfahrensvorschriften gefährdet sein könnte[131].

Der Ausgangsfall zur Drittmittelforschung hat verdeutlicht, dass es bereits unter Geltung der Vorschriften der Vorteilsannahme und –gewährung a.F. Abgrenzungsprobleme zwischen strafwürdigem und nicht strafwürdigem Verhalten gab, die sich seit Neufassung der §§ 331 ff. StGB weiter zugespitzt haben. Schon vor Änderung der Vorschriften durch das KorrBekG stellte sich das Problem der Abgrenzung honorierter Forschungstätigkeit, zulässiger Unterstützung von For-

---

[129] BGH, NJW 2004, 3569 ff., 3575.

[130] So aber der BGH, NJW 2004, 3569 ff., 3575 dessen „eindeutige“ Grenze auf folgenden Überlegungen basiert: Grundvoraussetzung für die unerlaubte Einwerbung von Wahlkampfuntertützung sei, dass sich der Amtsträger im Gegenzug bereit gezeigt habe, im Falle einer Wahl seinen Gönnern einen bestimmten Vorteil zukommen zu lassen oder sich in bestimmten Einzelentscheidungen durch die Gewährung der Spende beeinflussen zu lassen. Hinzukommen müsse, dass dieser Vorteil allein dem Zuwendenden nutzt oder nur bestimmten Individualinteressen förderlich ist.

[131] Zur Deliktsstruktur der §§ 331 ff. StGB siehe unten, S. 65 ff.

schungsvorhaben und tatbestandsmäßiger Vorteilsannahme[132]. Dem Wortlaut nach weit gefasste Vorschriften, die am Maßstab grammatikalischer Auslegung erfüllt sind, werden durch den Rechtsanwender „korrigiert", um die gewünschten „Auslegungsergebnisse" zu erzielen. Die gleiche Vorgehensweise offenbart sich in der Aburteilung von „Parteispendenaffairen". Es wird sich nachfolgend zeigen, dass das überpositive Problem der Legitimität der Verhaltenssanktionierungen im Kern berührt ist, dogmatisch aber als Auslegungsfrage abgetan wird. Um diese These zu belegen gilt es zu klären, ob die unterschiedlichen Auslegungsmethoden beliebig nebeneinander anwendbar sind bzw. wie weit eine schutzgutorientierte oder verfassungsrechtliche Auslegung zulässigerweise zu tragen vermag. Schließlich ist zu überprüfen, welcher Bedeutung der Entstehungsgeschichte einer Vorschrift in diesem Zusammenhang zukommt.

IV. Das System der Auslegungslehren

1. Ausgangspunkt: Art. 103 II GG

Zahlreiche Autoren überspringen mittlerweile die grammatikalische Methode zur Konkretisierung der §§ 331 ff. StGB und befassen sich sogleich mit der teleologischen Auslegung der Bestechungstatbestände[133]. Auch in der höchstrichterlichen Rechtsprechung tritt diese Vorgehensweise vermehrt zu Tage[134]. Im

[132] Dem Wortsinn des von den Tatbeständen vorgegebenen Beziehungsverhältnisses zwischen Vorteil und Tätigkeit des Amtsträgers „für eine Diensthandlung" in §§ 331, 333 StGB a.F. zufolge, war dieser Zusammenhang im Rahmen der Drittmittelforschung regelmäßig verwirklicht, da mit den zur Verfügung gestellten Geräten üblicherweise Diensthandlungen ausgeführt wurden. Dieses Ergebnis lässt sich selbstverständlich auf die Neugestaltung der §§ 331, 333 StGB übertragen. Jede Tätigkeit, die als Diensthandlung zu qualifizieren war, lässt sich auch unter den weiteren Begriff der Dienstausübung subsumieren, da die Ausübung des Dienstes sich aus einzelnen Diensthandlungen zusammensetzt. Häufig werden dienstliche Aufgaben und drittmittelfinanzierte Tätigkeiten untrennbar verknüpft sein. Damit bietet das Beziehungsverhältnis keine Möglichkeit tatbestandlicher Restriktion.

[133] Vgl. Schwieger, Vorteilsbegriff, 36 ff., der sich um eine rechtsgutorientierte Interpretation des Vorteilsbegriffs bemüht; Arzt/Weber, StrafR. BT, § 49, Rn. 24; Scheu, NJW 1981, 1195 ff., 1196; Ostendorf, GA 1982, 333 ff., 345; Rudolphi/Stein, SK-StGB, § 331, Rn. 19 ff.; anders Creifelds, GA 1962, 33 ff., 34 der hervorhebt, dass es im objektiven Tatbestand nicht auf die Höhe des Vermögenswertes ankomme.

[134] Vgl. BGH, NStZ 2002, 38 f.; BGH, NStZ 1985, 497 ff., 499 mit kritischer Anm. Marcelli, NStZ 1985, 500 ff., 501 zur Frage der Erlangung eines Vorteils durch ungestörte Erhaltung der beruflichen Stellung und Karrierechancen. Der 3. Senat schenkt der grammatikalischen

Zentrum der Erörterungen steht dann zumeist die Frage, welches Rechtsgut Schutzgegenstand der Bestechungsdelikte ist. Zu Recht hat Schünemann in einem Aufsatz zur Gesetzesinterpretation im Schnittfeld von Sprachphilosophie, Staatsverfassung und juristischer Methodenlehre darauf hingewiesen, dass mit dem Prinzip der Gewaltenteilung ein „Grundmuster der Rechtsgewinnung vorgegeben ist, das durch die Dominanz des demokratisch optimal legitimierten Parlaments bei der Organisation der Gesellschaft mittels der im Gesetzgebungsakt erfolgten Verordnung von Verhaltensmustern gekennzeichnet ist. Der Justiz fällt in diesem Konzept die Aufgabe zu, die Befolgung der vom Gesetzgeber verbindlich vorgegebenen Verhaltensmuster (...) sicherzustellen“[135].

Über diese verfahrenstechnische Seite hinaus bedarf das Prüf- und Argumentationsprogramm der Rechtsanwendung der Bindung an gesetzliche Merkmale, um die in Art. 103 Abs. 2 GG garantierte Voraussehbarkeit staatlichen Strafens zu gewährleisten und staatliche Gewalt zu begrenzen. Dem werden die präsentierten Entscheidungen nicht gerecht. Sowohl die StrK des Landgerichts als auch der 3. Senat des BGH halten zwar zu Recht fest, dass das Verhalten des Angeklagten Dr. K grammatikalisch den Tatbeständen der §§ 331, 333 StGB unterfällt. Dennoch soll der Tatbestand "reduziert“ werden, obwohl der 3. Strafsenat sogar darauf hinweist, dass es sei in einem solchen Fall nicht Sache der Gerichte sei, eine Normkorrektur vorzunehmen[136], möchte er den Tatbestand der Vorteilsannahme verfassungsrechtlich reduzieren. Diese Vorgehensweise hat auch im Schrifttum Konjunktur.

2. Kritik an der teleologischen und verfassungskonformen Auslegung

Ob die objektiv-teleologische Betrachtung, die Normen von Zwecksetzungen her interpretiert (nach dem griechischen Wort telos = Ziel, Zweck), einen Lösungsansatz in Begrenzungsfragen der §§ 331 ff. StGB liefert, gilt es im Folgen-

---

Auslegung keine Beachtung und argumentiert sofort aus dem Schutzzweck der Norm heraus. Manche Urteile zeigen jedoch eine erfreuliche Rückbesinnung auf das Gesetzlichkeitsprinzip. So erkennt BGHSt 29, 300 ff., 303, dass der Wortlaut des § 331 a.F. StGB, der erforderte, dass der Amtsträger einen Vorteil als Gegenleistung dafür fordert, sich versprechen lässt oder annimmt, dass er „eine Diensthandlung vorgenommen hat“ vorgetäuschte Diensthandlungen grammatikalisch nicht erfasst.

[135] Schünemann, FS für Klug, 169 ff., 175.

den zu untersuchen. Dabei ähnelt die schnell anvisierte Schutzguterwägung derjenigen, die dem von Schwieger entwickelten Vorteilsbegriff inkorporiert ist. Er versteht unter Vorteil „jede Zuwendung einer unmittelbaren wirtschaftlichen, einer unmittelbaren immateriellen oder sonstigen mittelbaren Besserstellung, bei der in Verbindung mit einer Amtshandlung der *äußerliche Eindruck entsteht*, als habe einer der in den §§ 331 ff. StGB genannten Funktionsträger bei deren Vornahme wegen der betreffenden Zuwendung nicht mehr objektiv (oder neutral, d.h. ohne Bevorzugung oder treffender Interessenbesonderung einer bestimmten Person bzw. Personengruppe gegenüber dem verfassten Allgemeinen) handeln können“[137].

Ergeben sich tatsächlich Konsequenzen für die Auslegung auf Grundlage der Überlegung, dass z.B. geringwertige Zuwendungen in der Regel weniger geeignet sind, dass Vertrauen einzelner Personen und damit auch die Vertrauensbasis der Allgemeinheit in die Sachlichkeit staatlicher Entscheidungen zu erschüttern? Gewiß wird die sachliche Richtigkeit von Entscheidungen eines Verwaltungsbeamten, der einen Kuchen erhält aus Sicht der Bevölkerung weniger angreifbar für Beeinflussungen sein als diejenige des Beamten, dem kostspielige Reisen zugewendet werden. Ist das Vertrauensschutzgut also tatsächlich geeignet, den Vorteilsbegriff im Sinne verallgemeinerungsfähiger (klarer, verstehbarer, antizipierbarer) Gesetzlichkeit zu schärfen?

Die obergerichtliche Rechtsprechung scheint diese Auffassung zu vertreten. So hat der 2. Senat im gerade dargestellten Fall zu den Drittmitteln verkündet, dass das Rechtsgut des Vertrauens der Allgemeinheit in die Lauterkeit des öffentlichen Dienstes zwar gerade im Bereich medizinischer Forschung besonders schutzwürdig sei, dem Vertrauensschutzgut aber nach Lage der Dinge durch ein größtmögliches Maß an Durchschaubarkeit (Transparenz) und durch die Gewährleistung von Kontrollmöglichkeiten Rechnung getragen werde[138]. Für den

---

[136] BGH, NJW 2004, 3569 ff., 3573.

[137] Schwieger, Vorteilsbegriff, 194 f. als Orientierungsmittel zur Ausfüllung dieses Begriffs möchte der Autor in Anlehnung an Geerds, Art und Wert der Zuwendung, deren Anlass und die Begleitumstände berücksichtigt wissen, vgl. dazu Geerds, Unrechtsgehalt, 77 f.; ähnlich Lüderssen, FS für Eser, 163 ff., 174 bezüglich der „Erweckung des Anscheins der Käuflichkeit einer Diensthandlung“ im Falle sozialadäquater Drittmittel.

[138] S.o., S. 11 ff.; BGH, NJW 2002, 2801 ff.

2. Senat scheint damit im Bereich der Drittmittelforschung klar, wo die Grenze der objektiven Gefährdungseignung zur Beeinträchtigung des Vertrauensschutzgutes tatsächlich verläuft. Ebensogut hätte man, in Anbetracht der Sensibilität der Bevölkerung in medizinischen Fragen, jedoch argumentieren können, dass die Allgemeinheit trotz Einhaltung der Verfahrensvorschriften keinen hinreichenden Einblick in das Beziehungsgeflecht zwischen Pharmaindustrie und Forschern erhält, der dem Vertrauen in die Sachlichkeit der Entscheidung von Amtsträgern ausreichend Rechnung trägt. Hieran wird deutlich, dass eine objektive Gefährlichkeitsprognose aufgrund der Abhängigkeit des Vertrauens von Faktoren des Einzelfalls empirisch nicht zu stellen ist und daher dem Rechtsanwender freie Hand gelassen ist, die Gefährlichkeitsprognose zu treffen[139]. So verweist auch Schwieger im Rahmen seiner auf äußerlichen Eindrücken basierenden Vorteilskonzeption darauf, dass die von ihm vorgegebenen „Orientierungshilfen" nicht die im Einzelfall notwendige Gesamtwürdigung ersetzen[140].

---

[139] Dies zeigt sich auch in den streitigen Fällen der Gewährung von Gelegenheiten zur Vornahme sexueller Handlungen, wo die Beurteilung des Beeinflussungsgrades von den persönlichen Anschauungen der Einzelpersonen abhängen wird. Während die einen bereits das Angebot sexueller Gunstbezeugungen als generell geeignet sehen, Amtsträger in ihren dienstlichen Entscheidungen zu beeinflussen, werden andere eine Entscheidung über das Beeinflussungspotential nicht ohne Berücksichtigung der Persönlichkeit des Amtsträgers bzw. dessen Geschlecht treffen wollen. Wieder andere werden die bloß eingeräumte Möglichkeit der Vornahme sexueller Handlungen zur Beeinflussung der Amtsführung eher ungeeignet halten. Je nach Einschätzung der Beeinflussbarkeit des Amtsträgers durch die betreffenden Zuwendungen wird auch der Vertrauensverlust in die Sachlichkeit staatlicher Entscheidungen in der jeweiligen Situation unterschiedlich ausfallen. Ob eine Gefährdung des Vertrauensverlustes der Allgemeinheit im Falle anderer, geringfügiger sexueller Gunstbezeugungen wie einer Umarmung besteht, wird daher mehr als schwer zu beurteilen sein. Beide Ansichten ließen sich ohne große Kunstgriffe am vagen Maßstab des Vertrauensrechtsgutes begründen; vgl. zu diesem Problem die bekannte Entscheidung des BGH, abgedruckt in NJW 1989, 914 ff., wo der 2. Senat die bloße Gelegenheit zu unentgeltlichem sexuellen Kontakt durch das zur Verfügung stellen eines Separeé mangels objektiver Messbarkeit nicht als tatbestandsmäßigen Vorteil erachtet hat; vgl. auch BGH, MDR 1960, 63 ff. Das Urteil befasste sich mit der Frage, ob eine dem Angeklagten gewährte Umarmung sowie ein Kuss als tatbestandsmäßige Vorteile einzuordnen sind. Der BGH erachtete derartige Zuwendungen nicht als Vorteile im Sinne der §§ 331 ff. StGB. Ohne im Wege der grammatikalischen Auslegung auf die Bedeutung des Wortes „Vorteil" einzugehen, hob das Gericht zur Begründung seiner Rechtsauffassung hervor, wegen des geringfügigen und vorübergehenden Sinnengenusses, die mit einer solch flüchtigen Zärtlichkeit verbunden sei, erscheine es nicht gerechtfertigt eine Straftat im Amte anzunehmen. Das entspräche auch nicht dem Sinn dieser Strafbestimmungen.

Damit aber tritt die heute in der Praxis vorherrschende Funktion der am Rechtsgut ausgerichteten Argumentation im Rahmen der §§ 331 ff. auf den Plan: Das Vertrauensschutzgut wird dazu eingesetzt, ein als richtig empfundenes Ergebnis formulierbar zu machen. Sollte sich das Schutzgut – wie im zweiten Ausgangsfall – trotz seiner Uferlosigkeit dazu einmal nicht eignen, wird auf verfassungsrechtliche Wertungskriterien zurückgegriffen. Wie Naucke prägnant festgestellt hat, ist der Rechtsgutsbegriff deswegen so beliebt, weil er Rationalität im Argumentieren verspricht[141] und sich auf diese Weise einer argumentativen Absicherung der bereits gefassten Überzeugung als dienlich erweist. Ganz in diesem Sinne möchte der 2. Senat des BGH bereits vor Neufassung des § 11 I Nr. 2 StGB[142] in einer weiteren Entscheidung zur Problematik der Drittmittelforschung „unter dem Gesichtspunkt des Rechtsgüterschutzes" (...) „das Vertrauen der Allgemeinheit in die Integrität von Trägern staatlicher Funktionen" auch für den Fall geschützt wissen, dass der Staat „sich in privatrechtliche Organisation kleidet"[143].

Selbst wenn mit der Kategorie des Vertrauens ein realer Sachverhalt beim Individuum bezeichnet sein kann, geht diese Konkretisierung spätestens durch eine Bezugnahme auf die Allgemeinheit verloren, da ein Abstraktionsgrad erreicht ist, der die Behauptung der Verletzung oder Gefährdung der empirischen Überprüfung entzieht. Mit dem Vertrauensschutzgut hält der Rechtsanwender demzufolge keinen Maßstab zur Präzisierung der Vorschriften in den Händen, sondern ganz im Gegenteil einen „Hauptschlüssel", „der von innen heraus das Tor zur Unbestimmtheit öffnet"[144]. Begründet der 3. Senat seine Ansicht mit der Notwendigkeit einer Vorhersehbarkeit staatlichen Strafens am Maßstab des Art. 103 II GG[145], so erklärt er das Gesetzlichkeitsprinzip zur bloßen Makulatur, wenn er im gleichen Atemzug anerkennt, dass die Abgrenzung zwischen erlaubter und unerlaubter Wahlwerbung nach diesen Maßstäben nicht für alle Fälle einfach

[140] Schwieger, Vorteilsbegriff, 194.
[141] Naucke, Strafrecht, § 6, Rn. 73.
[142] Durch Art. 1 des Gesetzes zur Bekämpfung der Korruption wurde in § 11 I Nr. 2 c StGB nach dem Wort „Verwaltung" die Wörter „unbeschadet der zur Aufgabenerfüllung gewählten Rechtsform" eingeführt, BGBl. Teil I 1997, 2038.
[143] BGHSt 43, 370 ff., 377.
[144] Kargl, ZStW 114 (2002), 761 ff., 787.
[145] BGH, NJW 2004, 3569 ff., 3575.

erscheint und keine eindeutig vorauszusagenden Ergebnisse der Rechtsanwendung gewährleistet sind[146].

Dennoch wird die teleologische Auslegung in Theorie und Praxis häufig als „Krone der Auslegungsverfahren" bezeichnet[147]. Ihre Bedeutung soll sie dann erhalten, wenn sich angesichts einer veränderten sozialen Funktion der ursprüngliche Regelungszweck geändert habe[148] oder Bedeutungen und Konsequenzen des Gesetzestextes in der Anwendung hervortreten, die den an der Gesetzgebung beteiligten Personen nicht bewusst gewesen sind[149]. Wie aufgezeigt, besteht dann die Gefahr, dass die Anpassung der Gesetzeslage durch subjektive Vorstellungen des Rechtsanwenders geprägt ist. Die teleologische Auslegung vermag dem Rechtsanwender kein seiner Auslegung gegenüber externes Kriterium an die Hand zu geben, über das er nicht vollständig verfügen kann[150]. Der „objektive Sinn des Gesetzes" ist an den Vorstellungen des Rechtsanwenders orientiert. Die verfassungskonforme Auslegung steht ihrerseits unter dem Vorbehalt der Verfassungsauslegung und liefert ebenfalls keinen auslegungsexternen Maßstab. Einer so verstandenen objektiv-teleologischen Auslegungslehre kann das gewünschte Ergebnis nicht mehr im Wege stehen. Durch die Bezugnahme auf das Schutzgut oder die Verfassung wird die Auslegungsschranke des Wortlautes preisgegeben[151].

---

[146] BGH, NJW 2004, 3569 ff., 3575.

[147] So bereits Schwinge, Teleologische Begriffsbildung, 21 ff.; Blei, FS für Henkel, 109 ff. mit Beispielen; Maurach/Zipf, StrafR. AT 1, § 9, Rn. 21; Jescheck/Weigend, StrafR. AT, § 17 IV, Nr. 1b, 156; ähnlich Rudolphi, SK-StGB, § 1, Rn. 32 „Entscheidendes Gewicht kommt bei der Gesetzesauslegung der objektiv-teleologischen Methode zu." (...) „Die grammatische, die systematische und die historische Methode sind daher lediglich Hilfsmittel, um den heute gültigen Sinn des Gesetzes zu erschließen"; Tröndle, LK-StGB, § 1, Rn. 46; ähnlich Lackner/Kühl, Vor. § 13, Rn. 4; im Hinblick auf die Bestechungsdelikte Gribl, Vorteilsannahme, 69.

[148] Rudolphi, SK-StGB, § 1, Rn. 32 ff.; Sch/Sch-Eser, § 1, Rn. 43.

[149] Für eine objektive Auslegung daher Baumann/Weber/Mitsch, StrafR. AT, § 13; Rn. 74 ff. mit Einschränkungen auch Larenz/Canaris, Methodenlehre, 153 ff.; Bleckmann, JuS 2002, 942 ff., 944; Müller/Christensen, Juristische Methodik.

[150] Vgl. Duttge, Bestimmtheit des Handlungsunwertes, 125.

[151] Hassemer/Kargl, NK-StGB, § 1, Rn. 114; vgl. auch Kargl, JZ 1997, 283 ff. zur Interpretation der Beschädigung als Zustandsveränderung mit Blick auf das Schutzgut Eigentum.

3. Die Funktion der grammatikalischen Auslegung

Dieser Gefahr lässt sich nur dann wirksam begegnen, wenn der objektive Gesetzesinn einen Anhaltspunkt im Gesetzestext findet. Eine „Korrektur" des eindeutigen Wortlautes nach Maßgabe eigener verfassungsrechtlicher oder schutzgutorientierter Auslegung ist dem Richter verwehrt. Bei verfassungsrechtlicher Bedeutung der Sache hat er nach Art. 100 I GG vorzulegen[152]. Sowohl die verfassungskonforme als auch die rechtsgutorientierte Auslegung sind gehalten, sich weder über die Absichten des Gesetzgebers[153] noch über den möglichen Wortsinn einer Norm[154] hinwegzusetzen, da es sich sonst um Rechtsetzung durch den Rechtsanwender handeln würde.

Vor diesem Hintergrund stellt sich die Frage, was der Gesetzeswortlaut in Auslegungsfragen leisten kann und sollte. Der Hoffnung, dass der gesetzliche Wortlaut den Umfang der Strafbarkeit konkretisiert, wird zumeist das Argument der Unbestimmtheit der Sprache entgegengehalten[155]. Nach streng hermeneutischer Betrachtung, soll die Begrenzung der Auslegung durch Worte unmöglich sein, da die Rechtsanwendung in ontologischer Hinsicht ein Prozeß sei, der darin bestehe, die in ihrer Bedeutung offenen Rechtsnormen und den zunächst gestaltlosen und unstrukturierten Lebenssachverhalt zueinander in Entsprechung zu setzen, bis Gesetzesauslegung, Sachverhaltsfeststellung und Sachverhaltssubsumtion in unauflösbarer wechselseitiger Verflechtung in dem rechtsschöpferischen Akt des richterlichen Urteils zu einem sinnhaften Ganzen und einer gerechten Entscheidung zusammengeführt würden[156].

---

[152] Tröndle/Fischer, § 1, Rn. 11.
[153] Vgl. Bottke, StV 1993, 156 ff., 158; BGHSt 30, 105 ff., 118 f.; zustimmend im Hinblick auf die rechtsgutorientierte Auslegung, abweichend jedoch im Hinblick auf die verfassungskonforme Auslegung OLG Hamburg, NJW 2000, 673 ff., 676.
[154] Sch/Sch-Eser, § 1, Rn. 38; Tröndle/Fischer, § 1, Rn. 11; zur Vorgehensweise des Bundesverfassungsgerichts BVerfGE 17, 155 ff., 163 ff.
[155] Sax, Analogieverbot, 79 ff.; Jakobs, StrafR. AT, 4. Abschn., Rn. 35; ders., GS für Martens, 231 ff., 234 ff., 239 f.; dazu auch Neumann, ARSP-Beiheft 1980, 215 ff.; Lüderssen, Generalprävention, 53; Müller/Christensen, Juristische Methodik, rn. 322 ff.; BGHSt 40, 272 ff., 279.
[156] Vgl. dazu Arthur Kaufmann, Einführung, 116 ff.; vgl. auch Sax, Analogieverbot, 45 ff., 147 f.; Hassemer, Tatbestand und Typus, 98 ff., 162 ff.

Dies ist nicht der hier vertretene Standpunkt. Zwar ist es der Analogielehre von Rechtstexten gelungen, den Nachweis zu führen, dass jede innovative Auslegung analog verfährt, da sie auf einen Vergleich angewiesen ist[157]. Sachverhalte werden über das „tertium comparationis“ mit Normen durch ständiges Hin- und Herwandern des Blickes zwischen tatsächlichem und möglichem Sachverhalt und Norm in Entsprechung gebracht[158].

Es spricht dennoch viel dafür, dass eine Verständigung über Worte tatsächlich stattfindet, wenn man die Auslegung auf den „Sprachgebrauch des normalen Lebens“[159] beschränkt. Dass auch der umgangssprachliche Bedeutungsgehalt die Auslegung im Einzelfall vor Probleme stellt, ändert nichts an der Berechtigung, von der begrifflichen Unterscheidbarkeit der Worte als Fundament des Verstehens auszugehen[160]. Deshalb ist es vernünftig, die inhaltlichen Grenzen des Analogieverbotes über das Kritierium des Gesetzeswortlautes zu definieren[161]. Würde es zur Unterscheidung der Worte keinen objektiven oder zumindest intersubjektiven, von der Person des Interpreten losgelösten Wortsinn geben, wären die machtbegrenzenden Zielsetzungen des Gesetzlichkeitsprinzips zum Scheitern verurteilt[162].

Der entscheidende Vorteil einer Auslegung am Maßstab der Wortlautgrenze liegt darin, dass der Wortlaut im Gegensatz zur teleologischen Gesetzesauslegung den Gedanken des Rechtsanwenders gegenüber extern ist. Wer an die Be-

---

[157] Siehe dazu Hassemer, Einführung, 96 ff.; Schroth, Einführung, 278; ders., Theorie und Praxis, 107; Yi, Wortlautgrenze, 188 ff.; Arthur Kaufmann, Analogie und Natur der Sache, 60 ff.

[158] Schroth, Einführung, 287; ders., Theorie und Praxis, 107.

[159] Roxin, StrafR. AT, § 5, Rn. 37.

[160] So auch die Position von Hassemer/Kargl, NK-StGB, § 1, Rn. 96; vgl. auch Schünemann, FS für Klug, 169 ff., 180 f.; Velten/Mertens, ARSP 1990, 518 ff., 534 ff.

[161] So auch die überwiegende Auffassung vgl. nur BVerfGE 47, 109 ff., 120; 64, 389 ff., 393; 71, 108 ff., 115; 73, 206 ff., 235; BGHSt 4, 144 ff., 149; 10, 157 ff., 160 „Das Gesetz ist nicht toter Buchstabe, sondern lebendig sich entwickelnder Geist, der mit den Lebensverhältnissen fortschreiten und ihnen sinnvoll angepasst weitergelten will, *solange dies nicht die Form sprengt, in die er gegossen ist.*“; BGHSt 26, 95 ff., 96; 37, 226 ff., 230; R. Schmitt, FS für Jescheck, 233; Baumann/Weber/Mitsch, StrafR. AT, § 9, Rn. 84; Jescheck/Weigend, StrafR. AT, § 17 IV, Nr. 5; Rudolphi, SK-StGB, § 1, Rn. 29, 35; Hassemer/Kargl, NK-StGB, § 1, Rn. 78; Sch/Sch-Eser, § 1, Rn. 53; Krey, ZStW 101 (1989), 838 ff., 842; kritisch Schroth, Theorie und Praxis, 110 f.

deutung von Worten in der Umgangssprache anknüpft, gewinnt richtigerweise „ein Kriterium für die analogischen Grenzüberschreitungen, das dem Rechtsanwender von außerhalb des Rechtsanwendungsprozesses eine Grenze zieht, über die er nicht selbst verfügen kann[163]."

4. Die Funktion der historischen Auslegung

Gleiches gilt für die historische Auslegung, die versucht, Beweggründe des Gesetzgebers für die Interpretation einer Rechtsnorm fruchtbar zu machen und auslegungstechnisch umzusetzen, dass die konkrete Gesetzesfassung die Lösung eines spezifischen Entscheidungsproblems darstellt[164]. So verstandene „subjektive" Auslegung knüpft daran an, dass mit der Gestaltung konkreter Rechtsnormen durch den Gesetzgeber auf Regelungsziele geantwortet wird. Kann man die Gesetzesmaterialien konsensfähig im Hinblick auf bestimmte Regelungsabsichten interpretieren, so ist der Rechtsanwender gehalten, diese gesetzgeberischen Ziele seiner Entscheidung zugrundezulegen[165].

Problematisch ist allerdings, dass auch die historische Auslegung in der Praxis nicht ohne Rücksicht auf das angestrebte Ergebnis eingesetzt wird, sondern genutzt wird, um das gewünschte Ergebnis formulierbar zu machen.[166] Der geschilderte Nutzen der historischen Auslegung, der durch Bezugnahme auf ein externes Element bedingt ist, wird hierdurch zunichte gemacht, da an die Stelle der gesetzgeberischen Wertung die eigene Überzeugung tritt. Historische Zielsetzungen können daher nur dann Berücksichtigung finden, wenn diese ihren Niederschlag im Wortlaut der Vorschrift gefunden haben und auf die Gesetzgebungsorgane selbst zurückzuführen sind[167].

Im Rahmen des zweiten Beispielsfalls geht der 3. Senat im Hinblick auf den Grundsatz der passiven Wahlgleichheit von einer Regelungslücke aus, da die

---

[162] Hassemer/Kargl, NK-StGB, § 1, Rn. 96.
[163] Hassemer/Kargl, NK-StGB, § 1, Rn. 79; vgl. dazu auch Neumann, Rechtsontologie und juristische Argumentation, 71 ff.; Schroth, Einführung, 278.
[164] Vgl. Schroth, Einführung, 282; Loos, FS für Wassermann, 123.
[165] Hassemer/Kargl, NK-StGB, § 1, Rn. 108; Naucke, FS für Engisch, 274 ff.; Sch/Sch-Eser, § 1, Rn. 41.
[166] Naucke, FS für Engisch, 274 ff., 279.

Gesetzgebungsorgane die Problematik der Chancengleichheit eines Amtsträgers, der sich um seine Wiederwahl bewirbt und die sich im Hinblick darauf ergebende verfassungsrechtliche Spannungslage „erkennbar nicht bedacht" hätten[168]. Zutreffend hieran ist lediglich, dass der Gesetzgeber weder in den Gesetzesmaterialien noch im Wortlaut der Tatbestände die betreffende Sachverhaltskonstellation angesprochen hat.

Dieser Umstand könnte jedoch ebenso durch eine bewusste gesetzgeberische Ungleichbehandlung von Amtsträgern und solchen Personen, die kein öffentliches Amt inne haben, bedingt sein. So hebt der BGH an anderer Stelle hervor, es scheide von vorneherein aus, „den Amtsträger, der von einem Dritten eine Wahlkampfunterstützung als Gegenleistung dafür fordert, (...) dass er eine pflichtwidrige Diensthandlungvorgenommen hat (...) oder sich bereit zeigt, sich auf Grund der Zuwendung bei einer künftigen Ermessensentscheidung zu Gunsten des Gebers beeinflussen zu lassen, von der Strafbarkeit wegen Bestechlichkeit (§ 332 I III StGB) freizustellen" sei[169]. Dies gelte unabhängig davon, „ob eine künftige Diensthandlung (...) schon vor oder erst nach der Wahl vorgenommen werden soll". Zwar könne ein „sonstiger Wahlbewerber", der noch nicht Amtsträger sei, für den Fall seines Wahlerfolgs sanktionslos ein derartiges Verhalten in Aussicht stellen, einer uneingeschränkten Gleichstellung stehe jedoch die „aufgrund seiner Amtsposition" bestehende „besondere Pflichtenstellung" entgegen, „die eine Differenzierung erlaubt und erfordert"[170].

Diese Überlegung ließe sich freilich als Argument für eine Ungleichbehandlung der betreffenden Personen heranziehen, da es sich bei ihr um einen sachlichen Grund für die Ungleichbehandlung im Rahmen des gesetzgeberischen Ermessens handelt. Dafür spricht auch die Bezugnahme auf das gesetzgeberische Regelungsziel, wonach von der Neufassung der §§ 331 ff. StGB, solche Zuwendungen erfasst werden sollten, „die nicht eindeutig einer bestimmten Diensthandlung zugeordnet werden können" und zu dem Zweck erfolgen, „lediglich allgemeines Wohlwollen und Geneigtheit des Amtsträgers zu erkaufen"[171].

---

[167] Hassemer/Kargl, NK-StGB, § 1, Rn. 108 m.w.N.
[168] BGH, NJW 2004, 3569 ff., 3575; dazu bereits oben, S. 31.
[169] BGH, NJW 2004, 3569 ff., 3574.
[170] BGH, NJW 2004, 3569 ff., 3574.
[171] BT/Drs. 13/8079, 15.

5. Ergebnis und Ausblick

An den geschilderten Fällen zeigt sich, dass eine ergebnisoffene Prüfung durch den Rechtsanwender nur dann gewährleistet ist, wenn die unterschiedlichen Auslegungsmethoden nicht unverbunden nebeneinander stehen, sondern in einer klaren Hierarchie angeordnet sind. Auf den Boden sicherer Maßstäbe zurückzugelangen, ist nur möglich, wenn das System der Auslegungsregeln durch das Konkurrenzprinzip bestimmt ist[172]. Anderenfalls bildet die Auslegung nicht mehr als ein passepartout zum jeweils angestrebten Auslegungsergebnis[173]. Am grammatikalischen Maßstab gemessen, wäre in beiden Ausgangsfällen die Strafbarkeit der betreffenden Amtsträger gemäß § 331 I StGB zu bejahen gewesen.

Sowohl die vom BGH im ersten Fallbeispiel „gesetzesvertretend“[174] vorgenommene Verbindung von Hochschulrecht und Vorteilsannahme als auch die im Parteispendenfall von den Gerichten gewählte Reduktion der Vorschriften, ist im Interesse der Vorhersehbarkeit staatlicher Strafe nicht im Wege teleologischer oder verfassungskonformer „Auslegung“ zu beschreiten, da sie nicht mit dem Gesetzeswortlaut der Tatbestände in Einklang zu bringen ist[175]. Reduktion durch Teleologie wird auf diese Weise zum Selbstzweck, mutiert zu einem Vehikel desjenigen Interpretationsergebnisses, das der Gesetzesanwender im Einzelfall als wünschenswert erachtet.

Die besprochenen Fälle haben aber auch gezeigt, dass der Vorteilsannahme und –gewährung ein weiter semantischer Spielraum zugrunde liegt, der ein nahezu uferloses Anwendungsfeld eröffnet. Dies ist Folge der vom Gesetzgeber gewählten tatbestandlichen Weite der §§ 331, 333 StGB. Dem Richter durch Anwendung der teleologischen oder verfassungsrechtlichen Reduktion freie Hand zu

---

172 Ebenso Hassemer/Kargl, NK-StGB, § 1, Rn. 119; a.A. die nahezu ganz h.M., vgl. auch in der Vorauflage Hassemer, NK-StGB, 1. Aufl., Rn. 120; ders., Einführung, 263; ders., ARSP 1986, 195 ff., 204; Neumann, Einführung, 385 ff.; Larenz, FS für Huber, 294; Sch/Sch-Eser, § 1, Rn. 53; Bydelinski, Methodenlehre, 553 ff.

173 Hassemer/Kargl, NK-StGB, § 1, Rn. 120.

174 So trefflich bezeichnet von Rönnau, JuS 2003, 232 ff., 237.

175 A.A. Dauster, NStZ 1999, 64 ff., 67, der das „Restriktionsbedürfnis“ durch „die Wissenschaftsfreiheit des Art. 5 III GG begründen möchte und somit – wie der BGH im zweiten Fallbeispiel – verfassungskonform auslegt.

lassen, läuft auf eine unzulässige Normkorrektur durch die Judikative hinaus. Die in den Beispielen aufgezeigten Probleme sind auslegungstechnisch irreparabel, betreffen sie die Legitimität der Regelungen selbst. Fragen der Legitimierung von Straftatbeständen sind aber strikt von der Bestimmtheit der strafrechtlichen Umsetzung des Güterschutzes zu trennen. Die letztere setzt die erstere Untersuchungsebene systematisch voraus und dient zugleich deren Begrenzung[176]. Bleiben gesetzliche Ge- und Verbote unklar, gehen Rechtsicherheit und letztendlich auch der Güterschutz verloren. Subjektive Kriterien, die bereits zum Leitmotiv bei der vorpositiven Rechtsgutsbildung erhoben wurden, dürfen daher im Rahmen der teleologischen Auslegungsmethode nicht erneut herangezogen werden. Wird also das Vertrauen der Allgemeinheit als Leitmotiv für die Bildung des in §§ 331 ff. StGB geschützten Rechtsgutes erhoben bzw. dieser subjektiv geprägte Begriff gar zu dessen Rechtsgut erklärt, ist es aus Gründen der Tatbestandsbestimmtheit unzulässig, subjektive Eindrücke der Bevölkerung zum Dreh- und Angelpunkt einer teleologischen Tatbestandsinterpretation zu nutzen.

Auch wenn dem Vertrauen der Allgemeinheit als Funktionsvoraussetzung staatlicher Verwaltungstätigkeit möglicherweise objektive Bedeutung zukommt, darf der Interpret nicht den Blick dafür verlieren, dass im Rahmen der Auslegung stets die individuell – subjektive Komponente des Vertrauensgedankens bemüht wird. Die „objektive" Funktionsbedingung des Vertrauens lässt sich nur mit subjektiven Erwägungen überprüfen. Wie sonst kann ermittelt werden, ob die Annahme einer geringwertigen Zuwendung das Vertrauen der Bevölkerung gefährdet, wenn man dies nicht unter dem Aspekt subjektiver Auswirkungen bei den Individuen beleuchtet? Da aber die subjektiven Empfindungen der Individuen divergieren, ist es für Außenstehende nicht erkennbar, inwiefern eine Zuwendung geeignet ist, das Vertrauen der Allgemeinheit zu gefährden. Damit verliert die subjektive Betrachtung schlagartig an Überzeugungskraft. Für den Einzelnen verstehbar und voraussehbar ist die Verwirklichung eines Tatbestandes nur dann, wenn er einen verallgemeinerungsfähigen Sachverhalt zum Ausdruck bringt. Diese Verallgemeinerungsfähigkeit als Auslegungsmaßstab wird in dem

---

176 Gegen eine Doppelverwertung des Güterschutzes im Rahmen der rechtsgutsorientierten Auslegungsmethode Kargl, JZ 1997, 283 ff., 287.

Moment obsolet, wo die Normkonkretisierung von individuellen Anschauungen des Rechtsanwenders abhängig ist[177].

Dennoch behalten Überlegungen zum geschützen Rechtsgut ihre Berechtigung. Während der Tatbestand Inhalt und die Reichweite des Gesetzes formuliert, steht bei der Rechtsgutsfrage das Problem der Legitimität auf Grundlage einer universalmoralischen Begründung der Norm im Vordergrund[178]. In Anbetracht der unzureichenden Normkonkretisierung der §§ 331 ff. StGB besteht Anlass, die Vorschriften näher darauf hin zu untersuchen, ob der dort erhobene staatliche Strafanspruch Berechtigung genießt. Weiteres Ziel der nachfolgenden Erörterungen ist die Ermittlung materieller Kriterien für eine verbindliche Bestimmung der Strafbarkeit menschlichen Verhaltens.

---

[177] Zur Problematik der Normkonkretisierung durch das Opfer Kargl, JZ 1997, 283 ff., 287.
[178] Ebenso Kargl, JA 2001, 714 ff., 719.

C: Rechtsgutkonzeptionen und Deliktsstruktur der §§ 331 ff. StGB

I. Meinungsstand zum Schutzgut

1. Einführung

Die Problematik legitimer Verhaltenskriminalisierung wird in der Regel im Zusammenhang mit dem Rechtsgutsbegriff thematisiert, da dem Strafrecht die Aufgabe des Rechtsgüterschutzes zugeschrieben wird[179]. Die Ansicht, die Strafwürdigkeit eines Verhaltens unabhängig von bewirkten Folgen, also allein unter gesinnungsethischen Gesichtspunkten, zu erfassen, ist heute weitgehend aufgegeben. Damit scheint ein Maßstab begründet, der den restriktiven Einsatz strafrechtlicher Sanktionen gewährleistet. Betrachtet man eine Rechtsgutverletzung als unverzichtbares Element jedes kriminellen Verhaltens, so führt die Erkenntnis, dass die in §§ 331 ff. StGB enthaltenen Verhaltenssanktionierungen keine Rechtsgüter schützen, zur Illegitimität der Tatbestände, da sie ein nichtkriminelles Verhalten unter Strafe stellen. Die hiermit umschriebene, kritische, strafrechtsbegrenzende Funktion des Rechtsgutsbegriffs, setzt notwendigerweise als Vorgabe eine Theorie voraus, die es erlaubt, „wirkliche" Rechtsgüter von lediglich prätendierten zu unterscheiden.[180] Bevor dieser Frage nachgegangen werden soll, gilt es, Rechtsgut und Deliktsstruktur der Bestechungsdelikte herauszukristallisieren. Auf diesem Wege soll zunächst ein Überblick über den Meinungsstand zum Rechtsgut der Bestechungsdelikte gegeben werden, an den sich die eigene Stellungnahme anschließt. Bis heute ist strittig, ob den §§ 331 ff. StGB ein einheitliches Schutzgut zugrunde liegt oder durch die Vorschriften unterschiedliche Rechtsgüter geschützt werden.

---

[179] Vgl. nur Lackner/Kühl, Vor. § 13, Rn. 3; Sch/Sch-Lenckner/Eisele, Vor. § 13 ff., Rn. 9; Jescheck, LK-StGB, Vor. § 13, Rn. 5 ff.; Rudolphi, SK-StGB, Vor. § 1, Rn. 1, Freund, StrafR. AT, § 1, Rn. 3; Otto, StrafR. AT, § 1, Rn. 22 ff.; Jescheck/Weigend, Strafrecht AT, § 1 III, Nr. 1; Hassemer, NStZ 1989, 553 ff., 557; Roxin, StrafR. AT 1, § 2 I, Rn. 1 ff.; Krey, StrafR. BT 1, § 1, Rn. 5; Maurach/Zipf, StrafR. AT, § 19 II. A 1, Rn. 5 stellen fest, es habe „den Anschein, daß der immer wieder angefeindete und angezweifelte Begriff des Rechtsgutes sich im Rechtsdenken der Gegenwart im wesentlichen durchgesetzt hat".

[180] Neumann, ARSP 1986, 118 ff.

2. Unentgeltlichkeit der Amtsführung

Ein großer Teil der älteren Lehre[181] aber vereinzelt auch neue Ansätze in der Literatur[182] sehen die Verbotsmaterie der Bestechungsdelikte als Verstoß gegen den Grundsatz der „Unentgeltlichkeit bzw. Unkäuflichkeit" der Amtsführung. Dies beweise die Existenz des § 331, welcher die Geschenkannahme für eine Amtshandlung auch dann bestrafe, wenn diese nicht pflichtwidrig sei. Bereits Binding hat den Strafgrund des § 331 in der „Verletzung des großen staatsrechtlichen Grundsatzes der Unentgeltlichkeit der Amtshandlungen" gesehen[183]. Zur Begründung wird z. T. auf die Notwendigkeit einer Bestrafung der Annahme von Geschenken für bereits getätigte Diensthandlungen hingewiesen[184]. Dies sei mittels des Schutzgesetzes der Unentgeltlichkeit der Amtsführung gewährleistet, da ihr der Gedanke zugrunde liege, dass bereits das Nehmen bzw. Geben eines Geschenkes für eine Amtshandlung sozialethisch verwerflich sei. Nur aus dieser Sicht lasse sich § 331 als echtes Bestechungsdelikt erfassen[185]. Teilweise wurde der Grundsatz der Unentgeltlichkeit der Amtsführung als Schutzgut des § 331 StGB[186] und die Verfälschung des Staatswillens als von § 332 StGB geschütztes Gut angesehen[187]. In der Rechtssprechung des BGH klingt vereinzelt an, § 331 liege das Verbot zugrunde, dass sich der Beamte für einen nicht pflichtwidrige Amtshandlung bezahlen lasse.[188] § 332 wolle dagegen pflichtwidrige Amtshandlungen verhindern.[189] Baumann[190] erachtet die Unverkäuflichkeit von Amtshandlungen als das durch § 331 StGB geschützte Rechtsgut. Von § 332 StGB sieht er die Nichtverfälschung des Staatswillens als geschützt an. Zu diesen Rechtsgütern gelangt er im Ausschlussverfahren, indem er dem Gedanken des Vertrauensschutzes mit unterschiedlichen Argumenten entgegentritt. Er kriti-

---

[181] Birkmeyer, Darstellung des Dt. und Ausl. StrafR. BT, 311; Bohne SJZ 1948, 697; RGSt 63, 369 f; Krönig, MDR 1949, 658 f.; Hofmeister, Bestechung, 48; Frank, Strafgesetzbuch für das Dt. Reich, § 331 I, 748; kritisch Arthur Kaufmann, JZ 1959, 375 ff., 377.
[182] Deiters, UN-Konvention gegen Korruption, 436 f.
[183] Binding, BT II 2, 730.
[184] RGSt 63, 369; RGSt 77, 75 ff.; Bohne SJZ 1948, 697.
[185] Birkmeyer, Darstellung des Dt. und Ausl. StrafR. BT, 311; Bohne, SJZ 1948, 697.
[186] Henkel, JZ 1960, 507 ff; Baumann, BB 1961, 1057 ff., 1058; BGHSt 12, 146 ff., 147.
[187] BGHSt 12, 146 ff., 147; Baumann, BB 1961, 1057 ff., 1058; Henkel, JZ 1960, 507 ff., 508 f.
[188] BGHSt 12, 146 ff., 147.
[189] BGHSt 12, 146 ff., 147.
[190] Baumann, BB 1961, 1057 ff., 1058.

siert, die Hereinnahme des Vertrauens sei bei fast allen Delikten möglich und der Vertrauensschutzgedanke hätte eines besonderen Hinweises in den Tatbeständen bedurft. Darüber hinaus hebt er die fehlende Bestimmtheit des Vertrauensschutzgedankens hervor, der „eigenartigerweise" sowohl zur Erweiterung wie auch zur Verengung der Tatbestände führen könne[191].

3. Reinheit der Amtsausübung

Das Reichsgericht[192] und anfangs auch der BGH[193] sahen die „Reinheit der Amtsausübung schlechthin" als geschützt an. Auch Kirschbaum/Schmitz verweisen auf die Notwendigkeit einer „makellosen" und „sauberen" Amtsführung[194]. Gleichzeitig heben die Autoren hervor, dass Sinn und Zweck der Bestechungsvorschriften *vor allem auch* die Gewährleistung der Reinheit der Amtsführung *nach außen* sei[195]. Sie berücksichtigen damit nichts anderes als den Aspekt des Vertrauens der Allgemeinheit in die Reinheit der Amtsführung. Die bestehende Gemengelage zwischen „Reinheitsgebot" und „Vertrauensaspekt" wurde früh erkannt. So stellt etwa Schröder in seinem Aufsatz stellt er die Verbindung zwischen der Reinheit der Amtsführung und der durch die Wirkung der Geschenkannahme auf die Öffentlichkeit hervorgerufene generelle Gefährdung des Staatsapparates her.[196] Die Sicherung der Makellosigkeit des Amtes nach außen, trage zur Aufrechterhaltung des Ansehens des Staatsapparates und damit des Vertrauens der Allgemeinheit in die Sachlichkeit staatlicher Entscheidungen bei[197]. Dem ist für den Fall zuzustimmen, dass die Reinheit der Amtsführung im Hinblick auf ihre Außenwirkung Schutzgut sein soll. Die allenfalls begriffliche Unterscheidung wird daher im Folgenden unter dem Vertrauensaspekt gewürdigt. Demgegenüber ist unter objektiver Reinheit der Amtsführung primär die Pflichtgemäßheit bzw. Sachlichkeit staatlicher Entscheidungen zu verstehen.

---

191 Baumann, BB 1961, 1057 ff., 1058.
192 RGSt 72, 174 ff., 175.
193 BGHSt 10, 237 ff., 241; BGHSt 14, 123 ff., 131.
194 Kirschbaum/Schmitz, GA 1960, 321 ff., 344.
195 Kirschbaum/Schmitz, GA 1960, 321 ff., 344.
196 Schröder, GA 1961, 281 ff., 291 f.
197 Schröder, GA 1961, 289 ff., 292.

4. Vertrauen der Allgemeinheit in die Reinheit der Amtsführung

a) Die Literaturansicht

Fuhrmann hat den Standpunkt vertreten, dass die Bestechungstatbestände einzig dem Schutze des Vertrauens der Allgemeinheit in die Reinheit der Amtsausübung dienen[198]. Die Reinhaltung des Staatswillens sei kein weiteres Rechtsgut, das an die Seite des Vertrauens der Öffentlichkeit in die Reinheit der Amtsausübung trete, da die Verfälschung des Staatswillens lediglich eine Erscheinungsform der Verletzung des Vertrauens in die Reinheit der Amtsausübung darstelle[199]. Für ihn ist daher eine Verletzung der Sachlichkeit der Amtsführung zur Verwirklichung der §§ 331 ff. StGB nicht erforderlich. Er sieht das Vertrauen in die Reinheit der Amtsführung dann als verletzt an, wenn nach außen der Eindruck hervorgerufen wird, der Beamte lasse sich durch Zuwendungen in seinen beruflichen Entscheidungen beeinflussen[200]. Er erachtet daher § 332 StGB konsequent als erschwerten Fall des § 331 StGB, da die tatsächliche Verfälschung des Staatswillens einer besonders schweren Strafdrohung bedürfe[201].

Ausgehend von der Feststellung, dass die allen Bestechungsdelikten immanente Annahme von Vorteilen Mittelpunkt der §§ 331 ff. StGB ist, gelangt auch Schröder zu einem einheitlichen Vertrauensschutzgedanken der „Bestechungstatbestände“[202]. Seiner Auffassung zufolge gefährdet jede Geschenkannahme eines Beamten für eine amtliche Tätigkeit „das Ansehen des Staatsapparates, das Vertrauen der Allgemeinheit in die Sachlichkeit seiner Entscheidungen und damit einen Wert, der die Staatstätigkeit im Allgemeinen trägt und garantiert.“ Die Öffentlichkeit würde in ihrem Vertrauen in die Ordnungsmäßigkeit der staatlichen Tätigkeit erschüttert, weil diese in den Verdacht der innerlichen Beeinflussung gerate – unabhängig davon, ob dies für eine pflichtwidrige oder pflichtgemäße Handlung geschehe[203]. Schröder verweist darauf, dass die pflichtwidrige Amtshandlung als solche nicht generell strafbar sei. Dagegen führe die Ge-

---

198 Fuhrmann, ZStW 72 (1960), 534 ff., 537; ebenso Otto, Grundkurs StrafR. BT, § 99, Rn. 1.

199 Fuhrmann, ZStW 72 (1960), 534 ff., 538 f.

200 Fuhrmann, ZStW 72 (1960), 534 ff., 539.

201 Fuhrmann, ZStW 72 (1960), 534 ff., 539.

202 Schröder, GA 1961, 289 ff., 291 f; im Anschluss an Schröder erachtet auch Dornseifer, JZ 1973, 268 ff., 269 das Vertrauen in die Sachlichkeit der Amtsführung als Schutzgut der §§ 331 ff. StGB.

schenkannahme für eine Amtshandlung zur Strafbarkeit. Hieraus zieht er den Schluss, dass nicht die Staatswillensverfälschung, sondern die Geschenkannahme im Mittelpunkt der Bestechungsdelikte stehe[204]. Die Erschwerung in § 332 StGB sieht Schröder „nicht so sehr in der Gefahr einer Verfälschung des Staatswillens im Einzelfall als in der verstärkten Erschütterung des Vertrauens der Öffentlichkeit, wenn für pflichtwidrige amtliche Tätigkeit eine Belohnung geleistet wird"[205].

In der neueren Literatur findet sich diese Position bei Geppert[206], der das Rechtsgut der Verfälschung des Staatswillens unter Berufung auf den 1981 geltenden – im wesentlichen bis heute unveränderte – Gesetzestext ablehnt und als geschütztes Rechtsgut „das Vertrauen der Allgemeinheit in die Unbestechlichkeit von Amtshandlungen, in die Reinheit und Lauterkeit des öffentlichen Dienstes" ansieht.

b) Die Ansicht der Rechtsprechung

Auch die obergerichtliche Rechtsprechung scheint überwiegend auf dem Standpunkt zu stehen, dass der Vertrauensschutzaspekt in §§ 331 ff. StGB im Vordergrund steht. Der BGH hat dazu bereits in seiner Entscheidung vom 25.07.1960 ausgeführt: „Die Makellosigkeit des Amtes nach außen soll gesichert werden; mit der Ehrenhaftigkeit und der Unbestechlichkeit der Beamten soll vor allem die Grundlage für das Vertrauen der Bevölkerung erhalten werden, dessen die Staatsverwaltung für eine gedeihliche Wirksamkeit bedarf (...). Das Vertrauen der Öffentlichkeit wird schon dann erschüttert, wenn auch nur der Anschein der Käuflichkeit für pflichtwidrige Handlungen erzeugt wird[207]. Auch in neueren Entscheidungen hält die Rechtsprechung an diesem durch die Vorschriften geschützten Rechtsgut fest. Sie bezeichnet das „Vertrauen der Allgemein-

---

203 Schröder, GA 1961, 289 ff., 292.
204 Schröder, GA 1961, 289 ff., 290.
205 Schröder, GA 1961, 289 ff., 292.
206 Geppert, Jura 1981, 42 ff., 46; unter Bezugnahme auf BGHSt 15, 88 ff.; der 2. Senat hat in dieser Entscheidung den inneren Vorbehalt des Beamten die ihm angebotene Pflichtverletzung nicht zu begehen als für die Verwirklichung des § 332 StGB unbeachtlich erklärt und betont, dass die Vorschrift die Makellosigkeit des Amtes nach außen sichern soll.
207 BGHSt 15, 88 ff., 96 f.; ebenso bereits RGSt 39, 193 ff., 201.

heit/Öffentlichkeit" „in die Reinheit der Amtsführung"[208], „in die Lauterkeit des öffentlichen Dienstes"[209], „in die Unkäuflichkeit von Amtshandlungen",[210] „in die Integrität von Träger staatlicher Funktionen"[211] oder in die „Sachlichkeit staatlichen Handelns"[212] als Schutzzweck der Bestechungsdelikte. In einem neueren Urteil hebt der 2. Senat ausdrücklich auch für § 332 StGB hervor, Normzweck der Bestechungstatbestände sei „das Vertrauen in die Nichtkäuflichkeit von Diensthandlungen und nicht den Staatswillen vor einer Verfälschung" zu schützen[213].

5. Schutz vor einer Verfälschung des Staatswillens

a) Die Positionen Arthur Kaufmanns und Eb. Schmidts

Arthur Kaufmann unterscheidet in seiner Anmerkung zu BGHSt 12, 146 ff. die „römischrechtliche Auffassung", nach der das bloße Nehmen bzw. Geben eines Geschenkes für eine Amtshandlung sozialethisch verwerflich ist und als Zuwendung im Mittelpunkt der §§ 331 ff. StGB steht, von der „deutschrechtlichen Auffassung", die das Wesen der Bestechung in der Erkaufung oder der Käuflichkeit einer Amtshandlung erblickt[214]. Nach diesem von Binding propagierten Gedankengang muss zwischen Geber und Nehmer ein do-ut-des Verhältnis bestehen. Daraus folge, dass die Handlung des Beamten der Bestechung niemals vorhergehen könne[215].

Auf dieser Basis bemüht sich Kaufmann, um eine Lösung der Frage, warum die Vorteilsannahme bzw. -gewährung nicht als „Bestechung" gelten könnten, obwohl die hier sanktionierten Verhaltensweisen an sich strafwürdig seien. Echte

---

[208] BGHSt 15, 352 ff., 354; BGH, NJW 1987, 1340 ff., 1342; OLG Frankfurt, NJW 1990, 2074 ff., 2075.

[209] BGHSt 30, 46 ff., 48; OLG Karlsruhe, NJW 1998, 238 f.; OLG Karlsruhe, NJW 1989, 238 ff., 238.

[210] OLG Karlsruhe, NJW 1998, 238 f.; OLG Karlsruhe, NJW 1989, 238 ff., 238.

[211] BGHSt 43, 370 ff., 377.

[212] OLG Frankfurt, NJW 1989, 847 f., 848 ff.; OLG Frankfurt, NJW 1990, 2074 ff., 2075; OLG Karlsruhe, NJW 1989, 238 ff., 238; OLG Koblenz, wistra 1985, 83 f., 83; BGHSt 43, 370 ff., 377.

[213] BGHSt 47, 22 ff., 25.

[214] Arthur Kaufmann, JZ 1959, 375 ff., 376.

[215] Arthur Kaufmann, JZ 1959, 375 ff., 376.

Bestechung (Bestechlichkeit) sei bereits dem gewöhnlichen Sprachgebrauch nach die Bestimmung (das Bestimmtwerden) zu einer künftigen pflichtwidrigen Handlung. Aufgrund der damals geltenden Gesetzesfassung[216] seien die Tatbestände nicht auf Fälle echter Bestechung beschränkt, sondern mit § 331 eine abstrakte Gefährdung für die Ordnungsmäßigkeit der Staatsaktion sanktioniert. Die Sanktionierung dieser Gefahr rechtfertige sich daraus, dass die „Annahme von Vorteilen für künftige erlaubte Amtshandlungen oft nur die Vorstufe einer (schweren) passiven Bestechung sei[217]. Allein mit dem Verbot der Geschenkannahme lasse sich die Existenz des § 331 nicht erklären, da diese nicht um ihrer selbst Willen verboten sei, weswegen die Unentgeltlichkeit der Amtsführung nicht Schutzgut sein könne[218]. Schutzzweck des § 332 sei der „Schutz vor einer Verfälschung des Staatswillens durch *Pflichtwidrigkeit* seiner Organe“[219].

Da Arthur Kaufmann die §§ 331, 333 StGB als abstrakte Gefährdungsdelikte einordnet und herausstellt, die Geschenkannahme sei wegen der „schweren Gefahr für die Gerechtigkeit der Staatsaktion selbst“ verboten[220], ist davon auszugehen, dass er als einheitliches Rechtsgut die Gerechtigkeit der Staatsaktion von §§ 331 ff. StGB geschützt sieht[221] und die von ihm behauptete „Wesensverschiedenheit“ ausschließlich die Deliktsstruktur der Tatbestände als Gefährdungs- und Verletzungsdelikte betrifft.

---

[216] § 331 StGB in damaliger Fassung lautete: „Ein Beamter, welcher für eine in sein Amt einschlagende, an sich nicht pflichtwidrige Handlung Geschenke oder andere Vorteile annimmt, fordert oder sich versprechen lässt, wird mit Geldstrafe oder mit Gefängnis bis zu sechs Monaten bestraft“.
[217] Arthur Kaufmann, JZ 1959, 375 ff., 377; diese Auffassung geht auf Feuerbach, Themis, Teil IV, 185 ff., zurück.
[218] Arthur Kaufmann, JZ 1959, 375 ff., 377.
[219] Arthur Kaufmann, JZ 1959, 375 ff., 377.
[220] Arthur Kaufmann, JZ 1959, 375 ff., 377 im Anschluß an Binding, StrafR. BT II, 731.
[221] ebenso wird Arthur Kaufmann von folgenden Autoren interpretiert: Graupe, Systematik und Rechtsgut, 104 f.; Wagner, Amtsdelikte, 271; Hardtung, Erlaubte Vorteilsannahme, 43, der in Fußnote 33 hervorhebt, dass Eb. Schmidt in Anlehnung an Arthur Kaufmann den Schutz vor einer Verfälschung des Staatswillens „zunächst zwar nur als Zweck des § 332 StGB ansehen will (...), dann aber den § 331 StGB (...) als „ein abstraktes Gefährdungsdelikt – vom Bestechungsgedanken aus – “ ansieht; den Unrechtsgehalt der §§ 331 ff. StGB in der „Verfälschung des Staatswillens“ erblicken ebenfalls Bockelmann, ZStW 72 (1960), 257 ff.; Henkel, JZ 1960, 509 ff.

Eb. Schmidt schließt sich der Auffassung Kaufmanns insoweit an, als er davon ausgeht, dass der große Qualitätsunterschied der §§ 331, 332 in einem Eintritt der Verfälschung des Staatswillens durch Vornahme einer pflichtwidrigen Diensthandlung in § 332 StGB bestehe.[222] Schmidt lässt unbeantwortet, worin das nach § 331 StGB zu beurteilende Unrecht liegen soll. Ausdrücklich verweist er darauf, dass die Frage, worin der eigentlich spezifische Unrechtsgehalt des Delikts besteht, schwer zu klären sei und lässt die Beantwortung der aufgeworfenen Frage in den anschließenden Ausführungen offen[223].

b) Die Position Döllings

In der neueren Literatur erlebte diese Sichtweise ihre Renaissance vor allem durch den theoretischen Ansatz von Dölling. Seine Ausführungen greifen die Grundsätze der Unentgeltlichkeit der Amtsführung und des Vertrauensschutzes auf, gehen aber davon aus, dass diese nicht um ihrer selbst willen, sondern als Absicherung einer uneigennützigen, nur an Sachgesichtspunkten ausgerichteten Amtsführung geschützt seien[224]. Strafgrund der Vorschriften sei der Schutz korrekter Amtsführung gegen die sich aus der Geschenkannahme für die Diensthandlung ergebenden Gefahren. § 332 StGB stelle ein durch die besondere Gefährlichkeit der Entgegennahme von Vorteilen für pflichtwidrige Amtshandlungen qualifizierten Fall des § 331 dar.[225] Im Gutachten C für den 61. Deutschen Juristentag von 1996 StGB hält Dölling die Ansicht, dass die Sachgemäßheit von Entscheidungen der Verwaltung Schutzgut der Bestechungsdelikte sei, ausdrücklich aufrecht[226]. Ransiek schließt sich der Auffassung Döllings an und hebt hervor, dass das Vertrauen in die Sachlichkeit der Amtsführung bereits bei korrekter Dienstausübung beeinflusst sein könne und es keinen überzeugenden

---

[222] Eb. Schmidt, Bestechungstatbestände, 149.

[223] Eb. Schmidt, Bestechungstatbestände, 249.

[224] Dölling, JuS 1981, 570 ff., 574; Dölling, ZStW 112 (2000), 334 ff., 335; Gössel/Dölling, StrafR. BT 1, § 75, Rn. 1; von Jaques, Bestechungstatbestände, 38 wird Dölling insoweit meiner Ansicht nach missverstanden, da Jaques davon ausgeht Dölling erachte die Unentgeltlichkeit der Amtsführung als Schutzgut der §§ 331 ff. StGB; vgl. auch Lüderssen, StV 1997, 318 ff., 322 „Sinn der Bestechungstatbestände ist es, die Käuflichkeit von Amtsträgern zu unterbinden, mit dem Ziel, unsachliche, die Interessen einzelner Bürger und den Aufgaben des Gemeinwesens zuwiderlaufende Entscheidungen zu verhindern".

[225] Dölling, JuS 1981, 570 ff., 574.

[226] Dölling, Empfehlen sich die Änderungen des Straf- und Strafprozeßrechts, um der Gefahr von Korruption in Staat, Wirtschaft und Gesellschaft wirksam zu begegnen?, Gutachten C für den 61. Deutschen Juristentag, München 1996, 48 ff. m.w.N. auch zur Gegenauffassung.

Grund gebe, den zu strafen, der nur einen falschen Eindruck schaffe[227]. Das Vertrauen der Allgemeinheit in die Sachlichkeit der Amtsführung sei damit allenfalls vermitteltes - nicht aber eigenständiges - Schutzgut der §§ 331 ff. StGB[228].

6. Die Auffassungen Wagners

Nach der zunächst von Wagner vertretenen Ansicht dienen die Vorschriften dem Schutz verschiedener Rechtsgüter. Er bemüht sich in seiner Arbeit die qualitativen Unterschiede der §§ 331, 332 StGB im Hinblick auf die von den Tatbeständen geschützten Rechtsgüter herauszuarbeiten. Er erblickte das von § 331 geschützte Rechtsgut in „der Ordnung des staatlichen Gebühren- und Abgabenwesens"[229]. Die Staatswillensverfälschungslehre Schmidts lehnte er mit Verweis auf die Existenz des § 331 und der Strafbarkeit nachträglicher Geschenkannahme ab[230]. Nach der von ihm zunächst propagierten Auffassung hat die einfache Bestechlichkeit ihren eigenen Schuldgehalt und stellt keine Vorstufe der schweren Bestechlichkeit dar. Wagner hat zudem angemerkt, dass das Tatbestandsmerkmal des Forderns eine Unrechtsqualität besitze, die den anderen Tathandlungen fremd sei[231]. Die besondere Verwerflichkeit des Forderns liege nicht in erster Linie in einem Angriff auf überindividuelle Rechtsgüter oder Allgemeininteressen, sondern in dem Angriff auf die Sphäre des Bürgers. Das Fordern eines Vorteils greife in das Grundrecht der persönlichen Handlungsfreiheit aus Art. 2 Abs. 1 GG ein. Dieses sei insoweit geschütztes Individualrechtsgut[232]. Hierfür spreche das ausschließlich dem Fordern innewohnende Moment der eigennützigen Bedrückung. Nur auf diese Weise sei zu erklären, dass geringwertige Vorteile zwar angenommen, nicht aber gefordert werden dürften[233]. Auch die Beamtengesetze sähen nur die Möglichkeit vor, die Annahme, nicht aber das

---

[227] Ransiek, StV 1996, 446 ff., 450.
[228] Ransiek, StV 1996, 446 ff., 450.
[229] Wagner, Amtsverbrechen, 271.
[230] Wagner, Amtsverbrechen, 274.
[231] Wagner, Amtsverbrechen, 231 ff, 232; Hardtung, Erlaubte Vorteilsannahme, 30 im Hinblick auf den historischen Hintergrund der Aufnahme der Tatmodalität des Forderns in das preußische StGB; für den Norddeutschen Bund vgl. Brauchowitz, Immaterieller Vorteilsbegriff, 21 ff.
[232] Wagner, Amtsverbrechen, 233.
[233] Wagner, Amtsverbrechen, 232 unter Verweis auf Eb. Schmidt.

Fordern eines Vorteils zu genehmigen. Schließlich beschränke das Gesetz selbst in § 460 Abs. 4 E 1962[234] den Ausschluss der Rechtswidrigkeit auf nicht geforderte Vorteile[235].

Unrechtsgehalt des § 332 sei „die generelle Gefährdung der gesamten Staatstätigkeit durch Pflichtwidrigkeiten von Bediensteten, verknüpft mit dem Fordern, Annehmen oder Sichversprechenlassen von Belohnungen“[236]. Damit stelle § 332 unter dem „Aspekt der Rechtsgutverletzung einen Sammeltatbestand dar.“ Als verletzte Rechtsgüter kämen damit alle staatlichen Güter in Betracht, eine tatbestandlich vertypte Rechtsgutverletzung lasse sich in der Vorschrift nicht erfassen[237].

Später revidierte Wagner insofern seine Ansicht als er nunmehr das Rechtsgut der §§ 331, 332 StGB einheitlich bestimmt. Unter Verweis auf seine frühere Abhandlung lehnt er die Staatswillensverfälschungslehre erneut ab und umschreibt den Unrechtsgehalt der Vorschriften als „generelle Gefährdung der gesamten Staatstätigkeit durch Pflichtwidrigkeiten von Bediensteten, verknüpft mit dem Fordern, Annahmen oder Sichversprechen von Vorteilen“[238].

7. Lehre vom „vergeistigten Zwischenrechtsgut“

Um etwas Klarheit in den im Zusammenhang mit §§ 331 ff. StGB häufig verwendeten Terminus des „vergeistigten Zwischenrechtsgutes“ zu bringen, ist es hilfreich sich zu vergegenwärtigen, dass der Begriff im Rahmen des kollektiven Rechtsgüterschutzes bei den abstrakten Gefährdungsdelikten verwendet wird. Um die Brücke zu den Verletzungsdelikten zu schlagen, soll die Verletzung des Zwischenrechtsgutes einen eigenen Unwert darstellen, auch wenn das „End-

---

[234] Nach heutiger Gesetzeslage ist diese Unterscheidung in Gestalt der Genehmigungsmöglichkeit in § 331 III StGB beibehalten worden. Die Möglichkeit der Genehmigung besteht nur im Hinblick auf einen nicht vom Amtsträger *geforderten* Vorteil.
[235] Wagner, Amtsverbrechen, 232 f.
[236] Wagner, Amtsverbrechen, 277.
[237] Wagner, Amtsverbrechen, 277.
[238] Unter Verweis auf seine zuvor nur im Hinblick auf § 332 vertretene Ansicht, Wagner, JZ 1987, 594 ff., 599 f. Er lässt ausdrücklich offen, ob man einen solchen Schutzzweck als Rechtsgut bezeichnen könne.

rechtsgut“ unberührt bleibt[239]. Wegen der Unbeherrschbarkeit von Gefahren im Organisationsbereich der einzelnen Teilnehmer sei die Vorverlagerung des Schwerpunktes auf „Zwischenrechtsgüter“ sinnvoll, um die Zuständigkeit des Täters für die Vermeidung bestimmter Gefahren zu verdeutlichen und den heutigen komplizierten Wirtschaftsprozessen Rechnung zu tragen[240]. Jakobs hat in diesem Zusammenhang zur Rechtfertigung abstrakter Gefährdungsdelikte hervorgehoben, dass der Begriff der abstrakten Gefahr relativ zu dem willkürlich wählbaren Abstraktionsniveau sei, auf dem die Rechtsgüter angesiedelt werden[241]. Wenn ein Delikt ein abstraktes Gefährdungsdelikt sei, heiße das daher nicht, dass sein Erfolg nicht doch ein Objekt verletzen könne, welches das Gut auf ein weniger abstrakten Ebene repräsentiere. Als Beispiel führt er die Vermögensdelikte an: stelle man bei ihnen nicht auf das Vermögen als Gut ab, sondern – abstrakter – auf die im Vermögen verdinglichte Freiheit, so würden die Vermögensdelikte zu abstrakten Freiheitsgefährlichkeitsdelikten.

Maßgebliches „Endrechtsgut“ der §§ 331 ff. StGB sei die Funktionsfähigkeit des Verwaltungsapparates[242]. Vergeistigtes Zwischenrechtsgut der §§ 331 ff. StGB soll das Vertrauen der Bevölkerung in die Reinheit der Amtsführung sein[243]. Nach anderer Ansicht wird von einem Zwischenrechtsgut im Sinne eines Institutionenschutzes gesprochen[244]. Die einzelne Gefährdungshandlung sei für das Vertrauensrechtsgut irrelevant, der Schwund des Vertrauens beeinträchtige dennoch die Bereitschaft der Bevölkerung zur Abnahme von Entscheidungen und damit eine Funktionsbedingung staatlichen Verwaltens unmittelbar[245]. Gribl[246] geht davon aus, dass die Vorschriften „in erster Linie die formelle und materielle Gesetzmäßigkeit des externen Funktionsbereiches des öffentlichen Dienstes“ und „in zweiter Linie die Integrität des öffentlichen Dienstes unter dem Aspekt des Vertrauens in die Wahrung der formellen und materiellen Ge-

---

[239] Schünemann, JA 1975, 793 ff., 798; Roxin, StrafR AT 1, § 11, Rn. 134.
[240] Tiedemann, JuS 1989, 689 ff., 691.
[241] Jakobs, StrafR AT, 6. Abschn., Rn. 88.
[242] Jakobs, StrafR AT, 6. Abschn. Rn. 88; ihm ausdrücklich folgend: Saal, Vortäuschen einer Straftat, 104 f.
[243] Schünemann, JA 1975, 787 ff., 793; Jakobs, StrafR AT, 6. Abschn., Rn. 88; Roxin, StrafR. AT 1, § 11, Rn. 126; Wolter, Zurechnung, 328; Saal, Vortäuschen einer Straftat, 103 f.
[244] Wolter, Zurechnung, 328 f. unter Verweis auf Loos, FS für Welzel, 879 ff., 887 ff.
[245] Wolter, Zurechnung, 328 f., bezeichnet dies als „mediatisiertes Erfolgsunrecht“.
[246] Gribl, Vorteilsbegriff, 77; ähnlich Hardtung, Erlaubte Vorteilsannahme, 40 ff.

setzmäßigkeit“ schützen. Das Kriterium des allgemeinen Vertrauensschutzes stellt auch für ihn das „vergeistigte Zwischenrechtsgut“ dar, welches sich hinter dem Schutzgut der Gesetzmäßigkeit staatlicher Verwaltung verbirgt und stets zusammen mit dem Schutzgut der Gesetzmäßigkeit staatlicher Verwaltung beeinträchtigt wird[247].

Wie sich an den unterschiedlichen Auffassungen zeigt, bestehen innerhalb der Konstruktion eines vergeistigten Zwischenrechtsgutes erhebliche Abweichungen in der Frage, was konkret mit dem Zwischenrechtsgut gemeint sein soll. Ebenso wie beim „Endrechtsgut“ wird auch hier an den Vertrauensaspekt und den Institutionenschutz angeknüpft.

8. Funktionsfähigkeit der Staatsverwaltung

Stock[248] geht davon aus, dass die Bestechungsdelikte das „ordnungsgemäße Funktionieren der Verwaltung“ schützen. Er sieht in dem pönalisierten Verhalten in erster Linie einen Angriff auf den Staat. Der Einzelne soll mittelbar betroffen sein, da auch das Vertrauen der einzelnen Staatsbürger in das „unparteiische, integere sachgemäße Funktionieren der öffentlichen Verwaltung“ verletzt werde[249]. In der neueren Literatur scheint Jaques diese Ansicht zugeneigt, da er von §§ 331 ff. StGB die Rechtsinstitute geschützt sieht, derer sich der Staat als Organisationsstrukturen zur Übertragung seiner Aufgaben bedient[250]. Zwar nimmt er ebenfalls Bezug auf den Vertrauensgedanken, wenn er meint, dass „die Rechtsinstitute, derer sich der Staat zur Erfüllung seiner Aufgaben bedient, letztlich unbrauchbar werden, weil die Bürger nicht mehr das Vertrauen, dessen es als Grundvoraussetzung bei der Delegation staatlicher Aufgaben bedarf, dem Beamten, Angestellten oder Beauftragten gegenüber aufbringen kann“[251]. Doch sei hiermit nicht das Vertrauen der Annahmebereitschaft staatlicher Entscheidungen bezeichnet, sondern das „Vertrauen der Bürger in die Übertragbarkeit

[247] Gribl, Vorteilsbegriff, 145.
[248] Stock, Amtsverbrechen, 245 f.; zumindest durch die Bestechungsdelikte mitgeschützt sieht „die Funktionsfähigkeit staatlicher Verwaltung“ Heinrich, Amtsträgerbegriff, 287, 307 f., 310, der dieses Rechtsgut allerdings aus dem Interesse des einzelnen Staatsbürgers heraus begründet.
[249] Stock, Amtsverbrechen, 251 f.
[250] Jaques, Bestechungstatbestände, 90.

von öffentlichen Aufgaben.“ Die Übertragbarkeit von Aufgaben sei erforderlich, um die in einer Demokratie zwingende Legitimationskette vom Volk bis zum Amtsträger zu ermöglichen. Ohne Gewährleistung der Übertragbarkeit von Aufgaben durch geeignete Organisationsstrukturen könne eine Massengesellschaft wie die unsere nicht funktionieren[252]. Das Vertrauen der Bevölkerung spiele daher nur insoweit ein Rolle, als bei den in §§ 331 ff. StGB sanktionierten Verhaltensweisen, die Rechtsinstitute der Aufgabenübertragung für den Staat unbrauchbar würden, weil die Basis delegierten staatlichen Handelns, zerstört werde[253].

9. Einheitlich - komplexes Rechtsgut

In der darauffolgenden Zeit hat sich immer mehr die Erkenntnis durchgesetzt, dass die §§ 331 ff. StGB mehrere Schutzrichtungen bezwecken. Diese sollen sowohl die inneren Funktionsbedingungen, d.h. die generelle Bereitschaft des Personals zu ordnungsgemäßer Amtsführung als auch die äußeren Funktionsbedingungen in Gestalt des Vertrauens der Allgemeinheit in eine ordnungsgemäße Amtsführung schützen[254]. Diese Position hebt sich von den oben angeführten Positionen dadurch ab, dass im Hinblick auf das geschützte Rechtsgut nicht zwischen den unterschiedlichen Bestechungstatbeständen differenziert, sondern ein für alle Normen einheitliches – wenn auch mehrdimensionales – Rechtsgut konstituiert wird. Dies zeigt sich z. B. daran, dass die gängigen Kommentierungen zu § 332 StGB auf die Ausführungen zum Rechtsgut in § 331 StGB verwei-

---

[251] Jaques, Bestechungstatbestände, 89.
[252] Jaques, Bestechungstatbestände, 89 f.
[253] Jaques, Bestechungstatbestände, 86 ff.
[254] Rudolphi/Stein, SK-StGB, § 331, Rn. 4; Tröndle/Fischer, § 331, Rn. 3; allenfalls in der Terminologie variierend Kuhlen, NK-StGB, § 331, Rn. 12; Maurach/Schroeder/Maiwald, StrafR BT 2, § 78, Rn. 8; Krey, StrafR. BT 1, § 9, Rn. 660; Rengier, StrafR. BT 2, § 60, Rn. 7; Geerds, Unrechtsgehalt, 50 ff.; Schwieger, Vorteilsbegriff, 111 der im Rahmen seiner Arbeit die Sachlichkeit der Amtsführung bestimmter Funktionsträger und/oder das Vertrauen der Allgemeinheit in eben diesen Zustand als Schutzgut ansieht; Lenckner, ZStW 106 (1994), 502 ff., 539; Schlüchter, FS für Geerds, 714; Heinrich, Amtsträgerbegriff, 287 f.; Walter, ZRP 1999, 292 ff., 295; in diesem Sinne teilweise auch der BGH, vgl. NStZ 1985, 497 ff., 499 „Schutzgut dieser Straftatbestände sind die Lauterkeit des öffentlichen Dienstes und das Vertrauen der Allgemeinheit in sie“; BGH, NStZ-RR, 2002, 272 ff., 273; ohne sich zugunsten einer der Rechtsgutkonzeptionen zu entscheiden Wessels/Hettinger, StrafR. BT 1, § 25, Rn. 1106.

sen[255]. Das bleibt nicht ohne Auswirkungen auf das Verhältnis der Tatbestände zueinander.

Bauchrowitz[256] vertritt den Standpunkt, dass die Bestechungsdelikte „im wesentlichen (...) die Funktionsfähigkeit staatlicher Verwaltung" schützen, „indem die Allgemeinheit auf die Sachlichkeit staatlicher Entscheidungen vertrauen können soll." Andererseits müsse „auch der Gefahr der Staatswillensverfälschung durch pflichtwidriges Handeln der Amtsträger vorgebeugt werden"[257]. Graupe[258] sieht „1. Das Vertrauen der Allgemeinheit in die Unkäuflichkeit von Diensthandlungen und in die Sachlichkeit staatlicher Entscheidungen und damit die Funktionsfähigkeit der staatlichen Verwaltung; und zugleich 2. Den Staatswillen vor einer Verfälschung" als geschützt an. Heine[259] zufolge ist der „gemeinsame Unrechtskern" aller Bestechungsdelikte die sich aus der verbotenen Beziehung zwischen Vorteil Gewährendem und Annehmenden ergebende „generelle Gefährdung der Funktionsfährigkeit des Staatsapparates" Dessen Ansehen sei durch die Annahme von Geschenken für eine Dienstausübung beeinträchtigt, da dadurch das Vertrauen der Allgemeinheit in die Sachlichkeit staatlicher Entscheidungen leide. Jescheck[260] erblickt das „Vertrauen der Allgemeinheit in die Unkäuflichkeit von Diensthandlungen und die Sachlichkeit der Entscheidungen der Amtsträger" als durch die Normen geschütztes Rechtsgut. Kühl[261] sieht dies ebenfalls als Schutzgut an, jedoch „nicht um seiner selbst willen, sondern um sicherzustellen, dass die Verfälschung des Staatswillens verhütet, die Lauterkeit der Amtsausübung gewährleistet und die Autorität staatlichen Handelns nicht erschüttert wird."

---

[255] Vgl. exemplarisch Tröndle/Fischer, § 332, Rn. 1 der auf § 331, Rn. 1 Bezug nimmt; Lackner/Kühl, § 332, Rn. 1 zum geschützten Rechtsgut auf Rn. 1 zu § 331.
[256] Bauchrowitz, Der immaterielle Vorteilsbegriff, 103.
[257] Bauchrowitz, Der immaterielle Vorteilsbegriff, 103.
[258] Graupe, Systematik und Rechtsgut, 108 ff., 116.
[259] Sch/Sch-Heine, § 331, Rn. 3.
[260] Jescheck, LK-StGB, Vor. § 331, Rn. 17.
[261] Lackner/Kühl, § 331, Rn. 1; ähnlich Letzgus, NStZ 1987, 309 ff., 310, Fn. 11; Graupe, Systematik und Rechtsgut, 114, 116, der zwar beide Aspekte trennt, sie aber als Rechtsgut den gesamten Bestechungstatbeständen zugrunde legt.

Schwieger[262] beschreibt das geschützte Rechtsgut der §§ 331 ff. StGB als „(1.) Die Sachlichkeit (im Hinblick auf die Aufgabenstellung des Staates: Richtigkeit) der Amtsführung bestimmter Funktionsträger, wenn die Unrechtsvereinbarung der Amtshandlung vorausgeht und (2.) das Vertrauen der Allgemeinheit in diesen objektiven Zustand, falls es sich umgekehrt verhält. Da das Vertrauen der Allgemeinheit in die Sachlichkeit der Diensthandlungen bestimmter Funktionsträger auch dann leide, wenn sie sich bei der Vornahme von Amtshandlungen von einer falschen Motivation leiten lassen oder der Bevölkerung vermitteln sich in Zukunft so verhalten zu wollen, erachtet Schwieger das Vertrauen der Allgemeinheit in die Sachlichkeit der Amtsführung bei allen Tatalternativen der Bestechungsdelikte als Schutzgut[263]. Er macht den Gesetzwortlaut zur Argumentationsgrundlage des Vertrauensschutzgedankens. Da das von ihm herausgearbeitete Schutzgut nicht geeignet sei, die vom Wortlaut erfasste Fallgruppe der sog. nachträglichen Unrechtsvereinbarung zu erklären, müsse ein weiteres Schutzgut existieren[264]. Dies folge daraus, dass eine der Amtshandlung nachfolgende Unrechtsvereinbarung deren Sachlichkeit nicht mehr tangiere.

II. Meinungsstand zur Deliktsstruktur

1. Zusammenhang zwischen Rechtsgut und Deliktsstruktur

Bereits in der Darstellung der mannigfaltigen Rechtsauffassungen zum Schutzgut der Bestechungstatbestände hat sich gezeigt, dass die jeweils vertretenen Positionen eng mit der Struktur der §§ 331 ff. StGB als Verletzungs- oder Gefährdungsdelikte verwoben sind. Die bisherigen Anstrengungen die Problematik der Legitimität der §§ 331 ff. StGB zu bewältigen, sind großteils von dem Bemühen geprägt, deren weiten Anwendungsbereich über das Instrumentarium der

[262] Schwieger, Vorteilsbegriff, 80 ff., 90.
[263] Schwieger, Vorteilsbegriff, 91.
[264] Schwieger, Vorteilsbegriff, 83; ähnlich Arzt/Weber, StrafR. BT, § 49, Rn. 27; vgl. die heute im wesentlichen unveränderte Gesetzesfassung des § 332 I II StGB: „(...) als Gegenleistung (...), dass er eine Diensthandlung vorgenommen *hat* (...)“; zur Ermittelung des Schutzgutes am Maßstab des Wortlautes siehe auch Kargl, ZStW 114 (2002), 763 ff., 785, der das Vertrauensschutzgut in § 332 III, StGB verankert sieht; ähnlich Dornseifer, JZ 1973, 267 ff., 269.

Rechtsgutstheorie zu beschränken[265]. Hierbei bleibt bedauerlicherweise sowohl die Frage der Strafwürdigkeit des Güterschutzes als auch die Bedeutung der Tatbestandsstruktur für die Legitimitätsanforderungen an strafrechtliche Normen außer Betracht[266]. Dies ist um so verwunderlicher, als der Deliktsstruktur vor allem im Bereich abstrakter Gefährdungsdelikte eine hohe Bedeutung für die Frage der Strafwürdigkeit von Verhaltensweisen zugeschrieben wird. So ist häufig zu lesen, der Einsatz abstrakter Gefährdungsdelikte sei in besonderem Maße begründungsbedürftig und regelmäßig nur dann legitim, wenn die Strafnorm der Aufrechterhaltung eines besonders schützenswert erscheinenden Rechtsgutes diene[267]. Um eine Aussage über die Legitimität der §§ 331 ff. StGB treffen zu können, erweist es sich daher als notwendig, neben dem geschützten Rechtsgut auch zu der Deliktsstruktur der Vorschriften Stellung zu beziehen. Neben der Frage der Schutzwürdigkeit des zugrunde liegenden Rechtsgutes bedeutet die Einführung abstrakter Gefährdungsdelikte eine erhebliche Ausweitung der Strafbarkeit, die nur dann hingenommen werden kann, wenn bereits die abstrakte Gefährdung der geschützten Interessen kriminell strafwürdig ist.

2. Bestechungstatbestände als Verletzungsdelikte nach älterer Ansicht

Baumann,[268] der den Unrechtsgehalt des § 331 StGB in der Bezahlung einer ohnehin vorzunehmenden Amtshandlung erblickt und von § 332 StGB die Nichtverfälschung des Staatswillens als geschützt sieht, erachtet die Tatbestände konsequent als Verletzungsdelikte[269]. Zur Begründung verweist er darauf, dass die kriminalpolitische Erwägung des Gesetzgebers, in § 332 StGB ein abstraktes Gefährdungsdelikt zu konstatieren, keinen Ausdruck im Gesetz gefunden habe. Entsprechend der sonstigen Systematik hätte es Sinn gemacht, § 331 den §§ 332,

[265] Vgl. Schwieger, Vorteilsbegriff; Bauchrowitz, Der immaterielle Vorteilsbegriff; Gribl, Vorteilsbegriff, 69 ff.; unter Berücksichtigung der Deliktsstruktur allerdings Graupe, Bestechungsdelikte.

[266] Vgl. zur Bedeutung der Tatbestandsstruktur strafrechtlicher Normen Wohlers, Deliktstypen, 281 ff.; ders., GA 2002, 15 ff., 17 ff.; Hefendehl, Kollektive Rechtsgüter, 147 ff.; Appel, Verfassung und Strafe, 385 f.; Stächelin, Strafgesetzgebung, 55 ff., 90 ff.

[267] Hassemer, Theorie, 207 f.; ders., Grundlinien, 85 ff., 92; A.H. Meyer, Gefährlichkeitsdelikte, 206; Hohmann, Umweltdelikte, 209.

[268] Baumann, BB 1961, 1057 ff.

[269] Baumann, BB 1961, 1057 ff., 1058.

333 nachfolgen zu lassen[270]. Für die von ihm gewählte Einordnung der Vorschriften als Grundtatbestand (§ 331) und Qualifikation (§ 332) liefert Baumann keine Begründung. Henkel, der ebenfalls den eigenständigen Schutzgedanken des § 332 propagiert, kommt zu einem anderen Ergebnis. Er erblickt das Verhältnis der Bestechungsvorschriften konsequent als „Nebeneinander verschiedener selbständiger Tatbestände“[271].

3. Die Bestechungstatbestände als Gefährdungsdelikte

Dölling, der als Strafgrund der Bestechungsdelikte den Schutz korrekter Amtsführung gegen die sich aus der Geschenkannahme für Diensthandlungen ergebenden Gefahren erblickt[272], erachtet § 332 StGB als einen die besondere Gefährlichkeit der Entgegennahme von Vorteilen für pflichtwidrige Diensthandlungen qualifizierten Fall des § 331 StGB[273]. Lasse sich ein Amtsträger eine bestimmte Diensthandlung bezahlen, sei der Damm zwischen dienstlicher Aufgabe und persönlichem Interesse gebrochen und eine sachwidrige Beeinflussung dienstlicher Entscheidungen durch das Streben nach persönlichen Vorteilen zu befürchten. Aus diesem Grunde handele es sich bei den Bestechungsdelikten um abstrakte Gefährdungsdelikte[274].

Dölling bleibt allerdings eine Begründung dafür schuldig, warum er die Bestechungsdelikte insgesamt – also auch § 332 StGB trotz der eingetretenen sachlich falschen Entscheidung – als abstrakte Gefährdungsdelikte erachtet. Dies lässt sich möglicherweise damit erklären, dass er nicht ausschließlich an die Sachlichkeit der Diensthandlung anknüpft, sondern den hieraus für die Funktionsfähigkeit staatlicher Verwaltung resultierenden Gefahren entgegenwirken möchte[275].

---

[270] Baumann, BB 1961, 1057 ff., 1058.
[271] Henkel, JZ 1960, 507 ff., 509.
[272] Dölling, JuS 1981, 570 ff., 574.
[273] Dölling, JuS 1981, 570 ff., 574.
[274] Dölling, JuS 1981, 570 ff., 574, Fn. 76.
[275] Damit ist jedoch fraglich, ob tatsächlich das Sachlichkeitsrechtsgut von §§ 331 ff. StGB geschützt sein kann und nicht die Funktionsfähigkeit staatlicher Verwaltung selbst; dem ähnelt die zuletzt von Wagner, JZ 1987, 594 ff., 599 vertretene Ansicht, wonach die §§ 331, 332 im Verhältnis von Grundtatbestand und Qualifikation stehen. Aufgrund der Bestimmung des Schutzzweckes als „*generelle Gefährdung* der gesamten Staatstätigkeit durch *Pflichtwidrig-*

Unter Bezugnahme auf das Schutzgut der Funktionsfähigkeit der Staatsverwaltung verweist Geerds[276] darauf, man habe § 332 StGB als konkretes Gefährdungsdelikt zu qualifizieren, bei dem das Funktionieren staatlicher Verwaltung bzw. das Vertrauen in die Sachlichkeit staatlicher Tätigkeit verletzt worden sei oder werden könne[277]. Bei § 331 handele es sich um ein abstraktes Gefährdungsdelikt, da das Funktionieren staatlicher Verwaltung bei pflichtgemäßem Verhalten des Amtsträgers weder verletzt noch konkret gefährdet sei[278]. Die abstrakte Rechtsgutsgefährdung ergebe sich aus der Gefahr, dass der Beamte später auch um des Vorteils willen eine pflichtwidrige Amtshandlung vornehmen könne[279].

4. §§ 331, 333 StGB abstrakte Gefährdungsdelikte; §§ 332, 334 StGB Verletzungsdelikte

Arthur Kaufmann vertritt den Standpunkt, dass §§ 331, 333 StGB – im Gegensatz zu §§ 332, 334 StGB – als abstrakte Gefährdungsdelikte ausgestaltet seien[280]. Als Begründung verweist er auf die wesensmäßige Ungleichartigkeit der Vorschriften. Bei Vorliegen von Spezialität enthalte der spezielle Tatbestand sämtliche Merkmale des generellen und zumindest ein zusätzliches Merkmal. Dies sei bei der schweren und einfachen Bestechung nicht der Fall. Keine Tat lasse sich gleichzeitig unter § 331 und § 332 subsumieren, da eine Diensthand-

---

keiten, verknüpft mit dem Fordern, Annehmen oder Sichversprechenlassen von Vorteilen von Bediensteten", ist davon auszugehen, dass er im Gegensatz zu seiner früheren Ansicht §§ 331, 333 aber wohl auch §§ 332, 334 als Gefährdungsdelikte einordnet.

[276] Geerds, JR 1981, 299 ff., 302.

[277] Es bleibt unklar, warum Geerds den Tatbestand bei vorliegender Beeinträchtigung staatlicher Tätigkeit durch pflichtwidriges Handeln nicht als Verletzungsdelikt klassifiziert. Diese Ansicht kann unter Geltung der heutigen Gesetzesfassung des § 332 StGB keinen Bestand mehr haben kann, da Geerds zum Eintritt der konkreten Gefährdung zumindest den Willen des Amtsträgers zur Vornahme einer pflichtwidrigen Diensthandlung fordert und dies nach der Fassung des § 332 III StGB nur noch ein bereit erklären zu einer Pflichtwidrigkeit gefordert wird; vgl. dazu auch Wagner, JZ 1987, 594 ff., 599, Fn. 110.

[278] Geerds, JR 1981, 299 ff., 303.

[279] So bereits Binding, Lehrbuch BT II, 713; Geerds, JR 1981, 301 ff., 302; Arthur Kaufmann, JZ 1959, 375 ff., 377; wohl auch die Begründung des Regierungsentwurfes zum EGStGB BT/Drs. 7/550, 270, da hiernach die Bereitschaft zur Pflichtwidrigkeit die Gefahr auslösen soll, dass der Bedienstete bei der Erfüllung seiner Pflichten nicht mehr unbefangen ist.

[280] Arthur Kaufmann, JZ 1959, 375 ff., 377.

lung entweder pflichtmäßig oder pflichtwidrig sei[281]. Die abstrakte Gefahr für die Ordnungsmäßigkeit und Gerechtigkeit staatlicher Handlungen ergebe sich daraus, dass die Annahme von Vorteilen oft nur die Vorstufe einer (schweren) passiven Bestechung sei. Im Anschluss an Feuerbach[282] und Binding[283] vertritt er den Standpunkt, der Beamte werde dem Geschenkgeber regelmäßig mehr Aufmerksamkeit widmen als anderen Personen und wenn die Ernte erst einmal in mehreren Fällen gelungen sei, erwachse der Hunger nach weiteren Vorteilen, von wo es dann nur noch ein kleiner Schritt zur bezahlten Ausführung von Amtspflichtwidrigkeiten sei[284]. Ob Kaufmann § 332 StGB als Verletzungsdelikt erachtet, stellt er nicht ausdrücklich fest. Hiervon ist jedoch sowohl aufgrund des von ihm befürworteten Schutzgutes der Staatswillensverfälschung als auch der zugrundegelegten Wesensverschiedenheit der Tatbestände auszugehen. Der Staateswille ist im Falle der Vornahme einer pflichtwidrigen Diensthandlung in § 332 StGB verfälscht und demzufolge eine Verletzung des Schutzgutes eingetreten, da Produkt dieses Verhaltens eine sachlich unrichtige Entscheidung ist.

Den gleichen Ansatz vertritt Eb. Schmidt, der die Pflichtwidrigkeit der Amtshandlung als „tiefgreifenden qualitativen Unterschied“[285] zwischen § 332 StGB und § 331 StGB begreift. Durch die pflichtwidrige Amtshandlung werde das staatliche Handeln auf die Seite des Unrechts gedrängt und der Staatswille verfälscht[286]. Qualitätsmäßig sei das in § 331 StGB sanktionierte Handeln hiermit nicht vergleichbar. Bei § 331 StGB handele es sich mangels Eintritts einer Staatswillensverfälschung um „ein abstraktes Gefährdungsdelikt – vom Bestechungsgedanken aus – “ [287].

---

281 Arthur Kaufmann, JZ 1959, 375 ff., 376.

282 Feuerbach, Themis, Teil IV, 185 ff. beschreibt dies wie folgt: „Von dem Wenigen geht ferner der Weg zum Vielen, und das Erlaubte dient dem Verbotenen zur Maske“.

283 Binding, BT II, 731, der den ursprünglich von Feuerbach hervorgehobenen Gefährdungsgedanken weiter ausgeführt hat.

284 Arthur Kaufmann, JZ 1959, 375 ff., 377.

285 Eb. Schmidt, Bestechungstatbestände, 148 f.

286 Eb. Schmidt, Bestechungstatbestände, 149.

287 Eb. Schmidt, Bestechungstatbestände, 149; ähnlich Lüderssen, StV 1997, 318 ff., 321, der sich der Ansicht von Eb. Schmidt anschließt.

5. Bestechungsdelikte als Verletzungsdelikte nach neuerer Ansicht

Bei §§ 331 ff. StGB soll es sich nach vereinzelt vertretener Auffassung insgesamt um Verletzungsdelikte handeln. Durch die Vorteilsannahme gemäß § 331 StGB könne das Rechtsgut des Vertrauens der Allgemeinheit bereits verletzt sein, sofern die Mitbürger von dieser Vorteilsannahme Kenntnis erlangten.[288] Unter Zugrundelegung des Vertrauensschutzaspektes bestehe daher die Möglichkeit, §§ 331, 333 StGB als Verletzungsdelikte einzuordnen[289]. Diese Sichtweise klingt auch in Entscheidungen der Obergerichte an. So führt der 2. Strafsenat des BGH in seiner bekannten Entscheidung v. 25.07.1960 zu §§ 332, 333 StGB an: „Das Vertrauen der Öffentlichkeit wird schon erschüttert, wenn auch nur der Anschein der Käuflichkeit für pflichtwidrige Handlungen erzeugt wird, und eben deshalb soll es genügen, daß sich der Beamte als käuflich gibt oder hinstellt, mag er sich insgeheim vornehmen, die pflichtwidirge Handlung nicht zu begehen“[290]. Nach Ansicht des OLG Frankfurt bleibt das Vertrauen der Allgemeinheit in die Sachlichkeit staatlicher Entscheidungen „unbeeinträchtigt (...) nur bei Zuwendungen, die so geringfügig sind, daß bei vernünftiger Betrachtungsweise nicht der Eindruck entstehen kann, daß der Nehmer sich dem Geber durch die Annahme der Zuwendung verpflichten will“[291].

Die Formulierungen, das Vertrauen werde „beeinträchtigt“ oder „erschüttert“, lassen sich nach dieser Auffassung aber nur im Sinne einer Verletzung desselben deuten. Kernaussage dieser Ansichten ist es mithin, die Verletzungsqualität der §§ 331, 333 StGB aus der Erschütterung des Vertrauens der Allgemeinheit in die Sachlichkeit staatlicher Entscheidungen abzuleiten. Im Rahmen der §§ 332 I II i.V.m. III, 334 I II i.V.m. III StGB käme ebenfalls eine Verletzung des Vertrauensgesichtspunktes in Betracht, wenn Außenstehende von dem pönalisierten Verhalten Kenntnis erlangen. In §§ 332 I II, 334 I II StGB stünde demgegenüber die Verletzung der Sachlichkeit staatlicher Entscheidungen bzw. die

[288] Graupe, Systematik und Rechtsgut, 105.
[289] Graupe, Systematik und Rechtsgut, 105; Kargl, ZStW 114 (2002), 763 ff., 786 und ders., JZ 2005, 503 ff., 510, der im Anschluss an die hier vertretene Auffassung seine zuvor vertretene Ansicht revidiert hat.
[290] BGHSt 15, 88 ff., 97.
[291] OLG Frankfurt, NJW 1990, 2074 ff., 2075.

Verfälschung des Staatswillens als zusätzlicher Verletzungsgegenstand neben dem Vertrauensaspekt.

Die auf die Verletzungsqualität gestützte Ansicht ist dem Einwand ausgesetzt, dass ein Vertrauensverlust in der *Allgemeinheit* nicht mit dem individuellen Vertrauen des *Einzelnen* gleichgesetzt werden kann. Die vorausgehende Argumentation lässt diese Frage völlig offen und entzieht sich dem eigentlichen Problem, ob ein Vertrauensverlust beim *einzelnen Bürger* im Falle der Verwirklichung der §§ 331, 332 III, 333, 334 III StGB überhaupt geeignet ist, die für das Universalrechtsgut „Vertrauen" erforderliche kollektive Dimension zu erreichen.

Erachtet man das Vertrauen der Allgemeinheit in die Sachlichkeit der Amtsführung als geschütztes Rechtsgut der Vorschriften, erscheint es nur bei Eintritt eines in der Bevölkerung verbreiteten Vertrauensverlusts nachvollziehbar, von einer Verletzung des geschützten Gutes zu sprechen. Demgegenüber ist eine Vertrauensverletzung bei *einzelnen Personen* für die Verletzung des Schutzgutes des Vertrauens der *Allgemeinheit* ohne Relevanz[292]. Auch bei einer Personengesamtheit ist von einem Vertrauensverlust nur dann auszugehen, wenn das Vertrauen bereits in Misstrauen umgeschlagen ist. Hefendehl hat zutreffend hervorgehoben, dass Abstufungen innerhalb des Vertrauens kaum denkbar sind[293]. Entweder man vertraut oder man vertraut nicht. Das Umschlagen von Vertrauen in Misstrauen offenbart sich dadurch, dass das Letztere handlungsleitend geworden ist. Nicht jede enttäuschte Erwartung zerstört Vertrauen, vielmehr kommt der Grenze zwischen Vertrauen und Misstrauen Schwellencharakter zu. Dem konkreten Anlaß nach dem eine Neuorientierung erfolgt, ist äußerlich somit eine weit größere Wirkung beizumessen, als ihm isoliert gesehen zugerechnet werden kann[294]. Wo die betreffende Schwelle beim Vertrauen in staatliche Institutionen liegt, lässt sich weder vorhersagen noch generalisierend bestimmen. Da es sich hierbei um einen kollektiven Vertrauensgegenstand handelt, spielt die Massierung misstrauensbegründender Umstände, die Zahl der involvierten Vertrauensträger und die geschichtliche Entwicklung der jeweiligen Gesellschaft eine ent-

---

[292] So auch Gribl, Vorteilsbegriff, 135 f.; Graul, Abstrakte Gefährdungsdelikte, 47 f.

[293] In Anlehnung an Luhmann, vgl. Hefendehl, Kollektive Rechtsgüter, 130 ff.

[294] Hefendehl, Kollektive Rechtsgüter, 131; Luhmann, Vertrauen, 96; ebenso zum Umschlagen von Vertrauen in Misstrauen Hof, FS für Helmrich, 1125 ff., 1136; Sztompka, Politische Institutionen im Wandel, 254 ff., 260.

scheidende Rolle[295]. Konsequent zu Ende gedacht, hätte ein solcher Vertrauensverlust einen Zusammenbruch der Staatsorganisation zur Folge, da die Abnahmebereitschaft staatlicher Entscheidungen in der Bevölkerung erloschen wäre. Da eine solche Folge in keiner der angesprochenen Entscheidungen im Raum stand und auch nicht ernstlich zu erwarten ist, verwischt das von den Gerichten verwendete Vokabular den Blick für die „Verletzungsresistenz" des allgemeinen Vertrauensschutzgutes.

6. §§ 331, 333 StGB als abstrakte Vertrauensgefährdungsdelikte

Aufgrund der angestellten Erwägungen ist es naheliegend, am Maßstab des Vertrauens der Allgemeinheit lediglich eine abstrakte Gefährdung für das Vertrauensrechtsgut festzustellen[296]. Diese Sichtweise vertritt Graul, die hervorhebt, dass „das Vertrauen der Öffentlichkeit in die staatliche Tätigkeit durch die einzelne – bekannt gewordene – Bestechungs- bzw. (Bestechlichkeitshandlung) nicht relevant und messbar gestört (...) zu werden braucht und in aller Regel (...) durch eine isolierte derartige Handlung auch gar nicht erkennbar tangiert werden kann und wird, eine ernsthafte (konkrete) Gefährdung oder gar Zerstörung dieses Vertrauens vielmehr (...) überhaupt erst durch das gehäufte Auftreten von Bestechungsfällen herbeigeführt werden kann"[297]. Auch Gribl weist darauf hin, dass „das sekundäre Rechtsgut des Vertrauens in die Integrität des Beamtentums (...) durch die einzelne Vorteilsannahme noch nicht beeinträchtigt" wird, „sondern erst durch das Zusammentreffen einer Vielzahl dieser Handlungen"[298]. Zu Recht würden daher die Vorteilsannahme und Gewährung als abstrakte Gefährdungsdelikte qualifiziert[299].

§§ 332 I II, 334 I II StGB könnten im Hinblick auf die Verletzung der Sachlichkeit der Amtsführung durch die Pflichtwidrigkeit der Diensthandlung als Verletzungsdelikte begriffen werden, soweit man hier auf den Vertrauensaspekt verzichtet. Im Rahmen eines einheitlichen mehrdimensionalen Rechtsgutes müsste

---

295 Hefendehl, Kollektive Rechtsgüter, 131.

296 In diesem Sinne Schröder, GA 1961, 289 ff., 292; Loos, FS für Welzel, 879 ff.; 884, 891; Stächelin, Strafgesetzgebung, 312.

297 Graul, Abstrakte Gefährdungsdelikte, 47 f., Fn. 144.

298 Gribl, Vorteilsbegriff, 135 unter Bezugnahme auf Loos, FS für Welzel, 879 ff., 891.

299 Gribl, Vorteilsbegriff, 136.

der Vertrauensschutzgedanke jedoch nicht nur in den Absätzen 3 der Vorschriften, sondern auch im Rahmen von §§ 332 I II, 334 I II StGB Berücksichtigung finden. Eine konsequente Umsetzung dieser Erkenntnis führt dazu, auch diese Normen wie die Vorteilsannahme bzw. Vorteilsgewährung als abstrakte Gefährdungstatbestände einzuordnen.

Vor dem Hintergrund dieser Überlegungen sind die Befürworter eines mehrdimensionalen Rechtsgutes zu dem Ergebnis gelangt, § 332 StGB als Qualifikation des § 331 StGB einzuordnen[300]. So wird hervorgehoben, die Gefahr des Vertrauensverlusts bei der Öffentlichkeit sei bei der Bestechlichkeit größer als bei der Vorteilsannahme[301]. Aufgrund der unterschiedlichen Unrechtsqualität, die den verpönten Handlungsweisen innewohne, entstehe das Verhältnis von Grundtatbestand und Qualifikation[302]. Die äußeren und inneren Funktionsbedingungen ordnungsgemäßer Amtsführung seien in besonderem Maße beeinträchtigt, wenn der Anschein entstünde, es sei nicht nur die rechtmäßige Amtsführung von Gegenleistungen abhängig, sondern man könne sich darüber hinaus auch rechtswidriges Verhalten „erkaufen“[303].

Das Problematische an dieser Sichtweise sind die oben bereits herausgearbeiteten Einwände Arthur Kaufmanns und Eberhardt Schmidts, die zu Recht hervorgehoben haben, dass zwischen einer pflichtgemäßen und einer pflichtwidrigen Amtshandlung nicht nur quantitative, sondern qualitative Unterschiede bestehen[304], welche einem Spezialitätsverhältnis von Vorteilsannahme und Bestechlichkeit entgegenstehen. Da „streng logisch gesehen (...) pflichtwidrig natürlich keine Steigerung von pflichtmäßig, sondern ein Aliud“ sei, möchten auch Arzt/Weber das Verhältnis von Grundtatbestand und Qualifikation nur „der Wertung nach“ gewahrt wissen[305].

---

[300] Hardtung, Erlaubte Vorteilsannahme, 44 f.; Arzt/Weber, StrafR. BT, § 49, Rn. 20; Rudolphi/Stein, SK-StGB, § 331, Rn. 6; BGH, NStZ 1984, 24; Sch/Sch-Heine, § 332, Rn.1; Lackner/Kühl, § 332, Rn. 2; Tröndle/Fischer, § 332, Rn.1.

[301] Hardtung, Erlaubte Vorteilsannahme, 44; BGH, NStZ 1984, 24.

[302] Rudolphi/Stein, SK-StGB, § 331, Rn. 6; Hardtung, Erlaubte Vorteilsannahme, 45; BGH, NStZ 1985, 497 ff., 499.

[303] Rudolphi/Stein, SK-StGB, § 331, Rn. 4.

[304] Arthur Kaufmann, JZ 1959, 375 ff., 376; Eb. Schmidt, Bestechungstatbestände, 149; s.o., S. 56 ff.

[305] Arzt/Weber, StrafR. BT, § 49, Rn. 20.

7. Zwischenergebnis

Nach dem Gesagten bleibt festzuhalten, dass bis heute Unklarheit über die Deliktsstruktur der §§ 331 ff. StGB herrscht. Selbst bei Zugrundelegung eines komplexen Schutzgutes im Sinne der überwiegenden Auffassung besteht Uneinigkeit im Hinblick auf die Einordnung der §§ 331 ff. StGB als Grundtatbestand und Qualifikation bzw. Verletzungs- und Gefährdungsdelikte. Im Folgenden soll unter Berücksichtigung des Wortlautes die Deliktstruktur und das geschützte Rechtsgut der Bestechungstatbestände ermittelt werden. Im Anschluß daran wird die Bedeutung beider Aspekte im Rahmen der Strafwürdigkeit der Vorschriften im Zentrum der Betrachtung stehen.

III. Kritische Stellungnahme

1. Zum Schutzgut der Unentgeltlichkeit der Amtsführung

Gegen den Schutz des Grundsatzes der Unentgeltlichkeit der Amtsführung wurde zu Recht angeführt, dass Amtshandlungen häufig gegen Gebühr vorgenommen werden und ein Grundsatz der Unentgeltlichkeit mithin nicht existiert[306]. So zutreffend das im Hinblick auf einen allgemeinen Grundsatz der Unentgeltlichkeit der Amtsführung ist, so wenig entkräftet das Argument für sich genommen den Schutz solcher Amtshandlungen, die nicht gebührenpflichtig sind. Eine Rechtsgutskonzeption unentgeltlicher Amtsführung wäre vielmehr dann denkbar, wenn an eine gesetzlich nicht vorgesehene Gebührenerhebung angeknüpft würde[307].

Gegen das Schutzgut der so zu verstehenden Unentgeltlichkeit staatlicher Tätigkeit spricht jedoch folgende Überlegung: ein Verstoß gegen die Unentgeltlichkeit der Amtsführung ist nicht um seiner selbst Willen geschützt, sondern allenfalls mittelbares Regelungsziel[308]. Die Frage, warum der Amtsträger lediglich die vorgesehenen Gebühren annehmen darf, ist mit der Schaffung eines derarti-

---

306 Wagner, Amtsverbrechen, 233; Schröder, GA 1961, 289; Hardtung, Erlaubte Vorteilsannahme, 42; Jaques, Bestechungstatbestände, 38.

307 Ähnlich Brauchowitz, Der immaterieller Vorteilsbegriff, 101.

308 I.d. Sinne bereits Arthur Kaufmann, JZ 1959, 375 ff., 377; Hardtung, Erlaubte Vorteilsannahme, 42; Jaques, Bestechungstatbestände, 38; Dölling, JuS 1981, 570 ff., 574.

gen Rechtsgutes nicht beantwortet. Die staatliche Finanzverwaltung ist jedenfalls nicht betroffen, da die Vorteile dem Amtsträger oder Dritten persönlich zugute kommen[309]. Das Schutzgut der Unentgeltlichkeit staatlicher Dienstausübung ist daher ungeeignet, den Unrechtsgehalt der Bestechungsdelikte treffend zu erfassen.

2. Zum Schutz vor „Bedrückung"

Das Hauptargument Wagners für einen Schutz der individuellen Handlungsfreiheit ist relativ leicht zu entkräften, wenn man sich Gedanken darüber macht, warum die Tatbestandsmodalität des Forderns strenger behandelt wird als die anderen Tathandlungen. Steht tatsächlich der Schutz des Bürgers vor Bedrückung im Vordergrund oder bewogen den Gesetzgeber andere Motive zur unterschiedlichen Regelung der Tatalternativen? Ein Blick auf den Regierungsentwurf macht deutlich, dass das Fordern nach Ansicht des Gesetzgebers in besonderem Maße „unvereinbar ist mit der Stellung des Amtsträgers (...) und den Grundsätzen des öffentlichen Dienstes"[310]. Die Integrität des öffentlichen Dienstes soll mithin in besonderem Maße tangiert sein, wenn der Amtsträger von sich aus die Initiative durch Fordern des Vorteils ergreift[311]. Sieht der Gesetzgeber dies aber als gesteigertes Unrecht an, so steht erneut die Lauterkeit des öffentlichen Dienstes im Zentrum der Betrachtung und es bedarf an dieser Stelle keines Rückschlusses auf die lediglich faktisch tangierte allgemeine Handlungsfreiheit des Bürgers[312].

3. Zur Lehre vom vergeistigten Zwischenrechtsgut

Wie bereits aufgezeigt, handelt es sich bei der Lehre von den der vergeistigten Zwischenrechtsgütern um eine Lösung, bei der der abstrakten Gefährdung des jeweiligen Rechtsgutes eine Art Erfolgsmoment auf Zwischenebene vorgelagert wird. Es ist bedenklich, ob ein solches Konstrukt abstrakter Gefährdung geeignet ist, die Brücke zu den Verletzungsdelikten zu schlagen. Schünemann jedenfalls hat den Anspruch geäußert, durch vergeistigte Zwischenrechtsgüter, „die

309 Hardtung, Erlaubte Vorteilsannahme, 43.
310 BT/Drs. 7/550, 271; ebenso schon E 1962, 651.
311 So bereits Hardtung, Erlaubte Vorteilsannahme, 47 unter Verweis auf die Rechtsprechung der Disziplinargerichte.
312 Zur Bedeutung des Gedankens der Bedrückung in Legitimationsfragen, s. u. S. 257 f.

Anforderungen der kriminalpolitischen Praktikabilität" und des Schuldgrundsatzes" in „Konkordanz" zu bringen. Bei den Bestechungsdelikten stelle „bereits die Verletzung des Zwischenrechtsgutes einen strafbaren Unwert dar"[313]. Auch Jakobs hat sich bemüht, den Gefährdungstatbeständen echte Zwischenrechtsgüter auf einem abgeschwächten Abstraktionsniveau zu entnehmen. Er geht damit von der Prämisse aus, dass das Abstraktionsniveau eines Rechtsgutes beliebig ansetzbar ist[314]. Bei einem abstrakten Gefährdungsdelikt könne ein Objekt verletzt sein, welches eine weniger abstrakten Ebene repräsentiere. Bei den Bestechungsdelikten stünde die Uneigennützigkeit des Beamten für die Funktionsfähigkeit des Verwaltungsapparates.

Wie anschaulich auch immer die „Zwischenstufen" beschrieben werden, stellt sich doch die zentrale Frage, ob die Verletzung bzw. Gefährdung des Zwischenrechtsgutes tatsächlich einen strafrechtlich relevanten Unwert beinhaltet und damit eigenständige Bedeutung in der Legitimitätsfrage genießt. Erik Wolf betonte zu Recht die Notwendigkeit, als Rechtsgüter nur spezifische Funktionseinheiten auf möglichst niederer Abstraktionsstufe auszuweisen. Beliebig ansetzbare Zwischenrechtsgüter bedingen die Gefahr eines sich ausdehnenden Abstraktionsprozesses, der die Auflösung des Rechtsgutsbegriffs nach sich zieht[315], da unklar bleibt, was mit dem Prädikat „vergeistigt" bezeichnet werden soll.
Soweit mit dem Zwischenrechtsgut verdeutlicht werden soll, dass weder eine Zuteilung zu den kollektiven noch zu den personalen Schutzgütern schlüssig ist, ist dies lediglich „eine Flucht vor notwendigen argumentativen Vermittlungsleistungen in eine recht unbestimmte Ortsangabe des Problems"[316]. Diese Art der Legitimationsbemühung führt nicht zu einer Präzisierung der Schutzgüter,

[313] Schünemann, JA 1975, 787 ff., 798.
[314] Zum folgenden Jakobs, StrafR. AT, 6. Abschn., Rn. 88, Fn. 178; vgl. zur Kritik Hefendehl, Kollektive Rechtsgüter, 175 ff., 178.
[315] Wolf, Frank-FG, Bd. II, 537 f.; vom Befund zwar zustimmend Tiedemann, LK-StGB, Vor. § 283, Rn. 55; ders., Tatbestandsfunktionen, 117, 122, der es dennoch in JuS 1989, 689 ff., 691 im „komplizierten Wirtschaftsprozeß" als erforderlich erachtet, zahlreiche „mediatisierte Zwischenrechtsgüter" zwischen die Interessen des Staates und die Interessen des einzelnen Wirtschafters sowie Verbrauchers zu schieben; Hefendehl, Kollektive Rechtsgüter, 178, möchte eine eventuelle Konkretisierbarkeit der Amtsdelikte auf niederem Abstraktionsniveau eher als Indiz für eine unzutreffende Rechtsgutsbestimmung als für ein legitimes Zwischenrechtsgut ansieht; a.A. Lüderssen, StV 2004, 97 ff., 101, der die „Abstraktheit der Gefährdung" als „eine Methapher für den Angriffsweg, nicht für das Rechtsgut" erachtet.
[316] So zu Recht Herzog, Gesellschaftliche Unsicherheit, 34.

sondern zu einer Entgrenzung des Bereiches abstrakter Gefährdungstatbestände, da vergeistigte Zwischenrechtsgüter einen hinreichend konkretisierten Begriff vom geschützten Rechtsgut vermissen lassen. Die Bezeichnung der Schutzgüter als vergeistigt führt zu einem Mangel an Substanz und Sichtbarkeit von Rechtsgutverletzungen.

Gerade beim kollektiven Interessenschutz liegt es nahe, die den Normen zugrundeliegenden Interessen als „abstrakte Werte" zu interpretieren[317]. Auch wenn ein Tatbestand nicht an körperliche Gegenstände anknüpft, lässt sich hieraus jedoch kein Grund ableiten, das ihm zugrundeliegende Interesse als ideellen Wert zu beschreiben[318]. Vielmehr besteht die Realität nicht ausschließlich aus beziehungslos nebeneinanderstehenden körperlichen Gegenständen[319], sondern ebenso aus Kausalitäten im Bereich der seelisch-geistigen Phänomene. Diese sind keineswegs ideelle Gedankengebilde, sondern Sachverhalte, die tatsächlich verletzt werden können[320]. Nur unter der Voraussetzung, dass sich der strafrechtliche Schutz auf real-ideelle Werte bezieht, sichert die Tatsache das Dogma vom Strafrecht als Schutzrecht ab und dient der Eliminierung von Scheinrechtsgütern[321]. Gerade bei den kollektiven, lediglich abstrakt gefährdeten Schutzinteressen besteht das Bedürfnis der Abgrenzung ideeller, selbstzweckhaft geschützter und realer Interessen.

Durch die Bezugnahme auf Zwischenrechtsgüter ist daher im Hinblick auf die Legitimationsfrage nichts gewonnen, im Gegenteil: Begründungsdefizite werden durch die Schaffung von Zwischenrechtsgütern überspielt.

---

[317] Jescheck/Weigend, StrafR. AT, § 26 I, Nr. 2, 257.

[318] So aber Knorz, Unrechtsgehalt, 150; Sax, JZ 1976, 429 ff., 432 „Rechtsgüter sind also ideelle Sachverhalte. Sie können durch den Einzelangriff des Straftäters im eigentlichen Wortsinne gar nicht verletzt, nämlich nicht umgewertet oder gar außer Kraft gesetzt, sondern lediglich in ihrer Geltung missachtet und daher immer nur gefährdet werden".; wie hier Kargl, ARSP 1996, 485 ff., 491; Hefendehl, Kollektive Rechtsgüter, 28.

[319] Graul, Abstrakte Gefährdungsdelikte, 57.

[320] Kargl, ARSP 1996, 485 ff., 493; ders., Rechtsgüterschutz durch Rechtsschutz, 53 ff., 55 ff. verdeutlicht dies am Beispiel des dargestellten Todesparadoxon; ihm folgend Hefendehl, Kollektive Rechtsgüter, 28; vgl. dazu Papageorgiou, Schaden und Strafe, 172 ff.

[321] Überzeugend insoweit Hefendehl, Kollektive Rechtsgüter, 27 ff.

4. Zum einheitlichen Sachlichkeitsschutzinteresse

Als stärkstes Argument gegen ein einheitliches Schutzgut der Sachlichkeit staatlicher Entscheidungen in den §§ 331 ff. StGB führt eine verbreitete Ansicht die vom Gesetzgeber gewählte Fassung der Bestechungstatbestände ins Feld:[322] § 332 Abs. 3 StGB zeige nämlich den Willen des Gesetzgebers, selbst einen Amtsträger, der sich nur bereit erkläre, eine pflichtwidrige Handlung zu begehen, wegen Bestechlichkeit zu bestrafen. Auf eine tatsächlich vorgenommene pflichtwidrige Diensthandlung komme es zur Verwirklichung des Tatbestandes mithin nicht an. Maßgeblich sei vielmehr der Schein bzw. Eindruck, den der Amtsträger seinem Gegenüber vermittele[323]. Auch für die Verwirklichung der §§ 331, 333 StGB sei keine Verletzung von Dienstpflichten erforderlich. Daraus folge, dass weder eine Verfälschung des Staatswillens noch eine Verletzung der Sachlichkeit der Dienstausübung Voraussetzung der Verwirklichung der gesetzlichen Tatbestände sei.

Die auf den Wortlaut des Gesetzes gegründete Argumentation lässt unberücksichtigt, dass die Sachlichkeit der Dienstausübung durch das in §§ 331, 332 III, 333, 334 III StGB normierte Verhalten zwar nicht verletzt, aber dennoch abstrakt gefährdet sein könnte. Vertritt man die Ansicht, dass es sich bei den betreffenden Tatbeständen um abstrakte Gefährdungsdelikte handelt, ist denkbar, die Sachlichkeit der Amtsführung als Schutzgut aller „Bestechungstatbestände" zu erachten[324]. Betrachtet man die Annahme von Zuwendungen generell als abstrakte Gefahr für die Richtigkeit staatlicher Entscheidungen, da sie oft nur Vorstufe für das Delikt der Bestechlichkeit ist, lässt sich eine abstrakte Gefährdung des Sachlichkeitsrechtsgutes befürworten. Grund hierfür ist das nach der Annahme von Zuwendungen gesteigerte Bedürfnis des Amtsträgers nach mehr und

---

[322] Kargl, ZStW 114 (2002), 763 ff., 787, vertritt den Standpunkt, der Gesetzgeber habe den Fassungen der Bestechungsdelikte unmißverständlich beide Aspekte zugrundegelegt, so dass der Versuch sich für eines der Rechtsgüter zu entscheiden zum Scheitern verurteilt sei; ebenso Schwieger, Vorteilsbegriff, 82 f.; Graupe, Systematik und Rechtsgut, 114, 116; Geppert, Jura 1981, 42 ff., 46, der daraus jedoch den Schluss zieht, ausschließlich das Vertrauen der Allgemeinheit sei Schutzgut.

[323] Kargl, ZStW 114 (2002), 763 ff., 787; Graupe, Systematik und Rechtsgut, 114.

[324] Dölling, JuS 1981, 570 ff., 573; dies gesteht auch Graupe, Systematik und Rechtsgut, 105 ff. zu.

größeren Vorteilen[325]. Lasse sich ein Amtsträger für eine Diensthandlung bezahlen, so ist unter Umständen „der Damm zwischen dienstlichen Aufgaben und persönlichem Interesse endgültig gebrochen, so dass für die Zukunft eine sachwidrige Beeinflussung dienstlicher Entscheidungen durch das Streben nach persönlichen Vorteilen zu befürchten“ [326] ist.

Auch die Begründung des Regierungsentwurfes des EGStGB stützt diese Sichtweise. Der Gesetzgeber sieht die „Lauterkeit des öffentlichen Dienstes“ als das durch die Bestechungstatbestände geschütztes Rechtsgut an[327]. Die Vorschriften sollen „die Käuflichkeit von Diensthandlungen und die Befangenheit der Bediensteten durch einen Vorteil bei der Erfüllung ihrer Pflichten und damit auch eine Verfälschung des Staatswillens“ verhindern[328]. Die Begründung lässt dahinstehen, inwieweit zugleich das Vertrauen der Allgemeinheit in die korrekte Amtsführung geschützt werden soll, verweist aber ausdrücklich darauf, dass sich die Regelung des § 332 III StGB auch mit dem Gesichtspunkt des Schutzes vor einer Verfälschung des Staatswillens erklären lässt[329]. Schon die Äußerung der Bereitschaft zur Vornahme einer pflichtwidrigen Diensthandlung bedeute eine Gefahr für die Staatswillensverfälschung im konkreten Falle, da der Bedienstete bei der Erfüllung seiner Pflichten nicht mehr unbefangen sei[330]. Der Gesetzgeber rekurriert damit im Ergebnis ebenfalls auf eine abstrakte Gefährdung für die Sachlichkeit der Amtsführung, die aus der Bereiterklärung zu pflichtwidrigen Amtshandlungen resultiert.

Es bleibt daher an dieser Stelle festzuhalten, dass die Fassung der Bestechungsdelikte mit dem einheitlichen Schutzgut der Sachlichkeit staatlicher Entscheidungen vereinbar ist, wenn man die §§ 331, 332 III, 333, § 334 III StGB als abstrakte Gefährdungsdelikte betrachtet.

---

[325] Binding, Lehrbuch BT II, 731; Arthur Kaufmann, JZ 1959, 375 ff., 377.
[326] Dölling, JuS 1981, 570 ff., 574.
[327] BT/Dr. 7/550, 269.
[328] BT/Dr. 7/550, 269.
[329] BT/Dr. 7/550, 269 f.
[330] BT/Dr. 7/550, 269 f., 273 f.

5. Zum einheitlichen Vertrauensrechtsgut

a) Selbstständige Bedeutung pflichtwidriger staatlicher Entscheidungen

Könnten die Bestechungsdelikten nicht gleichsam einzig auf Vertrauensschutzerwägungen beruhen? Diese unter anderem von Fuhrmann vertretene Ansicht, neben dem Vertrauensschutz bedürfe es nicht des Rechtsgutes der Reinhaltung des Staatswillens, da die Verfälschung desselben lediglich eine Erscheinungsform der Verletzung des Vertrauens in die Reinheit der Amtsführung sei, muss mit erheblichen Bedenken begegnet werden.

Die Realität falscher staatlicher Entscheidungen als eine Erscheinungsform des Vertrauensverlusts der Bürger aufzufassen, wird der Bedeutung pflichtwidriger Dienstausübung nicht gerecht. Die Verfälschung des Staatswillens stellt vielmehr eine eigene, innere Gefahr für die Funktionsfähigkeit des öffentlichen Dienstes dar[331]. Werden Verwaltungsaufgaben aufgrund pflichtwidriger korruptiver Entscheidungen der Amtsträger nicht mehr ordnungsgemäß wahrgenommen, drohen zahlreiche negative Konsequenzen für die staatliche Verwaltung und damit entscheidend: für den Bürger. Werden z.B. Aufträge im Rahmen von Submissionsabsprachen an zu teure Anbieter vergeben, wird die schlechtere der besseren Leistung vorgezogen und der Wettbewerb verzerrt[332]. Auf diese Weise drohen die öffentlichen Haushalte aus dem Lot zu geraten und die Handlungsfähigkeit staatlicher Verwaltung ist gefährdet, was im Endeffekt finanzielle Belastungen für den Bürger zur Folge hat. Diese Folgen treten allesamt unabhängig von einem Vertrauensverlust in der Bevölkerung ein. Eigennützigen Fehlentscheidungen von Amtsträgern kommt somit eigene Unrechtsqualität zu, die mit dem Gedanken des Vertrauensschutzes allein nicht begründbar ist.

Davon streng zu trennen ist die Überlegung, dass in einem demokratischen Rechtsstaat das Funktionieren der staatlichen Verwaltung ohne das Vertrauen der Bevölkerung unvorstellbar ist. Vermehrtes Misstrauen der Bürger würde zunächst zu einer massenhaften Einlegung von Rechtsmitteln münden und schließlich bei Erfolglosigkeit zum Boykott gegen staatliche Einrichtungen führen[333].

---

[331] Hardtung, Erlaubte Vorteilsannahme, 45, 47.
[332] Piehl, Bestechungsgelder, 27.
[333] Hardtung, Erlaubte Vorteilsannahme, 44; Graupe, Systematik und Rechtsgut, 114 f.

Hierbei handelt es sich um einen anderen Aspekt. Während der Schutz vor einer Verfälschung des Staatswillens dafür sorgen soll, dass Gesetze ordnungsgemäß umgesetzt werden, bezieht sich der Vertrauensaspekt darauf, ob die Mehrheit der Bürger staatliche Entscheidungen akzeptiert[334].

b) Wortlaut

Dieser Argumentation hat auch Schröder nichts entgegenzusetzen, der zur Begründung des einheitlichen Vertrauensrechtsgutes darauf verweist, dass die pflichtwidrige Dienstausübung als solche generell nicht strafbar sei und der Vorteil aufgrund der Ausgestaltung der Vorschriften im Mittelpunkt der Bestechungstatbestände stehe[335]. Da andere Straftatbestände existieren, die die wichtigsten Fälle der Eigenbegünstigung erfassen – hervorgehoben seien die Vermögens- und ergänzenden Amtsdelikte – erscheint fraglich, ob tatsächlich die Zuwendung und nicht die Pflichtwidrigkeit im Mittelpunkt der Vorschriften steht[336]. Die Ausgestaltung der §§ 331, 333, 332 III StGB ermöglicht auf Grundlage der Deliktstruktur als abstrakte Gefährdungsdelikte die Schlussfolgerung, dass die Pflichtwidrigkeit sehr wohl im Mittelpunkt der §§ 331 ff. StGB steht. Ein Übergewicht des Merkmals „Vorteil" ist daher einzig mit dem Wortlautargument nicht begründbar.

c) Unbestimmtheit des Vertrauensschutzgedankens

Einen gewichtigen Einwand gegen den Vertrauensschutzgedanken bildet dessen Unbestimmtheit, da er in der Praxis seit jeher sowohl zur Erweiterung als auch zur Verengung des Anwendungsbereichs der Vorschriften eingesetzt wird[337]. Baumann demonstrierte dies an Beispielen aus der Rechtsprechung des Reichsgerichts[338]. Auch Dölling hebt – im Anschluss an Maiwald[339] – hervor, dass die Lehre des Vertrauensschutzes nicht konsequent durchgeführt werde, wenn

---

334 Graupe, Systematik und Rechtsgut, 114; Kargl, ZStW 114 (2002), 763 ff., 787.

335 Vgl. zur Argumentation Schröders oben, S. 54 f.; ders., GA 1961, 281 ff., 291.

336 Loos, FS für Welzel, 879 ff., 885.

337 Baumann, BB 1961, 1057 ff., 1058

338 Baumann, BB 1961, 1057 ff., 1058: In RGSt 58, 263 ff. werde die Strafbarkeit nach § 332 abgelehnt, wenn der Empfänger zu erkennen gebe, dass es ihm nur auf die Überführung des Bestechenden ankomme; in RGSt 39, 193 ff. werde der geheime Vorbehalt des Beamten, nicht pflichtwidrig zu handeln, als unbeachtlich erklärt. Beides ließe sich mit der Heranziehung des Vertrauensaspekts begründen.

339 Maiwald, JuS 1977, 353 ff., 355.

ein innerer Vorbehalt, den Vorteil nicht annehmen oder behalten zu wollen, als beachtlich angesehen und die Tatbestandsmäßigkeit dieses Verhaltens in Rechtsprechung[340] verneint werde[341]. Die Uferlosigkeit des Vertrauensschutzgutes ermögliche es, das Vertrauen der Allgemeinheit stets als beeinträchtigt anzusehen. Eine Abgrenzung zwischen Straftaten im Amt und bloßen Dienstvergehen werde verwischt[342]. Angeprangert wird zudem, die Hereinnahme des Vertrauens in das geschützte Rechtsgut sei bei fast allen Delikten möglich und es fehle an einem besonderen Hinweis auf das Vertrauen als Rechtsgut in den gesetzlichen Tatbeständen[343].

Dem zuletzt genannten Argument ist entgegenzuhalten, dass die Formulierung des § 332 III StGB mit dem Gedanken des Vertrauensschutzes in Einklang steht[344]. Kommt es in 332 III StGB lediglich darauf an, dass der Täter sich *anderen gegenüber bereit erklärt* hat, seine Pflichten zu verletzen, steht der beim Gesprächspartner erweckte Eindruck im Zentrum der Betrachtung. Auf dieser sicheren Grundlage lässt sich der Rückschluss auf eine notwendige Berücksichtigung des Vertrauensschutzes am Maßstab des Normtextes ziehen.

Auch das im ersten Moment schlüssig erscheinende Argument Baumanns, ein Schutz des Vertrauens sei in nahezu allen Deliktstatbeständen möglich, erweist sich bei genauerer Betrachtung nicht als überzeugend. Anders als bei den von Baumann benannten Körperverletzungs- und Tötungsdelikten ist das Vertrauen in die Sachlichkeit staatlicher Entscheidungen Funktionsbedingung der Staatsverwaltung selbst. Auf Grundlage dieser Erwägung wird angenommen, die Vertrauenseinbuße sei geeignet, einen „rechtsgutrelevanten Primärschaden" zu begründen[345]. Würde die Mehrheit der Bürger die Entscheidungen staatlicher Funktionsträger nicht mehr akzeptieren, käme es neben passiver Resignation zum Boykott gegen das staatliche Handeln, welcher die Demokratie über kurz

---

340 Vgl. BGHSt 15, 88 ff., 97.
341 Dölling, JuS 1981, 570 ff., 574; ähnlich ders., ZStW 112 (2000), 334 ff., 335 f.
342 Dölling, JuS 1981, 570 ff., 574; ähnlich ders., ZStW 112 (2000), 334 ff., 335 f.
343 Baumann, BB 1961, 1057 ff., 1058, der als Beispiel anführt, dass § 211 oder § 223 nicht das Vertrauen auf die Unverletzlichkeit des Lebens und Körpers, sondern Leben und Körper selbst schützen.
344 Ebenso Kargl, ZStW 114 (2002), 763 ff., 786.
345 Hefendehl, Kollektive Rechtsgüter, 125.

oder lang in ihrem Bestand gefährden würde[346]. Auf diesem Wege gefährde der Schwund des Vertrauens die Bereitschaft zur Abnahme von Entscheidungen und damit eine Funktionsbedingung staatlichen Verwaltens unmittelbar[347]. Hier von einem bloß sekundären (rechtsgutirrelevanten) Schaden zu sprechen, werde der Bedeutung des Vertrauens in einem demokratischen Rechtsstaat nicht gerecht. Um die Gemeinschaft der Individuen als Interaktionssystem funktionsfähig zu erhalten, bedürfe es des Vertrauens der Allgemeinheit in das System[348].

d) Eigene Position

Zutreffend an dieser Argumentation ist, dass sich das Vertrauen in das Leben und die körperliche Unversehrtheit vom Vertrauen in die Funktionsfähigkeit staatlicher Verwaltung dadurch unterscheidet, dass ersteres nicht als Funktionsbedingung der betreffenden Güter gelten kann. Leben und physische Gesundheit sind vielmehr grundsätzlich auch denkbar, ohne das bestehende Vertrauen in die Erhaltung der betreffenden Güter. Als Beispiel diene der sich eine tödliche Krankheit einbildende Hypochonder, der allein aus dem Grund fehlenden Vertrauens in sein Weiterleben nicht stirbt oder physisch erkrankt.

Dennoch kann Baumanns Einwand möglicherweise für den Bereich der Delikte gegen den Staat fruchtbar gemacht werden. Geschütztes Rechtsgut der §§ 153 ff. StGB soll die Gefährdung der staatlichen Rechtpflege durch falsche Aussagen sein[349]. Da die Funktionsfähigkeit der staatlichen Rechtspflege ebenso wie die Funktionsfähigkeit der staatlichen Verwaltung auf das Vertrauen der Bevölkerung angewiesen ist, liegen den Aussagedelikten ebenfalls konstitutive Vertrauenselemente zugrunde. Es ließe sich somit auch hier das Vertrauen in die sachliche Richtigkeit der maßgeblichen Entscheidungen zum Schutzgut der §§ 153 ff. StGB erheben. Gleiches könnte für die in § 339 StGB geregelte Rechtsbeugung gelten. Ein Blick auf die gängige Kommentarliteratur bestätigt diese Vermutung. Das Rechtsgut des § 339 StGB soll zwar die Rechtspflege sein, jedoch „insbesondere die Geltung der Rechtsordnung und das Vertrauen der Allgemeinheit in die Unparteilichkeit und Willkürfreiheit bei der Leitung von Entscheidungen

---

[346] Graupe, Systematik und Rechtsgut, 115; Hardtung, Erlaubte Vorteilsannahme, 44; kritisch zu Baumann auch: Schmitt, ZStW 73 (1961), 414 ff., 436 f.
[347] Anschaulich herausgearbeitet bei Loos, FS für Welzel, 879 ff., 890.
[348] Vgl. dazu Hefendehl, Kollektive Rechtsgüter, 124 ff.
[349] Tröndle/Fischer, Vor. § 153, Rn. 2.

von Rechtssachen"[350]. Es verwundert daher wenig, dass der Vertrauensaspekt auch im Rahmen des § 353 b StGB Berücksichtigung findet. So naheliegend es auf den ersten Blick erscheint, die Interessen derjenigen Stelle deren Geheimnisse offenbart werden als Schutzgut anzusehen, wird dennoch „auch das Vertrauen der Allgemeinheit in die Verschwiegenheit amtlicher und anderer Stellen" als geschützt angesehen.[351] Durch was also zeichnen sich die „Bestechungstatbestände" aus, wenn nicht durch den Sachlichkeitsaspekt?

Der Schluss vom Normtext auf das Vertrauensschutzgut erscheint daher keineswegs zwingend. Das Vertrauensrechtsgut wird vielmehr dann entbehrlich, wenn man die §§ 331, 333, 332 III, 334 III StGB als abstrakte Gefährdungsdelikte mit dem Rechtsgut der Sachlichkeit staatlicher Entscheidungen ansieht. Die im Gesetz vorgesehene Strafbarkeit der Annahme von Vorteilen für bereits ausgeführte Diensthandlungen spricht keine andere Sprache. Die gegenteilige Auffassung von Schröder[352] und Kargl[353], wonach die Strafbarkeit und Strafwürdigkeit einer nachträglichen Geschenkannahme vom Standpunkt der Staatswillensverfälschungslehre nicht erklärt werden könne, berücksichtigt die Deliktsstruktur der Vorschriften nur unzureichend. Klassifiziert man die in §§ 331, 332 III, 333, 334 III StGB sanktionierten Verhaltensweisen als abstrakt gefährlich für die Durchsetzung des Staatswillens, steht der Gesetzeswortlaut dem Sachlichkeitsschutzgut nicht entgegen. Auf diesem Weg ist es außerdem denkbar, zur Strafbarkeit der nachträglichen Annahme einer Belohnung für eine pflichtgemäße Diensthandlung zu gelangen.

Eine Abkehr vom Gedanken der Staatswillensverfälschung hin zu einem einheitlichen Vertrauensschutzgut erweist sich daher als unvollständig. Die Unrechtsqualität der in §§ 332, 334 StGB verpönten Handlungsweisen muss auch dem Kriterium der pflichtwidrigen Entscheidung des Amtsträgers Rechnung tragen.

---

[350] Tröndle/Fischer, § 339, Rn. 2.
[351] Tröndle/Fischer, § 353 b, Rn. 1.
[352] Schröder, GA 1961, 281 ff., 289, 290.
[353] Kargl, ZStW 114 (2002), 763 ff., 786; im Anschluss an die hier vertretene Ansicht revidiert in JZ 2005, 503 ff., 510.

6. Zum einheitlichen Rechtsgut der Funktionsfähigkeit staatlicher Verwaltung?

Vertritt man den Standpunkt, dass das Vertrauen des Bürgers in den Staat ebenso wie die Sachlichkeit staatlicher Entscheidungen wesentlicher Bestandteil, ja Voraussetzung der Funktionsfähigkeit staatlicher Verwaltung und im Gegenzug bei abweichender Staatstätigkeit die Demokratie mangels Vertrauens der Bürger in ihrem Bestand gefährdet ist, so könnte man – wie Stock–[354] zu dem Schluss gelangen, die Funktionsfähigkeit staatlicher Verwaltung zum einheitlichen Rechtsgut der §§ 331 ff. StGB als abstrakte Gefährdungsdelikte zu erheben. Ebenso scheint es aber auch denkbar zu sein, wie von Jaques dargelegt, jeden Angriff auf die öffentliche Verwaltung als unmittelbare Verletzung der Interessen des Volkes anzusehen und §§ 331 ff. StGB somit als Verletzungsdelikte zu qualifizieren[355].

Haupteinwand gegen ein einheitliches Funktionsrechtsgut bildet die Begrenzungsfunktion, die dem Rechtsgut vielfach zugeschrieben wird. Ein Rechtsgut verliert jedenfalls dann seine Begrenzungsfunktion, wenn es möglich ist, nahezu jede Verhaltensweise als zumindest abstrakt gefährlich für dieses Gut einzustufen. Vage und großflächig formulierte Universalrechtsgüter entkleiden das Rechtsgut seiner Funktion als Limitierungsmaßstab. Bei dem Schutzgut der Funktionsfähigkeit der Staatsverwaltung handelt es sich um ein solch uferloses Gut, dass es als Legitimationsmaßstab gänzlich ungeeignet ist. Abstrakt gefährdet ist dieses Rechtsgut nicht nur bei der Gewährung eines Vorteils an einen Amtsträger, sondern z.B. ebenfalls bei einer Falschbeurkundung im Amt gemäß § 348 StGB. Diese Norm bezweckt nach h. M. den umfassenden Schutz des allgemeinen Vertrauens in die Wahrheitspflicht der mit der Aufnahme öffentlicher Urkunden betrauten Amtsperson[356]. Hintergrund ist auch hier die Funktionsfähigkeit staatlicher Verwaltung, da öffentliche Urkunden nur dann Bedeutung zukommt, wenn die Allgemeinheit auf ihren Inhalt vertraut und diesen deshalb akzeptiert. Die in § 303 b StGB geschützte Funktionstüchtigkeit der Datenverarbeitung der Verwaltung dient dazu Verwaltungseinheiten, vor Störungen zu be-

---

[354] Stock, Amtsverbrechen, 245 ff.

[355] Jaques, Bestechungstatbestände, 39 f., der Stock für – nach hier vertretener Ansicht – konsequente Einordnung der Vorschriften als abstrakte Gefährdungsdelikte kritisiert.

[356] Sch/Sch-Sternberg-Lieben, § 348, Rn. 1; BGHSt 37, 207 ff., 209.

wahren[357]. Auch diese Norm ließe sich auf das Schutzgut der Funktionsfähigkeit der Verwaltung stützen. Bei genauer Betrachtung steht hinter allen (Amts-) delikten dieses Interesse, so dass es nicht als spezielles Schutzgut der Bestechungsdelikte gelten kann[358]. Aufgrund der konturlosen Weite und des hohen Abstraktionsgrades des Schutzgutes der Funktionsfähigkeit der staatlichen Verwaltung ist es ungeeignet, das in §§ 331 ff. StGB enthaltene Unrecht näher zu charakterisieren.

7. Ergebnis

a) Bzgl. des Schutzgutes
Bisher ist deutlich geworden, dass sowohl das Rechtsgut der Sachlichkeit staatlicher Entscheidungen als auch das mehrdimensionale Vertrauens-/Sachlichkeitsrechtsgut mit der Ausgestaltung der gesetzlichen Tatbestände vereinbar ist. Geht es aber darum, das in den Delikten enthaltene Unrecht möglichst präzise zu charakterisieren, stellt sich die Frage, ob eines der beiden Schutzgüter hierzu besser geeignet ist und somit im Interesse der Tatbestandsbestimmtheit zu präferieren ist[359]. Es gilt daher zu klären, ob die betreffenden Rechtsgüter verschiedene Gegenstände staatlicher Verwaltung betreffen oder lediglich identische Funktionsbedingungen in unterschiedlichen Maße abstrahieren. Obwohl zu Recht hervorgehoben wird, dass zum Funktionieren der staatlichen Verwaltung auch das Vertrauen der Bürger in die Rechtmäßigkeit staatlicher Entscheidungen zählt, handelt es sich trotz der Rückführung auf einen gemeinsamen Grundgedanken der Funktionsfähigkeit staatlicher Verwaltung um zwei unterschiedliche Aspekte. Regelungsgegenstand ist zum einen der Schutz ordnungsgemäßer Vollziehung von Normen, zum anderen die Akzeptanz der Bürger im Hinblick auf die Abnahme staatlicher Entscheidungen[360]. Die Regelungen stehen demzufolge nicht in eine Art Spezialverhältnis, sondern betreffen verschiedene Funktionsvoraussetzungen staatlicher Verwaltung. Konsequenz für die oben aufgeworfene Fragestellung ist, dass keiner der beiden Ansätze das Rechtsgut präziser formuliert, sondern hiermit getrennte Regelungsgegenstände bezeichnet sind. Da

[357] Hoyer, SK-StGB, § 303 b, Rn. 1; Sch/Sch-Stree, § 303 b, Rn. 1.
[358] Ähnlich für das Rechtsgut der Reinheit der Amtsausübung Hardtung, Erlaubte Vorteilsannahme, 42.
[359] Vgl. zu dieser Frage auch Kargl, JZ 1997, 283 ff., 287.
[360] So auch Kargl, ZStW 114 (2002), 763 ff., 787; Graupe, Systematik und Rechtsgut, 114.

beide Rechtsgutskonzeptionen mit der Ausgestaltung der gesetzlichen Tatbestände vereinbar sind, kann eine Festlegung auf eines der beiden Güter an dieser Stelle nicht erfolgen. Bei den Bestechungstatbeständen handelt es sich entsprechend der oben vorgenommenen Rechtsgutsbestimmungen aber jedenfalls nicht um solche Tatbestände, deren unmittelbarer Rechtsgutsträger eine Person oder eine bestimmte Personengruppe ist[361]. In §§ 332, 334 StGB wurde das Schutzgut sachlicher Diensthandlungen herausgearbeitet. In §§ 331, 333 StGB ließen sich zwei Schutzgüter als mit dem Wortlaut vereinbar herauskristallisieren. Zum einen das Vertrauen der Allgemeinheit in die Sachlichkeit der Dienstausübung zum anderen die Sachlichkeit der Dienstausübung selbst. Bevor die Bedeutung der Rechtsgüter unter dem Aspekt der Legitimität staatlicher Sanktionierung geklärt werden wird, erfolgt eine abschließende Stellungnahme zur Deliktsnatur der §§ 331 ff. StGB.

b) Bzgl. der Deliktsstruktur

Geht man davon aus, dass in §§ 331, 333, 332 I II i.V.m. III, 334 I II i.V.m. III StGB die Sachlichkeit der Amtsführung geschützt wird, so ist dieses Rechtsgut allenfalls abstrakt gefährdet, da die Tatbestände weder den Eintritt einer Verletzung noch eine konkrete Gefährdung des Rechtsgutes der Sachlichkeit der Amtsführung in Gestalt einer pflichtwidrigen Dienstausübung bzw. -handlung fordern. In § 332 I II i.V.m. III StGB reichte es aus, dass sich der Amtsträger bereit gezeigt hat, seine Pflichten zu verletzen oder sich in seinem Ermessen beeinflussen zu lassen. Spiegelbildlich ist Voraussetzung von § 334 I II i.V.m. III StGB, dass der Täter versucht hat, einen Funktionsträger zu einer pflichtwidrigen Diensthandlung zu bestimmen. Hingegen ist das Sachlichkeitsrechtsgut bei einer Verwirklichung der §§ 332 I II, 334 I II StGB verletzt, da der Amtsträger eine pflichtwidrige Diensthandlung vorgenommen hat.

Auch unter Zugrundelegung des Vertrauensschutzgutes besteht keine Möglichkeit, §§ 331, 332 I II i.V.m. III, 333, 334 I II i.V.m. III StGB als Verletzungsdelikte zu betrachten. Da §§ 331, 333, 332 I III, 334 I III StGB keinen Vertrauensverlust im Sinne eines Erfolges fordern, sind die Tatbestände bereits dann ver-

---

[361] Diesbezüglich besteht – soweit ersichtlich – allseitige Einigkeit; vom Institutionenschutz sprechen Wolter, Zurechnung, 328 f.; Loos, FS für Welzel, 879 ff., 887 ff.; vgl. nur Hefendehl, Kollektive Rechtsgüter, 124, der vom Rückbezug des „kollektiven Rechtsguts" auf personelle Interessen spricht.

wirklicht, wenn der Täter die dort sanktionierte Handlung ausgeführt hat. Ausweislich des Normtextes reicht es in §§ 331, 333 StGB aus, Vorteile zu gewähren und §§ 332 I II i.V.m. III, 334 I II i.V.m. III StGB setzten voraus, dass der Amtsträger den Vorteil für eine künftig vorzunehmende pflichtwidrige Diensthandlung fordert bzw. ihm dieser angeboten wird. Das Vertrauensrechtsgut der Allgemeinheit ist durch die Vornahme von einzelnen korruptiven Handlungen in keinem der Tatbestände verletzt oder konkret gefährdet. Selbst wenn das Vertrauen verschiedener Personen in Misstrauen umgeschlagen sein sollte, ist hierdurch das Vertrauen der *Allgemeinheit* in die Sachlichkeit der Amtsführung als äußere Funktionsbedingung staatlicher Verwaltung nicht verletzt[362].

Es handelt sich daher jedenfalls bei §§ 331, 333, 332 I II i.V.m. III, 334 I II i.V.m. III StGB um abstrakte Gefährdungsdelikte und zwar unabhängig davon, ob man das Vertrauen der Allgemeinheit in die Sachlichkeit der Amtsführung oder die Sachlichkeit staatlicher Verwaltungsentscheidungen selbst als geschütztes Rechtsgut ansieht. Erachtet man die Sachlichkeit der Amtsführung als Rechtsgut, so sind §§ 332 I II, 334 I II StGB als Verletzungsdelikte ausgestaltet. Auf Grundlage eines einheitlichen Vertrauensschutzes müsste man konsequenterweise auch §§ 332 I II, 334 I II als abstrakte Gefährdungsdelikte ansehen, da

[362] Vgl. Jakobs, StrafR. AT, 6. Abschn., Rn. 88, der eine Norm um ein abstraktes Gefährdungsdelikt ansieht, wenn weder der objektive noch der subjektive Tatbestand die Verletzung oder konkrete Gefährdung eines Rechtsgutes fordern; zu Recht ordnet Jakobs § 331 StGB an dieser Stelle als abstraktes Gefährdungsdelikt ein; auch Graul, Abstrakte Gefährdungsdelikte, 47 f., hebt in Fn. 144 in dem hier vertretenen Sinne hervor, dass „das Vertrauen der Öffentlichkeit in die staatliche Tätigkeit durch die einzelne – bekannt gewordene – Bestechungs- bzw. (Bestechlichkeitshandlung) nicht relevant und messbar gestört (...) zu werden braucht und in aller Regel (...) durch eine isolierte derartige Handlung auch gar nicht erkennbar tangiert werden kann und wird, eine ernsthafte (konkrete) Gefährdung oder gar Zerstörung dieses Vertrauens vielmehr (...) überhaupt erst durch das gehäufte Auftreten von Bestechungsfällen herbeigeführt werden kann."; ähnlich Gribl, Vorteilsbegriff, 135 f., der das „Rechtsgut des Vertrauens in die Integrität des Beamtentums (...) durch die einzelne Vorteilsannahme noch nicht beeinträchtigt" sieht und Loos, FS für Welzel, 879 ff., 891, der darauf hinweist, dass es soweit es um das Rechtsgut des Amtsethos geht, von vorneherein an einem „konkreten Objekt" fehle; eine andere Ansicht scheint Wolter, Zurechnung, 328 f. zu vertreten, wenn er von einem das Vertrauen der Allgemeinheit als Rechtsgut betreffenden – über den bloßen Handlungsunwert hinausgehenden – „meditatisierten Erfolgsunwert" spricht und die §§ 331 ff. StGB gleichzeitig in Bezug auf dieses Rechtsgut als „abstrakte Gefährdungsdelikte besonderer Art" bezeichnet.

der Nachweis einer Verletzung des Vertrauens der Allgemeinheit nicht zu führen ist.

c) Bzgl. der Fallbeispiele

Bei den eingangs skizzierten teleologischen und verfassungsrechtlichen Argumentationen der Rechtsanwendung handelt es sich folglich um Gedankengänge, die die unterschiedlichen Ebenen strafbaren Verhaltens verwischen. Die angesprochenen Probleme sind auslegungstechnisch irrelevante Fragen, die die Legitimität der strafrechtlichen Tatbestände betreffen. Infolge der tatbestandlichen Unbestimmtheit der §§ 331, 333 StGB sieht sich die Rechtsprechung in der Pflicht, diese Vorschriften unter Bezugnahme auf den Schutzzweck, den Gedanken der Sozialadäquanz oder die Verfassung einzuschränken.

Diese Vorgehensweise ist nicht nur im Hinblick auf den Wortlaut der Tatbestände, sondern auch in Bezug auf die abstrakte Deliktsstruktur der §§ 331 I, 332 I II i.V.m. III, 333 I, 334 I II i.V.m. III StGB bedenklich. Einer Einzelfallbetrachtung steht die Deliktsnatur der genannten Tatbestände als abstrakte Gefährdungsdelikte entgegen, die eine Handlung beschreiben, die für die geschützten Rechtsgüter eine generelle Gefahr darstellt[363]. Wie bei anderen abstrakten Gefährdungsdelikten ist die tatbestandlich gefasste Typik von „generalisierender materiell induktiver Wirkung für das jeweilige formell tatbestandsmäßige Verhalten"[364]. Auf den Eintritt eines über die Verwirklichung der formellen Tatbestandsmäßigkeit hinausgehenden tatsächlichen Erfolges, im Sinne einer Gefährdung der geschützten Rechtsgüter, kommt es nicht an. Der Gefahreneintritt ist gerade keine tatbestandliche Voraussetzung, der Gesetzgeber hat vielmehr alle

---

[363] Vgl. zur herrschenden Auffassung, die zur Erklärung des Wesens der abstrakten Gefährdungsdelikte ihr Augenmerk weg vom Gefahr-Erfolg hin zur generellen Gefährlichkeit der Handlungsgattung legt, Jakobs, StrafR. AT, 6. Abschn., Rn. 86 „Strafgrund ist die generelle (vom Einzelfall abstrahierte) Gefährlichkeit eines bestimmten Verhaltens oder eines Verhaltens mit bestimmter Folge"; Bohnert, JuS 1984, 182 ff., 183; Geppert, NStZ 1985, 264 ff., 264; Knorz, Unrechtsgehalt, 154; einen Überblick bietet Graul, Abstrakte Gefährdungsdelikte, 144 ff.; speziell für die §§ 331 ff. StGB ebenso Gribl, Vorteilsbegriff, 135; Loos, FS für Welzel, 879 ff., 891; kritisch Arthur Kaufmann, JZ 1963, 425 ff., 432; Stächelin, Strafgesetzgebung, 93 f.

[364] Gribl, Vorteilsbegriff, 136 unter Verweis auf Bohnert JuS 1984, 182 ff., 184.

gefährlichkeitsrelevanten Umstände abschließend im Gesetz aufgeführt[365]. Die Typik erzeugt so einen Überhang, der den konkreten Einzelfall ohne Rücksicht auf die tatsächliche Gefährdung der geschützten Rechtsgüter überspielt und – aufgrund der Zuteilung der Kompetenzen nach dem Gewaltenteilungsgrundsatz – für eine Sonderbehandlung derjenigen Fälle keinen Raum lässt, die ungefährlich sind[366].

Berücksichtigt man, dass der Gesetzgeber mit der Wahl von Wortlaut und Deliktsstruktur einer Einschränkung der Tatbestände aus einzelfallbezogenen Zweckgesichtspunkten einen Riegel vorgeschoben hat, beinhalten die akrobatischen Auslegungsbemühungen der Gerichte nichts anderes als eine Rechtsfindung contra legem. So notwendig eine tatbestandliche Begrenzung der §§ 331, 333 StGB wäre, Rechtsgutsbegriff und Verfassung erweisen sich angesichts der erzielten Ergebnisse nicht nur als untauglich zur Präzisierung der Tatbestände, schlimmer ist, dass rechtspolitische Änderungswünsche – methodisch als Auslegung verpackt – im Wege verfassungskonformer oder schutzgutorientierter Tatbestandsreduktion umgesetzt werden.

Im Grunde handelt es sich bei den hier durch die Gerichte gestarteten Begrenzungsversuchen um eine alle abstrakten Gefährdungsdelikte gleichermaßen betreffende Problematik.[367] Die sich aus der generalisierenden Betrachtungsweise ergebende Divergenz zur Frage materiellen Tatunrechts ist seit jeher der Kritik unterzogen worden, wobei insbesondere ein Verstoß gegen den Schuldgrundsatz reklamiert wird[368].

---

[365] Stächelin, Strafgesetzgebung, 94; Horn/Hoyer, JZ 1987, 965 ff., 965; Bohnert, JuS 1984, 182 ff., 184; Tiedemann, Tatbestandfunktionen, 165; Brehm, Dogmatik des abstrakten Gefährdungsdelikts, 9 ff.; Knorz, Unrechtsgehalt, 154; Gribl, Vorteilsbegriff, 136.

[366] Stächelin, Strafgesetzgebung, 94; Gribl, Vorteilsbegriff, 136.

[367] Vgl. zur teleologischen Reduktion der Brandstiftungsdelikte, wo die faktische Handlung dem Typus nicht entsprach, weil der Täter dafür Sorge getragen hat, dass sich keine Personen in den Räumlichkeiten aufhielten. Der BGH hat damals entschieden, dass dies nur dann erheblich sein könnte, wenn der Täter aufgrund der äußeren Gegebenheiten sichergehen konnte, die gesetzgeberische Gefährlichkeitsprognose mit Blick auf Leben und Gesundheit von Menschen widerlegen zu können BGHSt 26, 121 ff.; mit Anmerkung Brehm, JuS 1976, 22 ff.; dies entspricht der heute überwiegenden Auffassung, vgl. Sch/Sch-Heine, § 306a, Rn. 2 m.w.N.

[368] Arthur Kaufmann, JZ 1963, 425 ff., 432 führt aus: „Wie schon bemerkt, wird bei den abstrakten Gefährdungsdelikten ein Verhalten mit Strafe bedroht, das als generell gefährlich er-

Infolge mangelnder empirischer Überprüfbarkeit der vom Gesetzgeber zugrundegelegten generellen Gefährdungseignung der Zuwendungsgabe für das Vertrauen der Allgemeinheit in die Sachlichkeit staatlicher Entscheidungen spitzen sich die Bedenken im Rahmen der Vorteilsannahme und –gewährung zu. Lässt sich wissenschaftlich noch nachprüfen, ob der Führer eines Kraftfahrzeugs ab einer bestimmten Blutalkoholkonzentration nicht mehr in der Lage ist, sein Fahrzeug sicher zu führen und hierdurch häufig andere Verkehrsteilnehmer in ihren Individualrechtsgütern gefährdet sind[369], scheidet eine nur annähernd vergleichbar zuverlässige Überprüfung unter Zugrundelegung des von der h.M. propagierten Vertrauensschutzgedankens bei den Bestechungsdelikten aus. Weder lässt sich generalisiert bestimmen, ob die Gefährdung des Vertrauens der Allgemeinheit in einer Verletzung mündet, noch lässt sich bei jedem Amtsträgern die gleiche Beeinflussungsschwelle ziehen. Die in der Natur der abstrakten Gefährdungsdelikte liegende Präsumtion, erweist sich daher hier als besonders eklatant und führt – wie oben gezeigt – durch den Formalismus des generalisierten Tatbestandes zu erheblichen Wertungswidersprüchen.

Auf der Grundlage dieser Erkenntnis versucht Gribl die in der Literatur entwickelten Grundsätze zur „Materialisierung" der abstrakten Gefährdungsdelikte im Rahmen der Vorteilsannahme bzw. -gewährung geringfügiger Zuwendungen fruchtbar zu machen und so die Fiktion der Gefährlichkeit zu entkräften[370]. Unter Verweis auf Cramer[371] klassifiziert Gribl die Strafbedürftigkeit des Verhaltens durch dessen Eignung zur wahrscheinlichen Herbeiführung eines Gefahrer-

---

scheint. Diese Gefährlichkeit ist bestimmend für das Unrecht der Tat; sie begründet und erhöht die Strafbarkeit des betreffenden Delikts. Da jedoch die Gefahr hier nicht zum Tatbestandsmerkmal des Gesetzes erhoben ist, sondern nur das ungenannte Motiv des Gesetzgebers darstellt, ist das Delikt im Einzelfall auch dann verwirklicht, wenn die – gesetzlich präsumierte – Gefahr in concreto gar nicht gegeben war. Das hat zur Folge, daß es dem Täter gar nichts nützt, wenn er – zu Recht oder irrtümlich – annahm, daß sein Verhalten ungefährlich ist. Auch die Schuld wird insofern unwiderleglich vermutet oder sogar fingiert. (...) Daß dies aber ein Verstoß gegen das Schuldprinzip ist, liegt klar auf der Hand"; kritisch auch E. A. Wolff, ZStW 97 (1985), 829 ff.

[369] Zu der Frage der Häufigkeit des tatsächlichen Gefährdungseintritts zur Qualifizierung einer Handlung als generell gefährlich, am Beispiel der Trunkenheitsfahrt Graul, Abstrakte Gefährdungsdelikte 148 ff. m.w.N.; Knorz, Unrechtsgehalt, 158

[370] Gribl, Vorteilsbegriff, 137 ff.

[371] Cramer, Vollrauschtatbestand, 50 ff.

folges[372]. Hierbei sollen nicht willkürliche gesetzgeberische Überlegungen, sondern Erfahrungswerte, die mit einem hohen Grad an genereller Wahrscheinlichkeit die Rechtsgutverletzung prognostizieren, maßgeblich sein. Entsprechend der durch die Erfahrungswerte gegebenen Wahrscheinlichkeit würden bestimmte typische Verhaltensmuster, die regelmäßig im Vorfeld einer Rechtsgutverletzung liegen, unter Strafe gestellt. Die Klassifizierung zu strafbarem Unrecht wird durch die Wahrscheinlichkeit zwischen bestimmten Handlungsweisen und Rechtsgutsbeeinträchtigung legitimiert[373].

Mit der Bezugnahme auf gesetzgeberische Überlegungen, die an empirischen Erfahrenswerten orientiert sein müssen, stellt Gribl die Verbindung von Rechtsgutsverletzung und Handlung des Täters in der Legitimationsfrage her. Ebenso wenn er fragt, „ob die tatbestandliche Reichweite der §§ 331, 333 StGB als abstrakte Gefährdungsdelikte aus der Notwendigkeit zur Erreichung eines wirksamen Rechtsgüterschutzes legitimiert ist und möglicherweise deshalb der „Kunstgriff“ einer Tatbestandsrestriktion zu unterbleiben habe“[374]. Es ist zu vermuten, dass dieser Versuch, infolge mangelnder empirischer Überprüfbarkeit des Erfolgseintritts, per se zum Scheitern verurteilt ist.

8. Ausblick

Im folgenden Teil der Arbeit soll dem Verdacht nachgegangen werden, dass die dogmatisch verfehlten Begrenzungsversuche nicht allein Ausdruck der chronischen Unbestimmtheit der §§ 331, 333 StGB, sondern notwendige Folge der Illegitimität dieser Vorschriften sind. Zur Erreichung eines „effektiven Rechtsgüterschutzes“ wird die strafrechtliche Sanktionierung den tatsächlichen Rechtsgutsverletzungen vorgelagert. Die Generalisierung des bei der Vorteilsannahme und –gewährung unter Strafe gestellten Verhaltens erfasst dabei auch geringfügige Zuwendungen, Drittmittel und Wahlkampfspenden. Fraglich ist, ob die generalpräventiv orientierte Erfassung dieser Zuwendungen durch die staatliche

---

[372] Gribl, Vorteilsbegriff, 139 ff.
[373] Gribl, Vorteilsbegriff, 139.
[374] Gribl, Vorteilsbegriff, 141.

Aufgabe, einen wirksamen Rechtsgüterschutz zu gewährleisten[375], gedeckt ist. Im Rahmen der Beantwortung dieser Frage wird neben der Deliktstruktur der §§ 331 ff. StGB, die Funktion staatlicher Strafe zur Gewährleistung von Rechtsgüterschutz eine zentrale Rolle spielen. Es gilt zu beantworten, ob der Gesetzgeber befugt ist, die Annahme von geringwertigen Zuwendungen, Drittmitteln oder Parteispenden durch „Amtsträger“ als abstrakt gefährlich – für das Vertrauen der Allgemeinheit in die Lauterkeit staatlicher Amtsführung oder die Sachlichkeit staatlicher Dienstausübung – zu sanktionieren. Daher soll im Folgenden die Funktion von Rechtsgut und Deliktsstruktur als ein die *Strafwürdigkeit* des normierten Verhaltens limitierendes Regulativ untersucht werden.

Wohlwissend, dass die häufig vorgebrachten empirischen Argumente stets angreifbar bleiben, wird soll dennoch ein Blick auf den aktuellen Umgang mit dem Rechtsgutsbegriff als Ausgangspunkt der weiteren Erwägungen fungieren.

9. Exkurs: Blick in die aktuelle Praxis der Bedeutung des Rechtsgutsbegriffs

a) Einführung

Ausgangspunkt der Überlegungen bildet die verbreitete These, derzufolge das Erscheinungsbild der Strafrechtsordnung jüngerer Zeit dadurch gekennzeichnet ist, dass neben das „klassische“, rechtsstaatlichen Prinzipien verpflichtete Strafrecht ein auf die Steuerung gesellschaftlicher Entwicklungen abzielendes „modernes“ Strafrecht getreten ist[376]. Insgesamt gesehen habe sich das Strafrecht zu einem der Durchsetzung beliebiger präventiver Ziele dienenden Instrument staatlicher Krisensteuerung entwickelt[377]. Die durch die kriminalpolitische Orientierung an präventiven Steuerungsansprüchen bedingte kontinuierliche Aus-

---

[375] So die überwiegende Auffassung des Strafrechts als Schutzrecht vgl. nur Lackner, FS für Gallas, 117 ff., 118; Jescheck, FS für Lange, 365 ff., 380; Hans-Ludwig Günther, JuS 1978, 8 ff., 9; Gribl, Vorteilsbegriff, 142.

[376] Vgl. zum Ganzen: Albrecht, vergessene Freiheit; Prittwitz, Risiko, 383 ff.; ders., StV 1991, 435 ff.; Herzog, Gesellschaftliche Unsicherheit, 50 ff.

[377] Hassemer, ZRP 1992, 378 ff; ders., Produktverantwortung, 4 ff.; ders., NStZ 1989, 553 ff., 558; Naucke, KritV 1990, 244 ff., 253 ff.; ders., KritV 1993, 135 ff., 154 ff.

weitung des Strafrechtssystems führe zu einer Auflösung der Zurechnungsstrukturen des „klassischen" Strafrechts[378].

Tatsächlich ist erkennbar, dass der Begriff des Rechtsgutes in jüngerer Zeit unter dem Deckmantel des gesellschaftspolitisch richtigen, da nützlichen Rechts instrumentalisiert wird. Vor allem die im Rahmen der vorliegenden Untersuchung relevante Gruppe der abstrakten Gefährdungsdelikte wird mit schnell wechselnden Tatbestandsmerkmalen erweitert, wobei die Rechtsgutslehre sich als geeignet erweist, für jede dieser Änderungen ein – meist kollektives – Rechtsgut benennen zu können. Die Ursachen dieser Tendenz liegen einem gewandelten Selbstverständnis des Staates, der sich nicht mehr als liberaler „Nachtwächterstaat" verstanden wissen will, sondern zum „Sicherheitsstaat" wird[379]. Sollen strafrechtliche Normen in ein Gesamtsystem der Steuerung gesellschaftlicher Entwicklungen integriert werden, hat dies in der Konsequenz zur Folge, dass strafrechtliche Verbote nicht mehr letztes Mittel (ultima ratio) zur Stabilisierung der sich aus den bestehenden gesellschaftlichen Rahmenbedingungen ergebenden Werte sind, sondern zur Gewährleistung eines effektiven Rechtsgüterschutzes bereits im Vorfeld potentielle Gefahrensituationen eingesetzt werden[380].

Die Kritik an der Legitimität des Präventionsstrafrechts entzündet sich an der Frage, ob Kriminalisierungsforderungen die Antwort auf öffentlich diskutierte gesellschaftliche Probleme sein können und dürfen. Obwohl die Eignung des Strafrechts als Problemlöser äußerst zweifelhaft ist[381], wächst in den modernen Industriegesellschaften das Bedürfnis nach Sicherheit, worauf mit der Schaffung abstrakter Gefährdungsdelikte reagiert wird[382]. Während das rechtsstaatliche

---

[378] Albrecht, KritV 1986, 55 ff., 86; ders., StV 1994, 265 ff., 266, 269; Hassemer, ZRP 1992, 378 ff., 381; ders., NStZ 1989, 553 ff., 557; Hohmann, Umweltdelikte, 147 ff.; vgl. auch Müller-Dietz, FS für R. Schmitt, 98; ders., FS für Triffterer, 677 ff.; Vormbaum, ZStW 107 (1995), 734 ff., 737 ff.

[379] Zur staatsrechtlichen Ausarbeitung Denninger, KJ 1999, 119 ff.; Grimm, Zukunft, 159 ff., 221 ff., und mit Blick auf die zu erwartende Entwicklung 415 ff.; strafrechtlich bei Albrecht, KritV 1986, 55 ff.; ders., KritV 1988, 182 ff.; kritisch zum Entwurf eines Verbrechensbekämpfungsgesetzes Neumann, StV 1994, 273 ff.

[380] Exemplarisch dafür Kratzsch, Verhaltenssteuerung, 92 f., 265; ders., GA 1989, 49 ff., 55 f.

[381] Siehe dazu unten, S. 190 f.

[382] Kindhäuser, Gefährdung als Straftat, der Sicherheit zum Normzweck der abstrakten Gefährdungsdelikte erheben möchte, vgl. insbes. 277 ff., ausführlich zu dem Konzept Kindhäusers unten, S. 227 ff.; Beck, Unrechtsbegründung, 107 ff.; Tiedemann, JuS 1989, 689 ff., 691;

Strafrecht als Abwehrinstrument gegen staatliche Willkür fungierte, ist heute eine „Erosion rechtsstaatlicher Strafrechtsprinzipien" zu verzeichnen[383]. Gekennzeichnet ist dieser Weg durch die Verwendung unbestimmter Tatbestandsmerkmale, die Erweiterung der Zurechnungsvoraussetzungen sowie die Zugrundelegung uferloser Universalrechtsgüter.

b) Das Rechtsgut als Mittel der Kriminalpolitik

Dass der Gesetzgeber strafrechtliche Normen tatsächlich als ein Instrument staatlicher Sozialkontrolle versteht, durch dessen Einsatz gesellschaftliche Entwicklungen gesteuert werden sollen, zeigt sich bereits im Titel der meisten Änderungsgesetze: „Gesetz zur Bekämpfung (...)"[384] Gleichzeitig handelt es sich bei diesen Gesetzesänderungen um Belege für die Unbestimmtheit moderner Gesetzgebung und den fortschreitenden Rückzug des Strafrechts aus dem Bereich schutzwürdiger Individualrechtsgüter als Reaktion des Strafgesetzgebers „auf zumeist tagespolitisch bedingte Forderungen der Exekutive."[385]

---

kritisch Albrecht, StV 1994, 265 ff.; ders., StV 1994, 265 ff.; Herzog, Gesellschaftliche Unsicherheit, 50 ff.; Prittwitz, StV 1991, 435 ff., 438; Krauß, StV 1989, 315 ff., 319; Zieschang, Gefährdungsdelikte, 380 ff.

[383] Vgl. Albrecht, StV 1994, 265 ff., der diese Entwicklung als „Gegenaufklärung" bezeichnet; vorliegend interessieren vor allem die tatbestandlich abgesicherten Beweiserleichterungen im materiellen Strafrecht durch die Zunahme strafrechtlichen Vorfeldschutzes in Gestalt abstrakter Gefährdungsdelikte. Häufig lässt sich den Gesetzesmaterialien explizit entnehmen, dass die weitreichende Gesetzesfassung ihre Ursache in vorhergehenden Beweisschwierigkeiten hat: siehe zum Abfallrecht, Entwurf eines Gesetzes zur Änderung des Abfallbeseitigungsgesetzes BT/Drs. 7/2593; 1; zum Subventionsbetrug BT/Drs. 7/3441, 15; Gesetzesantrag des Landes Berlin zum zum Korruptionsbekämpfungsgesetz BR/Drs. 298/95, 1 f.

[384] Siehe nur die „Bekämpfungsgesetze" zur Bekämpfung der Wirtschaftskriminalität (1. WiKG) vom 29.07.1976 (BGBl., Teil I, 2034 ff.), das Gesetz zur Bekämpfung der Umweltkriminalität (18. StrÄndG) vom 28.03.1980 (BGBl., Teil I, 373 ff.), das zweite Gesetz zur Bekämpfung der Wirtschaftskriminalität (2. WiKG), 1 vom 15.05.1986 (BGBl., Teil I, 721 ff.), das Gesetz zur Bekämpfung des Terrorismus vom 19.12.1986 (BGBl., Teil I, 2566 ff.); Gesetz zur Änderung des Strafgesetzbuches, der Strafprozeßordnung und anderer Gesetze (Verbrechensbekämpfungsgesetz) vom 28.10.1994 (BGBl. Teil I, 3186 ff.); das Gesetz zur Bekämpfung illegalen Rauschgifthandels und anderer Erscheinungsformen der Organisierten Kriminalität (OrgkG) vom 15.07.1992 (BGBl., Teil I 1302 ff.); Gesetz zur Bekämpfung der Korruption vom 13.08.1997 (BGBl., Teil I, 2038 ff.; vgl. dazu auch Hettinger, NJW 1996, 2263 ff., 2264; Kempf, NJW 1997, 1729 ff., 1731.

[385] Krauß, StV 1989, 315 ff., 319.

Schutzgegenstand von § 264 StGB soll „vorrangig das Allgemeininteresse an einer wirksamen staatlichen Wirtschaftsförderung" sein[386]. Das Schutzgut des § 265 b StGB ist nicht etwa naheliegend „nur das Vermögen des einzelnen Kreditgebers", „sondern auch das Allgemeininteresse an der Verhütung von Gefahren, die der Wirtschaft im ganzen infolge der vielfältigen Abhängigkeiten von Gläubigern, Schuldnern und Arbeitnehmern durch ungerechtfertigte Vergabe von Wirtschaftskrediten erwachsen können"[387]. Die Betäubungsmitteldelikte schützen unsere „Volksgesundheit"[388]. Die Einführung des Straftatbestandes der Geldwäsche (§ 261 StGB) durch das Gesetz zur Bekämpfung der organisierten Kriminalität (OrgKG) vom 15.07.1992 war von dem Bestreben getragen, „einem bis dahin strafrechtlich nicht bekämpften Phänomen Rechnung zu tragen"[389]. Die wegen dieses „Kampfes gegen die organisierte Kriminalität" gewählte ausufernde Fassung des § 261 StGB stellt nahezu jeden unbedachten Umgang mit bemakelten Gegenständen unter Strafe[390]. Das von § 261 StGB geschützte Rechtsgut wird unterschiedlich umschrieben. Nach BT-Drs. 12/989, 27 ist es die

---

[386] Lackner/Kühl, § 264, Rn. 1; Sch/Sch-Perron, § 264, Rn. 5: Der Tatbestand beschreibt als abstraktes Gefährdungsdelikt die Bedingungen einer generellen Gefährlichkeit für die geschützten Rechtsgüter. Er ist selbst dann erfüllt, wenn der Subventionsgeber den wahren Sachverhalt kennt oder die Täuschung sofort durchschaubar ist.

[387] Lackner/Kühl, § 265 b, Rn. 1; auch diese Vorschrift ist als abstraktes Gefährdungsdelikt mit weit vorverlagertem Strafrechtsschutz ausgestaltet.

[388] Hügel/Junge/Lander/Winkler, v. § 29, Rn. 1.1.; ähnlich BverfG, NJW 1994, 1577 ff., 1579; bei §§ 29 ff. BtMG handelt es sich um abstrakte Gefährdungsdelikte im Vorfeldbereich. Ein Handeltreiben i.S.d. § 29 I 3. Alt. BtMG liegt nach h. M. bereits dann vor, wenn der Täter mit seinen umsatzfördernden Bemühungen in Wort oder Tat erkennbar begonnen hat, wofür die Förderung fremder Betäubungsmittelgeschäfte etwa durch Vermittlung oder Nennung potentieller Kunden oder das Bemühen, Kaufintressenten auf der Drogenszene zu suchen und einem Dealer zuzuführen, ausreicht; kritisch Weigend, FS für Triffterer, 699 f.; Krauß, StV 1989, 315 ff., 323; Nestler, Rechtsgüterschutz, 65 ff., 77, der hervorhebt, dass die Strafbarkeit des Besitzes von Gegenständen zu einer noch weiteren Vorverlagerung der Strafbarkeit in als anderen Gefährdungsdelikten führt. Er vertritt den Standpunkt, dass die Strafbarkeit des Besitzes von Betäubungsmitteln unvereinbar mit dem freiheitlichen Rechtsgüterschutz ist; auf Grundlage eines freiheitlichen Rechtsschutzes argumentieren auch Naucke, KritV 1993, 135 ff., 154 f.; Köhler, ZStW 104 (1992), 1 ff., 3 ff., der Fragen formuliert, die zu lösen wären, wenn sich das deutsche Drogenstrafrecht auf eine Rechtsphilosophie der Freiheit und nicht auf eine flache Prävention zugunsten der Volksgesundheit stützen würde.

[389] Lackner/Kühl, § 261, Rn. 1.

[390] Kargl, NJ 2001, 57; kritisch auch Prittwitz, StV 1993, 498 ff.; Otto, JZ 2001, 435 ff., 498 ff.

staatliche Rechtspflege und das durch die Vortat verletzte Rechtsgut[391]. Otto hält ausschließlich die staatliche Rechtspflege für das geschützte Rechtsgut[392]. Lampe erachtet das Gemeinwesen und die Rechtspflege vor weiteren Straftaten sowie den „legalen Wirtschafts- und Finanzkreislauf vor der Durchmischung mit illegalen Vermögenswerten" als geschützt[393]. Demgegenüber meint Barton, dass nur der in Absatz 1 enthaltene Vereitelungstatbestand die Rechtspflege schütze, während das vorgelagerte Universalrechtsgut der inneren Sicherheit Schutzgut der übrigen Tatbestände sei[394]. Trotz – oder vielleicht gerade wegen der mannigfaltigen Begründbarkeit von unterschiedlichen Auslegungsergebnissen – befürworten zahlreiche Literaturmeinungen bei der Schutzgutbestimmung eine restriktive Auslegung des Tatbestandes unter Heranziehung des Rechtsgutes[395].

An den aufgeführten Beispielen wird deutlich, dass die kriminalpolitische Rechtfertigung zahlreicher Strafnormen – ebenso wie die aufgezeigten Restriktionsbemühungen – unter Berufung auf die Schutzbedürftigkeit der von den jeweiligen Tatbeständen verteidigten Rechtsgüter erfolgt. Die Möglichkeit, die Definition des geschützten Rechtsgutes zu verändern, wird dazu genutzt, neue Tatbestände mit universellen, nicht mehr greifbaren Schutzgütern zu konstruieren, die bereits geringste Anforderungen an die Gefährlichkeit des Täterverhaltens genügen lassen[396]. So tritt „an die Stelle präziser Umschreibung der Strafbarkeitsvoraussetzungen (...) dann die Schutztechnik der Möglichkeit beliebiger

[391] Hetzer, NJW 1993, 3298 ff., 3299; Lackner/Kühl, § 261, Rn. 1; Sch/Sch-Stree, § 261, Rn. 1; kritisch Kargl, NJ 2001, 57 ff., 61.

[392] Otto, Jura 1993, 331 ff.

[393] Lampe, JZ 1994, 123 ff., 125; zustimmend Findeisen, wistra 1997, 121.

[394] Barton, StV 1993, 156 ff.; vgl. dazu Altenhain, NK-StGB, § 261, Rn. 10 ff.; Schnitthelm, FS für Lenckner, 522 ff.

[395] Einigkeit besteht z.B. darüber, „sozial übliche" Tätigkeiten straflos zu lassen. So schützt § 261 nach Dionyssopoulou, Geldwäsche, 131 die Rechtspflege, deren Aufgabe die Intensivierung der Generalprävention sei. Durch Bagatellen sei dieses Schutzgut nicht gefährdet; Barton, StV 1993, 156 ff., 159 zufolge schütze § 261 StGB die innere Sicherheit durch Isolierung des Vortäters. Da die innere Sicherheit durch die Beschaffung lebensnotwendiger Güter niemals verletzt werde, könne der Geldwäschetatbestand nicht erfüllt sein; kritisch Kargl, NJ 2001, 57, der den Standpunkt vertritt, bei § 261 StGB sei auslegungstechnisch irreparabel; kritisch auch Knorz, Unrechtsgehalt, 131 ff.

[396] Ähnlich Weigend, FS für Triffterer, 695 ff., 699; Otto, JZ 2001, 435 ff., der von einer „sachwidrigen Abwägung" des Gesetzgebers ausgeht.

Subsumtion von Gefährlichkeitsvermutungen"[397]. Der herauskristallisierte Hintergrund und die von der Kriminalpolitik gewählte Vorgehensweise zeigen sich auch an der Neugestaltung der Bestechungsdelikte.

c) Die Bekämpfung der Korruption als gesellschaftliche Problemlage

aa) Das Bedrohungsszenario

Nach den Gesetzen zur Bekämpfung der Wirtschafts- und Umweltkriminalität, des Terrorismus und anderen Erscheinungsformen der Organisierten Kriminalität ist die Korruption als weiterer zu bekämpfender Feind längst ausgemacht. Aufgrund permanenter Thematisierung in der öffentlichen Diskussion gehen wir bei der Korruption wie selbstverständlich von einer um sich greifenden Problemlage aus. Schaupensteiner spricht von einer „metastasenartigen Ausbreitung des öffentlichkeitsscheuen Korruptionsphänomens" als „schleichenden Prozess," „der sich nur hier und da in spektakulären, zu Affären und Skandalen hochstilisierten Ermittlungsverfahren zu erkennen" gebe[398]. Es wird von einer Globalisierung der Korruptionskultur gesprochen[399] oder in renommierten Tageszeitungen ausgeführt, „Korruption drohe in Deutschland „normal" zu werden"[400]. In der öffentlichen Berichterstattung wird die Korruption mit dem bedrohlichen Phänomen der organisierten Kriminalität verknüpft und auf diese Weise die globale Unsicherheit noch erhöht[401]. So geben auch die Terror-Attentate vom 11. September 2001 dem Kampf gegen die Bestechung insofern Rückenwind, als die Auffassung vertreten wird, die aus dem Anschlag resultierende zentrale Erfassung von Konten und ihren Inhabern sei ein Schritt zu mehr Transparenz in der Korruptionsbekämpfung[402].

Vor dem Hintergrund sicherheitspolitischer Notwendigkeit signalisieren auch die Gesetzesanträge zur Anregung von Maßnahmen gegen Korruption akuten Handlungsbedarf. So befindet der im Bundesrat eingebrachte Gesetzesantrag des

---

[397] Kargl, NJ 2001, 57 im Hinblick auf die Probleme des Tatbestandes der Geldwäsche.

[398] Schaupensteiner, Kriminalistik 1996, 237; ähnlich ders., FAZ v. 04.09.2004, 9.

[399] Pinzler, Die Zeit, v. 30.05.1997, 24.

[400] Busse, FAZ v. 25.03.2002, 1; vgl. auch Schaupensteiner, FAZ v. 04.09.2004, 9, der befürchtet, die Korruption werde in Deutschland alltäglich.

[401] So argumentieren Kube/Vahlenkamp, VerwArch. 1994, 432 ff.; zu den argumentativen und kriminalpolitischen Optionen, die die Herstellung eines solchen Zusammenhanges ermöglichen Ransiek 1996, 446 ff., 447.

[402] OstA Schaupensteiner, FR v. 16.10.2001.

Landes Berlin: „Der hiermit vorgelegte Gesetzesentwurf soll die im Hinblick auf eine effektive Bekämpfung von organisierter Kriminalität und Wirtschaftskriminalität bestehenden Lücken schließen und dem Zugriff dieser Kriminalitätsbereiche auf den Staat entgegenwirken, bevor es großflächig zu Straftaten gekommen ist. Korruptionsskandale, die sich vor allem in den Ballungsgebieten bereits abgespielt haben, belegen die Notwendigkeit schnellen Handelns. (...) Der unübersehbaren Herausforderung des Staates durch die Korruption wird die gegenwärtige Gesetzeslage nicht gerecht“[403]. Die Fraktion Bündnis 90/Die Grünen teilte diese Einschätzung und formulierte in ihrem Antrag vom 17.02.1995 wie folgt: „Korruption ist zu einer ernsten Bedrohung der moralischen Grundlagen unserer Gesellschaft geworden (....) Die Bundesregierung hat nichts dagegen unternommen, dass die Strafverfolgung bei den Bestechungstatbeständen systematisch erschwert ist. Dies zeigt sich nicht zuletzt darin, daß sich das Streben nach Vorteilen in der Gesellschaft zunehmend in der Grauzone des Rechts bewegt. Die Ausnutzung von Gesetzeslücken bis hin zum kalkulierten Rechtsverstoß wird bis heute vielfach kaum noch als anstößig empfunden (...) Angesichts der dramatisch zunehmenden Korruption in den öffentlichen Verwaltungen der Bundesrepublik Deutschland wie auch im nationalen und internationalen Geschäftsverkehr sind rasche Maßnahmen notwendig, um die weitere Erosion der Grundsätze eines vertrauenswürdigen und unbestechlichen Verwaltungs- oder Wirtschaftshandelns aufrechtzuerhalten“[404]. Aus diesem sicherheitspolitischen Guss sind letzlich auch die Änderungen der Neufassung der Bestechungstatbestände durch das KorrBekG vom 13.08.1997[405].

bb) Empirische Fakten zum proklamierten Handlungsbedarf

Verwunderlich ist, dass die hinter dieser bedrohlichen Situationsanalyse stehenden empirischen Daten im Vorfeld der Gesetzänderungen durch das KorrBekG bei näherer Betrachtung bescheiden anmuten. Die behaupteten Schäden erwei-

[403] BR/Dr. 298/95, 4 f.; eine Verschärfung der Strafgesetze forderten vor der Neufassung der Vorschriften durch das KorrBekG auch Rügemer, KJ 1997, 458 ff., 467, 472 f.; Schaupensteiner, NStZ 1996, 409 ff., 413; Schneider, DÖV 1997, 578 ff., 585; kritisch Pieth, „do ut des“, 433 ff., 444 ff.

[404] BT/Drs. 13/617, 1 f.

[405] Zum Inhalt der Änderungen siehe BGBl., Teil I 1997, 2038 ff.

sen sich nämlich als grobe Schätzungen[406], die auf einer methodisch nicht fundierten Prognose des Dunkelfeldes der betreffenden Straftaten beruhen[407]. Ähnlich ungesichert sind die Behauptungen zum Anstieg der Bestechungsfälle. Obgleich die Bestechungsdelikte erst seit 1994 gesondert in der polizeilichen Kriminalstatistik ausgewiesen sind, hat das BKA nicht davon Abstand genommen, diese gesonderte Ausweisung in der Presse als reale Zunahme der Korruption darzustellen[408]. Die statistisch nachvollziehbare Entwicklung von 1994/1995 weist sogar einen Rückgang der Verdachtsfälle im Bereich der §§ 331 ff. StGB auf[409], den das BKA jeodch nicht als Entschärfung des Problems aufgefasst wissen möchte[410]. Relativ zur kriminellen Gesamtbelastung der Bevölkerung bedeutet dies einen Anteil für 1994 von 0,05 % und für 1995 einen noch etwas geringeren Anteil[411]. Mit Blick auf die Beschäftigten des öffentlichen Dienstes, also damalige potentielle Täter der als Amtsdelikte ausgestalteten Normen, ergibt sich eine Belastungszahl bei den die Amtsträger betreffenden Straftaten pro 100.000 von 0,86 für das Jahr 1993, im Vergleich zu 3,2 im Jahre 1954[412]. Ohne die betreffenden Zahlen überbewerten zu wollen, erscheint das vom Gesetzgeber gezeichnete Bedrohungsszenario daher mehr als fragwürdig.

Vor diesem Hintergrund ergibt sich die Notwendigkeit, im weiteren Verlauf der Untersuchung folgende Fragen zu beantworten: Besteht die Möglichkeit, die Legitimation strafrechtlicher Tatbestände aus ihrer vermeintlichen gesellschaftlichen Notwendigkeit abzuleiten? Ist der Kreis strafrechtsschutzwürdiger Rechtsgüter durch eine in sich geschlossene Klasse von Gütern beschränkt oder

---

[406] Eidam, Kriminalistik 1996, 543 ff. verweist auf Schätzungen Manfred Kanthers (4 Milliarden DM) und OStA Schaupensteiners (10 Milliarden DM).

[407] Dazu Hettinger, NJW 1996, 2263 ff., 2266 f.; Stächelin, Strafgesetzgebung, 313; Bernsmann, StV 2003, 521 ff.; auch die Bundesregierung hat in BT/Drs. 13/1020, 4 die Schätzungen als „rein spekulativ" bezeichnet; vgl. auch Braum, NJ 1996, 450 ff., 453, der zu Recht kritisiert, dass „man sich einer Überprüfung der für die Begründung der Kriminalisierung behaupteten empirischen Grundlagen mit Hilfe von Moralisierungen" entzieht.

[408] Nachweise bei Hettinger, NJW 1996, 2263 ff., 2267.

[409] Vgl. Polizeiliche Kriminalstatistik 1995, 224: Rückgang um 17, 2 % bei § 331, 3,9 bei § 332, 22,7 % bei § 333, 12, 6 % bei § 334 StGB.

[410] Polizeiliche Kriminalstatistik 1995, 225.

[411] Dazu Kerner/Rixen, GA 1996, 355 ff., 365.

[412] Zahlen im Anschluß an Hettinger, NJW 1996, 2263 ff., 2266; Stächelin, Strafgesetzgebung, 313.

können beliebig viele Straftatbestände über die Schaffung von Universalrechtsgütern in den Anwendungsbereich der Rechtsgutstheorie einbezogen werden?

D: Strafgrund der §§ 331 ff. StGB

I. Theorie der Rechtsverletzung

1. Ideengeschichtlicher Hintergrund

Der formal-methodische Rechtsgutsbegriff betrachtet das Rechtsgut als rechtlich geschütztes Gut, dessen Schutzwürdigkeit Ergebnis eines positiven Entscheidungsvorganges des Gesetzgebers ist[413]. Im Hinblick auf die Legitimität strafrechtlichen Interessenschutzes können von einer derart substanzlosen Rechtsgutstheorie keine relevanten Aussagen erwartet werden.[414] Grundlegend anders verfahren systemkritische Rechtsgutslehren, deren Vertreter den Ansatz verfolgen, den Rechtsgutsbegriff mit materialem Gehalt anzureichern, um auf diese Weise strafschutzwürdige von nicht strafschutzwürdigen Interessen unterscheiden zu können[415].

In den folgenden Ausführungen soll untersucht werden, ob es den systemkritischen Lehren in der Vergangenheit gelungen ist, konsensfähige Maßstäbe der begrifflichen Konturierung des Rechtsgutsbegriffs als materielles Substrat des Verbrechens zu entwickeln und wenn ja, an welche Kriterien sie anknüpfen. Der vorab gewonnene Eindruck aus der Praxis spricht jedenfalls gegen die aktuelle Geltung solcher Grundsätze und für ein eher formal-methodisch ausgerichtetes Rechtsgutsverständnis, das allenfalls als Auslegungsmittel eingesetzt wird, um das vom Rechtsanwender und Gesetzgeber angestrebte Ergebnis formulierbar zu machen.

Der Begriff des Rechtsguts hat seinen Ursprung in der zweiten Hälfte des 18. Jahrhunderts und entwickelte sich vor dem Hintergrund der Aufklärungsphilo-

---

[413] Vgl. Jakobs, StrafR. AT, 2. Abschn., Rn. 16.

[414] Teilweise a.A. Jakobs, der einen Rest kritischer Potenz daran festmacht, dass der Gesetzgeber angehalten wird, einen Wert überhaupt zu benennen.

[415] Diesen Versuch hat beispielsweise Hohmann in seiner Monographie zu den Umweltdelikten gestartet; vgl. auch Jäger, Strafgestzgebung und Rechtsgüterschutz; Sina, Dogmengeschichte; kritisch Amelung, Rechtsgüterschutz.

sophie[416]. Dem zuvor maßgeblichen, von göttlicher Autorität bestimmte Weltbild, wird der Gedanke von der Vernunft des Menschen entgegen gehalten. Ziel ist „die Befreiung des Menschen aus seiner selbst verschuldeten Unmündigkeit" durch die Bedienung seines eigenen Verstandes[417]. Die Aufklärung zeichnet sich durch Befreiung von Institutionen und Konventionen aus, die der Verwirklichung der Freiheit des Einzelnen hinderlich sind. Die Erkenntnis der Selbstverantwortlichkeit des Individuums für sein Leben sorgt auch im Bereich des Strafrechts für einschneidende Veränderungen[418]. Normen wurden nicht mehr wie bislang aus einer metaphysischen Autorität heraus als legitim angesehen. Die menschliche Normsetzung als Wertentscheidung musste sich erstmalig auf ihre Legitimität hin überprüfen lassen[419]. Der Sicherung gleicher Freiheitsrechte gegen Verletzung diente die Errichtung des „Sozial- oder Staatsvertrages"[420]. Die Auswirkungen dieses Modells auf die Legitimation staatlichen Strafens sind beachtlich. Soll der Staat den einzelnen Bürger lediglich davon abhalten, die durch den Gesellschaftsvertrag geschaffene Friedensordnung zu stören, ist Strafe zur Erreichung dieser Zielsetzung legitim.

---

416 Hierzu Amelung, Rechtsgüterschutz, 16 ff.

417 Kant, Beantwortung der Frage: Was ist Aufklärung?, 53.

418 Vgl. dazu Suhr, JA 1990, 303 ff., 305; Sina, Dogmengeschichte, 3 ff. Amelung, Rechtsgüterschutz, 16 ff.; Hassemer, Theorie, 27 ff.; Eb. Schmidt, Geschichte der Strafrechtspflege, 133, 141 ff.; Schreiber, Gesetz und Richter, 97 ff.; noch im 18. Jahrhundert ist die Constitutio Criminalis Carolina von 1532 Grundlage des gemeinen Strafrechts. Viele ihrer Tatbestände sind unbestimmt und die Auswahl der Strafe bleibt dem Rechtsanwender überlassen. Dem Straftäter wurde kein Recht auf vorher genau angedrohte Strafen zugebilligt, dieser musste sich vielmehr jede Strafe gefallen lassen, die durch seine verbotene Handlung notwendig geworden sei. Diese Notwendigkeit zu bestimmten war allein in den Beurteilungsspielraum des Richters gestellt.

419 Hassemer, Theorie, 9.

420 Amelung, Rechtsgüterschutz, 19 fasst den Kern der Lehre vom Sozialvertrag trefflich wie folgt zusammen: „Die ursprünglich einzeln lebenden Individuen sehen sich im Naturzustand den Angriffen der Mächtigen unter ihnen ausgesetzt. Um dieser Unsicherheit ein Ende zu machen, geloben sie, untereinander Frieden zu halten und schließen sich zur bürgerlichen Gesellschaft zusammen, in der ein jeder seine natürlichen Rechte ungestört genießen kann. In einem weiteren Vertrag errichten sie den Staat, der als Garant der neu geschaffenen Ordnung die Einhaltung der Verträge überwacht."; vgl. auch Hohmann, Umweltdelikte, 10; Eb. Schmidt, Geschichte der Strafrechtspflege, 153; Hassemer, ZRP 1992, 378 ff., 379.

2. Feuerbach

a) Das Menschenbild Feuerbachs

Die Staatszwecklehre Kants dient Feuerbach als Grundlage seiner Rechtsverletzungstheorie. Ausgangspunkt für das Feuerbach'sche Staatsverständnis ist das der Aufklärung zugrundeliegende Menschenbild vom Menschen als vernunftbegabtem und selbstbewusstem Wesen. „Der Mensch ist eine Person und als moralisches Wesen, für welches er sich notwendig erkennt, innerlich frei: aber eben darum muss er auch äußerlich frei sein, d.h. es muss ihm möglich sein, nach selbstgewählten Zwecken auf die Sinnenwelt einzuwirken. Aber er erkennt außer sich noch andere vernünftige Wesen: was er sich zuschreibt, muss er daher auch ihnen zuschreiben, er muss also auch ihnen äußere Freiheit zugestehen, und er würde sich selbst als vernünftiges Wesen widersprechen, wenn er das Gegenteil wollte“[421]. Damit menschliches Zusammenleben ermöglicht werde, müsse als „letztes Gebot der Gerechtigkeit“ der Grundsatz gelten, dass „der Gebrauch der Freiheit eines vernünftigen Wesens (...) dem Gebrauch der Freiheit eines jeden anderen vernünftigen Wesens nicht widersprechen“ dürfe[422]. Zur Verwirklichung des Freiheitsprinzips sei der Mensch verpflichtet, „einen Stand der Sicherheit“, zu suchen „in welchem der Mensch so frei ist, als er es seiner vernünftigen Natur gemäß sein soll“[423].

b) Staatsbegründung zum Zwecke der Freiheitssicherung

Auf Basis dieses Menschenbildes entwickelt Feuerbach sein für die Aufklärung typisches Staatsverständnis. Im Naturzustand, den Feuerbach als „Stand einer völligen äußeren Gesetzlosigkeit“ definiert[424], könne die rechtliche äußere Freiheit aufgrund unterschiedlicher Kräfteverhältnisse nicht gesichert sein. Der Naturzustand sei ein „Stand des Krieges aller gegen alle“[425]. Dieser Zustand sei da-

---

[421] Feuerbach, Strafe als Sicherungsmittel, 109.

[422] Feuerbach, Anti-Hobbes, 13 f. lehnt sich damit eng an Kants Rechtsprinzip an. Zu den trotz gleicher Wortwahl bestehenden Unterschieden siehe Naucke, Kant und die psychologische Zwangstheorie Feuerbachs, 67 ff.

[423] Feuerbach, Anti-Hobbes, 19 f. verweist insoweit ausdrücklich auf Rousseaus Lehre vom Gesellschaftsvertrag.

[424] Feuerbach, Anti-Hobbes, 17.

[425] Feuerbach, Anti-Hobbes, 18, hier ergibt sich eine Differenzierung zu Hobbes, der von einem wirklichen Krieg aller gegen alle ausging, vgl. dazu Naucke, Kant und die psychologische Zwangstheorie Feuerbachs, 7 f.

durch zu überwinden, dass sich die Individuen zu einem Staatsgebilde zusammenschlössen. Nach Ansicht Feuerbachs soll sich die Staatsgründung in den drei Akten des Gesellschaftsvertrages, des Unterwerfungsvertrages und des Verfassungsvertrages vollziehen. Durch den Gesellschaftsvertrag schlössen sich die Einzelnen zu einer bürgerlichen Gesellschaft zusammen „deren Glieder sich zur Sicherheit der Freiheit vereinigt, und ihre Kräfte zum Schutze aller wechselseitig verpflichtet haben“[426]. Im Unterwerfungsvertrag müssten sich alle Gesellschaftsmitglieder diesem organisierten Willen unterwerfen[427]. Zur Konstruktion des Staates bedürfe es darüber hinaus eines Verfassungsvertrages, der bestimme, auf welche Art und Weise das Organ den allgemeinen Willen erklären solle[428].

Diese ausführlichere Darstellung des Feuerbach'schen Staatsverständnisses ist notwendig, um die Strafrechtskonzeption als Ausdruck frühliberaler Forderungen vor dem Hintergrund des politischen Liberalismus zu begreifen. Liegt der Zweck des Staates allein in der Sicherung der wechselseitigen Freiheit aller, so ist die Beschränkung der Freiheit durch die Ausübung staatlichen Zwangs auch nur zur Sicherung dieses Zwecks gerechtfertigt. Ein illegitimer Eingriff in Form einer Verletzung individueller Freiheit liegt dann vor, wenn die Ausübung des staatlichen Zwangsrechts vom Gesellschaftszweck der Freiheitssicherung nicht gedeckt ist[429]. Es sollte demzufolge nicht nur Schutz vor Zugriffen von Mitbürgern gewährleistet werden, sondern auch Schutz vor dem willkürlichen Zugriff der staatlichen Gewalt[430].

c) Das Strafgesetz als Wirksamkeitsvoraussetzung des Freiheitsschutzes

Diese Auffassung Feuerbachs spiegelt sich auch in seiner Beurteilung der Frage nach dem Rechtsgrund der Strafandrohung wider. Entsprechend dem Straf-

---

[426] Feuerbach, Anti-Hobbes, 20 ff. durch den Vertrag komme der bürgerlichen Gesellschaft das Recht zu, zur Erreichung des Gesellschaftszwecks bestimmte Handlungen und Rechte zu beschränken oder aufzuheben und die einzelnen zur Erfüllung ihrer durch den Gesellschaftsvertrag begründeten Verbindlichkeiten durch die Gesellschaftsgewalt zu zwingen. Zusätzlich bedürfe es eines organisierten Willens „der Interpret des Gesellschaftsvertrages ist, der den Privatwillen der Gesellschaftsmitglieder zum Wohl des Ganzen bestimmt“.

[427] Feuerbach, Anti-Hobbes, 28 f. bezeichnet das Organ des allgemeinen Willens als „Regent“ bzw. „Oberherr“ und die Unterworfenen als „Untertanen“.

[428] Feuerbach, Anti-Hobbes, 34.

[429] Ebenso Ehret, Gesetzlichkeitsprinzip, 30 f.

[430] Zutreffend Bohnert, Bestimmtheitsgrundsatz, 24; Ehret, Gesetzlichkeitsprinzip, 31.

zweck, den Schutz der wechselseitigen Freiheit aller zu gewährleisten, sieht er die Aufgabe des Strafrechts darin, Rechtsverletzungen zu verhindern[431]. Wer die Grenzen der rechtlichen Freiheit überschreite, handele dem Staat zuwider, begehe eine Rechtsverletzung, eine Beleidigung (Läsion)[432]. Der Zwang, den der Staat anwenden könne, müsse so beschaffen sein, dass er Läsionen bereits vor Begehung einer rechtswidrigen Handlung verhindere. Da Feuerbach die physische Verhinderung von Straftaten als Freiheitsverletzung durch den Staat betrachtet[433], strebt er die psychische Verhinderung von Straftaten durch die „Androhung von physischen Übeln, mit welchen die beleidigende Tat bedingt wird“[434] an. Es ist damit der Freiheitsschutzgedanke der Feuerbach zu einem spezialpräventiv ausgerichteten Strafrecht bewog[435]. Der Zweck der Strafzufügung selbst bestehe allein darin, der Strafandrohung Wirksamkeit zu verleihen[436]. Ohne die Strafzufügung sei die Strafdrohung „leerer Schall“, denn eine Drohung könne nur dann wirksam sein, wenn der potentielle Straftäter sich das in ihr enthaltene Übel als ein wirklich eintretendes vorstelle[437].

Feuerbach gerät an diesem Punkt in einen Konflikt kriminalpolitischer Nützlichkeitserwägungen und liberalstaatlicher Grundsätze. Nach dem gesagten liegt es nahe, die Abschreckung Dritter als unmittelbaren Zweck der Strafzufügung anzusehen. Diese Konzeption widerspricht jedoch dem von Feuerbach zugrundegelegten Menschenbild, da sie den Menschen als Mittel zum Zweck der Abschreckung Dritter benutzen würde. Aus diesem Grunde relativiert Feuerbach das Ergebnis und betont, dass die Abschreckung nur „der mittelbare Zweck (Endzweck) der Zufügung“ sei[438].

Um eine abschreckende Wirkung zu gewährleisten, muss das Strafgesetz, – Feuerbach verweist an dieser Stelle ausdrücklich auf die Ansicht Kants vom Gesetz als kategorischer Imperativ – das die rechtswidrige Handlung bedingende Übel

---

431 Feuerbach, Lehrbuch, 1. Aufl., § 10.
432 Feuerbach, Lehrbuch, 1. Aufl., § 21.
433 Feuerbach, Revision I, 40.
434 Feuerbach, Anti-Hobbes, 212; ders., Revision I, 40.
435 Ehret, Gesetzlichkeitsprinzip, 37.
436 Feuerbach, Anti-Hobbes, 226; ders., Revision I, 50 ff.; ders., Lehrbuch, 1. Aufl., § 18.
437 Feuerbach, Revision I, 54 f.
438 Feuerbach, Lehrbuch, 1. Aufl., § 20; ders., Revision I, 60; dazu auch Naucke, Kant und die psychologische Zwangstheorie Feuerbachs; Ehret, Gesetzlichkeitsprinzip, 38 f.

„als wirkliches gewiss erfolgendes Übel“[439] begreifen. Dieser Gesetzesbegriff verdeutlicht Feuerbachs Bestreben nach Eindämmung der Richterwillkür, sagt aber nichts darüber aus, an welche Kriterien der Gesetzgeber im Rahmen der Schaffung der Strafgesetze gebunden ist. Feuerbach betont jedoch, dass ein wirksames Strafgesetz zeitgemäß sein müsse und damit von den historischen Bedingungen abhängig sei. Die Aufstellung von Strafandrohungen müsse sich gesellschaftlichen Voraussetzungen anpassen[440]. Die hiermit verbundene Gefahr eines unbegrenzten Präventionsstrebens erkennt Feuerbach[441], und setzt seiner Gesetzgebungslehre vernunftgesetzliche Grenzen[442]. Die Bindung des Gesetzgebers an das Vernunftrecht zeigt, dass Feuerbach kein Positivist war, der die Ausgestaltung der Gesetze allein nach dem Willen des Gesetzgebers propagierte[443].

Eine weitere Beschränkung der legislativen Befugnisse liefert Feuerbach mit dem von ihm vertretenen Straftatbegriff. Als Verbrechen im engeren Sinne (crimen) bezeichnet er die Verletzung der „unmittelbar durch den Gesellschaftsvertrag begründeten Verbindlichkeiten des Bürgers“, durch die die „ursprüngli-

---

[439] Feuerbach, Revision I, 141; zu den Unterschieden zwischen der kategorischen Bestrafung bei Feuerbach und dem kategorischen Imperativ bei Kant, vgl. Naucke, Kant und die psychologische Zwangstheorie Feuerbachs, 81 ff.

[440] Feuerbach, Über Philosophie und Empirie, 88 ff ; ders., Kritik des Kleinschrodischen Entwurfs, 28 „so wie der Menschheit überhaupt die große Aufgabe vorgelegt ist, nicht stille zu stehen auf dem Punkt, auf dem sie einmal steht, sondern fortschreiten zum Besseren und von dem Besseren zur Vollendung, so soll auch der Staat und die Gesetzgebung in ihm. Als ein Endliches und Unvollkommenes sich immer annähern dem unendlichen Ziel. Ein Gesetzgeber, der es bei den vorhandenen Gesetzen unverändert lässt, gleicht, wie Plato sehr schön bemerkt, einem unverständigen Arzte, der eine Zeitlang von seinen Kranken abwesend sein muss und daher die Vorschriften, die er ihm zu geben hat ihm zur Erinnerung niederschreibt, der aber, nachdem er unvermutet wieder zurückgekommen ist, und die Umstände des Kranken verändert findet, es doch für gewagt hält, andere zu geben und bei den ersten bleibt, weil er sie doch nun einmal gegeben hat“.

[441] Dazu Naucke, Von Feuerbach zu Mittermaier, 91 ff., 103.

[442] Feuerbach, Über Philosophie und Empirie, 25 ff., hält insoweit fest: „Durch Positivgesetze soll nur (...) das Vernunftrecht selbst als ein positives Recht dargestellt und die übersinnliche Erkenntnis desselben in eine sinnliche (Erfahrungs-)Erkenntnis verwandelt werden (...) Mithin ist jede positive Gesetzgebung und jeder Fortschritt ihrer Verbesserung nur ein Versuch und Forschritt in der Darstellung und Realisierung des Vernunftgesetzes der Gerechtigkeit (...)“.

[443] Ebenso Ehret, Gesetzlichkeitsprinzip, 50.

chen Rechte des Staates oder des Bürgers verletzt" werden[444]. Feuerbach hat seiner Lehre daher im Element der Rechtsverletzung einen vorpositiv begründeten Straftatbegriff zugrundegelegt, der zum Schutz der Freiheit des Einzelnen geeignet ist, den Strafgesetzgeber zu beschränken und auf diese Weise Schutz vor staatlicher Willkür zu gewährleisten[445]. In der Rechtsverletzungslehre Feuerbachs liegt somit ein klares Bekenntnis zugunsten einer liberalen Strafrechtskonzeption, das den Bereich der Strafgewalt auf bestimmte Inhalte reduziert. Diese Inhalte liegen außerhalb des Präventionsgedankens und sollen ein vom kriminalpolitischen Zielsetzungen freies Strafrecht gewährleisten[446].

Ob es Feuerbach in gänze gelungen ist, sein theoretisches Konzept praktisch konsequent in der Idee des Liberalismus umzusetzen, kann jedoch mit guten Gründen bezweifelt werden. Bekanntermaßen wird Feuerbach noch heute vorgeworfen, sein Rechtsverletzungsprinzip insofern nicht durchgehalten zu haben, als er Verhaltensweisen in sein System integrierte, die zwar keine Rechtsverletzung beinhalten, ihm aber dennoch als Polizeivergehen strafwürdig erschienen[447]. Als Polizeiübertretung bezeichnete Feuerbach die Verletzung von erst durch Polizeigesetze begründeten Verbindlichkeiten gegen den Staat, durch die „nur das Recht des Staates, für ein bestimmtes gegebenes Polizeigesetz Gehorsam zu fordern, verletzt" wird[448]. Die Abweichung von seiner Rechtsverletzungslehre liegt darin, dass Feuerbach im Bereich der Polizeivergehen von der vorpositiven Bedeutung Abstand nimmt[449]. Charakteristisch für die Polizeiübertretungen ist, dass Verhaltensweisen, die keine Rechtsverletzung beinhalten, durch staatliche Bestimmung als Vergehen sanktioniert werden. Auf die liberale Begrenzung kriminalpolitischer Zwecksetzungen verzichtet Feuerbach dennoch nicht gänzlich, wenn er hervorhebt, dass die Polizeivergehen zwar keine unmit-

---

[444] Feuerbach, Lehrbuch, 1. Aufl., § 26.

[445] Zutreffend Sina, Dogmengeschichte, 11, der Feuerbachs Verbrechensbegriff als „Erfolg der aufgeklärten Wissenschaft und des liberalen Gedankens" wertet.

[446] Naucke, Von Feuerbach zu Mittermaier, 91 ff., 103; Ehret, Gesetzlichkeitsprinzip, 54.

[447] In diesem Sinne Sina, Dogmengeschichte, 10 Anm. 32, 18 m.w.N.; ebenso Hassemer, Theorie, 36; Hohmann, Umweltdelikte, 11 Anm. 1.

[448] Feuerbach, Lehrbuch, 1. Aufl., § 27.

[449] Feuerbach, Lehrbuch, 14. Aufl., § 22 „Insoferne der Staat berechtigt ist, durch Polizeigesetze auf seinen Zweck mittelbar hinzuwirken und durch diese an sich nicht rechtswidrige Handlungen zu verbieten, sofern gibt es besondere Rechte des Staates auf Unterlassung dieser speziell verbotenen Handlungen, die den Untertanen ursprünglich rechtlich möglich waren".

telbare Beeinträchtigung des liberalen Staatszwecks zum Gegenstand haben, wohl aber eine mittelbare[450]. Von einer mittelbaren Beeinträchtigung des Staatszwecks sei aber nur auszugehen, wenn durch ein Verhalten die rechtliche Sicherheit und Ordnung gefährdet würde[451]. In Feuerbachs Konzeption dient die Strafgesetzgebung damit dem Zweck, Rechtsverletzungen zu verhindern, und die Polizeigesetzgebung der Verhinderung von Rechtsgefährdungen[452].

Der Grundsatz, Gegenstand des Strafrechts solle nicht unsittliches und unmoralisches, sondern allein rechtsverletzendes Verhalten sein, spiegelt sich teilweise in dem von Feuerbach entworfenen Bayrischen Strafgesetzbuch von 1813 wider. Unglaube, Ketzerei und Blasphemie fehlen. Die Sittlichkeitsdelikte bilden keine eigenständige Gruppe, sondern sind nur dann mit Kriminalstrafe belegt worden, wenn sie eine Rechtsverletzung enthalten[453]. Dennoch finden sich an anderen Stellen Durchbrechungen des Rechtsverletzungserfordernisses im Bereich der Sittlichkeitsdelikte. Der Strafgesetzentwurf von 1824 enthält die Einführung der Strafbarkeit von Homosexualität und Sodomie im engeren Sinne[454]. Auch die Strafbarkeit der Herabwürdigung der Religion wird unter dem Deckmantel der Amtsehrenbeleidigung wieder eingeführt[455]. Bei den sog. vagen Verbrechen verzichtete Feuerbach ganz auf das Vorliegen einer Rechtsverletzung[456]. Die vagen Verbrechen enthalten Delikte wie Aussetzung, Abtreibung, Landfriedensbruch, Fälschung und Betrug. Der Meineid ist in die durch Betrug begangenen

---

[450] Feuerbach, Revision II, 221; bereits hier wird eine Parallele zu den Ableitungszusammenhängen monistisch-personaler Rechtsgutkonzeptionen von heute deutlich.
[451] Ebenso Ehret, Gesetzlichkeitsprinzip, 56 Fn. 196 unter Bezugnahme auf Art. 2 Abs. 4 BayStGB von 1813; auch an dieser Stelle deutet sich die Ausgestaltung eines universellen Vorfeldschutzes an.
[452] In diesem Sinne auch Amelung, Rechtsgüterschutz, 34; Ehret, Gesetzlichkeitsprinzip, 56.
[453] Vgl. allerdings zum Inzest unter Geschwistern Ehret, Gesetzlichkeitsprinzip, 66.
[454] Zum Ganzen Ehret, Gesetzlichkeitsprinzip, 66 zuvor unterwarf Feuerbach die Homosexualität wegen des „hohen Grades von Verwerflichkeit“ dem Polizeistrafrecht, Lehrbuch 14. Aufl., § 467.
[455] Dazu Schubert, Feuerbachs Entwurf, 37.
[456] Feuerbach, Lehrbuch, 14. Aufl., § 388: „Die vagen Verbrechen teilen sich in formelle und materielle. Jene fordern zum Tatbestandes weder einen bestimmten Gegenstand, noch einen bestimmten gesetzwidrigen Erfolg, noch einen gesetzlich bestimmten Zweck der Person, und werden bloß durch die Form der Handlung selbst zur Übertretung; diese fordern zwar einen bestimmten Gegenstand, aber die Verletzung selbst ist nicht bestimmt, indem die in denselben begriffene Übertretung bald eine wirkliche Rechtsverletzung ist, bald nicht, und selbst in jenem Falle die Verletzung verschiedener Rechte in dem Begriff des Verbrechens enthalten ist“.

Verletzungen fremder Rechte integriert (Art. 269). Trotz konsequenter Ansätze zeigen sich demzufolge an zahlreichen Stellen Inkonsistenzen in der Umsetzung des als Rechtsverletzung definierten materiellen Verbrechensbegriffs.

Worin aber hat diese Inkonsistenz der liberalen Strafrechtskonzeption Feuerbachs seine Ursache? Berücksichtigt man, dass das Postulat der Strafgesetzlichkeit im Zentrum von Feuerbachs Konzeption steht, erschließen sich die aufgezeigten Widersprüche. Seine Gedankengänge sind durch das kriminalpolitische Bestreben geprägt, Verbrechen im Staate zu verhindern[457]. Feuerbach möchte es dem Bürger durch die Auferlegung psychologischen Zwangs unmöglich machen, Straftaten zu begehen. Dies – so meint Feuerbach – lasse sich am zweckmäßigsten durch eindeutige Strafandrohungen und ausnahmslose Vollstreckung der vorgesehenen Sanktionen erreichen. Das Mittel, die Strafandrohung ganz klar zu machen, ist seinem Verständnis zufolge das Gesetz, das dem Bürger kategorisch sagt, was verboten ist und welche Strafe daraus resultiert. Dem Richter soll ein Strafzwang auferlegt werden (sog. psychologische Zwangstheorie Feuerbachs). Das genaue Gesetz wird so zu einem zentralen Teil staatlicher Kriminalpolitik, da es den Strafzweck verstärkt[458]. Die Erkenntnis, dass ein Strafgesetz nur dann als wirksames Abschreckungsmittel fungieren kann, wenn es allgemein anerkannt, d.h. von den sittlichen Grundüberzeugungen der Staatsbürgergemeinschaft getragen sei, lässt Feuerbach die aufgezeigten, für ihn insoweit als schutzwürdig erachteten Bereiche erfassen[459]. Daneben tritt der liberale Strafzweck in den Hintergrund. Der Aspekt der Freiheitssicherung wird so Nebenprodukt der kriminalpolitisch angestrebten Gesetzlichkeit[460]. Das praktische Verlassen des Rechtsverletzungserfordernisses bedeutet damit eine Ausweitung der staatlichen Macht im Bereich strafrechtlicher Sanktionen auf Kosten der individuellen Freiheit. Das Strafgesetz wird nicht länger als das Ergebnis einer ausschließlichen Orientierung an der dem Gesetzgeber vorgegebenen Vernunft gesehen, sondern als Ergebnis eines politischen Prozesses. Wie von Naucke hervorgehoben, bleibt „die Unterstützung der Kriminalpolitik als (...) einzige Begründung der Forderung nach Gesetzlichkeit übrig“[461].

---

[457] Naucke, JuS 1989, 862 ff., 863.
[458] Naucke, JuS 1989, 862 ff., 863.
[459] Ehret, Gesetzlichkeitsprinzip, 67.
[460] Naucke, JuS 1989, 862 ff.
[461] Naucke, JuS 1989, 862 ff., 864.

II. Theorien der Rechtsgutsverletzung

1. Gutsverletzung bei Mittermaier und Birnbaum

Die aufgezeigten Widersprüche in Feuerbachs Strafrechtskonzeption hatten zur Folge, dass die Rechtsverletzung als Charakteristikum des Verbrechens verdrängt und später von Birnbaum durch den Begriff der „Gutsverletzung" ersetzt wurde. Bereits Mittermaier hatte die Widersprüche im BayStGB von 1813 angeprangert[462]. Er sah in dem Kriterium der Rechtsverletzung ein zwar für eine Anzahl von Fällen maßgebendes Verbrechenselement, für ein taugliches allgemeines Verbrechensmerkmal hielt er es jedoch nicht.[463] Die Anwendung der Rechtsverletzungslehre führe zu einer Verengung des Verbrechensbegriffs, die in einer Vielzahl von Fällen nicht zu vertreten sei[464].

Deutlich offenbart sich bereits hier eine Abkehr von der gerade errungenen Beschränkung der staatlichen Zwangsbefugnis. Kennzeichnend für die Abkehr von der Rechtsverletzungslehre ist der parallel verlaufende Wandel im Staatsverständnis und der Untergang der Sozialvertragslehre. Das Gemeinwesen bleibt nicht länger eine „Vereinigung von Menschen", sondern hat seine eigene Existenz[465]. Damit können die Lehren Kants und Feuerbachs zur Begrenzung der Aufgaben des Staates, vor allem auf den Gebieten der Moral und Religion revidiert werden.

Vor diesem Hintergrund taucht der Begriff des „Gutes" bei Birnbaum, einem Schüler Mittermaiers, auf. In Anbetracht der in den bisherigen Gesetzen vorge-

---

[462] Mittermaier, Grundfehler der Behandlung des Criminalrechts, 27 ff. kritisiert u.a. die Klassifizierung des Meineids als Unterfall des private Rechte verletzenden Betrugs und verweist auf Ungereimtheiten des Geschwisterinzests im Bayrischen Strafgesetzbuch.

[463] Mittermaier, Grundfehler der Behandlung des Criminalrechts, 103, 119 hierbei handelt es sich um eine Feststellung, die heute häufig in Zusammenhang mit dem Rechtsgutsbegriff kritisiert wird, vgl. Jakobs, StrafR. AT, 2. Abschn., Rn. 12 ff.

[464] Mittermaier, Grundfehler der Behandlung des Criminalrechts, 3, 27 f. so hebt Mittermaier hervor, dass die Gotteslästerung weiterhin bestraft werden müsse, weil die Religion Grundlage des Staates sei und die Herausnahme von Delikten aus dem Kriminalstrafgesetzbuch geeignet sei, die „Volksmoral" zu brechen Mittermaier, Zustand der Criminalgesetzgebung, 165 f.

[465] Amelung, Rechtsgüterschutz, 38.

fundenen Regelungen von Religions- und Sittlichkeitsdelikten stellt er fest, dass nicht nur Rechtsverletzungen Gegenstand des Strafrechts seien[466]. Nachdem Birnbaum mit weiteren Argumenten die Defizite der Lehre von der Rechtsverletzung herausstellt[467], teilt er sodann seine eigene Ansicht darüber mit, was in der bürgerlichen Gesellschaft als Verbrechen angesehen werden kann[468]. Er begreift das Verbrechen als Verletzung eines „vernunftsgemäß" oder „nach Natur der Sache" zu garantierenden „Guts"[469]. Den Begriff des „Guts" als Objekt des Verbrechens gewinnt Birnbaum unter Bezugnahme auf den natürlichen Sprachgebrauch: „Der natürliche Begriff von Verletzung scheint der zu sein, nach welchem wir ihn auf eine Person oder auf eine Sache beziehen, insbesondere auf eine solche, die wir als uns gehörig denken, oder auf etwas, was für uns ein Gut ist, das uns durch die Handlung eines anderen entzogen oder vermindert werden kann"[470]. An Birnbaums Begriffsbestimmung wird deutlich, dass er „den Begriff des Verbrechens als vor dem Gesetz existierend" und damit im Kern als vom geltenden Recht unabhängig versteht und so den Gesetzgeber durch vorpositive Maßstäbe binden wollte[471].

Birnbaum legt sich dabei nicht auf eine bestimmte Staatsphilosophie fest, wie dies bei der Rechtsverletzungslehre im hinblick auf die Theorie vom Sozialvertrag der Fall war. Er stellt vielmehr ausdrücklich fest: „Wie man auch immer über Rechtsgrund und Zweck des Staates denken mag, es wird sich mit ver-

---

466 Birnbaum, N.Arch.CrimiR. 1834, 149 ff., 159 ff.

467 Birnbaum, N.Arch.CrimR. 1834, 149 ff.; der Auffassung Feuerbachs stünden die überkommenen Religions- und Sittlichkeitsverbrechen entgegen 160 f. und die Lehre von den Polizeiübertretungen sei unlogisch 168 f. Auch hat er auszusetzen, dass die Rechtsverletzungslehre den Verletzungscharakter der verbrecherischen Handlung unmissverständlich bestimme 171 f.

468 Birnbaum, N.Arch.CrimR. 1834, 149 ff., 177 f.

469 Birnbaum, N.Arch.CrimR. 1834, 149 ff., 179; als Verbrechen sei „nach der Natur der Sache oder vernunftgemäß im Staate strafbar jede dem menschlichen Willen zuzurechnende Verletzung oder Gefährdung eines durch die Strafgewalt Allen zu garantierenden Gutes anzusehen (...),wenn eine allgemeine Gewährleistung anders nicht bewirkt werden kann, als durch Androhung einer bestimmten Strafe und durch Vollstreckung der gesetzlichen Drohung gegen jeden Vertreter".

470 Birnbaum, N.Arch.CrimR. 1834, 149 ff., 150.

471 Birnbaum, N.Arch.CrimR. 1936, 560 ff., 570; die naturrechtliche Position Birnbaums ebenfalls betonend: Moos, Verbrechensbegriff, 126 Anm. 213, 214; ihm folgend Amelung, Rechtsgüterschutz, 46; Ehret Gesetzlichkeitsprinzip, 154; ebenso Hohmann, Umweltdelikte, 14 f.

schiedenen Ansichten hierüber vereinigen lassen, wenn man annimmt, dass es zum Wesen der Staatsgewalt gehöre, allen im Staate lebenden Menschen auf gleiche Weise den Genuss gewisser Güter zu gewährleisten, welche den Menschen von Natur gegeben oder eben das Resultat ihrer gesellschaftlichen Entwicklung und des bürgerlichen Vereins sind“[472]. Die Verletzung der ersten Klasse von Gütern nennt er „natürliche“, die Verletzung der zweiten Klasse „soziale“ Verbrechen[473]. Diesem Verbrechensbegriff attestiert Birnbaum den Vorzug, Verbrechen gegen den Einzelnen und die Verletzung von Gemeingütern durch gemeingefährliche Handlungen voneinander abzugrenzen. Zu letzteren zähle auch die Summe der religiösen und sittlichen Überzeugungen des Volkes[474] sowie Polizeivergehen, die sich keinem subjektiven Recht zuordnen ließen[475]. Außerdem bestimme die Rechtsverletzungslehre den Verletzungscharakter einer Straftat unzutreffend, da das subjektive Recht auf Unterlassung einer Verletzung den Anspruch auf Unterlassung einer Rechtsgefährdung einschließe. Daher müssten bereits „rechtsgefährliche Handlungen“ „wahre Rechtsverletzungen“ sein[476].

Die Lehre Birnbaums stellt damit eine Abkehr von der zuvor gewonnenen rechtstheoretischen Erkenntnis dar, dass die Sittlichkeit als solche kein Zweck ist, zu dessen Erreichung der Staat seine Zwangsbefugnis einsetzen darf. Die hiermit verbundene Erweiterung des Staatszwecks wirkt sich – wie noch gezeigt werden wird – in der Folgezeit neben den Sittlichkeitsdelikten auf weitere staatliche Eingriffsbefugnisse aus. Das Konzept, in dessen Deckung sich die Erweiterung des Staatszwecks und die Ausdehnung staatlicher Machtbefugnisse im Strafrecht zu vollziehen beginnt, ist Birnbaums Theorie des Schutzes rechtlicher „Güter“[477]. Der Wechsel vom Begriff der Rechtsverletzung hin zu dem des Güterschutzes im Strafrecht, beinhaltet folglich eine Abkehr vom strafbegrenzenden Charakter der Rechtsverletzungstheorie. Maßgeblich ist nicht länger das vorpositive Freiheitsrecht des Einzelnen, sondern das Interesse des Staates an

---

[472] Birnbaum, N.Arch.CrimR. 1834, 149 ff., 177.
[473] Birnbaum, N.Arch.CrimR. 1834, 149 ff., 177.
[474] Birnbaum, N.Arch.CrimR. 1834, 149 ff., 178.
[475] Birnbaum, N.Arch.CrimR. 1834, 149 ff., 168.
[476] Birnbaum, N.Arch.CrimR. 1834, 171, der mit dieser Position wohl für notwendig erachtete Gefährdungsdelikte legitimieren wollte.
[477] Ebenso Naucke, JuS 1989, 862 ff., 864; Ehret, Gesetzlichkeitsprinzip, 154 f.

der Kriminalisierung bestimmter Verhaltensweisen im Bereich der Sittlichkeitsdelikte und Polizeivergehen[478]. Durch den Begriff des Gemeingutes können nun auch Angriffe gegen das Kollektiv, die keine Angriffe gegen den Staat beinhalten, als sog. gemeingefährliche Verbrechen erfasst werden[479]. Da Birnbaum jedoch vom naturrechtlichen Denken geprägt war, trat die Eignung der Lehre von der Gutsverletzung zur politischen Zweckbestimmung noch nicht in vollem Umfang hervor. In der Auffassung Birnbaums aber lediglich eine Korrektur der liberalen Rechtsverletzungslehre Feuerbachs zu erblicken[480], wird der Bedeutung seiner Lehre als Wegbereiter des sozialen Utilitarismus nicht gerecht[481]. Zunächst vermöchte der Gedanke der Gutsverletzung durch die sich um 1840 in der Strafrechtswissenschaft durchsetzende Hegelschule keine weitreichende Bedeutung erlangen[482]. Erst mit dem Positivismus sollte dem von Birnbaum geschaffenen Begriff des rechtlichen Gutes von Binding und v. Liszt endgültig zum Durchbruch verholfen werden[483].

2. Die Rechtsgutslehre Bindings

Auf der Suche nach einer Bestimmung des Verbrechens geht Binding davon aus, dass Verbrechen mit Strafe bedrohte Normverletzungen sind[484]. Normen versteht er als Rechtssätze, die den Strafgesetzen begrifflich vorgelagert sind[485]. Der jeweils durch eine Norm begründeten Verhaltenspflicht auf der einen entspreche ein subjektives Recht des Staates auf Gehorsam auf der anderen Seite[486]. Werde eine Verhaltenspflicht unter Strafandrohung gestellt, verwandele sich das

---

[478] Vgl. zum Wandel des Verbrechens als Rechtsverletzung zum Verbrechen als Verletzung eines Rechtsguts, Günther, Von der Rechts- zur Pflichtverletzung, 445 ff.

[479] Insoweit zutreffend Amelung, Rechtsgüterschutz, 49; Ehret, Gesetzlichkeitsprinzip, 155.

[480] So vertreten von Sina, Dogmengeschichte, 26.

[481] Ebenso Ehret, Gesetzlichkeitsprinzip, 157.

[482] Ausgehend von Hegels Kennzeichnung des Verbrechens als bewusste Auflehnung gegen den allgemeinen Willen, vgl. dazu Hegel, Grundlinien, §§ 90 ff., bestimmt die hegelianische Strafrechtsschule diesen allgemeinen Willen in seiner jeweiligen Besonderung als das eigentliche Verbrechensobjekt, vgl. zur hegelianischen Strafrechtsschule Sina, Dogmengeschichte, 28 ff.

[483] Amelung, Rechtsgüterschutz, 52; Sina, Dogmengeschichte, 41 ff.; Ehret, Gesetzlichkeitsprinzip, 157.

[484] Binding, Handbuch, 1. Bd., 499.

[485] Binding, Normen I, 2. Aufl., 6 f.

[486] Binding, Normen I, 2. Aufl., 7.

Recht des Staates auf Gehorsam in ein Recht auf Strafe, sobald die Voraussetzungen des betreffenden Tatbestandes erfüllt seien[487]. Dem Strafgesetz weist Binding die Aufgabe zu, „die Normen zu bestimmen, deren Verletzungen Strafe erfordern“[488]. Als Verbrechen bezeichnet er nur solche Delikte, die mittels Strafgesetz für strafbar erklärt worden sind; die Verletzung von Strafgesetzen bezeichnet Binding als verbrecherische Handlung[489]. Ausgehend von der beschriebenen Differenzierung von Norm und Strafgesetz erblickt Binding das Objekt des Verbrechens „in der Schale des Ungehorsams“ in der sich „eine Gutsverletzung im Kern“ berge[490].

Den in der Normentheorie aufweisbaren Versuch einer materialen Verbrechensbestimmung vermag Binding bei der Definition des Rechtsgutsbegriffs jedoch nicht durchzuhalten. Er betrachtet das Rechtsgut als „alles, was selbst kein Recht, doch in den Augen des Gesetzgebers als Bedingung gesunden Lebens der Rechtsgemeinschaft für diese von Wert ist, an dessen unveränderter und ungestörter Erhaltung sie nach seiner Ansicht ein Interesse hat, und das er deshalb durch seine Normen von unerwünschter Verletzung oder Gefährdung zu sichern bestrebt ist“[491]. Aus dieser Definition erschließt sich, dass die Anschauungen des Gesetzgebers maßgebliches Kriterium bei der Bestimmung der strafrechtlich geschützten Rechtsgüter sind[492]. Als Rechtgüter kommen für Binding reale Gegenstände/Zustände körperlicher wie nicht körperlicher Art in Betracht, die wirklich verletzbar sind, d.h. entweder zerstört oder in ihrem Güterwert gemindert werden können[493]. Der Gesetzgeber solle „nur durch (...) eigene Erwägungen und durch Logik beschränkt sein“[494].

Binding schreibt den Normen einen präventiven Zweck zu: „das Recht will, dass in Folge seines Verbotes die untersagten Handlungen künftig im möglichst weiten Umfange unterbleiben“ und zwar nicht deshalb, weil es die Menschen Ge-

---

[487] Binding, Normen I, 2. Aufl., 425.
[488] Binding, Normen I, 2. Aufl., 189.
[489] Binding, Normen I, 2. Aufl., 134, 189.
[490] Binding, Normen I, 1. Aufl., 198.
[491] Binding, Normen I, 2. Aufl., 353 ff., ders., Handbuch, 1. Bd., 169.
[492] Binding, Handbuch, 1. Bd., 390 f., hält insoweit ausdrücklich fest: „Was ein Rechtsgut ist, bestimmt nur die einzelne Gesetzgebung für das einzelne Rechtsgebiet“.
[493] Binding, Handbuch, 1. Bd., 170; dazu auch Welzel, ZStW 58 (1939), 491 ff., 511, Fn. 30.
[494] Binding, Normen I, 2. Aufl., 340.

horsam lehren will, sondern um der Wirkung der verbotenen Handlung entgegenzuwirken, um Rechtsgüter vor Schädigungen zu bewahren[495].

Durch einen solchen, an den Willen des Gesetzgebers anknüpfenden Rechtsgutsbegriff ist jedoch alles andere erreicht als eine materiale Ausgestaltung der Rechtsgutslehre. Dies verdeutlicht der Rechtsgüterkatalog Bindings, der neben den Gegenständen subjektiver Rechte[496] und den „rechtlich anerkannten Fähigkeiten, subjektive Rechte zu erlangen oder auszuüben"[497] auch Güter wie das Pietätsgefühl gegen Gott[498] erfasst.

Es bleibt daher festzuhalten, dass dem Rechtsgutsbegriff Bindings kein kritischer Gehalt im Sinne eines den Gesetzgeber begrenzenden Maßstabs zukommt, da die Entscheidung, ob ein Gut Eingang in das Strafrecht findet, nicht an außergesetzlichen Prinzipien zu messen ist, sondern auf einer logischen Entscheidung des Gesetzgebers beruht. Ursache hierfür sind die Denkstrukturen des Positivismus, denen sich Binding nicht entziehen wollte. Die Erfolge des naturwissenschaftlichen Denkens in Technik, Landwirtschaft und Medizin, prägten den Zeitgeist, der Anstrengungen auf das Gegebene, das Positive konzentrierte. Damit verbunden ist auch ein Wandel der Staatszwecklehre. Die Philosophie der Aufklärung betrachtete den Staat ausschließlich als Garant der Rechte des Einzelnen. Die Erkenntnis der Deduktion des Staates vom Individuum wird durch die positivistische Staatsrechtslehre abgelehnt. Ihr zufolge hat der Staat rechtlich genommen keinen Zweck, sondern ist selbst der Zweck, so dass ihm kein rechtliches Hindernis entgegensteht, seinen Bereich beliebig auszudehnen[499]. Hatte die frühliberale Strafrechtskonzeption Feuerbachs die Rechte des Individuums im Auge, stellt die Bindingsche Rechtsgutsdefinition solche Güter unter Strafschutz, die für die Rechtsgemeinschaft von Wert sind.

---

[495] Binding, Normen I, 3. Aufl., 51 ff.

[496] Binding, Normen I, 2. Aufl., 344 f. erfasst hierunter Eigentum, einem Aneignungsrecht unterfallende Sachen wie jagdbares Wild oder Eier bzw. Junge von jagdbarem Federwild.

[497] Binding, Normen I, 2. Aufl, 346 benennt z.B. die Fähigkeit Staatsoberhaupt oder Beamter zu werden und die, ein Gewerbe zu betreiben.

[498] Binding, Normen I, 2. Aufl., 347.

[499] Seydel, ZStW 28 (1872), 186; Waitz, Grundzüge der Politik, 11.

Mit der Geburt des Rechtsgutsbegriff untrennbar verbunden ist der Schutz von Allgemeingütern, die durch ihren Sozial-Wert gekennzeichnet sind[500]. Das Rechtsgut ist bei Binding folglich „stets Rechtsgut der Gesamtheit, mag es scheinbar noch so individuell sein“[501]. Mit der zur inhaltlichen Bestimmtheit nicht fähigen Rechtsgutslehre Bindings wird staatliches Eingreifen durch Strafrecht nur noch an die Form der geschriebenen Eingriffsermächtigung gebunden. Die Bestimmung des Rechtsgutes nach der sozialen Nützlichkeit für die Rechtsgemeinschaft macht das Strafgesetz zu einem an den jeweiligen politischen Notwendigkeiten ausgerichteten Instrument in der Hand des Staates.

3. Rechtsgutslehre und Strafzwecke bei von Liszt

a) Rechtlich geschützte Interessen

Liszt kritisiert Binding dahingehend, mit seinem Rechtsgutsbegriff nichts anderes als eine inhaltliche Begriffshülse geschaffen zu haben[502]. Mit dem Vorwurf der Inhaltsleere verbindet sich die Kritik, mittels des Rechtsgutsbegriffs nicht zu einer materialen Verbrechensbestimmung gelangt zu sein. Hat v. Liszt also dem Begriff des Rechtsgutes ein größeres Maß an begrifflicher und inhaltlicher Klarheit mitzugeben vermocht?

Ausgehend von den beiden obersten Begriffen des Strafrechts –„Verbrechen“ und „Strafe“– gelangt er zu der Frage nach dem Bindeglied zwischen beiden. Er glaubt, dass das Rechtsgut auf die Frage nach dem „Warum der Strafe“ antwor-

---

500 Ausdrücklich dazu Binding, Normen I, 2. Aufl., 340 „Auf ihre Unverletzlichkeit muss nicht lediglich dieser oder jener, sondern das ganze lebendige Gemeinwesen Gewicht legen “; wie hier Ehret, Gesetzlichkeitsprinzip, 160.

501 Binding, Normen I, 2. Aufl., 358.

502 Als Beleg für diese Kritik führt v. Liszt die schwankende Ausdrucksweise Bindings hinsichtlich der gegenständlichen Erfassung des Rechtsguts an, vgl. v. Liszt, AuV I, 212 ff., 224 „Bindings Rechtsgutsbegriff ist ein Scheinbegriff, d.h. ein Wort ohne Inhalt. Das will sagen: Binding ist überhaupt nicht zu begrifflicher Klarheit darüber gelangt, was das Wort `Rechtsgut` eigentlich sagen soll; er hat auch, wie es scheint, gar nicht einmal das Bedürfnis empfunden, zur Klarheit darüber zu gelangen. Sein `Rechtsgut´ ist ein Proteus, der alle Gestalten annimmt; ein Wort, das heute das morgen wieder etwas ganz anderes bedeutet, ein Blankett, dem jeder den Inhalt geben kann, der ihm gerade passt; diese Kritik ist allerdings im Hinblick auf die Tatsache, dass Binding die Rechtsgüter als reale Gegenstände/Zustände, die tatsächlich verletzt werden können klassifiziert, unberechtigt.

tet[503] und gesteht diesem damit eine zentrale Bedeutung in seinem straftheoretischen Konzept zu. Ausgangspunkt der Bestimmung des Rechtsgutsbegriffs ist bei v. Liszt die Überlegung, dass alles Recht um der Menschen willen da ist und ihre Interessen geschützt und gefördert werden sollen[504]. Rechtsgüter seien daher menschliche Lebensinteressen und nicht durch die Rechtsordnung erzeugt[505]. Zur Klarstellung führt v. Liszt aus, dass von einer Verletzung oder Gefährdung von Interessen lediglich im übertragenen Sinne gesprochen werden könne, da das Verbrechen als Handlung sich immer an einem sinnlich wahrnehmbaren Gegenstand, einer Person oder Sache vollziehe. Dieser Gegenstand erscheine als ein „sinnfällige Verkörperung" des rechtlich geschützten Interesses[506].

Mit der Bestimmung des Rechtsgutes als rechtlich geschütztes Interesse ließ allerdings die inhaltliche Schärfe des Rechtsgutsbegriffs weiterhin zu wünschen übrig, da der Begriff des „Interesses" lediglich „eine Bezogenheit, ein Verhältnis eines Subjekts zu einem Gegenstand" zum Ausdruck bringt[507]. Damit ist noch nicht beantwortet, welche Interessen des Subjekts schützenswert sind. v. Liszt räumt die Uferlosigkeit des Interessenbegriffs ein[508] und bemüht sich um dessen inhaltliche Präzisierung. Hierzu greift er auf die Jhering'sche Formel zurück, dass alles Recht um der Menschen willen existiere. Danach sei „das menschliche Dasein (...) das Rechtsgut" und in den verschiedenen Gestaltungen dieses Daseins ergebe sich die Einteilung der Rechtsgüter[509]. Als mögliche Daseinsgestaltungen kommen für v. Liszt das Dasein des Einzelwesens und das Dasein in der Gesamtheit der Rechtsgenossen in Betracht[510].

---

503 V. Liszt, AuV I, 212 ff., 223.

504 V. Liszt, AuV I, 212 ff., 223.

505 V. Liszt, Lehrbuch, 3. Aufl., 20; ders., AuV I, 212 ff., 223; ders., ZStW 8 (1888), 133 ff., 140.

506 V. Liszt, ZStW 8 (1888), 133 ff., 151 damit leitete v. Liszt die Unterscheidung von Rechtsgut und Handlungsobjekt ein.

507 Stöger, Versuch des untauglichen Täters, 39; Ehret, Gesetzlichkeitsprinzip, 163.

508 V. Liszt, ZStW 8 (1888), 133 ff., 140 gibt zu bedenken, ob es nicht „ungezählte Lebensinteressen des Einzelnen wie der Gesamtheit, und darum in bunter Unordnung ebenso unzählige Rechtsgüter, von dem bedeutsamsten angefangen bis zum unbedeutsamste" gebe.

509 V. Liszt, ZStW 8 (1888), 133 ff., 141.

510 V. Liszt, ZStW 8 (1888), 133 ff., 142.

Liszt vertritt somit im Gegensatz zu Binding den Standpunkt, dass das menschliche Leben, nicht aber die Rechtsordnung selbst, ohnehin vorhandene Interessen bestimmt, die zum strafrechtlich schützenswerten Rechtsgut erhoben werden[511]. Lässt sich nun aber der durch einen an vorpositive menschliche Interessen geknüpfte Rechtsgutsbegriff[512] als ein den Gesetzgeber beschränkender Maßstab interpretieren? Eine verbreitete Ansicht begründet auf dieser Erwägung einen liberalen Gehalt der Rechtsgutslehre[513]. Dem ist jedoch entgegenzuhalten, dass v. Liszt gleichzeitig hervorhebt, dass das Leben zwar Interessen hervorbringe, diese jedoch erst durch Rechtsschutz zu Rechtsgütern würden. Damit bekennt er sich ausdrücklich dazu, dass die Konkretisierung der Interessen zu Rechtsgütern von der Positivierung abhängig ist[514]. Knüpft v. Liszt sodann bei der Konstituierung der Interessen zu Rechtsgütern an die sozialen Gegebenheiten an, beinhaltet dies zugleich die Abhängigkeit des Rechtsguts- und mithin des Verbrechensbegriffs vom sozialen Wandel. Unabhängig von den Grundbedürfnissen menschlichen Zusammenlebens werden Rechtsgüter in ihrer Art und Anzahl zu einem Spiegelbild des sozialen Wandels. Sowie diese Interessen wechseln, wechseln auch Anzahl und Art der Rechtgüter[515]. Selbst wenn man die Abhängigkeit der menschlichen Interessen vom sozialen Wandel befürwortet, stellt sich die Frage, welche Interessen es wert sind, strafrechtlich geschützt zu werden[516].

b) Interessensubjekte

Dass die v. Lisztsche Interessenlehre nicht rein an den Bedingungen menschlichen Zusammenlebens orientiert ist, zeigt sich jedenfalls in seiner Zuordnung von Rechtsgütern an bestimmte Rechtsgutsträger. Zunächst spaltete v. Liszt wie

---

[511] V. Liszt, Lehrbuch, 3. Aufl., 20.

[512] Einen vorpositiven Interessenbegriff erkennen bei v. Liszt ebenfalls Amelung, Rechtsgüterschutz, 85; Ehret, Gesetzlichkeitsprinzip, 164; Hohmann, Umweltdelikte, 21 f.; Rudolphi, FS für Honig, 151 ff., 155; a.A. Frommel, Präventionsmodelle, 121, die meint, durch die strikte v. Lisztsche Bindung des Richters an das Gesetz einen vorpositiven Interessensbegriff widerlegt zu haben. Hierbei bleibt jedoch unberücksichtigt, dass die Bindung des Richters an das Gesetz dem vorpositiven Interessenbegriff im Bereich der Strafgesetzgebung als solchen nicht ausschließt.

[513] Sina, Dogmengeschichte, 53; Rudolphi, FS für Honig, 151 ff., 155; Hohmann, Umweltdelikte, 22.

[514] Ebenso Ehret, Gesetzlichkeitsprinzip, 164 f.

[515] So v. Liszt, Lehrbuch, 3. Aufl., 20.

[516] Vgl. dazu näher unten, S. 204 ff.

v. Ihering die Gesamtheit in Staat und Gesellschaft (i.e.S.) auf[517], und gelangt zu einer Dreiteilung der Rechtsgutsträger. Später verwirft er die Erhebung der Gesellschaft zu einem eigenständigen Interessensubjekt und stellt den Interessen des Einzelnen ausschließlich die des Staates gegenüber[518], wobei er die ehemals der Gesellschaft zugeordneten Güter nunmehr überwiegend dem Individuum zuordnet[519]. Im Bereich der Delikte gegen die Staatsverwaltung finden sich nun Steuerhinterziehung, Vogelschutz, Eidesdelikte, aber auch Strafbestimmungen des Aktienrechts, des Arbeitsschutzes und schließlich die Amtsverbrechen[520]. An diesem Deliktswirrwar wird deutlich, das v. Liszt in seinen Delikten gegen die Staatsverwaltung solche Tatbestände zusammenfasst, „denen er anderen Orts im klassischen Katalog der Deliktsnormen keinen Platz einräumen möchte, weil er sie als Reaktion des modernen Verwaltungsstaates auf Änderungen der gesellschaftlichen Struktur (Arbeitsschutz- und Aktienrecht) bzw. der gesellschaftlichen Wertungen erkennt“[521]. Die Konturlosigkeit des Rechtsgutsbegriffs v. Liszts zeigte sich ebenfalls in der Erhebung der Gefühle der Individuen zu Rechtsgütern. Ausdrücklich bewertet er sowohl das sittliche[522] als auch das religiöse Gefühl[523] des Einzelnen als Rechtsgüter. Auf diese Weise ist der Boden dafür geebnet, Verstöße gegen die herrschende Moral als sozialschädlich zu erfassen und strafrechtlich zu sanktionieren[524].

[517] V. Liszt, Lehrbuch, 2. Aufl., 291.
[518] V. Liszt, ZStW 8 (1888), 133 ff., 142 f.
[519] Das gilt vor allem für die Sittlichkeitsdelikte: bei dem Rechtsgut des „öffentlichen Interesses an einem geregelten Geschlechtsleben“ handele es sich nicht um eine Rechtsgut des Staates, sondern um die sittlichen Gefühle einer unbestimmten Mehrheit Einzelner und somit um ein Rechtsgut des Einzelnen, Feuerbach, Lehrbuch, 3. Aufl., 349 f.
[520] V. Liszt, Lehrbuch, 21./22. Aufl., 573 ff.; Ehret, Gesetzlichkeitsprinzip, 165 bemerkt unter Verweis auf v. Liszt, AuV I, 212 ff., 226, dass die v. Lisztsche Rechtsgüteraufzählung der „tumultarischen Aufzählung“ den Gütern, die er selbst bei Binding bemängelt hat, nahe kommt.
[521] Amelung, Rechtsgüterschutz, 88; ähnlich Ehret, Gesetzlichkeitsprinzip, 165.
[522] V. Liszt, Lehrbuch, 3. Aufl., 20, Anm. 2.
[523] V. Liszt, Lehrbuch, 3. Aufl., 378.
[524] Zutreffend erkannt von Amelung, Rechtsgüterschutz, 89 und Ehret, Gesetzlichkeitsprinzip, 166.

c) Kriminalpolitische Intention

Liszt selbst weist ausdrücklich darauf hin, dass Feuerbachs Begriff der subjektiven Rechte enger sei als der des Rechtsguts[525]. Bilden die subjektiven Rechte bei Feuerbach – zumindest theoretisch – einen eng überschaubaren Kreis von Rechten, der von den gesellschaftlichen Wandlungen unabhängig gedacht ist, vermag der Begriff des Rechtsgüterschutzes den kriminalpolitischen Bestrebungen des Gesetzgebers nur noch wenig entgegensetzen. Dementsprechend hebt v. Liszt hervor, dass der Begriff des Rechtsgutes „aus dem einen Gebiete der Wissenschaft in das Gebiet einer anderen hinüberleite"[526]. Als angrenzendes Gebiet hat v. Liszt dabei die Kriminalpolitik im Auge[527]. Der Rechtsgutsbegriff dient ihm dabei, neuen Tatbeständen ein begründungstheoretisches Fundament zu liefern[528].

Ganz in diesem Sinne geht v. Liszt von der innenpolitischen Wirkung der Strafe aus. Sie sei rationales Mittel der Gesellschaftssteuerung durch Erziehung Straffälliger und Sicherung der Gesellschaft vor möglichen Straftätern[529]. Die Gesellschaft müsse die Strafe je nach innenpolitischer Notwendigkeit einsetzen. Politik durch Strafen sei damit Politik der Aufrechterhaltung von Ruhe, Sicherheit und Ordnung, mithin Teil der Sozialpolitik[530]. Die v. Lisztsche Variante der Spezialprävention dient neben der „Resozialisierung" des Verurteilten den weiteren Zielen der „Abschreckung" und „Unschädlichmachung"[531]. Damit rückt der an der sozialen Tauglichkeit des Täters orientierte Gesellschaftsschutz ins Zentrum der Betrachtung. Ausdrücklich hebt von Liszt hervor, dass dem Hang zum Verbrechen in der Gruppe der „unverbesserlichen Zustandstäter" nicht mehr durch Einpflanzung sozialer Motive entgegengewirkt werden könne. Dementsprechend komme für sie nur noch „direkter, unmittelbarer, mechanischer Zwang oder Gewalt" in Betracht[532]. Aufgaben des Strafrechts seien daher, den unverbesserlichen Gewohnheitsverbrecher durch strafrechtlichen Zwang auf bestimmte Zeit unschädlich zu machen, besserungsfähigen Tätern einen Denkzet-

[525] V. Liszt, Lehrbuch, 3. Aufl., 19, Anm. 2.
[526] V. Liszt, ZStW 8 (1888), 133 ff., 139.
[527] V. Liszt, ZStW 8 (1888), 133 ff., 139 f.
[528] Ebenso Ehret, Gesetzlichkeitsprinzip, 166.
[529] V. Liszt, AuV I, 126 ff., 145 ff.
[530] V. Liszt, AuV II, 214 ff., 246.
[531] Kargl, Handlung und Ordnung im Strafrecht, 549 ff.

tel zu verpassen oder sie bei Bedarf zu resozialisieren. Die gerechte Strafe ist damit nicht Vergeltungsstrafe, sondern die durch den Zweckgedanken legitimierte, notwendige Strafe[533].

d) Kritik

Das Individuum, von dessen Interessen bei v. Liszt zunächst alle Überlegungen ausgegangen sind, fungiert zuletzt lediglich als Funktionsbestandteil der Gesellschaft. Dies hat eine zentrale Ursache in der positivistischen Grundlegung des Handlungsbegriffs v. Liszts[534]. Er vertritt eine Variante des handlungstheoretischen Positivismus, in der alles Handeln auf den Faktor der Umweltdeterminitation zurückgeführt wird. Handeln wird als eine Körperbewegung verstanden, die in mechanisch messbarer Weise eine Veränderung in der Außenwelt bewirkt. Ausgelöst wird die Körperbewegung durch Anreize, die die jeweilige Situation ermöglicht. Die mit dem Handeln verfolgten Ziele ergeben sich folglich aus den faktischen Gegebenheiten. In einem solchen Konzept findet die Autonomie des Individuums keinen Platz. Eine Handlungstheorie, die das menschliche Verhalten aus konditionalen Faktoren zu erklären versucht, ist gehalten, Handlung und Ordnung in den Dienst der Weiterentwicklung zu stellen. Eingebettet in das „Konzept des Evolutionismus"[535] beinhaltet die spezialpräventive Anpassung des Täters an die Gesellschaft nichts anderes als Unterwerfung unter faktisch gegebene Zustände. Damit wird die Rechtsbefolgung auf ein Problem faktischer Geltung reduziert. Die Rechtsnorm gilt dann, wenn sie im sozialen Leben kriminalpräventiv wirksam ist[536].

Der v. Lisztsche Begriff vom Rechtsgut, der durch die Kriminalpolitik beeinflusst ist und präventive Strafzwecke verfolgt, ist demzufolge ungeeignet als Schranke der Kriminalpolitik zu fungieren. Ist es der Gesetzgeber, der durch die Schaffung von strafrechtlichen Tatbeständen die Unterscheidung von berechtigtem und unberechtigtem Interesse nach sozialen Gesichtspunkten vornimmt,

---

[532] V. Liszt, AuV I, 126 ff., 163.
[533] V. Liszt, ZStW 3 (1883), 1.
[534] Dazu Kargl, Handlung und Ordnung im Strafrecht, 549 ff., 552.
[535] So bezeichnet von Kargl, Handlung und Ordnung im Strafrecht, 553 f.
[536] Kargl, Handlung und Ordnung im Strafrecht, 554; vgl. auch Albrecht, StV 1994, 265 ff., 266.

sind Rechtsgüter nicht „Güter des Lebens“, sondern „Güter des Rechts“[537]. Vor diesem Hintergrund vermag v. Liszts Rechtsgüterschutzgedanke den Gesetzgeber nicht an inhaltliche Vorgaben zu binden.

4. Positivistisch-teleologischer Rechtsgutsbegriff

In der Folgezeit tritt die fehlende Eignung des Rechtsgutsbegriffs zur Begrenzung des Strafgesetzgebers immer deutlicher zutage. Er wird darauf reduziert, als Auslegungsmittel den vom Gesetzgeber mit der Norm verfolgten Zweck zu bestimmen. Honig legt seinem teleologischen Rechtsgutsverständnis die These zugrunde, dass „das Strafrecht dem Schutze der von der Rechtsgemeinschaft als für das Rechtsleben wertvoll anerkannten Objekte diene“[538]. Als Richtschnur orientiere sich der Gesetzgeber an „Volksanschauungen aus der im Volksbewusstsein gegründeten Kultur“[539]. Er betrachtet den Schutz von Gemeinschaftswerten als Sinn und Zweck der Strafnormen[540]. Das Rechtsgut ist für ihn ausschließlich „der vom Gesetzgeber in den einzelnen Strafrechtssätzen anerkannte Zweck in seiner kürzesten Formel“[541]. Damit wird überdeutlich, dass die Rechtsgutslehre jeglichen kritischen Gehalt eingebüßt hat und der Begriff des Rechtsgutes zu einer „inhaltslosen Abstraktion“[542] geworden ist, „die Wertentscheidungen des jeweiligen Gesetzgebers in sich aufnimmt“[543]. Wird das Rechtsgut aus der ratio des Tatbestandes vermittelt, kann dieses keine die Legislative beschränkende Funktion entfalten.

Der jedes kritischen Gehalts entkleidete Rechtsgutsbegriff wird von der Staatsidee der Herrschaft des Nationalsozialismus funktionalisiert. Nach der nationalsozialistischen Betrachtungsweise kommt nicht den Individuen, sondern dem

---

[537] So die zutreffende Feststellung von E. Wolf, Die Justiz 3 (1927/28), 110, Anm. 1.
[538] Honig, Einwilligung, 92.
[539] Honig, Einwilligung, 92 f.
[540] Honig, Einwilligung, 93.
[541] Honig, Einwilligung, 94; auch Schwinge sieht die Funktion des Rechtsgutsbegriffs in der Auslegung, wenn er darauf verweist, dass das Rechtsgut bei der Bearbeitung der einzelnen Tatbestände „leitendes Prinzip der Begriffsbildung“ ist und seiner Ansicht nach „aus dem Lebens- und Kulturgut durch Rechtsschutz ein Rechtsgut wird, Teleologische Begriffsbildung, 22, 27.
[542] Rudolphi, FS für Honig, 151 ff. 154.
[543] Hassemer, Theorie, 49.

Volk der höchste Wert zu[544]. Seine Erhaltung ist oberste Aufgabe des Strafrechts. Die Rechtspositionen des Individuums rangieren hinter dem Gemeininteresse. Das Verbrechen ist daher der Bruch der Treue, den der einzelne dem Volk schuldet, nicht die Verletzung von Individualinteressen[545]. Im Kampf gegen individualistische und liberale Tendenzen im Strafrecht kristallisieren sich bald die sog. „Kieler" und „Marburger Schule" heraus. Die „Marburger Schule" behält den teleologischen Rechtsgutsbegriff bei und betont, dass der Begriff einen „völlig neuen Sinn angenommen hat", da er keine Aussage mehr „über das Substrat des Verbrechens trifft, sondern nur als „Hinweis auf die Methode der strafrechtlichen Auslegung und Begriffsbildung" dient[546]. Die „Kieler Schule" wendet sich gegen die Berücksichtigung des Rechtsgutes zur Bestimmung des materiellen Kerns eines Verbrechens. So fordert Schaffstein eine „Akzentverlagerung" vom Gedanken des Verbrechens als Rechtsgutsverletzung hin zu einer verstärkten Berücksichtigung von Pflicht- und Gesinnungsmerkmalen[547]. Beide Schulen sind jedoch im wesentlichen Punkt einig – das Verbrechen wird als Verletzung gesetzlich sanktionierter Pflichten, nicht als eine Verletzung vorpositiver Güter angesehen[548].

5. Zusammenfassung

Die bisherigen Ausführungen haben gezeigt, dass der von Feuerbach geprägte Begriff der Rechtsverletzung den Bemühungen entspringt, den Verbrechensbegriff zu bestimmen. Angestoßen wurde dieses Bestreben durch die auf das Recht einwirkende Philosophie der Aufklärung, die die Richtigkeit einer Norm als göttliches oder natürliches Gesetz in Frage stellte und Maßstäbe für die Legitimation menschlicher Normsetzung forderte. Als Rechte kamen dabei zunächst ausschließlich solche Interessen in Betracht, die dem Schutz der Freiheit der Menschen dienten, um ein sittliches Dasein zu führen. Die subjektiven Rechte des Individuums bilden bei Feuerbach zumindest theoretisch einen eng über-

---

544 Siegert, Grundzüge des Strafrechts im neuen Staate, 8.

545 Freisler, Das neue Strafrecht, 23 beschreibt Unrecht „als jeden Angriff auf die Belange der Volksgemeinschaft".

546 Schwinge/Zimmer, Konkretes Ordnungsdenken, 64.

547 Schaffstein, Pflichtverletzung, 122 ff.; ders., D.StrR. 2, 97 ff., 105; i.d.S. auch Dahm, ZStW 57 (1938), 225 ff., 233.

548 Schaffstein, D.StrR. 2, 97 ff., 105.

schaubaren Kreis von Normen, der von der gesellschaftlichen Ordnung unabhängig gedacht ist. Gesellschaftsbezug erlangten die Rechte dadurch, dass die Individuen sich notwendigerweise in der Gesellschaft zusammengeschlossen haben. Die größtmögliche Freiheit der darin zusammenlebenden Personen zu sichern, setzt die auf Gegenseitigkeit beruhende Achtung der Rechte der anderen Mitglieder voraus. Auch die Verletzung staatlicher Rechte, die der Erhaltung der Freiheitsrechte der Individuen dienen, waren damit strafrechtlichen Schutzes würdig. Infolge der Bestimmung des Verbrechens als Rechtsverletzung fehlte es dann an der Legitimation strafrechtlicher Sanktionierung, wenn durch ein bestimmtes Verhalten kein Recht eines anderen Individuums bzw. ein Staatsrecht in diesem Sinne verletzt wurde.

Dem Begriff des Rechtsgutes mangelt es im Gegensatz dem der Rechtsverletzung bereits zur Zeit seiner Entstehung an kritischem Potenzial. Von Birnbaum und Binding zur Ausweitung des engen Charakters der Rechtsverletzung eingesetzt, bemüht sich v. Liszt vergeblich, ihn zur Begrenzung des Strafgesetzgebers zu nutzen. Indem er sittliche Anschauungen der Gesellschaft zunächst als Rechtsgüter der Gesellschaft herausstellt, später in Individualrechtsgüter umwandelt, wird deutlich, dass v. Liszts Konzeption nicht geeignet ist, das Erbe der Aufklärung umzusetzen. Durch die über den Begriff des Rechtsgutes als rechtlich geschütztes Interesse hergestellte Verbindung von Politik und Strafrecht[549], ist das Strafgesetz politisch motivierten Inhalten zugänglich und nicht länger Garant der Freiheitssphäre der Individuen. Es überwiegt die formal-logische Seite des Rechtsgutsbegriffs. Die Entmaterialisierung von der Rechtsverletzung hin zum Rechtsgut ist dabei untrennbar verbunden mit der Abkehr von der wertphilosophisch ausgerichteten aufklärerischen Gesellschaftsordnung.

Der bisherige Befund legt die These nahe, dass die Problematik der legitimatorischen Funktion des Rechtsgutes bei den Kollektivrechtsgütern nicht begrifflich beantwortet werden kann, sondern unter Berücksichtigung der Funktion des Strafrechts in der Gesellschaft gelöst werden muss. Demzufolge gilt, die aufgezeigten Probleme des „modernen" Strafrechts, gemessen an den konstatierten Erwartungen der verhaltenslenkenden Wirkungen – am Beispiel der §§ 331 ff.

---

[549] Zur Verwirklichung dieser Verbindung bei v. Liszt Georgakis, Geistesgeschichtliche Studien, 62 ff.

StGB – auf ihre Berechtigung hin zu untersuchen. Es ist bereits jetzt zu vermuten, dass die einer effektiven Bekämpfung gesellschaftlicher Probleme tradierten Regeln des Individualbezugs der Rechtsgutverletzung entweder modifiziert werden müssen oder auf einen relativ engen Bereich der Beeinträchtigung wichtiger Freiheitsinteressen zurückzuführen sind. Hierzu wird es entscheidend darauf ankommen, welcher Stellenwert der personalen Freiheitssphäre des Einzelnen im Bereich kollektiver Rechtsgüter zuerkannt wird. Erachtet man bereits die Erhöhung des Gefährdungsrisikos für den außerhalb der individuellen Rechtssphäre liegenden Güterschutz als ausreichende Legitimation der Begründung strafrechtlicher Verhaltenssanktionierung, ist schwer vorstellbar, wie sich ein vom Gesetzgeber sanktioniertes Verhaltensgebot überhaupt als illegitim erweisen kann[550]. Dreh- und Angelpunkt der weiteren Ausführungen bildet mithin der Streit um den Gesellschafts- und Individuenbezug kollektiver Schutzgüter im Strafrecht.

III. Der Gesellschafts- und Individuenbezug des Strafrechts

1. Überblick

Die gängige methodische Unterscheidung individueller und kollektiver Schutzgüter richtet sich nach Rechtsgutsträger und Dispositionsbefugnis über das Rechtsgut[551]. Dient ein Rechtsgut den Interessen einer Person oder einer bestimmten Personengruppe, wird es Individualrechtsgut, dient es den Interessen der Allgemeinheit oder des Staates, wird vom Universal- bzw. Kollektivrechtsgut gesprochen. Bei den Bestechungstatbeständen handelt es sich entsprechend der oben vorgenommenen Rechtsgutsbestimmungen nicht um solche Tatbestände, deren unmittelbarer Rechtsgutsträger eine Person oder eine bestimmte Personengruppe ist[552]. In §§ 332, 334 StGB wurde das Schutzgut der Sachlichkeit staatlicher Entscheidungen herausgearbeitet. In §§ 331, 333 StGB ließen sich

---

[550] Herzog, Gesellschaftliche Unsicherheit, 39 f.; Zieschang, Gefährdungsdelikte, 363 f.

[551] Vgl. Hassemer/Neumann, NK-StGB, Vor. § 1, Rn. 127; Jescheck, LK-StGB, Vor. § 13, Rn. 6; Worms, Bekenntnisbeschimpfung, 53; kritisch Wohlers, Deliktstypen, 221 f.; Müssig, Schutz abstrakter Rechtsgüter, 178 ff.

[552] Diesbezüglich besteht – soweit ersichtlich – allseitige Einigkeit; vom Institutionenschutz sprechen Wolter, Zurechnung, 328 f.; Loos, FS für Welzel, 879 ff., 887 ff.; vgl. nur Hefendehl, Kollektive Rechtsgüter, 124, der vom Rückbezug des „kollektiven Rechtsguts" der §§ 331 ff. StGB auf personelle Interessen spricht.

zwei Schutzgüter als mit dem Wortlaut vereinbar herauskristallisieren. Zum einen das Vertrauen der Allgemeinheit in die Sachlichkeit der Dienstausübung zum anderen die Sachlichkeit der Dienstausübung selbst, beides in Form abstrakter Gefährdungsdelikte.

Hiermit ist jedoch keine Aussage über die legitimatorische Funktion der Unterscheidung kollektiver und individueller Schutzgüter getätigt. Zwar ist überwiegend anerkannt, dass neben individuellen Rechtsgütern allgemeine Interessen existieren, die nicht unmittelbar dem Schutz des Einzelnen dienen, aber dennoch als strafrechtlich sanktionswürdig qualifiziert werden. Streit besteht über das Verhältnis der Kollektiv- zu den Individualinteressen, ausgehend von der Frage, ob der Staat Inhaber eigener Rechte sein kann. Wie die dogmengeschichtliche Untersuchung verdeutlicht hat, werden die Aufgaben des Strafrechts seit jeher unter folgenden Prämissen betrachtet: der gesellschafts- und der individuenzentrierten Perspektive.

Im Vordringen begriffen sind dualistische Konzeptionen, die beide Aspekte zu berücksichtigen suchen, indem sie Rechtsgüter der Individual- und Sozialsphäre gleichberechtigt gegenüber stellen und die Gegensätzlichkeit von Individual- und Kollektivschutz hervorheben[553]. Jüngst hat sich Hefendehl in seiner Habilitationsschrift zur Aufgabe gestellt, ein dualistisch orientiertes Konzept zu entwerfen, das die Interessen des Individuums nicht aus dem Auge verliert, aber dennoch in der Lage ist, den komplizierten Zusammenhängen moderner Gesellschaften gerecht zu werden[554]. Ob die von ihm selbst erkannte Gefahr, „jede gesellschaftliche Nützlichkeit zu einem Rechtsgut aufwerten zu lassen"[555], durch sein Konzept kollektiver Rechtsgüter als verfassungsgemäße Verwirklichungspotentiale des Individuums relativiert wird, ist Gegenstand der sich anschließen-

[553] Tiedemann, Tatbestandsfunktionen, 120, 125; Müssig, Schutz abstrakter Rechtsgüter, 192 f.; MüKo-Joecks, Einl., Rn. 36 ff. der vom Rechtsgüterschutz die „Sozialschädlichkeit" erfasst sieht und von ihr ausgehende Lebensgüter, Sozialwerte oder rechtlich anerkannte Interessen, die für den Einzelnen oder die Allgemeinheit nützlich sind, geschützt wissen möchte; Wessels/Beulke, StrafR. AT, § 1, Rn. 7: „Als Rechtsgüter bezeichnet man die Lebensgüter, Sozialwerte und rechtlich anerkannten Interesssen des Einzelnen oder der Allgemeinheit, die wegen ihrer besonderen Bedeutung für die Gesellschaft Rechtsschutz genießen".; Krey, StrafR. BT 1, § 1 Rn. 6; Kindhäuser, StrafR. AT, § 2, Rn. 6.
[554] Hefendehl, Kollektive Rechtsgüter, 79.
[555] Hefendehl, Kollektive Rechtsgüter, 79.

den Ausführungen. Hefendehl jedenfalls versteht seinen Ansatz nicht im Sinne eines beziehungslosen Nebeneinander von individuellen und kollektiven Rechtsgütern, sondern spricht von einem Dualismus, der nur durch eine (relative) Selbstständigkeit gekennzeichnet ist und sich gegen eine selbstzweckhafte Eigenständigkeit der Universalrechtgüter wendet[556]. Da er aber sowohl individuelle Rechte als auch kollektive Interessen „aus eigener Kraft" als existent erachtet[557], handelt es sich nach hier vertretener Auffassung dennoch um eine dem dualistischen Verständnis zuzuordnende Position.

Monistische Lehren bestreiten diese Kontrarität und leiten die Rechtsgutskonzeptionen voneinander ab. Entweder werden Rechtsgüter insgesamt als Güter der Allgemeinheit vom Staat her begriffen[558], oder von der Person her konzipiert und „Kollektivrechtsgüter" demnach in unterschiedlicher Akzentuierung vom Individuum abgeleitet[559].

---

[556] Hefendehl, Kollektive Rechtsgüter, 76 ff., 81; ders., GA 2002, 21 ff., 24.

[557] Hefendehl, Kollektive Rechtsgüter, 82.

[558] Honig, Einwilligung, 115 bezeichnet Rechtsgüter als „Güter der Gesamtheit oder des Staates; Binding, Normen Bd. 1, 357 ff betont: „Das Rechtsgut ist stets Rechtsgut der Gesamtheit, mag es scheinbar noch so individuell sein."; Weigend, ZStW 98 (1986), 44 ff., 54 ff. bemüht sich um eine Ableitung der Individualrechtsgüter aus Staatsfunktionen. Richtigerweise gelte der prinzipiell präventive Schutz des Strafrechts den unverzichtbaren Bedingungen des Zusammenlebens und der Aufrechterhaltung des allgemeinen Vertrauens in deren Bestand. Wenn das Strafrecht aber Sozialinteressen diene, dann müssten auch deren spezifische Ausformungen, die Rechtsgüter, Sozialinteressen sein. Zwar stehe hinter den „Staatsrechtsgütern" „letztlich der Mensch als Benefiziar im Hintergrund, sie sind aber so weit mediatisiert, dass sie mit Fug als Güter der Allgemeinheit bezeichnet werden können." Die Güter, die gemeinhin als Individualrechtsgüter bezeichnet würden, wie Eigentum und Hausrecht, lägen zwar im Interesse des Einzelnen. Entscheidend sei jedoch auch hier die Frage, in welcher Hinsicht diese Güter unabdingbare Voraussetzungen des sozialen Zusammenlebens darstellten; Jescheck/Weigend, StrafR. AT § 26 I, Nr. 2 zufolge ist das Rechtsgut als rechtlich geschützter abstrakter Wert der Sozialordnung zu verstehen, an dessen Erhaltung die Gemeinschaft ein Interesse hat und der entweder dem einzelnen oder der Gemeinschaft als Träger zugeordnet werden kann; aufgrund ihres vermeintlichen Individualbezugs werden beide zuletzt genannten Ansätze teilweise als dualistische Positionen eingeordnet, vgl., Amelung, Rechtsgüterschutz; da jedoch eine Ableitung der Individualrechtsgüter von Gemeinschaftsinteressen propagiert wird, werden diese Auffassungen hier als monistisch-etatische klassifiziert, ebenso Hefendehl, Kollektive Rechtsgüter, 67 ff.; vgl. auch Schmidhäuser, FS für Engisch, 443 f.

[559] Marx, Rechtsgut, 79 ff.; Otto, StrafR. AT, § 1, Rn. 21 ff.; ders., Rechtsgutsbegriff, 5 ff. 8; Schwieger bemüht sich auf Grundlage dieser Konzeption das Rechtsgut der Bestechungsdelikte zu ermitteln, Vorteilsbegriff, 37 ff., 51 f.; Hohmann, Umweltdelikte, 61 ff.; vgl. zu den unterschiedlichen Konzeptionen ausführlich oben, S. 193 ff.

Darüber hinaus gibt es personell orientierte Ansichten, die dem Rechtsgutsbegriff die Bedeutung in der Legitimationsfrage absprechen und diese anders beurteilen wollen. Eine im Vordringen begriffene Auffassung möchte das auf Feuerbach zurückgehende Konzept der Verletzung subjektiver Rechte wiederbeleben[560]. Ihre Vertreter lehnen den Gutsbegriff wegen seiner historischen Unklarheit und sozialutilitaristischen Verwendung ab[561]. Sie versprechen sich von der Wiederbelebung des Konzepts der subjektiven Rechte eine Eingrenzung strafbewehrter Pflichten[562] sowie eine Rückkehr zum Kernstrafrecht[563] und eine Reduzierung des Strafrechts auf seine freiheitssichernde Funktion[564].

Aus gesellschaftsbezogener Perspektive steht demgegenüber die ordnende und stabilisierende Regelungsleistung des Rechts im Vordergrund. Diese mit der Ordnungsfunktion des Strafrechts begründete Sichtweise möchte das Strafrecht zur Durchsetzung staatlicher Ordnung einsetzen und erhofft sich vom integrationspräventiv ausgerichteten Strafrecht zumeist „Einübung der Normanerkennung"[565]. Systemisch orientierte Stimmen halten den Rechtsgutsbegriff häufig für untauglich, die komplexen kommunikativen Vorgänge einer modernen Ge-

---

[560] Beispielsweise Naucke, KritV 1993, 135 ff., 137 f., ders., Legitimation strafrechtlicher Normen, 156 ff.; Klaus Günther, von der Rechts- zur Pflichtverletzung, 445 ff.; Vormbaum, ZStW 107 (1995), 734 ff., 752; Ehret, Gesetzlichkeitsprinzip, 49 ff.; vgl. dazu oben, S. 105 ff.

[561] Ehret, Gesetzlichkeitsprinzip, 157, 161

[562] Klaus Günther, Von der Rechts- zur Pflichtverletzung, 445 ff.

[563] Naucke, KritV 1993, 135 ff., 137 ff.; ders., Aushöhlung der strafrechtlichen Gesetzlichkeit, 483 ff., 485.

[564] Naucke, Aushöhlung der strafrechtlichen Gesetzlichkeit, 483 ff., 485; Altenhain, Anschlussdelikte, 29.

[565] Jakobs, StrafR. AT, 1. Abschn., Rn. 15; ähnlich Müssig, Schutz abstrakter Rechtsgüter, 155 f., 192, 205, 234, der kritisiert, die personelle Rechtsgutlehre hätte Schwierigkeiten, die Sphären des Individuums von unseren heute komplexen Sozialsystemen abzugrenzen und sei theorieimmanenten Auflösungserscheinungen ausgesetzt. Er macht in seiner Arbeit den Vorschlag, die personale Rechtsgutslehre auf der Grundlage eines soziologisch bzw. gesellschaftstheoretisch gestützten Normbegriffs institutionell zu reformieren. Aus seiner Sicht verharrt die personale Rechtsgüterlehre in einem überholten Verhältnis zwischen Gesellschaft und Individuum. Es reiche in einer modernen Gesellschaft nicht, die Sphären des Subjekts über „klassische, höchstpersönliche" Güter wie „Leben" und „Gesundheit" zu bestimmen, es komme vielmehr darauf an, die Sphären des Individuums gegen komplexe Sozialsysteme abzugrenzen. Moderne Gesellschaften ließen sich nicht als Bestand verfestigter Güter beschreiben; vgl. auch Amelung, Rechtsgüterschutz, 59 f.; kritisch Albrecht, KritV 1988, 182 ff.; ders., StV 1994, 265 ff., 266, der die Forderung der Ablösung strafrechtlicher Normen durch andere Instrumente zur Regelung sozialer Konflikte erhebt.

sellschaft bei der Konzeption neuer Straftatbestände zu berücksichtigen[566]. Dennoch möchten sie zumindest teilweise am Rechtsgutsbegriff festhalten[567].

2. Dualistisch-pragmatische Positionen

Mittlerweile vielfach zitiert, hat Tiedemann bereits früh die „Kontrarität" von Individual- und Kollektivschutz hervorgehoben[568]. Seiner Auffassung zufolge gibt es kollektive Rechtsgüter, die „nur gewaltsam und um bestimmter Ideologien willen unmittelbar und ausschließlich auf den einzelnen Menschen bezogen werden können"[569]. Wirtschaftsgüter und Interessen der Gesellschaft seien „allein und selbstzweckhaft", nicht (lediglich) in ihrer Eigenschaft als „technische Veranstaltung für einen unmittelbaren weiteren Zweck" geschützt. Sie seien eigenständig zwischen die Güter des Einzelnen und das Handeln des potentiellen Wirtschaftsstraftäters gerückt[570]. Tiedemann löst damit die Bindung des Staates und der Wirtschaftsordnung an das Individuum auf und abstrahiert ihre Zweckhaftigkeit zum Selbstzweck.

Am Beispiel des Wirtschaftsstrafrechts nimmt sich Tiedemann auch der Thematik abstrakter Gefährdungsdelikte an und stellt fest, dass bei diesem Deliktstyp konkrete Gefahren nicht selten faktisch ausgeschlossen seien[571]. Nachdem der Autor die im Hinblick auf die Unvereinbarkeit der unwiderleglichen Gefährundungspräsumtion mit den Grundsätzen des schuldbezogenen Strafrechts geäußerten Bedenken dargestellt hat, gelangt er zu der Überzeugung, es stehe dem Gesetzgeber frei, das Unrecht als Tat- oder Täterunrecht auszugestalten[572]. Der Schuldgrundsatz besage nichts darüber, ob Handlungen als generell gefährlich erfasst werden dürfen. Es könne daher ausschließlich gefragt werden, ob die ge-

---

566 Müssig, Schutz abstrakter Rechtsgüter, 234; so auch Hefendehl, Kollektive Rechtsgüter, 79.

567 Jakobs, StrafR. AT, 2. Abschn., Rn. 24, der sich trotz prinzipieller Mängel keinen Gewinn davon verspricht, „diese Lehre überhaupt zu verwerfen und stets ohne Vermittlung über ein Rechtsgut das Delikt durch die Sozialschädlichkeit des Verhaltens zu bestimmen; ebenso Amelung, Rechtsgüterschutz, 393 ff.

568 Tiedemann, Tatbestandsfunktionen, 120, 125.

569 Tiedemann, Tatbestandsfunktionen, 119.

570 Tiedemann, Tatbestandsfunktionen, 119.

571 Tiedemann, Tatbestandsfunktionen, 165 ff.

572 Tiedemann, Tatbestandsfunktionen, 168.

setzliche Abstrahierung wertwidriger Handlungen darauf abzielen dürfe, Gattungen von Handlungen statt konkrete Gefahren als Unrecht zu bezeichnen. Die Präponderanz des Aktunwertes sei im Wirtschaftsstrafrecht notwendige Folge und Entsprechung der überindividuellen, ideellen und institutionalisierten Wesens in Frage stehender Werte, welche unmittelbarer Verletzung durch konkrete, tatbestandsmäßig zu beschreibende Angriffsakte schwerlich fähig seien und regelmäßig erst durch die Integration qualifizierter negativer Einzelakte verletzt würden[573].

Selbst wenn es den Vertretern der personellen Rechtsgutkonzeptionen bisher nicht gelungen ist, das Rangverhältnis zwischen individuellen und kollektiven Rechtsgütern einer befriedigenden Klärung zuzuführen, und der praktische Umgang mit dem Individualbezug kollektiver Rechtsgüter offenbart, dass sich mit genügend Scharfsinn das Individuum immer als der letztendliche Destinär ausmachen lässt und jedes Universalrechtsgut auf einem hohen Abstraktionsniveau auch in einem personalen Sinne, d.h. personal-funktional gedeutet werden kann[574], sind diese Erwägungen nicht geeignet ist, das Fundament einer dualistischen Rechtsgutkonzeption zu bilden. Der Versuch, die Legitimität der Pönalisierung der Verletzung kollektiver Partizipationschancen einzig aus der faktischen Notwendigkeit einer sich wandelnden Gesellschaft abzuleiten, missachtet Legitimität zugunsten von Funktionalität.

Die Vorgehensweise Tiedemanns ist daher allenfalls pragmatisch akzeptabel, weil sie zu vergleichsweise präzisen Beschreibungen der Rechtgüter de lege lata gelangt. Theoretisch resigniert sie jedoch zu früh vor der Anstrengung des materialen Rechtsgutsbegriffs, da sie einen konsistenten Begriff des Rechtsgüterschutzes vermissen lässt[575]. Der scheinbare Vorzug, durch eine klarere Differenzierung eine exaktere Beschreibung der entsprechenden Rechtgüter zu erzielen, erweist sich bei genauerer Betrachtung als nicht stichhaltig. Die Preisgabe eines Metabegriffs ist durch noch größere Vagheit gekennzeichnet. Wirtschaftsgüter und Interessen der Gesellschaft als allein und selbstzweckhaft zu bezeichnen,

---

573 Tiedemann, Tatbestandsfunktionen, 169.
574 Hefendehl, Kollektive Rechtsgüter, 82; vgl. hierzu die von Hefendehl angenommene personale Struktur der §§ 331 ff., 90 ff.; auch Müssig, Schutz abstrakter Rechtsgüter, 48; Jakobs, StrafR. AT, 6. Abschn., Rn. 88, Frisch, FS Stree/Wessels, 74.
575 Hassemer/Neumann, NK-StGB, Vor. § 1, Rn. 130.

zieht eine im Bereich der kollektiven Rechtsgüter weitgehend schrankenlose Konzeption nach sich, der es an einem Bezugspunkt mangelt[576]. Aufgrund des Verzichts auf einen gemeinsamen Oberbegriff gibt die dualistische Betrachtungsweise Tiedemanns keine Auskunft über die Funktion des Rechtsgutes bei der Bestimmung des Verbrechens[577], sondern ist auf die deskriptive Systematisierung der vorhandenen strafrechtlichen Tatbestände beschränkt. Auf der Suche nach einer systemkritischen Funktion des Rechtsgutsbegriffs, können von einem derart inhaltlich entleerten Rechtsgutsverständnis keine relevanten Aussagen zur Legitimität strafrechtlicher Tatbestände erwartet werden.

Tiedemann ist daher berechtigterweise entgegengehalten worden, dass er sich nicht mit dem Einfluss der Staatstheorie auf die dualistische Rechtsgutlehre auseinandersetzt. Individuelle und kollektive Rechtsgutkonzepte sind so unterschiedlich in Herkunft und Folgen, dass eine theoretische Stellungnahme unumgänglich ist, wenn sie das Strafrecht und seine Aufgabe philosophisch fundieren will[578].

3. Dualistisch-normative Position

a) Lehre Hefendehls

In seiner Arbeit zu den kollektiven Rechtsgütern im Strafrecht bemüht sich Hefendehl um eine Materialisierung des dualistischen Pragmatismus über die Verfassung[579]. Er charakterisiert das Strafrecht als Schutzrecht und konstatiert die personale Ausgestaltung von Staatsverfassung und –tätigkeit als verfassungsrechtliches Materialisierungskriterium.

Hefendehl wendet sich gleichermaßen gegen die Dominanz personaler Interessen wie gegen eine „selbstzweckhafte" Eigenständigkeit der Universalrechtsgü-

---

576 A.A. wohl Hefendehl, Kollektive Rechtsgüter, 76, der in den Ausführungen Tiedemanns eher ein Plädoyer für die in unserer Gesellschaft nicht mehr wegzudenkenden überindividuellen gesellschaftlichen, wirtschaftlichen Institutionen sieht. Hefendehl meint, die Ansicht Tiedemanns verdeutliche lediglich die Unmöglichkeit, diese Rechtsgüter alle unmittelbar auf Individualinteressen zurückzuführen. Die propagierte Selbstzweckhaftigkeit sei nicht als Gegensatz zu einer personalen Ausgestaltung überindividueller Institutionen zu verstehen.

577 In diesem Sinne Hohmann, Umweltdelikte, 60.

578 Hassemer/Neumann, NK-StGB, Vor. § 1, Rn. 130.

579 Hefendehl, Kollektive Rechtsgüter, 42 ff.; ebenso ders., GA 2002, 21 ff., 24 f.

ter[580]. Der Sichtweise, die die Rückbezüglichkeit von „Staatsrechten" auf das Individuum fordert, hält Hefendehl entgegen, dass die realen Probleme einer sich wandelnden Gesellschaft mit einem über die Person konstituierten Staatswesen weder adäquat noch systemkonform zu lösen seien[581]. Der dualistischen Rechtsgutskonzeption hält Hefendehl zugute, dass „sie die infolge des gewandelten Staatsverhältnisses gewachsene Bedeutung kollektiver Institute für den Bürger als (originäre) Rechtsgüter anerkennt"[582]. Für die (relative) Selbstständigkeit der sog. Universalrechtsgüter spreche der Wandel staatlicher Aufgaben. Im heutigen vergesellschafteten Staatsverständnis werde das Leben des Bürgers nicht mehr allein durch seine individuelle Freiheitssphäre, sondern durch das Funktionieren der gesellschaftlichen und staatlichen Versorgungssysteme definiert. Wenn der Staat aber in zunehmendem Maße regulativ in das gesellschaftliche Leben eingreife, müsse er auch die hierfür geschaffenen Institutionen funktionsfähig halten, um seine Lenkungsfunktion ausüben zu können. Ginge die Lenkungsfunktion verlustig, drohten zunächst Unzufriedenheit der Bürger, die das Entstehen staatsfreier Bewältigungskonzepte und negative Auswirkungen auf weitere Institutionen sowie personale Freiheiten nach sich zögen[583]. Aus diesem Grunde ließen sich die realen Probleme der Gesellschaft nicht mehr systemkonform durch den engen Kanon personaler Schutzgüter, sondern durch die zusätzliche Bereitstellung kollektiver Partizipationschancen lösen[584].

Eine Interpretation im Sinne eines beziehungslosen Nebeneinander von individuellen und kollektiven Rechtsgütern erscheint Hefendehl jedoch verkürzt. Er spricht von einem Dualismus, der diejenigen Tatbestände, die das Funktionieren staatlicher Tätigkeit betreffen, den sonstigen Rechtsgütern im Interesse des Individuums gegenüberstellt[585]. Hierbei sei zwischen zwei Arten von kollektiven Rechtsgütern zu unterscheiden. Personal strukturiert seien diejenigen Schutzgüter, die Verwirklichungspotentiale des Individuums darstellten. Bei solchen Kollektivrechtsgütern, die das Funktionieren des Staates beträfen, liege die persona-

---

580 Hefendehl, Kollektive Rechtsgüter, 76 ff.

581 Hefendehl, Kollektive Rechtsgüter, 79; vgl. zu diesem Aspekt auch Müssig, Schutz abstrakter Rechtsgüter, 192 f.

582 Hefendehl, Kollektive Rechtsgüter, 380.

583 Hefendehl, Kollektive Rechtsgüter, 78.

584 Hefendehl, Kollektive Rechtsgüter, 79, unter Verweis auf Ransiek, Unternehmenstrafrecht, 255, Rn. 117.

le Ausgestaltung nicht in gleicher Weise auf der Hand, vielmehr habe das GG die maßgeblichen „strukturellen Grundentscheidungen des Sozialsystems getroffen, die sich nicht durch Überlegungen dergestalt in Frage stellen lassen, welchen Einfluß die Existenz oder Nichtexistenz eines Bausteins dieses Systems auf das Individuum nimmt“[586]. Der zutreffende Kern der dualistischen Rechtsgutkonzeption liege folglich darin, die unmittelbare Rückbezüglichkeit eines jeden Rechtsgutes auf personale Interessen zu relativieren[587].

Ist also das in der Verfassung verankerte Sozialstaatsprinzip geeignet, Rechte des Staates im Interesse der menschlichen Daseinsvorsorge zu stärken und wird hierdurch die Notwendigkeit eines Rückbezugs „staatlicher Rechte“ auf das Individuum obsolet? Hefendehl selbst erkennt die Gefahr, dadurch jede gesellschaftliche Nützlichkeit zu einem Rechtsgut aufzuwerten und möchte einer solchen Funktionalisierung des Strafrechts mit Hilfe des Verhältnismäßigkeitsgrundsatzes als Negativschranke zu Leibe rücken[588]. Im Rahmen der Erforderlichkeit solle die subsidiäre Natur des Strafrechts berücksichtigt werden[589]. Die Verhältnismäßigkeit i.e.S. gebiete einer grenzenlosen Vorverlagerung des Strafrechtsschutzes Einhalt[590]. Je weiter das Strafrecht in das Vorfeld einer Rechtsgutsverletzung hineinreiche, desto kritischer müsse die Proportionalität zwischen dem angestrebten Zweck des Straftatbestandes und der Beeinträchtigung der Freiheitssphäre des Betroffenen an diesem Maßstab überprüft werden[591]. Neben einer Kontrolle der Vorverlagerung des Rechtsgüterschutzes verspricht sich Hefendehl von der Anwendung des Grundsatzes der Verhältnismäßigkeit im engeren Sinne auch die Möglichkeit der Ausgliederung sozial indifferenten Verhaltens[592].

---

585 Hefendehl, Kollektive Rechtsgüter, 81.

586 Hefendehl, Kollektive Rechtsgüter, 82; insoweit besteht ein gewisse Nähe zum Konzept Müssigs, Schutz abstrakter Rechtsgüter, 156 ff., 171, der die Legitimation von Strafrechtsnormen als Prozeß bezeichnet, „in dem die soziale Funktion der strafrechtlich garantierten Verhaltensnorm vor dem Hintergrund der Identitätskriterien der Gesellschaft reflektiert wird“.

587 Hefendehl, Kollektive Rechtsgüter, 82; ders., GA 2002, 21 ff., 24.

588 Hefendehl, Kollektive Rechtsgüter, 79, 83 ff.; ders., GA 2002, 21 ff., 24.

589 Hefendehl, Kollektive Rechtsgüter, 101 ff., 208 ff., 381; ders., GA 2002, 21 ff., 24.

590 Hefendehl, Kollektive Rechtsgüter, 104 ff., 381; ders., GA 2002, 21 ff., 24.

591 Hefendehl, Kollektive Rechtsgüter, 104.

592 Hefendehl, Kollektive Rechtsgüter, 104 ff., 107; vgl. auch Müssig, Schutz abstrakter Rechtsgüter, 167, der die Konstitution der Identifikationskriterien ebenfalls aus Verfassungsgrundsätzen gewinnen möchte.

b) Kritik

Fraglich bleibt, ob das Verfassungsrecht tatsächlich geeignet ist, Legitimationskriterien einer dualistisch-normativen Strafrechtkonzeption zu liefern. Die Tendenz, nicht länger vorwiegend das Strafverfahrensrecht, sondern vermehrt auch Fragen des materiellen Strafrechts verfassungsrechtlich abzuarbeiten, ist unübersehbar[593]. Findet sich also das Verhältnis von Individuum und Staat in der Wertordnung des Grundgesetzes wieder und lässt sich dieses Verständnis als legitimatorische Basis einer dualistischen Strafrechtskonzeption fruchtbar machen?

Zutreffend ist jedenfalls, dass die Verfassung auf überpositive Erwägungen zurückgeht, die ihren Ursprung in der Aufkärung haben. Der parlamentarische Rat sah sich als Verfassungsgeber im Jahre 1948 mit der Frage des für die Verfassung maßgeblichen Menschenbildes konfrontiert. Nach den leidvollen Erfahrungen des Nationalsozialismus sollte der Staat erneut dem Menschen verpflichtet werden. Im Menschenbild des Grundgesetzes spiegelt sich neben der aufklärerischen Kritik und Philosophie Kants, die christliche Naturrechtslehre wieder[594]. Als Folge geht das Grundgesetz in Art. 1 Abs. 1 von einem Individuum aus, das „als geistig-sittliches Wesen“ darauf angelegt ist, in Freiheit sich selbst zu bestimmen und zu entfalten. Die Würde des Menschen besteht im wesentlichen darin, dass er als selbstverantwortliche Persönlichkeit anerkannt, die Fähigkeit zu bewusster Handlungswahl besitzt und sich und seine Umwelt gestalten kann. Damit ist jeder Mensch „eine dem anderen gleichzuachtende moralische Instanz.“ Der Mensch und seine freie Entfaltung sind als höchste Werte für das Zusammenleben in der Gesellschaft bestimmend. Staat und Rechtsordnung haben dem Einzelnen zu dienen und sind ausschließlich um des Einzelnen Willen vorhanden[595].

---

[593] Hierbei handelt es sich sowohl um prinzipienorientierte Fragen als auch um Einzelfragen des materiellen Strafrechts, um nur einige monographische Beiträge zu nennen: Hamann, Strafgesetzgebung (1963); Hermann, Aussagetatbestände (1973); Driendl, Strafgesetzgebungswissenschaft (1983); Worms, Bekenntnisbeschimpfung (1984); Marxen, Strafsystem (1984); Erhardt, Kunstfreiheit und Strafrecht (1989); Tiedemann, Verfassungsrecht (1991); Kissel, Aufrufe (1996); Lagodny, Schranken (1996); Stächelin, Strafgesetzgebung (1997); Hefendehl, Kollektive Rechtsgüter, (2002).

[594] Dazu Pieroth/Schlink, StaatsR. 2, Rn. 400.

[595] Jarass-Pieroth, Art. 1, Rn. 1.

Ob sich hieraus jedoch positivierte Maßstäbe zur Überprüfung der Legitimität strafrechtlicher Vorschriften ableiten lassen, ist mit diesen Vorgaben nicht entschieden. Wohlers kommt zu einem anderen Ergebnis „auch dann, wenn man den modernen Verfassungsstaat westlicher Prägung als Positivierung des aufgeklärten Vernunftrechtsdenkens versteht“[596]. Die Orientierung an den verfassungsrechtlichen Vorgaben könne nicht durch einen Rekurs auf ein ethisches Hintergrundkonzept ersetzt werden. Anerkanntermaßen könnten weder aus den von Kant aufgestellten Grundsätzen noch aus den im Zuge vertragstheoretischer bzw. diskursethischer Reformulierungen[597] seiner Lehre entwickelten obersten Rechtsprinzipien direkt konkrete Rechtsnormen deduziert werden[598]. Die Verständigung über die rechtlichen Grenzen, innerhalb derer Konzepte des Guten verfolgt werden könnten, erfolge notwendigerweise über bzw. innerhalb der Institution des Staates als Organisationsform der Gesellschaft[599]. Wenn aber die verfassungsrechtliche Ordnung erste Ebene des Konkretisierungsprozesses sei, aus der allgemeine Rechtsprinzipien auf ein gegebenes gesellschaftliches Umfeld hin ausgerichtet würden, müssten Maßstäbe zur Bewertung konkreter Normen notwendigerweise der Verfassungsrechtsordnung entnommen werden[600].

Naucke hat das Problem verfassungsrechtlichen Grenzen strafrechtlicher Normen aufgegriffen und berechtigterweise darauf aufmerksam gemacht, dass es sich bei der Verfassungsdiskussion im Strafrecht um eine vereinfachte Form von Überpositivität handelt[601]. Die Fragestellung müsse deshalb korrekt heißen: „Legitimation von Strafrechtsnormen – durch Überpositivität oder durch eine mithilfe der Verfassung vermittelte Überpositivität“[602]. Dass es zwei wider-

[596] Wohlers, Deliktstypen, 249 ff.
[597] Vgl. zur diskursethischen Reformulierung des Kantischen Ansatzes die Diskurstheorie von Habermas, Faktizität und Geltung, 49 ff.; ausführlich unten, S. 215 ff.
[598] Wohlers, Deliktstypen, 251 f.; vgl. auch Klaus Günther, Möglichkeiten, 210 der hervorhebt, die Diskursethik könne nicht aus sich selbst heraus bestimmen, „welche Rechte in welcher Weise geschützt werden sollen“.
[599] Wohlers, Deliktstypen, 252 unter Bezugnahme auch Habermas, Faktizität und Geltung, 238; ebenso Müssig, Schutz abstrakter Rechtsgüter, 193 f.
[600] Wohlers, Deliktstypen, 252 f., der dennoch eine auf Abänderung der Verfassung zielende Kritik als legitim erachtet, so dass die Frage im Raum steht, worauf – wenn nicht auf ein ethisches Hintergrundkonzept – eine diesbezügliche Legitimitätsprüfung gegründet wäre.
[601] Naucke, Legitimation strafrechtlicher Normen, 156 ff.; ders., Rechtsphilosophische Grundbegriffe, 135 f.
[602] Naucke, Legitimation strafrechtlicher Normen, 164.

sprüchlichen Linien der Verfassungsinterpretationen gibt, die der Strafrechtsbegrenzung und Strafrechtsbegründung, ist ihm ein Beleg dafür, dass aus der Verfassung selbst wenig folgt, sondern begründungstechnisch jeweils auf außerhalb stehende, überpositive Sätze zurückgegriffen wird[603]. Diese beiden Linien seien Kontrahenten, die sich lediglich verfassungsrechtlich einkleideten, in Wahrheit aber Grundsatzüberlegungen anstellten, die sich außerhalb der Verfassung entwickelten[604].

Die Berechtigung dieser Überlegung wird deutlich, wenn man sich vor Augen führt, dass die Verfassung tatsächlich wenig Informationen über die Ausgestaltung strafrechtlicher Tatbestände enthält. Die Verfassung bindet gemäß Art. 1 III, 20 III GG auch den Strafgesetzgeber. Die Stellungnahme des Verfassungstextes zum Strafrecht ist jedoch im Umfang bescheiden[605]. Insbesondere bleibt die hier interessierende Frage, in welchem Bereich der Strafgesetzgeber das Mittel Strafrecht zum Schutz von Gütern einsetzen darf, offen. Das Grundgesetz setzt vielmehr das Strafrecht als existierend voraus[606], äußert sich jedoch zu seiner verfassungsrechtlich vorgesehenen Reichweite und dem Einsatz im konkreten Einzlfall nicht. Insofern nimmt es bezogen auf die hier relevanten Fragen im Einzelfall nicht Stellung[607]. Insbesondere ist keine ausdrückliche Stellungnahme

---

603 Naucke, Legitimation strafrechtlicher Normen, 164 f. verweist u.a. auf Beispiele der Einschränkung der Strafbarkeit aus § 240 StGB und aus dem BtMG durch das BverfG, sowie auf die Strafbarkeitsausdehnung durch Verfassungsinterpretation des BverfG zu § 218 StGB (BverfGE 35, 202 ff.; 39, 1 ff.; 53, 160).

604 Naucke, Legitimation strafrechtlicher Normen, 165, ders., Rechtsphilosophische Grundbegriffe, 136 bezeichnet konsequent auch den sog. Ewigkeitsgrundsatz des Art. 79 III GG als Vollzug von Metaphysik; diese Kritik gilt gleichfalls für die monistisch-personale Rechtsgutkonzeption Rudolphis, SK-StGB, Vor § 1, Rn. 8; ders., FS für Honig, 151 ff., 163 der sich in seiner Arbeit bemüht, einen für die Aufstellung neuer Strafnormen verbindlichen Rechtsgutsbegriff zu schaffen. Auch er möchte der im GG enthaltenen Entscheidung zur Rechtsstaatlichkeit der BRD verbindliche Wertvorstellungen entnehmen, die den positiv-rechtlichen Strafbestimmungen vorgelagert seien. Rechtsgüter beschreibt er als für unsere verfassungsmäßige Gesellschaft und damit auch für die verfassungsmäßige Stellung des einzelnen Bürgers unverzichtbare und deshalb werthafte Funktionseinheiten".

605 Ebenso Stächelin, Strafgesetzgebung, 81.

606 Vgl. zum Verweis auf das Strafrecht Art. 9 II, 11 II, 26 I, 46, 74 Nr. 1, 102 I, 103 II, 104 GG.

607 eine Ausnahme bildet insoweit Art. 26 I GG, der die Anweisung der Kriminalisierung der Vorbereitsung und Führung eines Angriffskrieges enthält, der der Strafgesetzgeber in § 80 StGB nachgekommen ist. Auch Art. 26 I GG enthält jedoch keine verallgemeinerungsfähige

zur strafrechtlichen Wertigkeit von bestimmten Gütern des Einzelnen im Verhältnis zu solchen der Allgemeinheit enthalten. Auch die Erkenntnis, dass unsere Verfassung die Positivierung des aufgeklärten Vernunftrechtsdenkens verkörpert, liefert somit keinesfalls positivrechtliche Legitimationskriterien strafrechtlicher Tatbestände.

4. Materialisierung der §§ 331 ff. StGB mittels der dualistisch-normativen Position

a) Subjektivierung des Kollektivvertrauens

Der Trugschluss, die Verfassung selbst biete eine positivistische Antwort aus diesem Legitimationsdilemma, lässt sich an der Beliebigkeit der verfassungsrechtlichen Argumentationsweise Hefendehls zu den Bestechungstatbeständen verdeutlichen. Er unterscheidet zwischen kollektiven Rechtsgütern, die ähnlich den individuellen Schutzgütern personal strukturiert sind und solchen Universalrechtsgütern, die das Funktionieren der staatlichen Tätigkeit zum Gegenstand haben[608]. Bei letztern liege die personale Ausgestaltung nicht in gleicher Weise auf der Hand und lasse sich allenfalls mit vagen Vermutungen beantworten. Die Tatbestände der Vorteilsannahme und -gewährung ordnet Hefendehl überraschenderweise der ersten Gruppe zu. Die Vertrauenskomponente der Vorteilsannahme bzw. -gewährung schaffe das personal strukturierte Bindeglied zwischen Individuum und Institution[609] und beschreibe damit ein personales Ableitungsverhältnis. Existierendes Vertrauen erweitere bzw. bewahre den individuellen Handlungsspielraum, da es sich als handlungsleitend erweise[610].

In Hefendehls Argumentation bleibt unberücksichtigt, dass nicht das *Vertrauen des Einzelnen*, sondern das *Vertrauen der Allgemeinheit* in eine sachliche Amtsführung Schutzgegenstand der §§ 331 ff. StGB sein soll. Darin eine personale

Stellungnahme zur relativen Wertigkeit von bestimmten Gütern. Der Artikel entspringt vielmehr dem Bemühen, dass sich die im Entstehen begriffene BRD als dauerhaft erweisen sollte, vgl. dazu Paulduro, Verfassungsgemäßheit, 85; Holthausen, JZ 1995, 284 ff., 285.

608 Hefendehl, Kollektive Rechtsgüter, 120 f.

609 Hefendehl, Kollektive Rechtsgüter, 124.

610 Hefendehl, Kollektive Rechtsgüter, 124 ff.

Struktur zu erkennen, wäre so, als die sog. Volksgesundheit[611] mit der körperlichen Unversehrtheit des Einzelnen gleichzusetzen. Dieser Ansatz liegt im Ergebnis auf der Linie von Luhmann, der Vertrauen im sozialen Bereich schlicht auf das Moment der Selbstsicherheit reduziert. Er beschreibt Vertrauen als eine aus der Vergangenheit gespeiste, aber auf die Zukunft gerichtete Reduktion von Komplexität[612]. Aus der Komplexität der Sozialordnung ergebe sich ein gesteigerter Koordinationsbedarf und damit ein Bedarf an Vertrauen in Form der Festlegung für die Zukunft. Während das Vertrauen urspünglich rein personal ausgerichtet gewesen sei, habe durch den Wandel der Gesellschaft nunmehr ein Systemvertrauen neuer Art Bedeutung erlangt. Das impliziere einen bewusst riskanten Verzicht auf mögliche weitere Information, sowie laufende Erfolgskontrolle[613]. Da die Wirklichkeit für eine reale Kontrolle zu breitgefächert sei, werde das Vertrauen mit Hilfe symbolischer Implikationen kontrolliert. Hierzu diene ein grob vereinfachtes Gerüst von Indizien[614].

Es liegt nahe, die Unabdingbarkeit des Schutzes von Systemvertrauen für die personale Entwicklung des Einzelnen aus der aufgezeigten hohen Komplexität moderner Gesellschaften abzuleiten. Dieser Erklärungsversuch der Begründung des überindividuellen Systemvertrauens der Allgemeinheit ist jedoch zu kurz angesetzt. Er lässt unberücksichtigt, dass die Konstellation individuellen Vertrauens in Bezug auf Institutionen erst durch Erfahrungen mit konkreten Personen des eigenen Umfeldes entsteht. Im Rahmen der §§ 331 ff. StGB ist dieser erfahrungsbildende Bezug zwischen dem Einzelnen und den Akteuren staatlicher Amtsführung hergestellt, da sowohl an die Dienstausübung bzw. Diensthandlungen einzelner Funktionsträger als auch an Tathandlungen, die Kommunikation erfordern, angeknüpft wird.

Dennoch ist der Mangel an Gelegenheiten zur personalen Vertrauensbildung in unserer Demokratie augenscheinlich[615]. Es beginnt damit, dass Wahlergebnisse

---

[611] Kritisch zum Rechtsgut der „Volksgesundheit" im Betäubungsmittelstrafrecht: Böllinger, KJ 1991, 393 ff.; Frisch, FS für Stree/Wessels, 69 ff., 94; Köhler, MDR 1992, 739 ff., 740; ders., ZStW 104 (1992), 1 ff., 27 ff.
[612] Luhmann, Vertrauen, 23 f.
[613] Luhmann, Vertrauen, 27 ff.; vgl. auch ders., Vertrautheit, Zuversicht, Vertrauen, 143 ff.
[614] Luhmann, Vertrauen, 36.
[615] Zum Ganzen Offe, Grundlagen sozialen Zusammenlebens, 241 ff., 262 ff.

vom souveränen Volk erzeugt werden, d.h. durch die Mehrheit „aller anderen". Da der Einzelne nicht wissen kann, wie das aus ihm großteils unbekannten Individuen bestehende Kollektiv tatsächlich agieren wird, ist anzunehmen, dass ein hohes Maß an Misstrauen und Argwohn gegenüber dem anonymisierten Volkssouverän besteht[616]. Was den Einzelpersonen zur Vertrauensbildung mit „allen anderen" in den Staat bewegt, kann und muss hier nicht im Detail geklärt werden. Trügerisch ist jedenfalls, dem aufgezeigten strukturellen Mangel an individuellem Vertrauen dadurch zu entgehen, sich auf „Institutionen als Substitute für personales Vertrauen" zu verlassen.[617]

Nach zutreffender Auffassung sind Institutionen unserer Zuversicht auf ihr Funktionieren nur in dem Maße würdig, wie wir den Akteuren vertrauen können, die dafür zuständig sind, institutionelle Regelungen in Handlungen umzusetzen[618]. Diese Erkenntnis folgt daraus, dass Institutionen in dem Sinne unvollständig sind, dass sie den Akteuren ständig Gelegenheit liefern, die in sie eingebauten Mechanismen zur Selbsterhaltung zu unterlaufen und zu stören. Außerdem regulieren Institutionen die Verteilung von Werten und Lebenschancen in einer Weise, die prinzipiell strittig ist. Jeder Beteiligte weiß, dass sie gemacht sind und geändert werden können. Da stets mit der Möglichkeit zu rechnen ist, dass Regeln von jemandem verletzt werden, kann Vertrauen in Personen nicht durch die Zuversicht in Institutionen und ihren Bestand ersetzt werden. Institutionalisierte Regeln sind demzufolge darauf angewiesen, von Handelnden vertrauensvoll ausgeführt zu werden, können aber Zuverlässigkeit nicht aus sich selbst heraus gerieren[619]. Vertrauen basiert vielmehr auf vergangen Erfahrungen, auf spezifischen Wissensbeständen und steht somit in Kontexten einer Interaktionsgeschichte.[620]

Der personale Bezug des Rechtsgutes des „Vertrauens der Allgemeinheit" ergibt sich demzufolge keineswegs aus der Vertrauenskomponente, wie Hefendehl an-

---

[616] Offe, Grundlagen sozialen Zusammenlebens, 241 ff., 263.
[617] Offe, Grundlagen sozialen Zusammenlebens, 241 ff., 274 ff.
[618] Offe, Grundlagen sozialen Zusammenlebens, 241 ff., 275 f.
[619] Offe, Grundlagen sozialen Zusammenlebens, 241 ff., 276.
[620] Endreß, Vertrauen und Vertrauentheit, 161 ff., 175 f.; a.A. Luhmann, Vertrauen, 8 ff., 12, der den Vertrauensbegriff von der Vergangenheit löst, indem er hervorhebt, „nicht die Ver-

nimmt. Das Argument, existierendes Vertrauen bewahre den individuellen Handlungsspielraum, ist für sich genommen nicht geeignet, Individualbezug solcher Vorschriften herzuleiten, die gemeinschaftliche Vertrauensinteressen betreffen.

Bei genauerer Betrachtung eröffnen sich weitere dogmatische Bedenken gegen Hefendehls Überlegungen. Bei allen Rechtsgütern, die das Vertrauen der Bevölkerung in staatliche Institutionen betreffen[621], ließen sich auf dem von ihm eingeschlagenen Weg individuelle Ableitungsverhältnisse als Legitimationsbasis konstatieren. Warum aber bemüht Hefendehl überhaupt eine individuelle Komponente der §§ 331, 333 StGB, die seine Konzeption angreifbar macht? Hätte nicht die Legitimation der Tatbestände ohne Not auf die „maßgeblichen strukturellen Entscheidungen des Grundgesetzes zugunsten des Sozialsystems" gestützt werden können[622]?

Hefendehl begründet seine Entscheidung zugunsten des Individuums damit, dass die Hypostatisierung kollektiver Rechtsgüter dann nicht notwendig sei, wenn sich einem Straftatbestand unmittelbar individuelle Rechtsgüter zugrunde legen ließen. Das ist sicher richtig, nur liegt den §§ 331 ff. StGB unstreitig[623] gerade kein Individualrechtsgut zugrunde. Gründet also der Vorteil einer Konzeption über das Individuum doch in der Vermeidung höherer Begründungsanforderungen der Legitimation kollektiver Rechtsgüter? Tatsächlich hebt Hefendehl hervor, die „Rolle des Sicherheitspartners für die Person in Gestalt eines kollektiven Rechtsgutes" sei beschränkter „als die der Person selbst" und erfordere da-

---

gangheit (könne) Vertrauen erwecken, da auch das Gewesene nicht vor der Möglichkeit künftiger Entdeckung einer anderen Vergangenheit sicher ist".

621 Jedenfalls bei den Vertrauensrechtsgütern, denen eigene Bedeutung als Funktionsvoraussetzung zukommt. Dies wird sich je nach Argumentation bei zahlreichen Rechtsgütern bejahen lassen. So könnte man das Vertrauen der Bevölkerung in ein funktionierendes Justizsystem zum Schutz vor Selbstjustiz und Faustrecht als wesentliches Verwirklichungspotential des Individuums geschützt sehen. Auf diese Weise wäre es möglich, die Vorstufen von Falschaussagen unter Strafe zu stellen. Die Amtsdelikte sind insgesamt geradezu prädestiniert für die Konstruktion gesellschaftsrelevanter Vertrauensrechtsgüter, da sie ohne Vertrauen der Menschen in die betreffende Institution ihre Arbeit nicht ausführen können.

622 Vgl. Hefendehl, Kollektive Rechtsgüter, 82 zu den Rechtsgütern des Staates.

623 Dies wird auch von Hefendehl nicht bestritten, der die in §§ 331 ff. StGB geschützten Interessen als kollektive Rechtsgüter einordnet, die personal strukturiert sind.

mit eine „größere Begründungslast“[624]. Hefendehl bezieht sich insoweit auf Schulz[625] und Hassemer[626], die an Rechtsgüter der Allgemeinheit besondere Legitimationsanforderungen stellen möchten. Je mehr Schritte man gehen müsse, um eine Strafdrohung durch ein menschliches Interesse legitimierend zu vermitteln, desto vorsichtiger müsse man im ob und wie der Strafdrohung sein[627]. Der Lösung dieses Problems weicht Hefendehl durch Konstruierung vermeintlichen Individualbezugs der §§ 331 ff. StGB aus.

b) Kumulation als materielles Äquivalent der Verletzungskausalität

Etwa verbleibende Legitimationsbedenken sucht Hefendehl mit dem sog. „Kumulationsgedanken“ zu beheben. Würden die Institutionen der staatlichen Verwaltung nicht durch eine einzelne Bestechungshandlung beeinträchtigt, bedürfe es eines materiellen Äquivalents zur realen Verletzungskausalität, die bei kollektiven Rechtsgütern nicht greife[628]. In Anlehnung an Kuhlen[629] fordert Hefendehl ein solches Äquivalent durch die Einordnung der §§ 331 ff. StGB als Kumulationstatbestände[630]. Die für sich genommen ungefährlichen Handlungen würden deshalb erfasst, weil damit zu rechnen sei, dass sie in großer Zahl vorgenommen würden und es auf diese Weise zu einer Verletzung des geschützten Rechtsgutes komme[631]. Damit liegt Hefendehl ganz auf der Linie von Loos, der ebenfalls darauf hingewiesen hat, in §§ 331 ff. StGB könne erst die Summe von Gefährdungshandlungen zu einer Verletzung führen[632]. Erst durch häufiges Auftreten

---

624 Hefendehl, Kollektive Rechtsgüter, 82.
625 Schulz, Ökologische Ethik, 265 ff., 279.
626 Hassemer, Grundlinien, 85 ff., 92.
627 Hefendehl, Kollektive Rechtsgüter, 82.
628 Hefendehl, Kollektive Rechtsgüter, 183, 322, dem Leser drängt sich hier unweigerlich die Frage auf: warum eigentlich? Soll doch das Rechtsgut personal ausgestaltet sein!
629 Kuhlen, GA 1986, 389 ff., 399 ff.; ders., ZStW 105 (1983) 697 ff., 716.
630 Hefendehl, Kollektive Rechtsgüter, 183; auch Anastasopoulou, Deliktstypen, 162 betrachtet die §§ 331 ff. StGB als Kumulationsdelikte.
631 Hefendehl, Kollektive Rechtsgüter, 183; ebenso Ronzani, Erfolg und individuelle Zurechnung, 60 f.; siehe auch zur vergleichbaren Konstruktion der sog. Massehandlungen Schünemann, JA 1975, 787 ff., 798.
632 Loos, FS für Welzel, 879 ff., 891 f.: „Denn die einzelne deliktische Handlung eines einzelnen Beamten ist – wenn man von rein hypothetischen Extremfällen absieht – ungeeignet die genannten Funktionsbedingungen zu beeinträchtigen: durch eine isolierte derartige Handlung werden soziale Handlungsgefüge bzw. die sie tragenden Einstellungen nicht tangiert, weder auf Seiten des Beamtenapparates noch beim Publikum“; ebenso Kuhlen, ZStW 105 (1993), 695 ff., 722 f.

von Bestechungsfällen könne das Funktionieren der Verwaltung relevant und messbar beeinträchtigt werden[633]. Bei den Bestechungstatbeständen sei die Einstellung der Bevölkerung aber nicht bereits durch dauerhafte Verstöße, sondern nur bei Hinzutreten eines kommunikativen Elements beeinträchtigt[634].

Hefendehl modifiziert den Kumulationsgedanken für das seiner Ansicht nach individuell geprägte Vertrauensrechtsgut weiter[635]. Die Notwendigkeit dafür begründet er mit der Eigenart der Vertrauenskomponente. Vertrauen könne nur erschüttert werden, wenn die vertrauenserschütternden Umstände bekannt würden[636]. Die Toleranzschwelle sei dabei schwer zu prognostizieren und die Vertrauenskomponente damit weit sensibler als die objektive Kumulationskomponente. Dies senke die Anforderungen an die verfassungsrechtlich gebotene Geeignetheitsprüfung einer Strafnorm, die wegen der Anfälligkeit des Vertrauensbestandteils in der Einschätzungsprärogative erweitert sei[637]. Hefendehl möchte dennoch trotz der Vagheit der Vertrauenskomponente bei §§ 331 ff. StGB „keine theoretischen Fragestellungen, sondern nur *realistische* Kumulationseffekte" in den Blick nehmen[638]. Wann Kumulationseffekte als realistisch zu bezeichnen seien, setze die Ermittlung der die Deliktsbegehung auslösenden Motivationslage voraus[639]. Bei den Bestechungsdelikten leite sich die realistische Kumulationsprognose aus dem primär egoistischen Charakter der Taten ab[640].

---

633 Loos, FS für Welzel, 879 ff., 892; auch Graßhoff, BverfGE 90, 199 ff., 204 befürwortet den Kumulationsgedanken zum Schutz überindividueller Rechtsgüter als elementare Werte des Gemeinschaftslebens. Da die Gefahr für diese Schutzgüter sich häufig gerade durch Massenverstöße verwirkliche, ermögliche die Pönalisierung dieser Rechtsgüter durch Verletzungs- oder konkrete Gefährdungsdelikte keinen hinreichenden Schutz.

634 Hefendehl, Kollektive Rechtsgüter, 184.

635 Hefendehl, Kollektive Rechtsgüter, 193 ff.

636 Hefendehl, Kollektive Rechtsgüter, 194.

637 Hefendehl, Kollektive Rechtsgüter, 195; ähnlich Schünemann, JA 1975, 787 ff., 798 im Hinblick auf die „Massehandlungen".

638 Hefendehl, Kollektive Rechtsgüter, 185 führt - gegen den Einwand des fehlenden Differenzierungspotentials -als Beispiel eines unrealistischen Kumulationseffekts an, der Gesetzgeber müsse keineswegs das Pfeifen auf der Straße mit dem Argument untersagen, der Lärm sei unerträglich, wenn es jeder täte. Es gebe „gute Gründe" dafür anzunehmen, dass mehr Leute Gewässer verunreinigten als auf der Straße pfeifen.

639 Hefendehl, Kollektive Rechtsgüter, 185, der am Beispiel des Pfeifens weiter ausführt, daß man gemeinhin aus einer aktuellen Stimmungslage pfeife, die keinen Automatismus begründe. Lediglich gelegentlich werde man pfeifen, um ein Ziel zu erreichen, z.B. jemanden zu

Hefendehl bezeichnet das Vertrauen in die Unbestechlichkeit des Beamtenapparates als exemplarisch für die Erweiterung des gesetzgeberischen Ermessens. Es handele sich bei dem Vertrauen um einen Zustand, in dem sich die ganz überwiegende Mehrheit in den gesetzlich dafür vorgesehenen Fällen der Beamten bediene, ohne dass sachfremde Gesichtspunkte auf einer Seite Platz griffen. Wie die Unbestechlichkeit des Beamtenapparates an sich zu definieren sei, erscheine kaum oparationalisierbar, da gerade der für die Institutionen entscheidende Außenkontakt ausgeblendet werde[641]. Trotz Erweiterung der Einschätzungsprärogative seien die strafbarkeitslimitierenden Gesichtspunkte in diesem Bereich jedoch nicht aufgehoben, sondern folgten aus den eng zu fassenden, das Vertrauen konstituierenden Bedingungen. Das Vertrauen müsse existierend sein und eine Maxime des Handelns oder Verhaltens bereitstellen, was einen hinreichend bestimmten Vertrauensgegenstand voraussetze[642].

c) Legitimität der Sanktionierung des Einzelbeitrags

Dem naheliegenden Vorwurf, der Kumulationsgedanke laufe auf eine Haftung für das Unrecht Dritter hinaus und kollidiere mit dem Schuldprinzip[643], hält Hefendehl entgegen, es handele sich gerade nicht um einen haftungsbegründenden Verweis auf das Unrecht Dritter, sondern die Haftung für den eigenen Tatbeitrag[644]. Die Frage, ob Handlungen anderer in so großer Zahl vollzogen würden, dass rechtsgutrelevante Auswirkungen zu erwarten seien, sei eine Prognosefrage

ärgern. Aus diesem Bündel funktionaler und nicht-funktionaler persönlichkeitsabhängiger Motive, ließen sich realistische Kumulationseffekte nicht ableiten.

640 Hefendehl, Kollektive Rechtsgüter, 322, meiner Ansicht nach kein starkes Argument, da die weit überwiegende Anzahl der Straftaten egoistisch und nicht altruistisch motiviert ist.

641 Hefendehl, Kollektive Rechtsgüter, 195; ähnlich Schünemann, JA 1975, 787 ff., 798 für die sog. Massehandlungen.

642 Hefendehl Kollektive, Rechtsgüter, 195 f., der sich insoweit widerspricht, als er dem Vertrauen gleichzeitig eine schwer prognostizierbare Toleranzschwelle attestiert.

643 Dahingehende Zweifel meldet beispielsweise Herzog, Gesellschaftliche Unsicherheit, 34 f. an; kritisch auch Anastasopoulou, Deliktstypen, 178 ff.

644 Hefendehl, Kollektive Rechtsgüter, 189; Kuhlen, ZStW 105 (1993), 695 ff., 718; vgl. auch Graßhof in BverfGE 90, 145 ff., 199: werde die jeweilige Einzelhandlung als – abstrakt gefährliche – Beteiligung an einem ein Rechtsgut bedrohenden Geschehen als Rechtsgüterangriff mit Strafe bedroht, so mache dies den Täter nicht – grundrechtswidrig – zum Objekt eines Strafverfahrens; er werde nicht für die von anderen verursachte Rechtsgütergefährdung mitbestraft, sondern für seinen Beitrag hierzu.

auf der Kriminalisierungsebene[645]. Auch moralphilosophisch lasse sich der Kumulationsgedanke absichern. Verletze der Verhaltensverstoß einer hinreichend großen Zahl von Adressaten das Rechtsgut, sei die Verteidigung des einzelnen, sein Beitrag allein sei rechtsgutirrelevant unzulässig, denn es gebe keinen Grund, warum die Rechtsordnung eben diesen Normadressaten bevorzugen solle[646].

Leider begründet Hefendehl die Behauptung nicht, dass das Problem der Zurechnung fremder Unrechtsanteile entfällt, da die Strafwürdigkeit der erfassten Verhaltensweisen nicht im Hinblick auf den „Gesamtschaden", sondern aus dem Unwert der Einzelbeiträge heraus begründet wird. Die theoretische Absicherung des Kumulationsgedankens fällt damit viel zu dürftig aus, um ihn tatsächlich moralphilosophisch stützen zu können. Die Frage der Strafwürdigkeit der Einzelbeiträge im Kumulationsdelikt lässt sich nicht auf ein gesetzgeberisches Prognoseproblem reduzieren, sondern bedarf umfangreicher rechtstheoretischer und philosophischer Stellungnahme.

Um eine Strafbegründung der einzelnen Kumulationsbeiträge hat sich auch Kuhlen in seinen Untersuchungen zu den Umweltdelikten bemüht[647], auf dessen Ausführungen sich Hefendehl bezieht. Die Legitimität der Kumulationsdelikte ergibt sich für Kuhlen aus der Notwendigkeit, nicht nur konkret bzw. abstrakt gefährliche Handlungen durch entsprechende Verhaltensweisen zu verbieten, sondern auch solche, die nur über das Problem der großen Anzahl zu einer Gefährdung führen können. Der Egoismus des Einzelnen, der dahin tendiere, die Normbefolgung ausschließlich den anderen Gesellschaftsmitgliedern zu überlassen, selbst aber Verhaltensnormen zu übertreten, zwinge dazu, diese Verhaltensnormen durch Sanktionsnormen abzusichern[648]. Obgleich er zu bedenken gibt, „daß reine Kumulationsbeiträge schwerlich den Handlungs- und Gesinnungsunwert aufweisen, der die moralische Disqualifizierung durch die öffentliche

---

645 Hefendehl, Kollektive Rechtsgüter, 189; Kuhlen, ZStW 105 (1993), 695 ff., 718.

646 Hefendehl, Kollektive Rechtsgüter, 190 f.

647 Kuhlen, GA 1986, 389 ff.; ders., ZStW 105 (1993), 697 ff.

648 Kuhlen, GA 1986, 389 ff., 402; ders., ZStW 105 (1993), 697 ff., 721 „tendiert" zu der Annahme, eine Sanktionsnorm in Form eines Straftatbestandes sei die angemessene Lösung im Rahmen des Umweltschutzes, erachtet dies aber zugleich für noch nicht abschließend geklärt.

Strafe erforderlich macht"[649], hält er das Instrument der Kumulationsdelikte angesichts der Einschätzungsprärogative des Gesetzgebers und des hohen Ranges der zu schützenden Güter aus Gründen präventiver Wirksamkeit im Rahmen des Umweltschutzes für zulässig[650].

Ebenso wie Hefendehl leitet somit auch Kuhlen die Legitimität der Pönalisierung von Verhaltensweisen aus deren faktischer Notwendigkeit ab. Der Verweis auf schädliche Konsequenzen mag zwar das Motiv der Sanktionierung durch den Gesetzgeber offen legen, liefert jedoch keine Begründung für die Legitimität der Zielsetzung und die Erweiterung der gesetzgeberischen Einschätzungsprärogative[651]. Die bei beiden Autoren zentrale Erwägung, der Egoismus des Einzelnen tendiere dazu, die Normbefolgung anderen Personen zu überlassen[652], beschreibt lediglich eine kriminalpolitische Motivation[653]. Die Schlussfolgerung der Legitimität der betreffenden Regelungen bedarf einer über funktionalistische Erwägungen hinausgehenden eigenständigen Begründung.

Wohlers begründet die Legitimität der Sanktionierung einzelner Kumulationsbeiträge mit der Verpflichtung zur Mitwirkung an der Erhaltung eines kollektiven Gutes. Entscheidend sei, ob die Pönalisierung von Kumulationsbeiträgen auf die in der Mitwirkungsverweigerung zum Ausdruck kommende Unmoral gestützt werden könne[654]. Aus der Verpflichtung des Einzelnen, an der Gewährleistung des Zustandes mitzuwirken, in dem „jedem das Seine erhalten werden kann (suum cuique tribuere)", leitet er die Begründung für die Sanktionierung

---

[649] Kuhlen, GA 1986, 389 ff., 403 ff.

[650] Kuhlen, GA 1986, 289 ff., 405 f.; wie Hefendehl argumentiert daher auch Kuhlen im Endeffekt mit einer erweiterten Einschätzungsprärogative des Gesetzgebers.

[651] Wohlers, Deliktstypen, 319; Kindhäuser, zitiert nach Vitt, ZStW 105 (1993), 803 ff., 810 kritisiert, dass auf diesem Wege jedenfalls im Grundsatz die Sanktionsbewehrung jeglichen Verhaltensverbots „legitimiert" werden könnte; ebenso Samson, zitiert nach Perron, ZStW 99 (1987), 637 ff., 663.

[652] Vgl. dazu ebenso Hefendehl, Kollektive Rechtsgüter, 322 der die „primär egoistischer Motivation" des Täters im Rahmen der §§ 331, 333 StGB als Grundlage der Legitimation fruchtbar machen möchte.

[653] Wohlers, Deliktstypen, 319.

[654] Wohlers, Deliktstypen, 320 f.; so wohl auch Papageorgiou, Schaden und Strafe, 283, ohne diesen schwierigen Gedanken jedoch näher auszuführen.

ab[655]. Da die Mitglieder einer modernen pluralistischen Gesellschaft auf die Bereitstellung bestimmter kollektiver Güter angewiesen seien, beinhalte das auf die Verweigerung fairer Mitwirkung an der Bereitstellung kollektiver Güter gerichtete Verhalten die Anmaßung einer mit dem Grundsatz gleicher Rechte aller Personen unvereinbare Rechtsposition[656].

Als problematisch erweise sich lediglich die Auswahl der konkret zu pönalisierenden Verhaltensweisen. In diesem Zusammenhang fordert Wohlers, dass sich „der mit der Strafandrohung verbundene Eingriff als eine gesellschaftlich gesehen sinnvolle und im Hinblick auf das Verhalten des Täters verhältnismäßige Einschränkung seiner grundrechtlich geschützten Freiheitssphäre" darstellt[657]. Ein Kumulationsbeitrag sei nur dann hinreichend sozialschädlich, wenn der Kumulationseffekt realistischerweise zu erwarten sei. Der Gesetzgeber habe bei der Lösung dieser Probleme zwar eine Einschätzungsprärogative, die aber durch Erkenntnisse der empirischen Wissenschaften gewonnen werden müsste (sog. Verifizierungsverpflichtung). Seien die Auswirkungen in Frage stehender Kumulationsbeiträge unklar, müsste die Prognoseentscheidung[658] des Kumulationseffekts trotz unklarer Resultate am Vorliegen von „Indizien" auf der Basis möglichst guter psychologischer und gesellschaftswissenschaftlicher Theorien skizziert werden[659]. Der Schutz besonders wichtiger Interessen soll bereits beim

---

655 Wohlers, Deliktstypen, 321 bezeichnet dieses Verhalten als „Trittbrettfahren" und argumentiert unter Bezugnahme Kant, Metaphysik der Sitten, Einteilung der Rechtslehre, Abschnitt A: Allgemeine Einteilung der Rechtspflichten, 344.

656 Wohlers, Deliktstypen, 321.

657 Wohlers, Deliktstypen, 322 f.

658 Wohlers, Deliktstypen, 322 f.; diesbezüglich möchte Wohlers zwei Kategorien von Prognoseentscheidungen unterscheiden: „zum einen die Prognose, bei der die in Frage stehenden Verhaltensweisen bekannt sind, bei denen es also allein um die Frage geht, wie sicher davon ausgegangen werden kann, daß es zu einer hinreichenden Vielzahl von Einzelbeiträgen kommen wird; zum zweiten die Prognose, bei der bereits unsicher ist, welche Auswirkungen die in Frage stehenden Verhaltensweisen haben werden".

659 Wohlers, Deliktstypen, 324 ff. möchte auf diese Weise des „Ins-Rutschen-Kommens" mit dem Effekt der Schieflage Herr werden, erkennt aber, dass die Argumentation der „Dammbrucherwägungen" und „Schiefe-Bahn-Argumentation" beliebig verwendbare ad-hoc-Argumente darstellen. Er möchte daher auch der verbreiteten Forderung, dem Kumulationsbeitrag müsse ein minimales Eigengewicht zukommen, jedenfalls soweit eine Rechtsordnung die Unterscheidung von Kriminalstraftaten und Ordnungswidrigkeiten vorsieht, als sachangemessen und geboten berücksichtigen. Warum hier die Existenz eines Ordnungswidrigkeitenrechts entscheidend sein soll bzw. wie die genannten normativen Kriterien auszufüllen

Vorliegen geringer Risiken akzeptabel sein. An dem sich verflüchtigenden empirischen Maßstab ließe sich die Strafwürdigkeit der §§ 331, 333 StGB aufgrund des „bedeutsamen Interesses am Vertrauen der Allgemeinheit als Akzeptanzgrundlage der Abnahme staatlicher Entscheidungen" gewiss mit psychologischen und gesellschaftswissenschaftlichen Indizien absichern, auch wenn ein Vertrauensverlust bei sachlich korrekter Dienstausübung nicht ernstlich zu erwarten ist.

d) Kritik

Die „Sozialschädlichkeit einer Verhaltensweise am Maßstab psychologisch bzw. gesellschaftswissenschaftlich realistischerweise zu erwartender Kumulationseffekte" mit mehr als „minimalem Eigengewicht" zu beurteilen, beinhaltet über die bereits diskutierten Beiträge hinaus nichts Neues[660]. Vor allem aber ermöglichen die wahllos mit beliebigem gesellschaftstheoretischen Inhalt anzureichernden Forderungen eine Gewichtung der Kumulationsbeiträge nach freiem gesetzgeberischen Ermessen.

Offensichtlich liefert auch der Aspekt der Mitwirkungsverweigerung am Erhalt der kollektiven Gütern keine präzisere Legitimationsgrundlage. Dem von Wohlers aufgegriffenen Einwand Feinbergs, die Pönalisierung von Kumulationsbeiträgen als Mitwirkungsverweigerung laufe auf ein unstatthafte Form des „legal moralism" hinaus[661], vermag der Autor keine überzeugenden Argumente entgegenzusetzen. Er verweist lediglich darauf, dass der für die pluralistische Gesellschaft verbindliche Rahmen des Rechten „unstreitig" überschritten werde, wenn konkrete personale Interessen anderer ohne deren Einverständnis beeinträchtigt würden[662]. Mit dieser Argumentation ist aber nichts gewonnen, da die Frage, ob

---

sind, lässt Wohlers allerdings offen. Gegen den Vorschlag einer Eignungs- und Bagatellklausel, die an das quantitative Gewicht des einzelnen Kumulationsbeitrags anknüpft, führt er das Argument der Tatbestandsstruktur des Kumulationsdelikts an.

[660] Vertreten wird dies mit marginalen Abweichungen von Kuhlen, ZStW 105 (1993), 697 ff., 717; Hefendehl, Kollektive Rechtsgüter, 322; Daxenberger, Kumulationseffekte, 49; Saal, Vortäuschen einer Straftat, 112 f.; vgl. zum Geringfügigkeitsprinzip auch Kunz, Bagatellprinzip; Krümpelmann, Bagatelldelikte, 38 ff.

[661] Feinberg, Harmless wrong doing, 213 ff.

[662] Wohlers, Deliktstypen, 321 nimmt an dieser Stelle Bezug auf Papageorgiou, ARSP-Beiheft 51 (1993), 198 ff., 208, der sich hiermit jedoch nur am Rande auseinander setzt.

es sich vor dem Hintergrund des Interessensschutzes um schutzwürdige Mitwirkungsverpflichtungen handelt ohne Maßstab bleibt.

Von Hefendehl auf die Bestechungsdelikte übertragen, offenbart sich die „psychologisch gestützte realistische Kumulationsprognose", gespeist aus dem „primär egoistischen Tatcharakter" als Gesinnungsstrafrecht. Vor dem Hintergrund der subjektiven Prägung der Vertrauenskomponente „kumulieren" sich Rechtsgut und Deliktstypus als Mittel zur Absicherung der Sanktionierung einer „Scheingefahr"[663]. Die Orientierung am Vertrauensschutzgedanken als „Opfervorbehalt" ohne Opfer bedeutet die endgültige Preisgabe der begrifflichen Festigkeit der gesetzlichen Regelungen. Zuverlässige Rückschlüsse auf ein konsentriertes menschliches Vertrauensinteresse scheitern an der subjektiven Prägung des Vertrauensbegriffs selbst. Der Bezugspunkt Vertrauen lässt sich nur dann objektivieren, wenn man an die das Vertrauen bedingenden Voraussetzungen anknüpft. Das aber ist in unserem Fall das Interesse an einer an Sachgesichtspunkten ausgerichtete Amtsführung selbst.

Rekapituliert man die einzelnen Begründungsschritte zur Materialisierung der Bestechungsdelikte über die Verfassung, gelangt man nicht zu einer überzeugenden Gesamtbegründung, sondern stößt auf eine erweiterte gesetzgeberische Einschätzungsprärogative. Realistischerweise zu erwartende Kumulationseffekte eröffnen aufgrund ihrer nicht überprüfbaren Empirielastigkeit zahlreiche Deutungsmöglichkeiten. Trotz der von ihm propagierten Materialisierung kollektiver Rechtsgüter über die Verfassung legt Hefendehl seiner Argumentation an den entscheidenden Stellen neben einer erweiterten Befugnis des Gesetzgebers vage Legitimationskriterien wie „realistische Kumulationseffekte" und den „primär egoistischen Tatcharakter" zugrunde. Diese Erwägungen sind entgegen seiner Auffassung nicht geeignet, die Konzeption auch moralphilosophisch abzusichern. Vielmehr versagt die freiheitlich-personale Verfassungsdimension bei der

---

[663] Kargl, ZStW 114 (2002), 763 ff., 787 spricht zutreffend davon, dass § 331 StGB im Bereich der Vorteilsannahme den „Anschein von Kriminalität mit dem Anschein von Strafverfolgung" bekämpft; vgl. auch bereits Maiwald, JuS 1977, 353 ff., 355, der darauf hinweist, dass der „böse Schein" nicht als tragfähige Grundlage der Unrechtsbegründung dienen könne; sowie Ransiek, StV 1996, 446 ff., 450 „es ist nicht erkennbar, wieso ein falscher Eindruck mit den Mitteln des Strafrechts auf Kosten desjenigen der ihn hervorruft, geschützt werden soll".

Überprüfung des in den §§ 331 ff. StGB enthaltenen Vertrauensschutzes[664]. Mangels intersubjektiver Herleitung eines personalen Achtungsanspruchs bedient sich Hefendehl fundamentloser Legitimationskriterien, die der opportunitätsorientierten Kriminalpolitik nichts entgegenzusetzen haben. Damit ist endgültig der Boden dafür bereitet, jeden beliebigen Achtungswert zum Universalrechtsgut aufwachsen zu lassen[665].

5. Gesamtergebnis und Ausblick

Die dualistischen Rechtsgutkonzeptionen erweitern infolge ihrer pragmatischen Ausrichtung die Basis strafrechtlicher Verhaltenssanktionen, ohne verbindliche Legitimationskriterien mitzuliefern. Mangels eines Metabegriffs kann weder festgestellt werden, inwieweit individuelle und kollektive Rechtsgüter ver-

---

[664] Kargl, ZStW 116 (2004), 762 ff., 776 vermeldet, mit dem Prinzip des Vertrauensschutzes werde ein Hauptschlüssel kreiert, der von innen heraus das Tor zur Unbestimmtheit und Ausdehnung der Strafbarkeit öffne.

[665] So zutreffend hervorgehoben von Kargl, ZStW 116 (2004), 762 ff., 776; diese Vorgehensweise zeigt sich ebenfalls in der Habilitationsschrift Lagodnys, Schranken, 137 ff., 216 ff., 275 ff. die sich zum Ziel gesetzt hat, die verfassungsrechtlichen Schranken strafrechtlicher Norm auszumachen. Obgleich Lagodny die allgemeine Handlungsfreiheit aus Art. 2 I GG (bei der Freiheitsstrafe) und das allgemein Persönlichkeitsrecht aus Art 2 I i.V.m. 1 I GG (bei der Geld*buße*) zum Prüfungsmaßstab erhebt, gelangt er in einer strikten Trennung von Verhaltens- und Sanktionsnormen zu einem präventivpolizeilich ausgerichteten Gemeinwohlstrafrecht. Im Rahmen der hier vorzunehmenden Verhältnismäßigkeitsprüfung der Gemeinwohlinteressen sei die zeitliche Vorverlagerung des Strafrechts angemessen und damit legitimierbar, wenn das Verhalten die Gefährlichkeit in sich trage. Auch an der Erforderlichkeit scheitere die Legitimierung der abstrakten Gefährdungsdelikte kaum, da unter Schutzaspekten das Verbot abstrakter Gefährdung wirksamer sei als das der konkreten Gefährdung oder Verletzung. Lagodny ist mit Recht entgegengehalten worden, dass es keinen Sinn macht, eine Sanktionsnorm ohne Blick auf die ihr zugrundeliegende Verhaltensnorm zu untersuchen, da eine einheitliche Betrachtung für das Strafrecht unabdingbar ist. Nach traditionellem Verständnis geht es im Rahmen der grundrechtlichen Überprüfung von Sanktionsvorschriften um das Problemfeld, ob bestimmte Verhaltensweisen zum Schutze des jeweiligen Rechtsgutes unter Strafe gestellt werden dürfen und ob Art und Höhe der angedrohten Strafe u.a. verfassungsgemäß sind. Damit aber ist die von Lagodny vorgenommene Trennung von Verhaltens- und Sanktionsnormen aufgehoben und eine einheitliche Betrachtung beider Institute notwendig. Vgl. dazu außerdem Stächelin, Strafgesetzgebung, 50 f., 164 und Hefendehl, Kollektive Rechtsgüter, 90 f. die kritisieren, dass bei Lagodny die gedankliche Zusammenführung dessen fehle, was er analytisch getrennt habe. Der Ansatz von Lagodny beinhaltet daher für die vorliegende Ausarbeitung keine Alternative zur Präzisierung der Legitimationsfrage von Universalrechtsgütern.

gleichbar sind, noch inwiefern sie sich – unabhängig von der Rechtsgutsträgerschaft – unterscheiden[666]. Die dualistische Konzeption nähert sich so dem rein methodologischen Verständnis vom Rechtsgut und liefert keinen brauchbaren Ansatz zur relativen Wertigkeit von Gütern, da sie mit Blick auf fundamentale Wertprinzipien diametral entgegengesetzte Sichtweisen zulässt[667].

Damit bildet der Dualismus ein Einfallstor für subjektive Wertentscheidungen des Gesetzgebers, die – je nach gewünschtem Ergebnis – beliebig am Maßstab der Verfassung oder des Sozialsystems korrigiert werden können. Die Sichtweise, die Verfassung steuere die Legitimationsfragen im Strafrecht, erweist sich somit als kraftloses Institut einer überpositiven Legitimation strafrechtlicher Normen. Grundrechte und die Grundsätze der Staatsorganisation gehen auf vorpositive Gegenstände zurück und stellen somit die Umsetzung des möglicherweise richtigen Rechts dar. Werden weder systemtheoretische Grundlagen der Gesellschaft noch Würde und Geltung der Person, naturrechtlich, intersubjektiv oder anerkennungstheoretisch hergeleitet, bildet allein das positive Recht Maßstab über die Grenzen strafrechtlicher Eingriffsbefugnisse. Strafrechtliche Legitimationsfragen ausschließlich am Maßstab der Verfassung zu klären bleibt demzufolge die entscheidenden Schritte schuldig.

In den folgenden Ausführungen soll daher geklärt werden, ob der systemtheoretisch fundierte normativ-funktionalistische Geltungsbegriff geeignet ist, befriedigende Antworten in der Legitimationsfrage zu liefern. Da die Theorie des kollektiven Rechtsgüterschutzes das Strafrecht mit Blick auf seine gesellschaftliche Funktion analysiert und letztlich legitimiert, gilt es, die Bestimmung der Gestalt von Strafrechtsnormen aus gesellschaftlicher Perspektive zu erfassen. Auf diesem Weg erscheint es sinnvoll zunächst die Grundlagen des normativ-funktionalistischen Strafrechtsverständnisses offen zu legen. Hierzu soll zunächst der rein funktionalistische Geltungsbegriff Luhmanns besprochen werden, um sodann die auf ihn aufbauenden Straftheorien auf ihre Überzeugungskraft hin zu beleuchten.

---

[666] Ebenso Hohmann, Umweltdelikte, 60.
[667] Zu Recht Stächelin, Strafgesetzgebung, 68.

IV. Geltung als Ausdruck der Faktizität des Rechts

Rechtstheoretisch gesehen betrachtet der funktionalistische Geltungsbegriff Normen als einen Teil der Wirklichkeit. Als solche sind sie ausschließlich in der Erfahrung anzutreffend und empirisch zu beschreiben. Die faktische oder soziale Wirklichkeit einer Norm ist nach dieser Auffassung für ihre Geltung konstitutiv. Gerechtigkeitsprinzipien, die keine soziale oder faktische Geltung erreichen, sondern lediglich Inhalt des menschlichen Bewusstseins sind, sollen nur als psychisch determinierte Vorgänge für die Geltung bedeutsam sein. Ein eigenständiger Bereich des Normativen wird von diesem Standpunkt aus abgelehnt[668]. Infolge ihrer Orientierung an den empirischen Fakten führt dieses positivistische Verständnis zu einem Relativismus, der die rationale Begründbarkeit normativer Aussagen oder Werturteile ablehnt.[669] Der empirische Rechtspositivismus wird unter anderem in der empirisch orientierten Rechtssoziologie vertreten. Die Rechtssoziologie konzentriert sich auf Strukturen des gesellschaftlichen Zusammenlebens, ist damit also eher „kollektivistisch" orientiert[670] und seht für ein relativistisches Gerechtigkeitsverständnis. Dies soll vorliegend am Beispiel der Systemtheorie verdeutlicht werden.

1. Systemstabilisierung durch Recht

Im Bereich der Soziologie erhebt die Systemtheorie den Anspruch, die Gesellschaft im ganzen zu erfassen. Das Recht wird dabei vor allem im Hinblick auf seine Funktion untersucht. Aus der mangelnden empirischen Erkennbarkeit und Wirksamkeit von Gerechtigkeitsprinzipien ziehen die Vertreter der Systemtheorie den Schluss, dass das Recht wegen der unübersichtlichen Anzahl der möglichen Ereignisse in der Welt nicht mehr nach Einhaltung von Gerechtigkeit zu beurteilen sei. Dementsprechend wird das Recht lediglich als Mittel der Komplexitätsreduktion und Erwartungsstabilisierung betrachtet[671].

Im Folgenden sollen anhand des Normbildungsprozesses zunächst Begriff und Definition von Normen und Recht, wie Luhmann sie in seiner Rechtsoziologie entwickelt hat, dargestellt werden. Im Anschluss wird diese Begrifflichkeit in

---

[668] Übereinstimmend Larenz, Das Problem der Rechtsgeltung, 9 f.
[669] Vgl. zum Ganzen Arthur Kaufmann, Einführung, 123 f.
[670] Guter Überblick bei Lampe, Rechtsanthropologie, 7 f.
[671] Luhmann, Legitimation durch Verfahren, 27 ff.

die Luhmannsche Theorie „sozialer Systeme" eingebettet, um dessen Position zur gesellschaftlichen Funktion von Normativität und Recht zu erläutern.

a) Die gesellschaftliche Bedeutung von Normen

Normen sind Luhmann zufolge „kontrafaktisch stabilisierte Verhaltenserwartungen"[672] und formen als solche die spezifische Gestalt des Rechts in der Gesellschaft. Ausgangspunkt dieses Normverständnisses ist die Überlegung, dass das Feld sozialen Handelns und Erlebens durch Erwartungen strukturiert wird.

Der Begriff der „Kontingenz" wird für Luhmann zum Ansatzpunkt, um die Konstituierung sozialer Systeme als strukturierte Folge aufeinander bezogener Handlungen auch aus psychologisch individueller Perspektive plausibel zu machen, dieses allerdings vor dem Hintergrund reflexiver Verhältnisse, von Luhmann als „doppelte Kontingenz" bezeichnet. Die „einfache Kontingenz" bedeute zunächst lediglich Enttäuschungsgefahr, dass nämlich „die angezeigten Möglichkeiten weiteren Erlebens auch anders ausfallen können als erwartet wurde"[673], ohne dass es auf die Sicht der anderen (soziale Perspektive) ankomme. „Doppelte Kontingenz" werde demgegenüber durch die Übernahme fremder Perspektiven konstituiert, dadurch dass „andere Menschen als ichgleiche Quelle originären Erlebens und Handelns als „alter ego" in mein Blickfeld kommen"[674]. Das zunächst bloß eindimensional gestaltete Wahrnehmungs- und Reaktionsfeld werde damit zur komplexen sozialen Welt[675]. Dementsprechend bestimmt Luhmann sodann die spezifische Gestalt von Strukturen im sozialen System als Erwartungsstrukturen in der komplexen Form der „Erwartungen von Erwartungen". Das Verhalten des anderen muss in seiner Selektivität als Auswahl aus anderen Möglichkeiten erwartbar sein. Diese Selektivität aber wird durch die Erwartungsstrukturen des anderen gesteuert. „Unter der Bedingung doppelter Kontingenz hat mithin alles soziale Erleben und Handeln doppelte Relevanz: Die eine auf der Ebene unmittelbarer Verhaltenserwartungen, in der Erfüllung oder Enttäuschung dessen, was einer von anderen erwartet; die andere in der Einschätzung dessen, was eigenes Verhalten für fremdes Erwarten bedeutet.

---

672 Luhmann, Rechtssoziologie, 43.
673 Luhmann, Rechtssoziologie, 31.
674 Luhmann, Rechtssoziologie, 32.
675 Luhmann, Rechtssoziologie, 32.

Zum Bereich der Integration dieser beider Ebenen ist die Funktion des Normativen und damit des Rechts zu suchen“[676].

Vollständig lässt sich der gesellschaftliche Sinn und die soziale Funktion von Normativität bei Luhmann allerdings erst auf der Verbindungsebene von Erwartungssicherung und Enttäuschungsabwicklung erfassen. Luhmann differenziert insoweit zwischen kognitiven und normativen Erwartungen, je nach Art der antizipierten Enttäuschungsabwicklung: „Als kognitiv werden Erwartungen erlebt und behandelt, die im Falle der Enttäuschung an die Wirklichkeit angepasst werden. Für normative Erwartungen gilt das Gegenteil: daß man sie nicht fallen lässt, wenn jemand ihnen zuwider handelt (...). Kognitive Erwartungen sind mithin durch eine nicht notwendig bewußte Lernbereitschaft ausgezeichnet, normative Erwartungen dagegen durch die Entschlossenheit, aus Enttäuschungen nicht zu lernen (..). Das Symbol des Sollens drückt in erster Linie die Erwartung solcher kontrafaktischer Geltung aus, ohne diese Erwartungsqualität selbst zur Diskussion zu stellen, darin liegt der Sinn und die Funktion des `Sollens´“[677]. Die Sanktion charakterisiert eine Erwartung als normative, ist aber nach Luhmann kein notwendiges Kriterium des Normbegriffs[678].

Spätestens an dieser Stelle wird der Unterschied der Luhmannschen soziologischen Deutung von „Regelbefolgung“ zur überwiegenden Rechtsdogmatik deutlich. Er betont die Reflexivität von Erwartungsstrukturen als Grundlage der „Regelbefolgung“ und gelangt zu einer Sozialität erst konstituierenden, reflexiven Ebene der Erwartungssicherheit. Vor diesem institutionellen Hintergrund der Normbildung entbindet Luhmann Normativität von jedem axiomatisch gesetzten Wertebezug, da das Symbol des Sollens die Erwartungsqualität selbst nicht zur Diskussion stellt[679]. Wertbezug erlangen Normen bei Luhmann allenfalls andeutungsweise indem sie ihrer Funktion als Gegenentwurf bzw. Deutungsmuster eine gegenwärtige Gestalt der Handlungssituation – bezogen auf

[676] Luhmann, Rechtssoziologie, 33 f.
[677] Luhmann, Rechtssoziologie, 42 f.
[678] Häufig werden Sanktionsnormen mit dem Normbegriff schlechthin identifiziert, was auf die pure Faktizität des Normativen hinausläuft, vgl. nur Popitz, Konstruktion von Gesellschaft, 21 ff., 86 ff.; kritisch dazu Kargl, Handlung und Ordnung im Strafrecht, 329 ff.

die Zeitdimension – rekonstruiert werden, d. h. als gültige Behauptung der Erwartung für die Zukunft.[680]

b) Recht als „Mittel gesamtgesellschaftlicher Integration"

Recht ist für Luhmann „Mittel gesamtgesellschaftlicher Integration in den territorialen Grenzen politischer Systeme“[681] und damit Repräsentation der Erwartung von jedermann. Die Funktion des Rechts sieht er in der Generalisierung von Verhaltenserwartungen in den drei Sinndimensionen (Zeit-, Sozial-, und Sachdimension) des sozialen Systems. Die Zeitdimension betrifft die Stabilisierung von Verhaltenserwartungen für die Zukunft durch „die Verfügbarkeit erfolgreicher Mechanismen der Enttäuschungsabwicklung“[682]. In der Sozialdimension geht es um die Institutionalisierung von Verhaltenserwartungen als verbindlich für jedermann[683]. Die Sachdimension bezieht sich nicht auf die einzelnen Normierungsthemen, sondern betrifft die Formalisierung von Verhaltenserwartungen auf einem bestimmten Abstraktionsniveau[684]. Recht zeichnet sich nun nach Luhmann durch die Verknüpfung der verschiedenen Formen des Generalisierungsprozesses aus und wird von ihm definiert „als Struktur eines sozialen Systems, die auf kongruenter Generalisierung normativer Verhaltenserwartung beruht“[685].

c) Theorie der selbstreferentiellen Systeme

Luhmann erkennt jedoch, dass sein Rechtsbegriff ohne das Fundament eines soziologisch fundierten Gesellschaftsbegriffs auf Sand gebaut wäre. Erst die Rückführung der Strukturtheorie auf einen Systembegriff, der die Gesellschaft adäquat zu erfassen vermag, böte ein Fundament, die Rechtssoziologie Luhmanns theoretisch zu stützen[686]. Mit seiner Theorie der „selbstreferentiellen Systeme“ rückt Luhmann sodann die Strukturtheorie sozialer Systeme in den Vordergrund

[679] Ähnlich bereits Müssig, Schutz abstrakter Rechtsgüter, 90 f., der zu Recht eine strukturelle Parallele zwischen Luhmanns soziologischer Deutung von Normativität und positivistischen Rechtstheorien bescheinigt.
[680] Zum Zeitmoment normativen Erwartens Klaus Günther, RJ 14 (1999), 13 ff.
[681] Luhmann, Rechtssoziologie, 79.
[682] Luhmann, Rechtssoziologie, 94.
[683] Luhmann, Rechtssoziologie, 79.
[684] Luhmann, Rechtssoziologie, 85.
[685] Luhmann, Rechtssoziologie, 105.
[686] Ebenso Müssig, Schutz abstrakter Rechtsgüter, 94 f.

der Betrachtung[687]. Systeme werden dazu als rekursiv in sich geschlossene begriffen, die sich nur durch ihren Selbstbezug ausdifferenzieren und durch Geschlossenheit Offenheit herstellen können[688]. Grundlage seiner Konzeption bildet die auf neurophysiologischen Untersuchungen beruhende Erkenntnisbiologie, geprägt von den chilenischen Forschern Maturana und Varela[689]. Gegenstand dieser Forschungen bildete die Erkenntnis, dass das menschliche Nervensystem offenbar als funktional geschlossenes System operiert. Dies beschreibt Maturana wie folgt: „Eine Wahrnehmung (..) ist ein Prozeß kompensatorischer Veränderungen, den das Nervensystem in Verbindung mit einer Interaktion durchläuft (...). Wahrnehmung und Wahrnehmungsräume spiegeln folglich keinerlei Merkmale der Umwelt, sie spiegeln vielmehr die anatomische und funktionale Organisation des Nervensystems in seinen Interaktionen" wieder[690]; jede Erkenntnis ist damit eine „Spiegelung der Ontogenese des Erkennenden"[691]: „wir erzeugen daher buchstäblich die Welt in der wir leben"[692].

Auf Basis dieser Kognitionstheorie weist Luhmann die Funktionsweise lebender Systeme und die Konstruktion der Realität als sich gegenseitig bedingend aus, und begründet darauf das „Prinzip lebender Systeme", „Autopoiese"[693] genannt. Charakteristisch für das autopoietische Konzept ist das Verhältnis von operativer Geschlossenheit und struktureller Offenheit: Autopoietische Systeme erzeugen durch ihr Operieren fortwährend ihre eigene zirkuläre Organisation, die als grundlegende Größe konstant gehalten wird. Andererseits sind lebende Systeme materiell-energetisch offen und interagieren mit der Umwelt sowie mit anderen lebenden Systeme; insoweit ist die Struktur lebender Systeme plastisch und kann sich laufend ändern[694]. Übertragen auf die Systemtheorie bezeichnet Luhmann dementsprechend ein System als selbstreferentielles, „wenn es die Elemente, aus denen es besteht, als Funktionseinheit selbst konstituiert und in allen Beziehun-

---

687 Luhmann, Soziale Systeme, 15 ff.
688 Luhmann, Soziale Systeme, 25; er beschreibt dies in Abgrenzung zur Konzeption sog. „umweltoffener Systeme".
689 Luhmann, Soziale Systeme, 57, Fn. 58.
690 Maturana, Erkennen, 86.
691 Maturana, Erkennen, 222.
692 Maturana, Erkennen, 269.
693 Der Begriff entstammt dem Griechischen. „Autos" heißt „selbst" und „poiein" „machen". Autopoietisch bedeutet also (sich) selbst machend.
694 Maturana, Erkennen, 50 ff., 193.

gen zwischen diesen Elementen eine Verweisung auf diese Selbstkonstitution mitlaufen lässt, auf diese Weise Selbstkonstitution also laufend reproduziert“[695].

d) Konsequenzen für soziale Systeme

Dieses Verständnis zieht für alle sozialen Systeme die Konsequenz nach sich, dass „statische Systembegriffe zugunsten eines radikal temporalisierten Systemverständnisses (...), abgelöst werden“[696]. Ganz in diesem Sinne bestimmt Luhmann soziale Systeme als Kommunikationszusammenhänge und die Gesellschaft als Gesamtheit aller Kommunikationen[697]. Kommunikation ist hierbei in Abgrenzung zu den „Konsensmodellen“[698] als selbstreferentieller Prozess zu verstehen. „Der elementare, Soziales als besondere Realität konstituierende Prozeß ist ein Kommunikationsprozeß“[699]. Das „Verstehen“ begründet dabei als notwendiges Teilmoment die Selbstreferenz des Prozesses[700]. Nur mittels Verstehen reproduziert sich ein Kommunikationssystem, indem Horizont für weitere Kommunikationen eröffnet wird[701]. Das Verstehen kann aber nicht direkt beobachtet, sondern lediglich durch Handlungen erschlossen werden[702]. „Auf Basis des Grundgeschehens Kommunikation und mit ihren operativen Mitteln konstituiert sich ein soziales System demnach als Handlungssystem“[703]. Vor diesem Hintergrund definiert Luhmann Erwartungen als „das autopoietische Erfordernis für die Reproduktion von Handlungen. Ohne sie würde das System in einer gegebenen Umwelt mangels innerer Anschlussfähigkeit schlicht aufhören, und zwar von selbst aufhören (..)“[704].

---

[695] Luhmann, Soziale Systeme, 59 „in diesem Sinne operieren selbstreferentielle Systeme notwendigerweise im Selbstkontakt, und sie haben keine andere Form für Umweltkontakt als Selbstkontakt.“
[696] Müssig, Schutz abstrakter Rechtsgüter, 98.
[697] Luhmann, Soziale Systeme, 60 f.
[698] Dazu unten S. 184 ff.
[699] Luhmann, Soziale Systeme, 140.
[700] Luhmann, Soziale Systeme, 198.
[701] Luhmann, Rechtstheorie, 14 (1983), 129 ff., 134.
[702] Luhmann, Soziale Systeme, 226.
[703] Luhmann, Soziale Systeme, 227 f.
[704] Luhmann, Soziale Systeme, 392.

e) Konsequenzen für das Rechtssystem

Luhmann rekonstruiert Erwartungsstrukturen demzufolge nicht als innerpsychische Vorgänge, sondern als kommunikativ vermittelte, generalisierte Sinnformen, über die sich soziale Systeme reproduzieren. In diesem Sinne begreift er auch das Rechtssystem als – thematisch ausdifferenziertes – Kommunikationssystem. Operationen und Selbstbeschreibung des Rechtssystems orientieren sich an der Leitdifferenz „Recht-Unrecht“, die Luhmann als „binären Code“ bezeichnet[705]. Das System „produziert die eigenen Elemente als rechtlich relevante Einheiten dadurch, daß es ihnen mit Hilfe ebensolcher Elemente normative Qualität verleiht“[706]. Die binäre Codierung ist damit von maßgeblicher Bedeutung für die Ausdifferenzierung des Rechtsystems, denn sie versorgt das System mit einem Unterscheidungsmuster, das nur ihm eigen ist. Alles was in den Relevanzbereich des Rechts eintritt, kann nur entweder Recht oder Unrecht sein, alles andere ist rechtsunerheblich, es sei denn es dient als Vorfrage bei Entscheidungen über Recht und Unrecht[707].

Die Konzeption des Rechtssystems als autopoietisches System hat erhebliche Auswirkungen auf dessen Grenzen[708]. Jede Kommunikation, die eine Rechtsbehauptung aufstellt, wird zu einer internen Operation des Rechtssystems und ordnet sich somit dem System zu (normative Kommunikation). Wann immer das Problem Recht oder Unrecht auftritt, handelt es sich nach Auffassung Luhmanns daher um eine normative Kommunikation, für die ausschließlich das Unrechtssystem zuständig ist. Von einer solchen systeminternen Operation der Kommunikation im Kontext einer Rechtsdurchsetzung, Vorsorge oder Rechtsänderung, soll die bloß externe Beobachtung des Rechts, zum Beispiel durch Berichterstattung abzugrenzen sein[709].

---

[705] Luhmann, Rechtstheorie, 17 (1986), 171 ff.

[706] Luhmann, Rechtssoziologie, 356 f., damit erhalten prinzipiell beliebige Elemente normative Qualität.

[707] Ebenso Kargl, Rechtstheorie 21 (1990), 352 ff., 361.

[708] Luhmann definiert die Grenzen des Rechtssystems nicht auf institutioneller sondern auf operativer Ebene, vgl. ders., Recht als soziales System, 8 ff.; kritisch Kargl, Rechtstheorie 21 (1990), 352 ff., 363 f; ders., ZfRSoZ 12 (1991), 120 ff., 136 f., der erkennt, dass erst diese Grenzausdehnung die Geschlossenheitshypothese als schlüssig ausweist.

[709] Vgl. dazu Kargl, Rechtstheorie 21 (1990), 352 ff., 364 f., Fn. 62, der zu Recht hervorhebt, dass die theoretischen Schwächen eines solchen Systems sofort offenkundig würden, wenn man nach dem Anfang oder nach einer durchgreifenden Veränderung des Rechtssystems

Die Konsequenzen dieser Ansicht, vor allem im Bereich der problematisierten Gesetzgebungspolitik, sind weitreichender Art. Sobald die Politik das juristische Schema verwendet, tritt sie in den Relevanzbereich des Rechts, auf der Ebene normativer Kommunikation ein und verliert damit ihre eigene Identität. Politik ist auf Parteipolitik beschränkt und das ganze übrige politische Feld nun dem Rechtssystem inkorporiert, da politische Inhalte ohne Rechtsrelevanz kaum vorstellbar sind. Dieses theoretische Gerüst dient der Schaffung einer Rechtsautonomie, die imstande ist, die aus gesellschaftlichen Erwägungen gespeiste tagespolitische Normflut mit der Geschlossenheitsthese in Einklang zu bringen[710]. Entsprechend soll die Machtpraxis der Politik nach Luhmann einerseits unter das Recht gebeugt sein, andererseits aber die Verrechtlichung politischer Macht zu einer immensen Ausdehnung der Anwendbarkeit von Macht geführt haben. Damit aber ist das Problem der gegenseitigen Kontrolle und Beeinflussung der Systeme verschwunden[711]. Dieser Universalitätsanspruch ist auch der Grund dafür, dass es bei Luhmann keinen Bezugspunkt gibt, von dem aus unterschiedliche Kriminalpolitiken kritisch gewürdigt werden könnten[712].

Damit lässt sich der Nutzen des Luhmannschen Systems, das nicht nur von der systemtheoretischen Rechtssoziologie, sondern auch von der funktionalistisch orientierten Strafrechtswissenschaft[713] rezipiert wurde, besser begreifen. Mit dem Prozessieren des binären Codes Recht/Unrecht entzieht sich das Rechtssystem der rechtsphilosophischen Würdigung des richtigen oder falschen Rechts. Luhmann lässt Institutionen und ein Rechtssystem zurück, das eigene Wege geht, auf die der Mensch keinen direkten Einfluss mehr hat. So hebt er ausdrücklich hervor, seine Systemtheorie befasse sich nicht mit dem „Thema des

---

fragt. In diesen Fällen versage die These des autopoietischen Rechts, da man gezwungen sei analytisch von außen anzusetzen.

710 Kargl, Rechtstheorie 21 (1990), 352 ff., 366.

711 Kargl, Rechtstheorie 21 (1990), 352 ff., 366 formuliert ausdrücklich überspitzt, dass Politik zu Recht und Recht zu Politik geworden sei.

712 Vgl. Kargl, Rechtstheorie 21 (1990), 352 ff., 366, Fn. 78.

713 Siehe insbesondere Jakobs, Schuld und Prävention; ders., Norm, Person, Gesellschaft; ders., StrafR. AT, 1. Abschn., Rn. 4 ff.; Müssig, Schutz abstrakter Rechtsgüter, 134 ff., 136 vermeldet, der systemtheoretische Ansatz Luhmanns sei zur „Klärung der sozialen Gestalt und gesellschaftlichen Struktur von Normen (...) trotz seines abstrakten Niveaus" der „inhaltlich viel versprechenste". Er orientiert seine eigenen Erörterungen zur Rechtsgutstheorie daher vorwiegend an der Luhmannschen Systemtheorie; auch Amelung, Rechtsgüterschutz, nimmt an zahlreichen Stellen auf Luhmann Bezug, vgl. nur Seiten 350 ff.

Menschen und seines Verhältnisses zur sozialen Ordnung", die Tradition, welche dies täte, erstarre ihrerseits nur in „humanistischen Norm- und Wertvorstellungen"[714].

f) Kritik

aa) Entmachtung des Individuums

Luhmanns systemtheoretische Konzeption ist bis heute Gegenstand zahlreicher kritischer Stellungnahmen[715]. So wird moniert, dass das Rationalitätspotential einer kritischen Soziologie verspielt werde und der Ansatz über eine affirmative Gesellschaftstheorie nicht hinausgelange[716]. Vor allem aber bezieht sich die Kritik auf das Luhmannsche Verhältnis von Individuum und Gesellschaft, wenn dem Autor der Vorwurf gemacht wird, das Individuum systemischen Imperativen zu unterwerfen[717]. Luhmann selbst hat dies eingestanden, wenn er ausführt: „Er (Verf.: der Mensch) ist nicht mehr das Maß der Gesellschaft. Diese Idee des Humanismus kann nicht mehr kontinuieren"[718]. Unstreitig beinhaltet Luhmanns Verständnis von Systemen als selbstreferentielle Verhältnisse demzufolge einen Bruch mit den Grundannahmen der philosophischen Tradition. Galt Selbstreferenz zuvor als Privileg des denkenden Menschen in der Natur, behauptet nun die Autopoiesetheorie, dass alle höher entwickelten Systeme über Selbstreferenz verfügen. Reflexion wird auf diese Weise zu einem allgemeinen Selbstbildungsprinzip erklärt, das in der Lage ist, sich selbst und auch andersartige, einfachere Systeme zu konstruieren[719].

Die im Rahmen der vorliegenden Untersuchung entscheidende Konsequenz ist, dass das Subjekt – oder um es nicht systemtheoretisch zu formulieren: der

---

[714] Luhmann, Soziale Systeme, 286.

[715] Vgl. nur die Beiträge in Haferkamp/Schmid (Hrsg.), Sinn, Kommunikation und soziale Differenzierung; aus rechtstheoretischer Perspektive Kargl, Rechtstheorie 21 (1990), 352 ff., 370 ff.; zur rechtspolitischen „Aktualität" Nocke, KJ 1986, 363 ff.

[716] Berger, Autopoiesis, 129, 145 ff.; Miller, Selbstreferenz, 187 ff.; für diese Kritik steht vor allem der kommunikationstheoretische Ansatz von Habermas, dessen rechtstheoretische Gegenposition unten ausführlich dargestellt werden wird; s.u., S. 215 ff.

[717] Vgl. Giegel, Interpenetrationen, 212, 222 ff.; Haferkamp, Autopoietiches soziales System, 51, 65 ff.; Schmid, Autopoiesis, 25, 36 ff; im Ergebnis ebenso Kargl, ZfRSoZ 12 (1991), 120 ff; ders., Kognitive Handlungstheorie, 75 ff., 96 ff.

[718] Luhmann, Soziale Systeme, 289; an anderer Stelle heißt es, die Systemtheorie habe keine „Verwendung für den Subjektbegriff", 51.

[719] Vgl. Maturana, Erkennen, 186; dazu Kargl, Rechtstheorie 21 (1990), 352 ff., 358 m. w. N.

Mensch als Individuum – seinen Alleinanspruch aufgeben müsste und Rechtsgüterschutz nicht personell begründet werden könnte. Die Berechtigung dieses Ansatzes hat zur Voraussetzung, dass das Festhalten am Postulat der Geschlossenheit begründet ist, also die Grenzziehung zwischen sozialen und psychischen Systemen gelingt[720].

bb) Kognitive Offenheit und normative Geschlossenheit

Für das Rechtssystem hat Luhmann Kommunikation als rechtssysteminternes Element beschrieben, das Normen produziert. Da der Produktionsbereich dieser elementaren Einheiten nahezu grenzenlos ist, kann er die Produkte im Verhältnis zu anderen sozialen Systemen als intern erzeugt beschreiben. Die normativen Kommunikationen finden daher faktisch inmitten anderer sozialer Systeme statt und sind gleichsam von innen beeinflusst[721]. Auf diese Weise ist der Rechtsetzungsprozess der Selbsterzeugung mit einer Außensteuerung vereinbar. Diesen Gesichtspunkt hat Luhmann erkannt und dem Rechtssystem daher eine „kognitive Offenheit" attestiert, die er der „normativen Geschlossenheit" gegenüberstellt[722]. Gemeint ist damit die Fähigkeit autopoietischer Systeme zur Selbstbeobachtung und Selbstbeschreibung[723]. Ohne diese Eigenschaft sei das System nicht in der Lage, die eigenen Operationen nachzuvollziehen und aus diesen zu lernen. Der Code Recht/Unrecht programmiert daher einen ständigen Vergleich, ob Erwartungen mit vorausgegangenen Erwartungen kompatibel sind. Dieser

---

[720] Nach Luhmann gibt es drei verschiedene Arten von Autopoiese: Leben, Bewußtsein und soziale Systeme, vgl. ders., Soziale Systeme, 24, 593, 600 f.

[721] Kargl, Rechtstheorie 21 (1990), 352 ff., 368.

[722] Zur Differenzierung von kognitivem und normativem Erwartungsstil Luhmann, Soziale Systeme, 397 f., 436 ff.

[723] Entsprechend dem autopoietischen Evolutionskonzept entstehen „Selbstbeobachtungen" spontan. Sobald Unterscheidungen auf bestimmte Phänomene angewendet werden, treffen sie unweigerlich auf sich selbst: Die Kommunikation kommuniziert über sich selbst. Das führt nicht zu Selbstbeschreibungen in systemeigener Sprache, sondern zu internen Paradoxien, Tautologien oder „vicious circels"; vgl. dazu Varela, Principles of Biological Autonomy In binary codierten Systemen gewinnen solche Paradoxien eine zentrale Bedeutung in Fällen, in denen der Code auf die Einsetzung des Code selbst angewandt werden muss, wenn es also darum geht, ob die Unterscheidung von Recht und Unrecht mit Recht oder mit Unrecht eingeführt wird. Luhmann kann deshalb die Reflexionsgeschichte des Rechtssystems als Geschichte der Bemühungen um Enttautologisierung begreifen.

Umstand ist der laufenden Konsistenzprüfung des Systems dienlich[724]. Stellt das Gedächtnis Inkonsistenzen fest, so werden diese zum Anschluss weiterer Operationen verwendet.

Das bedeutet jedoch, dass normative Erwartungen auch in der Begriffswelt Luhmanns durchaus kontingent sind, da sie sich in der Umwelt zu bewähren haben und dadurch auch immer andere Alternativen sichtbar sind[725]. Bei der strafrechtlichen Normsetzung fordert Luhmann sogar ausdrücklich, die Kriminalität als Anlass für produktive gesellschaftliche Lernprozesse zu nehmen[726]. Erwartet er aber, „dass die Gesellschaft normative Schema ausbildet, in denen die Enttäuschung der Verbrecher Platz findet", ist es von hier „nur noch ein kleiner Schritt, die Frage nach den gesellschaftlichen Bedingungen der Normabweichung zu stellen"[727].

Die Konstruktion der offenen Geschlossenheit bzw. geschlossenen Offenheit in Luhmannscher Tradition macht auch vor der Frage des Subjekts rechtlicher Kommunikation nicht halt. Zwar ist das Prinzip, das Kommunikation – nicht aber Menschen – kommunizieren lässt, formal konsequent. Würden Menschen im Recht kommunizieren, müsste es als fremdhergestellt, also heteronom gesteuert definiert werden, was mit der Konzeption des autopoietischen Rechts unvereinbar wäre[728]. Trotz des Postulats der Geschlossenheit benötigt Luhmann jedoch das Subjekt, wenn er hervorhebt, Kommunikation sei nicht ohne Leben und Bewusstsein denkbar[729]. Damit aber gelingt die Grenzziehung zwischen sozialen und psychischen Systemen nicht widerspruchsfrei. Luhmann „braucht sie auch als Sozialkonstrukte in der Gesellschaft für die Zurechnung von Handlun-

---

[724] Kargl, Rechtstheorie 21 (1990), 352 ff., 369 Fn. 75 führt unter Bezugnahme auf Luhmann als wichtigstes Beispiel für die Konsistenzkontrolle die Rechtsdogmatik an.
[725] Kargl, Rechtstheorie 21 (1990), 352 ff., 369 f.
[726] Luhmann, Rechtssoziologie, 130.
[727] Zu Recht hervorgehoben von Kargl, Rechtstheorie 21 (1990), 352 ff., 370 im Anschluss an Sack, Strafrecht in einer freiheitlichen Gesellschaft, 145; vgl. dazu auch das Konzept der koevolutiven Interaktion zwischen Straftäter und Gesellschaft bei Kargl, Handlung und Ordnung im Strafrecht, 329 ff.
[728] Kargl, Rechtstheorie 21 (1990), 352 ff., 370 f.; vgl. zur Kritik der Subjektlosigkeit der Institutionen auch Lüderssen, RJ 5 (1986), 343 ff.
[729] Luhmann, Kommunikation, 8; es gibt bei Luhmann zahlreiche weitere Hinweise dafür, dass dem Subjekt eine wesentliche Rolle im Kommunikationsprozess zukommt; vgl. Luhmann, Autopoiesis des Bewusstseins, 44 ff.; ders., Soziale Systeme, 234.

gen"[730]. Dies sind nicht etwa, wie Müssig meint, Hinweise darauf, dass der Luhmannsche Ansatz „Genese und Notwendigkeit normativer Strukturen aus der Individualperspektive" beschreibt[731], sondern stichhaltige Anhaltspunkte, „dass es der soziologischen Autopoiesetheorie nicht gelungen ist, das Individuum zum Schweigen zu bringen"[732]. Die Frage, welche Ursachen das Luhmannsche System gesellschaftlicher Differenzierung bedingen und weitertreiben, entbehrt noch immer der theoretischen Antwort.

cc) Übertragung des Autopoiesebegriffs auf menschliche Handlungskoordination

Auch aus kognitionsbiologischer Sicht sind fundierte Einwände gegen Luhmanns Konzept erhoben worden. Unter Bezugnahme auf die Untersuchungen Maturanas lässt sich verdeutlichen, dass sich die an Einzellern orientierte Überlegungen zu autopoietischen Systemen nicht auf Vielzeller übertragen lassen[733]. Reproduzierten Einzeller sich durch Herstellung ihrer Komponenten mit Hilfe des Zellstoffwechsels (Metabolismus), sei der Verlust der Autopoiese durch Selbstherstellung beim Vielzeller geradezu konstitutiv für deren Zellzusammenschluß[734]. Gingen aber einzelne Vielzeller (z.B. soziale Insekten) mit dem Zusammenschluß ihrer Fähigkeit zu Fortpflanzung oder aktiven Nahrungsaufnahme verlustig, würden sie damit zu allopoietischen (fremdgesteuerten) Komponenten[735]. Menschliche Gesellschaften, die demzufolge nicht aus autopoietischen Einheiten bestünden, könnten daher ihrerseits ebenfalls nicht autopoietisch, sondern müssten allopoietisch organisiert sein. Diese Erkenntnis passe auch mit den biologischen Prämissen Maturanas zusammen, der hervorgehoben hat, dass das soziale System in seiner Struktur kein autopoietisches System ist, weil es als Netzwerk der menschlichen Koordination von Handlungen und nicht als Netzwerk der Produktion von Menschen konstituiert ist[736]. Dementsprechend steht der Autopoiesebegriff Luhmanns nicht mit dem in der Biologie verwende-

[730] Kargl, Rechtstheorie 21 (1990), 352 ff., 371.
[731] Müssig, Schutz abstrakter Rechtsgüter, 108.
[732] Kargl, Rechtstheorie 21 (1990), 352 ff., 372.
[733] Dazu Kargl, ZfRSoZ 12 (1991), 120 ff., 122 ff.
[734] Kargl, ZfRSoZ 12 (1991), 120 ff., 123.
[735] Kargl, ZfRSoZ 12 (1991), 120 ff., 123 beschreibt dies unter Bezugnahme auf Maturana/Valera, Baum der Erkenntnis, 200 ff. wie folgt: „Das Gesamtsystem ist es nun, das eine Kohärenz aufbaut und das sich infolge der Kopplung vieler Komponenten reduziert".
[736] Kargl, ZfRSoZ 12 (1991), 120 ff., 124 m.w.N.

ten Begriff in Einklang, die Biologisierungshypothese kann ihn folglich nicht stützen[737].

Da es der Luhmannschen Theorie der selbstreferentiellen Systeme nicht widerspruchsfrei gelungen, das Rechtssystem auf einen tragfähigen Gesellschaftsbegriff zu stützen, stellt sich die Frage, ob die zumindest in Teilen hieran anknüpfenden Strafkonzepte imstande sind, diesen Mangel durch normative Gesichtspunkte zu beheben. Die gesellschaftsstabilisierenden Ansätze haben die Gemeinsamkeit, nicht das Individuum, sondern das Sozialsystem zum Bezugspunkt der Rechtfertigung und der Grenze von Strafbarkeit zu erheben. Diese Perspektive fasst Amelung[738] unter dem Begriff der „Sozialschädlichkeit" zusammen. Obgleich sich die Konzepte Amelungs und Jakobs im Hinblick auf ihre Normativität deutlich von der empirischen Normkonzeption Luhmanns unterscheiden, bestehen Übereinstimmungen im Hinblick auf den oben beschriebenen normstabilisierenden Effekt des Rechts.

2. Das Gesellschafts- und Strafrechtsverständnis von Jakobs

a) Strafe in der Funktion als „Normbestätigung" und „Normanerkennung"
Jakobs bedient sich des systemtheoretischen Normverständnisses, um es für seinen Begriff der positiven Generalprävention fruchtbar zu machen. Die Sanktionierung des Normbruchs erfolge, um die Bedingungen sozialer Integration zu schützen. Auf garantierte Orientierungen im sozialen Leben könne nicht verzichtet werden, da soziale Interaktionen zusammenbrechen würden, wenn die einzelnen Interaktionspartner ihr Verhalten nicht auf stabile Erwartungen bauen könnten[739]. Ebenso wie der Mensch in seinem Verhältnis zur Natur ständig neu dazu lerne, jedoch gleichzeitig auf bestimmte Gesetzmäßigkeiten vertrauen könne, sei ein gewisses Vertrauenspotential für die soziale Interaktion unumgänglich. Die Notwendigkeit des Strafrechts ergebe sich aus dem Bedürfnis, die wesentlichen normativen Erwartungen der Gesellschaft zu garantieren. Der Strafe komme damit die Funktion von „Normbestätigung und Normanerkennung" zu[740]. Jakobs versteht sein Konzept positiver Generalprävention als präventiv,

[737] So bereits Kargl, ZfRSoZ 12 (1991), 120 ff., 124.
[738] Amelung, Rechtsgüterschutz, 366 ff.
[739] Jakobs, StrafR. AT, 1. Abschn., Rn. 4 ff.
[740] Jakobs, StrafR. AT, 1. Abschn., Rn. 15.

nicht aber als der empirischen Überprüfung zugänglich. Die Beeindruckung des Bestraften oder dritter Personen sei nicht Aufgabe der Strafe, auch wenn sie ihr erwünschter Nebeneffekt sein könne[741]. Da das Strafrecht keine Verhaltenssteuerung, sondern allein eine Wiederherstellung der verletzten Norm auf kommunikativer Ebene anstrebe, sei sein Ziel dadurch erreicht, dass ernsthaft ein Verfahren wegen Normverletzung betrieben werde[742].

b) Keine normative Bindung aus Individualität und Vertrag

Um Jakobs integrationspräventiven Ansatz vom Recht der Gesellschaft rechtsphilosophisch auf seine Schlüssigkeit hin zu beleuchten, ist ein Überblick seiner Vorüberlegungen zur Rechtsphilosophie notwendig[743]. Jakobs hat sich dort die Aufgabe gestellt, das Eigene der Gesellschaft zu bestimmen und auf diese Weise ein Verständnis des normativen Systems zu gewinnen, das Natur und Individualität übersteigt. Als rechtsphilosophisches Konzept, das sich jenseits von Natur und Individualität bewegt, grenzt der Autor sein Gesellschaftsverständnis von monistisch personalen Konzeptionen wie den Konsenstheorien ab.

Das begründungstheoretische Rückgrat seiner Philosophie bilden die Begriffe „Norm, Person, Gesellschaft“[744]. Zunächst erläutert Jakobs, dass Gesellschaft weder aus den einzelnen isolierten Individuum[745], noch aus zwei nebeneinander lebenden Individuen bestehen könne[746]. Ebenso wie das isolierte Individuum richteten die nebeneinander lebenden Individuen ihre Welt und das Wissen um den anderen nach dem Schema Lust/Unlust aus und hätten keine gemeinsame Ordnung. In dieser Welt existiere kein Sollwert, der Verantwortung über Abweichungen zuteilen würde. Sodann besiedelt Jakobs die Welt mit weiteren Individuen gleicher Herkunft[747]. Um unter diesen Bedingungen die Risiken auf ein

[741] Jakobs, StrafR. AT, 1. Abschn., Rn. 14 ff.; vgl. die Kritik von Prittwitz, Risiko, 228, der hervorhebt, Jakobs Modell diene mehr der symbolischen Versicherung denn der manifesten Prävention.
[742] Jakobs, ZStW 107 (1995), 843 ff., 844 f.
[743] Jakobs, Norm, Person, Gesellschaft.
[744] Dass Begriffe wie „Konsens“, „Diskurs“, „Intersubjektivität“ oder „Menschenwürde“ fehlen, „darf durchaus als Programm verstanden werden“, Jakobs, Norm, Person, Gesellschaft, Vorwort.
[745] Jakobs, Norm, Person, Gesellschaft, 9 ff.
[746] Jakobs, Norm, Person, Gesellschaft, 14 ff.
[747] Jakobs, Norm, Person, Gesellschaft, 24 ff.

erträgliches Maß zu reduzieren, bietet sich die Hobbes´sche Vorgehensweise an: ein durch Gewalt geordnetes Nebeneinander. Jakobs hebt jedoch hervor, dass „Einwilligung" oder „Vertrag" den Vorrang des Faktischen nicht beseitigen könne. Konstanz könne nur über ein System garantiert werden, das den unverbindlichen Willen Vieler durch unwiderstehliche Gewalt ersetze[748].

c) Der Gründungsakt – Konstituierung der Person und der Sollensordnung aus der „Gruppenaufgabe"

Eine Ordnung, die den individualistischen Horizont ausschaltet und eine konstante Gemeinsamkeit schafft, leitet Jakobs sodann aus dem „Gruppeninteresse" ab, dessen Ursprung bedauerlicherweise im Dunkeln bleibt[749]. Der Umstand, dass die Gruppe als Einheit entstanden sei, transformiere die Regeln zu Normen und die Individuen zu Personen. Das neue Ordnungsschema laute nunmehr Rollenkonstanz/Ungebundenheit[750]. Werde diese Perspektive des Gruppeninteresses in der Individualperspektive nachvollzogen, entstehe ein Subjekt mit dem Ordnungsschema Pflicht/Willkür. Erst die Übernahme der Fremdbeschreibung, und zwar als Entgegensetzung der Schemata Lust/Unlust versus Pflicht/Freiraum, ermögliche Selbstbewusstsein[751].

Die Ordnung, die als Ankergrund der Individuen verstanden wird, besteht aus einem System der Zuweisung eines Status, der Zuordnung von Rollen. Die Rollen seien notwendig für die Bewältigung einer Aufgabe[752]. Erst durch die Unterwerfung unter eine Gruppenaufgabe konstituieren sich Person und Gesellschaft[753]. Da kein Konsens der Individuen zu erwarten sei, müsse die neue Ordnung eine auf Individuelles nicht mehr rückführbare Dynamik entwickeln. Wo aber hat die erforderliche Dynamik ihren Ursprung? Jakobs zufolge stammt die

[748] Zwar spricht auch Hobbes, Leviathan, 95 ff., 104 f. von einem „Vertrag eines jeden mit jedem", aber erst das „System" soll die Bindung der Erklärungen garantieren.

[749] Vgl. Kargl, GA 1999, 53 ff., 58.

[750] Den Begriff der Rollenkonstanz gewinnt Jakobs in Abgrenzung zu Hegel, bei dem der Antrieb zum Selbstbewusstsein aus der Befindlichkeit des einzelnen, der Begierde kommt, vgl. Hegel, Philosophie des Geistes, Bd. 10 dem er entgegenhält, dass die Begierde auf Anerkennung durch andere nur in einer schon vorhandenen Ordnung entstehen könne

[751] Jakobs, Norm, Person, Gesellschaft, 33 ff.

[752] Jakobs, Norm, Person, Gesellschaft, 109, 121.

[753] Jakobs, Norm, Person, Gesellschaft, 46; an anderer Stelle, ZStW 107 (1995), 843 ff., hebt Jakobs hervor, dass sich Subjektivität stets in einer Sozialität ausbildet.

für die Individuen nicht verfügbare Kraft aus der „Gewissheit des Heiligen"[754]. Diese Aussage Jakobs rekurriert notwendigerweise auf die Bedingungen des „Anfangs", ohne das jedoch offen zu legen[755].

Die Geschichte der Genese der Sozialität dient Jakobs demzufolge dazu, um die Differenz zwischen Natur und Gesellschaft zu verdeutlichen. Das Individuum verkörpert die gesellschaftsresistente Natur, die Person die naturübersteigende Gesellschaft[756]. Beide Welten trennt die „Gruppenaufgabe" oder „Rollenzuweisung". Als gemeinsame Aufgabe dienen diese Begriffe zur Überwindung des individuellen Schemas von Lust und Unlust. Dabei bleibt die Genese von sozialen und psychischen Systemen im Dunkeln. Soll aber die Kraft der Bindung weder aus der Verständigung der Individuen noch aus einem gewaltsamen Gründungsakt hergeleitet werden, stellt sich die Frage, wo die oberste Begründungsinstanz zu verorten ist. Wird Sollen damit nicht am Faktum der sozialen Norm ausgerichtet[757]?

d) Kritik am Primat der Gesellschaft und „Auskommen" des Individuums

Der Abstand zum Individuum kommt bei Jakobs im Begriff der Kommunikation zum Ausdruck, der nicht auf Individuelles rückführbar sein darf. Wie Luhmann[758] nimmt Jakobs an, dass sich die Spur des Individuums in der Komplexität normativer Verständigung verliert. Würden Menschen im Recht kommunizieren, wäre es individuell gesteuert und demzufolge fremd hergestellt. Das Pos-

---

754 Jakobs, Norm, Person, Gesellschaft, 59, Fn. 19.

755 Kargl, GA 1999, 53 ff., 59, Fn. 19.

756 Zur Problematik der Grenzziehung von sozialen und psychischen Systemen vgl. die Kritik an der Systemtheorie, S. 161 ff.; sowie Kargl, Rechtstheorie 21 (1990), 352 ff.; ders., ZfRSoZ 12 (1991), 120 ff.

757 Kargl fragt insoweit, ob sich Jakobs Personsein damit nicht in der Zuordnung einer sozialen Tatsache erschöpft und Rechtsphilosophie somit zu einem Spezialfall der Rechtssoziologie wird, GA 1999, 53 ff., 61; Jakobs, Norm, Person, Gesellschaft, 51 ff. sucht den naheliegenden Einwand, seine Gesellschaftstheorie sei faktenorientiert, mit seinem Verständnis der „Wirklichkeit der Norm" zu entkräften. Abgelehnt wird eine Bedeutung, die in der Normgeltung bloß den äußeren Vollzug der Sanktion erblickt. Eine gesellschaftliche Sollensordnung entsteht Jakobs zufolge erst dann, „wenn eine Norm den die Kommunikationen leitenden Maßstab abgibt, also bestimmt, an welches Verhalten wie anzuschließen ist." Verbote, die in der Gemeinschaft nicht kommuniziert werden, bleiben als äußerliche Oktroy bloß eine instrumentale Verständigung über unvorteilhafte Reaktionen.

758 ausführlich dazu oben, S. 153 ff.

tulat der strikten Grenzziehung zwischen sozialen und psychischen Systemen ließe sich nicht mehr aufrechterhalten. Auch Jakobs hält daher aus „theoriebautechnischen Gründen am Postulat der Geschlossenheit“[759] normativer Kommunikation fest, der „die Anwesenheit des Subjekts geopfert werden“[760] muss. Dass dies bereits Luhmann und so auch Jakobs nicht widerspruchsfrei gelingt, wurde bereits herausgearbeitet[761]. Allenthalben rücken beide doch wieder das Subjekt ins Bild. So hebt Luhmann hervor, Kommunikation sei nicht ohne Leben und Bewusstsein möglich[762]. Jakobs führt mit dem Begriff des „Auskommens des Individuums“ subjektive Bedingungen in die personale Welt ein, die die Grenze der Geschlossenheit markieren. Individuelle Befriedigung, die „im großen und ganzen“[763] gewährt werden muss, scheint der neue Maßstab zu sein, der die Rollenzuweisung im Rahmen des individuell Zumutbaren hält[764].

e) Personalität des Normbrechers

Unter der Vorgabe gesellschaftlicher Priorität bereitet es Jakobs notwendigerweise erhebliche Anstrengungen, Normwidrigkeit exakt zu beschreiben. „Da der Normbrecher die Erwartungen nicht erfüllt, die sich an seine Person richten, liegt es nahe, ihm die Personalität abzusprechen“[765]. Dem hält Jakobs seine Konstruktion der personellen Ordnung entgegen, welche erst die Bedingung der Möglichkeit des Normbruchs sowie der normativen Verständigung schafft. Im Dualismus von Natur und Gesellschaft könne sich der Normbruch ausschließlich in der Welt der Personalität ereignen. „Der Normbrecher muss also Person bleiben“[766].

Wird aber eine Person durch ihre Motivation zu richtigem Verhalten definiert, fragt man sich, wie bei Fortbestehen der Personalität die Normwidrigkeit als

[759] So Kargl, Rechtstheorie 21 (1990), 352 ff., 371; ders., GA 1999, 53 ff., 62.
[760] Kargl, GA 1999, 53 ff., 62.
[761] Zur Kritik an der Systemtheorie, s.o., S. 161 ff.
[762] Luhmann, Kommunikation, 8.
[763] Jakobs, Norm, Person, Gesellschaft, 98.
[764] Kargl, GA 1999, 53 ff., 63, der zutreffend herausstellt, dass sich Jakobs damit in Nähe der Hegelschen Position befindet, wonach „die subjektive Selbstsucht in den Beitrag zur Befriedigung der Bedürfnisse aller“ umschlage, vgl. Hegel, Grundlinien der Philosophie, Bd. 7, § 199.
[765] Kargl, GA 1999, 53 ff., 63.
[766] Jakobs, Norm, Person, Gesellschaft, 102.

Fehler des Handelnden oder Unterlassenden verstanden werden kann[767]. Jakobs umschifft diesen Einwand, indem er die Personalität in ein materiell personales und ein formell personales Verhalten aufspaltet. Während die materielle Personalität mit normgemäßen Verhalten zu identifizieren sei, handele es sich bei Normwidrigkeit um formelle Personalität insofern, als der Normbrecher zwar einerseits wegen seiner Bindung an das individuelle Schema die wirkliche Person verfehlt, aber andererseits seine Eignung zur Teilnahme am Sollenschema nicht verloren hat[768]. Die Definition des Täters als Person zieht die Konsequenz nach sich, dass das Täterverhalten nicht als Natur angesehen wird und die soziale Reaktion auf die Tat ebenfalls nicht als natürliches Ereignis im Sinne von Verhaltenssteuerung zu verstehen ist. Als Strafzweck bleibt damit „nur die Möglichkeit, die tadelnde Zurechung überhaupt nicht speziell an denjenigen zu denken, um dessen Verhalten es geht, sondern als an alle Personen unter Einschluss des Täters gerichtete Vergewisserung über die – trotz der notwendigen Handlung – weitere Geltung der sie und damit die Gesellschaft konstituierenden Normen"[769]. Die Besserung des Täters gehört damit ebenso wenig zum Normprogramm wie jede andere Art von Verhaltenssteuerung[770].

f) Die Straftat als Widerspruch der Gemeinsamkeitbedingungen

Strafe wird demzufolge mit der Aufgabe einer Verständigung über Normen ausgestattet. Jakobs selbst beschreibt dies wie folgt: „Behandelt man auch einen Normbrecher (...) als Normalperson, so wird die Bedeutung seines Verhaltens

767 Ebenso bereits Kargl, GA 1999, 53 ff., 64.

768 Jakobs, Norm, Person, Gesellschaft, 82.

769 Jakobs, Norm, Person, Gesellschaft, 82 f; an dieser Stelle schließt sich der Kreis zu Jakobs Strafzweckkonzept staatlicher Strafe zur „Einübung in Normanerkennung", vgl. ders., StrafR. AT, 1. Abschn., Rn. 15, diese soll mittels dreier Effekte bewirkt werden: Staatliches Strafen solle gerade dann, wenn die Normen gebrochen werden, die auf die bestehenden Normen Vertrauenden in ihrem Vertrauen bestätigen. Adressat dieser Strafe sei also nicht der Täter selbst als Individuum, auch nicht potentielle Täter, sondern vielmehr alle Menschen, die erfahren sollen, was sie im Falle des Normbruchs erwarte („Einübung in Normvertrauen"). Darüber hinaus belaste die Sanktion das normbrechende Verhalten mit einer Kostentragungspflicht und erhöhe so die Chancen, es als nicht diskutable Verhaltensalternative zu erlernen („Einübung der Rechtstreue"). Jedenfalls werde infolge der Strafsanktion der Konnex von normbrechendem Verhalten und Kostentragungspflicht auch dann gelernt, wenn die Norm trotz des Gelernten übertreten werde („Einübung in die Akzeptation der Konsequenzen").

als Normalbedeutung definiert – die Norm erodiert. Soll diese Erosion unterbleiben, muss dergestalt angeschlossen werden, dass die Unmöglichkeit deutlich wird, durch den Normbruch zur Gemeinsamkeit zu gelangen: Dem Normbrecher wird wegen seiner Tat die Möglichkeit leiblichen Verhaltens als die der Gesellschaft allein greifbare Bedingung der Gemeinsamkeit mit ihm genommen; er wird mehr oder weniger radikal seiner Interaktionsmittel entledigt – Strafe von der in jedem Schuldspruch enthaltenen Feststellung, ein bestätigender Anschluß an sein Verhalten sei fehlerhaft, über Geldstrafe und Freiheitsstrafe bis hin zur Todesstrafe"[771].

Inhaltlich konsequent erachtet Jakobs die Straftat weder als Rechtsgutsverletzung noch als Eingriff in die Freiheitssphäre des Individuums, sondern als Widerspruch der Bedingungen der Gemeinsamkeit[772]. Die Lehre vom Rechtsgut überzeugt Jakobs auch deshalb nicht, weil sich viele Norminhalte nicht erklären ließen, wenn der Zweck der Norm allein im Rechtsgüterschutz gesucht werde[773]. Zum anderen hebt Jakobs das ungeklärte Verständnis von der Begriffsnatur des Rechtsgutes[774] und die voneinander abweichenden Konzeptionen zur Rechtsgutsträgerschaft hervor[775]. Er meint, die Schutzbedürftigkeit fundamentaler Interessen wie Leben, Gesundheit und Eigentum sei intuitiv zugänglich[776]. Weitere Interessen, denen sich Staat oder Verwaltung annehmen, weil Selbstregulierungsmechanismen in komplexen Gesellschaften nicht mehr funktionieren, rücken aber gleichfalls in den Rang von Rechtsgütern auf: „(...) schlechthin jede

[770] Mit diesem über die gesellschaftlichen Strukturen vermitteltem Präventionsverständnis unterscheidet sich der Ansatz Jakobs grundlegend von denjenigen Präventionsmodellen, die auf direkte Verhaltenssteuerung abstellen z.B. Kratzsch, Verhaltenssteuerung, 214, 230 ff.

[771] Jakobs, Norm, Person, Gesellschaft, 103 f. verwehrt sich aufkeimender Zweifel am maßgerechten Strafen mit einem Verweis auf die häufig nicht bestehenden Gefahren eines Anschlusses an den materiellen Gehalt des Normbruchs; Kargl, GA 1999, 53 ff., 65 macht auf das Paradoxon aufmerksam, dass Sanktionen bei besonders schwerwiegenden Delikten dann besonders milde ausfallen müssten, da z. B. Mord in der Menschheitsgeschichte als Normalbedeutung nicht angeschlossen wurde. Darüber hinaus stehe das von Jakobs eingeführte Maßkriterium hierzu in Widerspruch, da es Hinweise auf den materiellen Gehalt der Straftat zu geben scheint: „Das Maß der Strafe hat sich nach dem Maß der in der Tat objektivierten Leugnung von Personalität zu richten (...).", Jakobs, Norm, Person, Gesellschaft, 105.

[772] Jakobs, Norm, Person, Gesellschaft, 103.

[773] Jakobs, StrafR. AT, 2. Abschn., Rn. 18.

[774] Jakobs, StrafR. AT, 2. Abschn., Rn. 12 ff.

[775] Jakobs, StrafR. AT, 2. Abschn., Rn. 8 ff.

Institutionalisierung von Staatstätigkeit kann zum Rechtgut werden“[777], wenn sie als Funktionseinheit eine Aufgabe für die Gesellschaft oder eines ihrer Subsysteme, wozu auch der Bürger zählt, zu erfüllen hat[778].

g) Stellungnahme

aa) Kritik des integrationspräventiv ausgerichteten Gemeinschaftsstrafrechts

Als eines der Fundamente von Jakobs System der Normstabilisierung durch Strafrecht wurde die systemtheoretische Überlegung herauskristallisiert, dass Recht durch Erwartungssicherung menschliche Interaktion bei sozialen Kontakten und damit Gesellschaft überhaupt erst ermöglicht[779]. Die Rezeption der systemtheoretischen Perspektive Luhmanns bedingt, die vorgefundene Ordnung aus der abstrahierten Perspektive des soziologischen Beobachters zu beschreiben, ohne eine Begründung dafür zu liefern, warum die Rechtsgenossen ihre Normbefolgungsbereitschaft mit der Akzeptanz der dahinterstehenden Ordnung verbinden können[780]. Die Feststellung, die gesellschaftliche Ordnung sei die Kosten des Strafens wert, impliziert bereits eine Teleologie. Jakobs übergeht das eigentliche Problem der normativen Auseinandersetzung mit dem normstabilisierenden Strafzweck, indem er vom Beobachterposten aus die Aufrechterhaltung der Bedingungen menschlicher Interaktion beschreibt[781].

An diesem Punkt drängt sich der Schritt zu der normativen Frage auf, ob die herausgestellten Bedingungen der Zukunftsfestigkeit überhaupt bedürfen. Jakobs möchte jedoch das „Gerechtigkeitsprinzip“ als vermeintlich notwendigen Strafgrund gegen einen „realen gesellschaftlichen Bestand“ austauschen[782]. Der Verweis darauf, dass die Legitimation der Strafe nicht in der Straftheorie, sondern in der gesellschaftlichen Ordnung liegt, für deren Erhalt gestraft wird, bleibt unbefriedigend. Selbst wenn es aussichtslos erscheint, einer Theorie über

---

776 Jakobs, ZStW 107 (1995), 843 ff., 848.

777 Jakobs, StrafR. AT, 2. Abschn., Rn. 11.

778 Jakobs, StrafR. AT, 2. Abschn., Rn. 15.

779 Daneben gründet sich Jakobs Straftheorie auf Welzel und Hegel; dazu ausführlich Müller-Tuckfeld, Integrationsprävention, 61 ff., zur Rechtsgutsdiskussion aus einer an Jakobs anschließenden Sicht vgl. Müssig, Schutz abstrakter Rechtsgüter.

780 Klaus Günther, Sinn für Angemessenheit, 327 ff.; Stübinger, KJ 1993, 33 ff., 42 ff.; Müller-Tuckfeld, Integrationsprävention, 66 ff.

781 Ebenso Papageorgiou, Schaden und Strafe, 34.

782 Jakobs, StrafR. AT, 1. Abschn., Rn. 18.

die Funktion der Strafe die Begründungslast für die Legitimation des politischen Systems insgesamt aufzubürden[783], bleibt unberücksichtigt, ob die stabilitätssteigernden Elemente in Gestalt konkreter Strafnormen legitim sind. Keine Gesellschaft aber ist in ihrem gesamten Normbestand und kaum eine Gesellschaft hinsichtlich keiner Norm schutzwürdig[784]. Unterhalb der Schwelle der Integrität der gesamten zu stabilisierenden Ordnung ist die Theorie mithin ohne jede kritische Potenz[785].

Schünemann hat folglich zu Recht angeprangert, Jakobs Strafrechtstheorie kapituliere bereits von Beginn an vor der gerade in Gesetzgebung und Rechtssprechung herrschenden politischen Praxis[786]. Seine Methode der Normativierung strafrechtssystematischer Grundbegriffe, die zur Interpretation der Begriffe allein auf Systemfunktionalität bezüglich des gerade positiv verwendeten Systems verweist, beinhaltet in der Tat eine Abfolge von Zirkelschlüssen, hinter deren Fassade die wesentlichen Entscheidungen rein dezisionistisch getroffen werden[787].

bb) Kritik an Jakobs Menschenbild

Greift also der häufig gegen Jakobs Straftheorie vorgebrachte Einwand, nur die Gesellschaft solle stabilisiert werden und vom freien Subjekt sei nicht mehr die Rede[788]? Jakobs selbst gesteht zu, sein Konzept diene der „Erhaltung des Gesellschaftssystems", verneint jedoch den Einwand der Vernachlässigung des Individuums mit dem Argument, das Subjekt sei genau in dem Maße präsent, in dem es kommunikativ vermittelt werde[789]. Ein „Subjekt" dürfe nicht als „substanzontologisch fixiert" angesehen werden, sondern ergebe sich erst aus dem Sinnzu-

[783] Müller-Tuckfeld, Integrationsprävention, 67.
[784] So zutreffend Neumann, Normative Kritik, 147 ff., 149.
[785] Müller-Tuckfeld, Integrationsprävention, 68.
[786] Schünemann, GA 1995, 201 ff., 203.
[787] Schünemann, GA 1995, 201 ff., 220 f. bemängelt Jakobs Strafrechtskonzeption bestehe „in der Öffnung aller Schleusen für die darin insgeheim vorausgesetzten Dezisionen und damit letztlich in einer transitorischen Tätigkeit, die regelmäßig zu einem normativistischen Fehlschuss und in jedem Falle zu einer Auflösung der Strafrechtsdogmatik in Kriminalpolitik führt".
[788] Albrecht, StV 1994, 265 f.; Stübinger, KJ 1993, 33 ff., 44; Kahlo, Pflichtzusammenhang, 206 konstatiert „der einzelne werde zu einem Rad in einem größeren Funktionszusammenhang herabgedrückt".
[789] Jakobs, ZStW 107 (1995), 843 ff., 849 f.

sammenhang einer konkreten Situation[790]. Ohne eine funktionierende Gesellschaft fehle es an den empirischen Bedingungen von Subjektivität. Es sei daher unzutreffend, die Konstitutionsbedingungen der Subjektivität den Konstitutionsbedingungen von Gesellschaftlichkeit im Sinne von „hier Freiheit" versus „dort Kollektivismus" entgegenzusetzen[791].

Trotz dieser treffenden Einwendung ist mit dem Hinweis auf die Konstitutionsbedingungen der Subjektivität die Frage nach dem Verhältnis von Subjekt und Gesellschaft nicht beantwortet[792]. Die Abweisung der Notwendigkeit einer Legitimation von Normen sowie der Rechtfertigung staatlichen Zwangs verbindet Jakobs mit Luhmanns Konzept der autopoietischen Sozialsysteme. Beide lehnen eine Deduktion des Gesellschaftlichen aus dem Individuellen ab, indem sie Individuen ihre Intersubjektivität absprechen. Der ohne die Gruppenaufgabe einzig nach dem Lust-/Unlustschema agierende Mensch hält keine Mechanismen zur Gestaltung der sozialen Gegenwart und Zukunft bereit. Er wird auf diese Weise vom gesellschaftlichen Akteur zum bloßen Beobachter degradiert, der nicht ausschließlich andere Gesellschaftsmitglieder, sondern vor allem sich selbst als Person durch den Normbruch in Frage stellt[793].

Dadurch relativiert Jakobs zwar den Einwand, den Menschen entgegen der Zweckformel des kategorischen Imperativs als Mittel zu verwenden[794], dennoch wird er aber dem auf Kant zurückgehenden Gedanken, wonach Freiheit, Gleichheit und Selbstständigkeit die Begründung staatlicher Gewalt überhaupt erst ermöglichen, nicht gerecht[795]. Dies möchte Jakobs gewiss auch gar nicht. Es bleibt aber die Frage, ob sich die Anerkennung einer Norm tatsächlich durch Einüben

---

[790] Jakobs, ZStW 97 (1985), 751 ff., 754.
[791] Jakobs, ZStW 107 (1995), 843 ff., 850 f.
[792] Ebenso Jakobs, ZStW 107 (1995), 843 ff., 851 f.
[793] Vgl. dazu Kargl, GA 1999, 53 ff., 66.
[794] Kant, Metaphysik der Sitten, die da lautet: „Handele so, daß du die Menschheit sowohl in deiner Person als in der Person jedes anderen, jederzeit zugleich Zweck, niemals bloß als Mittel brauchst."; diesen Einwand erhebt Stübinger, KJ 1993, 33 ff., 44; dem steht entgegen, dass Jakobs Funktionalismus durchaus klassische Elemente absoluter Strafbegründung in ihrer durch Hegel formulierten Version aufgreift. Mit diesen nimmt er die Verbrecher dadurch ernst, dass er dessen Handlung als Manifestation alternativer Weltgestaltung bekämpfen möchte und das Subjekt allein als Person als schutzwürdig klassifiziert.
[795] hierzu ausführlich Andreas Müller, rechtliche Freiheit und sittliche Autonomie, 17 ff.; Wild, ARSP 1997, 159 ff.

bewirken lässt oder ob sie auf eine autonome „Einsicht" des Individuums angewiesen ist[796]. Auch Jakobs hat zuletzt die Notwendigkeit der Unterscheidung und Berücksichtigung personaler Kommunikation, des Selbstbezugs des Individuums und der subjektiven Identität hervorgehoben, ohne allerdings die Auswirkungen auf das Konzept der Normanerkennung offen zu legen[797]. Der Begriff der subjektiven Identität muss aber auch dann eine Rolle spielen, wenn Subjektivität nicht transzendental oder im Wesen und in der Natur des Menschen als immer schon gegebene Eigenschaft vorausgesetzt, sondern als gesellschaftlich vermittelt verstanden wird. Diese Einbettung ist Jakobs, wie auch oben am Beispiel des „Auskommens" des Individuums verdeutlicht, nicht geglückt. In seiner Theorie finden Begrenzungen des Zugriffs auf das Subjekt keinen systematischen Platz[798]. Die normative Idee der Ausgangssituation, in der Menschen durch wechselseitige Anerkennung als gleiche und freie Bürger in eine politisch intersubjektive Existenz treten, wird in Jakobs Konzept der Integrationsprävention zugunsten der Konstitutionsbedingungen von Gemeinschaft suspendiert. Jakobs kritische Anmerkungen zu Begrenzungen des Zugriffs auf das Subjekt im Hinblick auf die Gefahr totalitärer Tendenzen im Strafrecht sowie seine Kritik eines Feind- und die Einforderung eines Bürgerstrafrechts[799] setzen normative Grundannahmen voraus, die auf Basis seiner positivistisch – funktionalistischen Strafrechtstheorie nicht erklärbar sind[800].

3. Theorie des Sozialschadens von Amelung

a) Begriff der sozialschädlichen Verhaltensweisen

Bei Amelung bemisst sich die Legitimität einer Strafnorm ebenfalls danach, ob sie einen Beitrag zur Systemerhaltung leistet[801]. Der Schutz des Einzelnen durch Strafrecht erfolge nicht um seiner selbst willen, sondern im Interesse der Gesell-

---

[796] Vgl. Klaus Günther, Möglichkeiten, 210 zum diskursethischen Begriff „autonomer Einsicht".

[797] Jakobs, ZStW 107 (1995), 843 ff., 867 ff.

[798] Hassemer, NK-StGB, Vor. § 1, Rn. 254; Müller-Tuckfeld, Integrationsprävention, 69.

[799] Jakobs, ZStW 97 (1985), 751 ff., 753, 756; ders., ZStW 107 (1995), 843 ff., 858; vgl. dazu Müssig, Schutz abstrakter Rechtsgüter, 217 ff.

[800] Zu Recht hervorgehoben von Müller-Tuckfeld, Integrationsprävention, 69; Hassemer, NK-StGB, Vor. § 1, Rn. 254; ähnlich Klaus Günther, Schuld und kommunikative Freiheit, 58 ff.

[801] Amelung, Rechtsgüterschutz, 361 ff., 370.

schaft[802]. Aufgabe des Strafrechts sei nicht der Rechtsgüterschutz, sondern die Sicherung der Bedingungen menschlichen Zusammenlebens[803].

Die Bedingungen menschlichen Zusammenlebens sucht Amelung ebenso wie Jakobs auf dem Boden systemtheoretischer Erwägungen zu konkretisieren. Aber im Unterschied zu Jakobs soll es für die strafbewehrte Sanktionalisierung von Verhaltensweisen auf deren Sozialschädlichkeit ankommen. Als sozialschädlich werden Phänomene angesehen, die dysfunktional sind, also den Fortbestand der Gesellschaft verhindern oder erschweren[804]. Was in einer konkreten Gemeinschaft sozialschädlich ist, könne nur unter Berücksichtigung fundamentaler Strukturentscheidungen, d.h. im Hinblick darauf beantwortet werden, wie die fundamentalen Systemprobleme in der betreffenden Gesellschaft gelöst seien. Die Art der Lösung sei in bereits geschaffenen Rechtssystemen eine Frage politischer Entscheidungen und damit nur „relativ, im Hinblick auf vorausliegende Strukturentscheidungen bestimmt“[805]. Das Strafrecht erfülle als „Mechanismus der sozialen Kontrolle die Aufgabe, die Geltung dieser Normen, d. h. die Struktur des bundesrepublikanischen Sozialsystems zu bewahren“[806].

Amelung unterscheidet zwischen der sozialen Funktion einer Strafnorm und ihrem Zweck. Funktionen einer Strafnorm würden nicht ermittelt, indem man sich Vorstellungen eines Subjekts vergegenwärtige, sondern das Systemproblem vor Augen führe. Vor diesem Hintergrund sei die Funktionslosigkeit von Strafnormen denkbar, wenn eine Vorschrift keinen Beitrag zur Erhaltung des Sozialsystems leiste, weil der Gesetzgeber sich eine insoweit bestehende Gefahr nur eingebildet habe oder ohne Rücksicht auf die Funktion bestimmte Moralvorstellungen durchsetzen wolle[807]. Vor dem Hintergrund sozialen Wandels könne eine

---

802 Amelung, Rechtsgüterschutz, 389.
803 Amelung, Rechtsgüterschutz, 4 ff.
804 Amelung, Rechtsgüterschutz, 361.
805 Amelung, Rechtsgüterschutz, 368 hebt in diesem Zusammenhang hervor, dass „vorpositiv“ im Sinne von dem Gesetzgeber vorgegeben „grundsätzlich nur fundamentale Organisationsprobleme des Zusammenlebens“ sind. In modernen Gesellschaften würden die Lösungen „in ihrer Art (..) bereits durch das geniale Problemlösungsinstrument des positiven Rechts bestimmt (das freilich oft an „vorpositive“ kulturelle Normen anlehnen wird)(..)“.
806 Amelung, Rechtsgüterschutz, 370.
807 Amelung, Rechtsgüterschutz, 371.

Norm ihre Funktion verlieren oder neue Funktionen hinzugewinnen[808]. Strafnormen seien allerdings insoweit multifunktional, als sie über weitere Funktionen hinaus der Erhaltung des sozialen Friedens dienten[809].

Während das Rechtsgutsdogma der verstehenden Ermittlung der Vorstellungen eines zweckhaft handelnden Gesetzgebers diene, käme der Suche nach den sozialen Funktionen einer Norm „alle Vorteile der sozialwissenschaftlichen Analyse ihrer objektiven Bedeutung im sozialen System der Gesellschaft" zu[810]. Beide Ansätze könnten dergestalt miteinander verknüpft werden, dass „man die Reflexion auf die Funktionsbedingungen der Sozialordnung als Wertungsgrundlage für die Bestimmung von Rechtsgütern" betrachte. Amelung möchte dennoch am „subjektiven Ausgangspunkt des Güterschutzgedankens" festhalten und „das Risiko in Kauf nehmen, jeden beliebigen Gegenstand als Rechtsgut bezeichnen zu müssen, von dem feststeht, dass der Gesetzgeber ihn als wertvoll und schutzwürdig erachtet". In Fragen der Grenzen des Schutzbereichs könnten die „Reflexion auf die Funktionsbedingungen des Systems als Orientierungshilfe dienen", da zu vermuten sei, „daß der Gesetzgeber Zweifelsfragen so beantwortet sehen möchte, daß die Auslegungsentscheidung der von ihm geschaffenen und geschützten Sozialordnung entspricht"[811].

b) Begrenzung des Sozialschadensgedankens durch gesetzgeberische Wertentscheidungen

Aus dem Umstand, dass der Sozialschadensgedanke notwendigerweise mit den liberalen Verfassungsprinzipien der Art. 1 und 2 GG in Konflikt geraten muss, zieht Amelung nicht etwa den Schluss der Unvereinbarkeit beider Ansätze, sondern verweist auf den normativen Gestaltungsspielraum der Politik[812]. Zu den politischen Entscheidungen über die Art der Problembewältigung zähle die in Art 1 I GG festgeschriebene Unantastbarkeit der menschlichen Würde. Das Problem des Schutzes der Person, welches jede Gesellschaft irgendwie bewältigen müsse, sei hier in ganz bestimmter Weise, unter Achtung des Eigenwertes eines jeden Individuums, gelöst. Dies sei zwar eine „Optimallösung", aber so-

[808] Amelung, Rechtsgüterschutz, 373.
[809] Amelung, Rechtsgüterschutz, 377.
[810] Amelung, Rechtsgüterschutz, 394.
[811] Amelung, Rechtsgüterschutz, 394 f.
[812] Amelung, Rechtsgüterschutz, 389.

ziologisch nicht zwingend, da ein Sozialsystem sich auch durch Tötung von Alten, Kranken oder Verbrechern stabilisieren könne[813]. Am Beispiel des Todes von Individuen primitiver Gesellschaften sucht Amelung zu verdeutlichen, dass die Tötung des Einzelmenschen einer Gesellschaft kaum etwas anhaben könne. Messbare Schäden könnte in einem sozialen System von den Dimensionen einer Industriegesellschaft erst die unkontrollierbare Häufung dysfunktionaler Handlungen bewirken, die der Autor im Hinblick auf die Verletzung der Person daran festmacht, dass kein Interaktionssystem ohne Personen existieren könne[814].

Der Selbstwert der einzelnen Person sei unter dem Aspekt der Sozialwidrigkeit nur existent, weil er verfassungsrechtlich festgeschrieben sei. Die „Kosten" der Art. 1 und 2 GG lägen für das soziale System somit darin, dass die dort aufgestellten Grundsätze den Kreis möglicher Problemlösungen beschränkten und das System seine Probleme nicht länger unter Missachtung des Eigenwertes der Person lösen könne[815].

c) Kritik

aa) Philosophie oder Soziologie des Strafrechts?

Ähnlich wie Luhmann und Jakobs begreift auch Amelung Normen als Verhaltenserwartungen, auf die man sich im Zusammenleben verlässt[816]. Bemisst er die Legitimität einer Strafnorm in Anlehnung an die soziale Systemtheorie danach, ob sie einen Beitrag zur Systemerhaltung leistet oder nicht[817], wird die Bedeutung des Einzelnen erneut auf seine Funktion als Systembestandteil begrenzt und das Unrecht ihm gegenüber auf das Problem der dadurch bewirkten Dysfunktionalität des Systems reduziert[818].

Wenn Amelung sich der Systemtheorie als Basis eines Schädlichkeitsurteils bedienen möchte, wäre es erforderlich gewesen, bestehende Kontroversen abwei-

---

[813] Amelung, Rechtsgüterschutz, 389.
[814] Amelung, Rechtsgüterschutz, 388.
[815] Amelung, Rechtsgüterschutz, 390.
[816] Amelung, Rechtsgüterschutz, 377.
[817] Amelung, Rechtsgüterschutz, 361 ff., 370.
[818] So zutreffend, Zaczyk, Unrecht, 123 und im Anschluss an ihn Hefendehl, Kollektive Rechtsgüter, 71.

chender gesellschaftstheoretischer Ansätze zu diskutieren[819]. Fragen der Funktionalität sind weitaus komplexer als sich dies in Amelungs Arbeit erschließt. Seine theoretische Basis ist zu schmal, um die eigenständige Funktion gerade des Strafrechtssystems zu benennen und von anderen Systemen sozialer Kontrolle abzugrenzen[820]. Es gelingt ihm nicht, die strafrechtliche Legitimationsproblematik im soziologischen Kontext zu reformulieren und auf diese Weise in ein fundiertes Gesamtkonzept einzubeziehen[821]. Ohne die gesellschaftstheoretische Rekonstruktion der Legitimationsproblematik mangelt es Amelungs These zur Bestimmung der Sozialschädlichkeit als dysfunktionale Erscheinung an Substanz. Er liefert keine Antwort darauf, welche dysfunktionalen Sozialphänomene strafrechtlicher Kontrolle unterliegen sollen[822].

bb) Sozialvertragliche Begründung staatlicher Herrschaft?

Auch mit der Bezugnahme auf den aufklärerischen Ursprung der Lehre vom Sozialvertrag erhält Amelungs Gesellschaftsschutzkonzept kein begründungstheoretisches Fundament[823]. Hiermit steht lediglich die Hobbs'sche Idee eines (hypothetischen) Gesellschaftsvertrages als originäre Ermächtigungsnorm im Kreuzfeuer der Kritik. In den Überlegungen von Hobbes formuliert die vertraglich verpflichtende Einigung souveräner Individuen die Entstehung und Ausübung aller politischen Gewalt. Die Einigung auf Grundlage wechselseitiger Rechtsverzichte macht das Volk zu einer staatsrechtlichen Entität, die das öffentliche Recht aus der Volksgewalt ableitet[824]. Damit tritt automatisch das Problem der rechtfertigungstheoretischen Begründung des Gesellschaftsvertrages ins Zentrum der Betrachtung.[825] Nur für den Fall, dass der Gesellschaftsvertrag rechtfertigungstheoretisch für sich selbst aufzukommen vermag, ist es zulässig, sich auf das Einwilligungsargument zurückzuziehen.

---

[819] Hassemer, ZStW 87 (1975), 146 ff., 161.

[820] Hassemer, ZStW 87 (1975), 146 ff., 162; ähnlich die Kritik von Stächelin, Strafgesetzgebung, 47 f.; Müssig, Schutz abstrakter Rechtsgüter, 65 ff.

[821] Müssig, Schutz abstrakter Rechtsgüter, 65 f.

[822] Müssig, Schutz abstrakter Rechtsgüter, 65 weist zu Recht darauf hin, dass viele schwerwiegende dysfunktionale Sozialphänomene – wie z.B. wirtschaftliche Fehlentscheidungen – von der gesellschaftlichen Verbrechensdefinition nicht erfasst werden.

[823] Vgl. Amelung, Rechtsgüterschutz, 16 ff.; ders., Rechtsgutsverletzung, 269.

[824] Kargl, Jahrbuch f. Rechts- und Krimsoz. 1999, 93 ff., 103; vgl. Kersting, Philosophie des Gesellschaftsvertrages, 354; ders., ARSP 1998, 354 ff.

[825] Vgl. dazu Klaus Günther, Schuld und kommunikative Freiheit, 60 ff.

Dementsprechend kommt auch das individualistische Zwangsmodell von Hobbes nicht ohne Begründungslast aus. Hobbes glaubt vielmehr, die allgemeine Zustimmungsfähigkeit einer absoluten staatlichen Gewalt auf normative Voraussetzungen und einige empirische Annahmen stützen zu können. Empirische Annahme ist insbesondere die kräftemäßige Gleichheit aller Menschen im Naturzustand[826]. Als normative Voraussetzung dient die Überlegung, dass eine soziale Ordnung nur dann für die Allgemeinheit akzeptabel ist, wenn sie unter realen Bedingungen menschlicher Existenz dem vernünftigen, d.h. langfristigen und wohlerwogenen Selbstinteresse aller beteiligten Individuen dient.

Hobbes vermag die allgemeine Akzeptanz der Individuen zur Staatsbegründung aufgrund individualistischen Kalküls ausschließlich aufgrund der Fiktion eines symmetrischen Gleichgewichts aller Menschen im Naturzustand abzuleiten. Die Annahme einer soweit gehenden Gleichheit aller Menschen im Naturzustand als Voraussetzung einer allgemeinen Annehmbarkeit der skizzierten Grundsätze lässt sich empirisch jedoch nicht rechtfertigen. Da bei Hobbes im vorkonstitutionellen Zustand der Anarchie niemand natürliche Rechte hat, dem Pflichten eines anderen gegenüberstehen, stellt es im Naturzustand kein Unrecht dar, andere gewaltsam zur Einwilligung in den Vertragsschluss zu zwingen. Dieser Mangel im Hobbes'schen System wird durch die Annahme einer weitgehenden Gleichheit der menschlichen Fähigkeiten und Kräfte verdeckt. Sobald man aber die Gleichheitsthese aufgibt[827], steht dieses Modell in diametralem Gegensatz zur Autonomie des Menschen und ist daher als tragfähige Grundlage einer moralphilosophisch vertretbaren Rechtfertigung politischer Institutionen ungeeignet.

Eine Theorie des Gesellschaftsvertrages, die die allgemeine Zustimmungsfähigkeit einer Verfassung des sozialen Zusammenlebens durch eine Übereinkunft freier und gleicher Personen ermöglichen will, muss daher eine Ausgangssituation konstruieren, die, über die Verschiedenheiten individueller Interessenlagen

---

826 Hobbes, Leviathan, 75 ff., 94 ff. benennt folgende empirische Annahmen: 1. Jeder Mensch verfolgt vor allem sein persönliches Selbstinteresse nach Selbsterhaltung und nach einem angenehmen Leben; 2. Ein anarchistischer Zustand ungezügelter Freiheit hätte für alle Individuen gleichermaßen fatale Konsequenzen; 3. Menschen sind von Natur aus in ihren körperlichen und geistigen Kräften annähernd gleich, so dass im Naturzustand niemand irgendeinen Vorteil für sich beanspruchen könnte, dem nicht jeder andere zu erlangen ebenso gut fähig wäre; 4. Nur absolute unbegrenzte staatliche Autorität ist fähig, den sozialen Frieden zu sichern.

hinaus, das Prädikat allgemeiner Anerkennungsfähigkeit verdient[828]. Zu rechtfertigen vermag die gedankliche Konstruktion des Sozialvertrages nicht aus sich selbst heraus, sondern weil der Vertrag die ihm vorausgesetzte Freiheits- und Anerkennungssituation vergegenständlicht[829]. Jenseits des Empirismus wirklich abgeschlossener Verträge kann der Gedanke eines allgemeinen Konsenses über die Grundregeln gesellschaftlichen Zusammenlebens daher nur als hypothetische Konstruktion einer fairen Willensbildung Erfolg haben, die der Rechtfertigung und Kritik staatlicher Institutionen als Maßstab dienen kann[830]. Ist klar, dass der Sozialvertrag rechtfertigungstheoretisch nicht für sich selbst aufzukommen vermag, so ist eine sozialvertragliche Begründung staatlicher Strafe überflüssig gemacht.

cc) Grundrechte als Zusatzbedingung zur Begrenzung des Sozialschadensgedankens?

Auch die von Amelung eingeführte Zusatzbedingung der Begrenzung der Reichweite des Sozialschadensgedankens durch fundamentalen Wertentscheidungen des Grundgesetzes hilft nicht weiter[831]. Wie gezeigt, kann eine Orientierung an verfassungsrechtlichen Vorgaben eine überpositive Legitimation strafrechtlicher Normen nicht ersetzen[832]. Haben Grundrechte im Lichte der Systemtheorie gerade nicht den Schutz des Einzelnen im Auge, bleibt unklar, warum die Legitimität des Systems durch fundamentale Wertentscheidungen zu korrigieren ist, die sich aus der Verfassung als Subsystem ergeben[833] und so als Grundlage einer „Optimallösung“ fungieren sollen, die dennoch „Kosten“ verursacht[834]. Entscheidet letzendlich die Verfassung, welche Güter für den Bestand unseres Sozialsystems strafrechtlichen Schutzes bedürfen, wirkt der „Umweg“ über die systemtheoretische Strafnormlegitimation befremdlich. Die dieser Kon-

---

827 Was man im Rahmen eines rein individualistischen Vertragsmodells muss.

828 Kargl, Jahrbuch f. Rechts- und Krimsoz. 1999, 93 ff., 103 f.; ähnlich Koller, Gerechtigkeit, 11 ff.

829 Kargl, Jahrbuch f. Rechts- und Krimsoz. 1999, 93 ff., 104 f.

830 In diesem Sinne auch Koller, Gerechtigkeit, 24; Kargl, Jahrbuch f. Rechts- und Krimsoz. 1999, 93 ff., 103 f.

831 Hefendehl, Kollektive Rechtsgüter, 72 f.; ähnlich Hassemer, ZStW 87 (1975), 146 ff., 161.

832 Siehe dazu oben, S. 115 ff.

833 So die berechtigte Kritik von Beck, Unrechtsbegründung, 49; Hefendehl, Kollektive Rechtsgüter, 73.

834 Zu dieser Inkonsistenz vgl. Amelung, Rechtsgüterschutz, 389 f.

zeption eingezogenen Grenzen bleiben in der Tat „äußerlich und damit zufällig"[835].

Auch Amelung scheitert demzufolge an der Einordnung des Individuums in sein System der Sozialschädlichkeit. Sofern er die Verletzung der Person als sozialschädlich erachtet, da kein Interaktionssystem ohne Personen existieren könne, hätte er sich – unabhängig von den positivrechtlichen Wertentscheidungen des Grundgesetzes – der schwierigen Überlegung zu stellen gehabt, dass man durchaus auf einige Interaktionspartner verzichten könnte[836].

4. Zwischenergebnis

In diesem Abschnitt wurde herausgearbeitet, dass die systemtheoretisch gestützten Strafkonzepte Amelungs und Jakobs Erklärungsdefiziten ausgesetzt sind, die aus der Rezeption des systemtheoretisch ausgerichteten Ansatzes Luhmanns herrühren. Systemheoretisch orientierte Begründungen ersetzen des Begriff des Rechtsgutes durch den Funktionenbegriff, der sich jedoch als ungeeignet erweist, den Umfang strafrechtlicher Sanktionen zu bestimmen. Der dabei angelegte sozialschädlich-monistische Weg, der den Einzelnen gleichsam als „Systemeinheit"[837], nicht aber mit Eigenwert ausstattet, vermag die normativen Grenzen der gesellschaftlichen Funktionalisierung des Einzelnen nicht zu erklären. Zwar scheint die gesellschaftliche Funktionalisierung der Person auch innerhalb systemtheoretisch orientierter Lehren Grenzen zu finden, deren Ursprung bleibt aber im Dunkeln. Liest man bei Jakobs, dass unsere Gesellschaft auch die Anerkennung des Subjekts im Wege personaler Kommunikation kenne[838], trägt diese scheinbare Relativierung des Wertes der Gesellschaft mit Blick auf das Individuum nicht weit: „Mit anderen Worten" fährt Jakobs fort, „von der Gesellschaft her gesehen begründen nicht etwa Personen personale Kommunikation aus sich heraus, sondern letztere definiert Individuen zu Personen"[839].

---

[835] Zaczyk, Unrecht, 123.
[836] So zu Recht Hassemer, ZStW 87 (1975), 146 ff., 162; Hefendehl, Kollektive Rechtsgüter, 72.
[837] Amelung, Rechtsgüterschutz, 389.
[838] Jakobs, ZStW 107 (1995), 843 ff., 872 ff.
[839] Jakobs, ZStW 107 (1995), 843 ff., 874.

In der Tat ist das Individuum damit „auf ein Format gebracht, das ihm nur ein umbedeutendes Rauschen am Ohr der Gesellschaft erlaubt"[840]. Mangels Einbeziehung des affektiv-kognitiven Handelns der gesellschaftlichen Akteure in die Begrifflichkeit sozialer Systeme, finden Fragen nach den Ursachen und Mechanismen der sozialen Differenzierung keine Antwort[841]. Selbstreferentialität ist nur denkbar, wenn das System in der Lage ist, seine eigenen Zustände zu beobachten und die dabei aufgegriffenen Selbstbeschreibungen zum Ausgangspunkt neuer Zustände zu machen[842]. Die Möglichkeit des Menschen aufgrund seiner Disposition zur Selbstreflexivität zu lernen und seine Motivation zu ändern, bedingt richtigerweise eine systemkritische Perspektive[843].

Nach alledem bleibt festzuhalten, dass das Erkenntnisinteresse der deskriptiven Wissenschaften, zu denen die Systemtheorie zählt, zu einseitig auf die bloße Faktizität des Rechts rekurriert, um ein Fundament normativer Begründung staatlicher Strafe zu liefern. Die systemtheoretisch gestützten Konzeptionen vermögen sich trotz ihrer Normativität nicht aus diesem Defizit zu lösen. Die Frage nach der Legitimation strafrechtlicher Tatbestände kann ausschließlich auf normativer Grundlage der rechtsphilosophischen Einsicht, dass Gerechtigkeit nicht lediglich einen bestimmten Zustand empirischer oder nicht-empirischer Art bezeichnet, angemessen beantwortet werden. Die Darstellung der Systemtheorie hat verdeutlicht, dass die stark abstrahierende Perspektive eines soziologischen Beobachters nicht als Rechtfertigungsbasis des Kollektivschutzes fungieren kann. Erstere ist objektivierend, auf das Recht (von außen) und dessen Wirkungsweise schauend, die Spannung von Faktizität und (normativer) Geltung auf Kosten der Normativität auflösend, letztere sieht sich Legitimationsfragen gegenüber. Zur Vermeidung blinden Gehorsams, muss auch das soziologisch informierte Strafrecht seinen Blickwinkel wechseln und einen Standpunkt einnehmen, der ihm eine Begründung dafür ermöglicht, weshalb Rechtsgenossen ihre Normbefolgungsbereitschaft mit der Akzeptanz der Legitimität der dahinterstehenden Ordnung verbinden können[844].

---

[840] Kargl, GA 1999, 53 ff., 66.
[841] Kargl, GA 1999, 53 ff., 66; ders., ZfRSoZ 12 (1991), 120 ff.
[842] Vgl. dazu Kargl, Kognitive Handlungstheorie, 53 ff., 66.
[843] Kargl, Kognitive Handlungstheorie, 105.
[844] Dazu Klaus Günther, Sinn für Angemessenheit, 327 ff.; Stübinger, KJ 1993, 33 ff., 42

Es gilt im folgenden zu überprüfen, ob personell orientierte Schutzkonzepte dieser Anforderung gerecht werden und dadurch gegen kriminalpolitische Expansionen des Strafgesetzgebers gewappnet sind bzw. sich diese Rechtsgutkonzeptionen als Basis eines rational begründeten Strafrechts tauglich erweisen. Gemeinsam ist den systemkritischen Ansätzen, dass dem Begriff des Rechtsgutes ein materieller Gehalt zugesprochen wird, um auf diese Weise schutzwürdige von nicht schutzwürdigen Interessen unterscheiden zu können[845].

V. Das Recht der Individuen

1. Einführung

Will man Strafrechtsnormen auf ihre Legitimität hin überprüfen, bedarf es normativer Kriterien, anhand derer entschieden werden kann, welche konkreten Verhaltensweisen diesem Strafrecht unterfallen. Da bereits die durch die Strafandrohnung bewirkte Verengung der personalen Freiheitssphäre, insbesondere aber die Bestrafung selbst ein Übel darstellt, das in die Freiheitsspähre der Individuen eingreift, kann dieser Eingriff nicht zweckfrei gerechtfertigt sein. In einer Gesellschaft, die die Existenz staatlicher Gewalt nicht als Selbstzweck versteht, kann auch Strafgesetzgebung und –anwendung nicht zum Selbstzweck erhoben werden, sondern muss sich als zweckbestimmtes Handeln legitimieren lassen[846]. Vor diesem Hintergrund sind Funktionalisierungen strafrechtlicher Normen nicht per se illegitim[847], sondern der Verzicht auf eine Rechtfertigung staatlicher Strafe ein rechtskultureller Rückschritt[848].

Aufgrund dieser Erkenntnis gehen moderne Vertreter absoluter Straftheorien davon aus, dass der mit dem Institut staatlicher Strafe herbeizuführende Tatschuldausgleich kein Selbstzweck ist, sondern das durch die Straftat gestörte

---

[845] Einen Überblick über die systemkritischen Ansätze bieten u.a. Worms, Bekenntnisbeschimpfung, 31 ff.; Hohmann, Umweltdelikte, 39 ff.

[846] Diese Erkenntnis ist zugleich Absage an die zweckfrei – absoluten Straftheorien, von den zahlreiche bei genauerem hinsehen ohnehin als verdeckt – relative Ansätze entlarvt wurden, vgl. dazu Frommel, Präventionsmodelle, 104 ff., 113 f.; Hassemer, Strafziele, 49 ff.; Müller-Tuckfeld, Integrationsprävention, 26 ff.; Papageorgiou, Schaden und Strafe, 53 f.

[847] Prittwitz, StV 1991, 435 ff., 437; Lüderssen, FS für Arthur Kaufmann, 487 ff., 489.

[848] Prittwitz, Risiko, 376 f.; ders., StV 1991, 435 ff., 437; Hassemer, Sozialtechnologie und Moral, 332; ders., JuS 1987, 257 ff.; 264; Lüderssen, StV 1987, 163 ff., 172 f.

Rechtsgleichheitsverhältnis wiederhergestellt werden soll[849]. Unter Bezugnahme auf den Gerechtigkeitsgedanken allein kann aber weder belegt werden, dass eine bestimmte Verhaltensweise als Unrecht anzusehen ist[850], noch kann begründet werden, warum nicht jede Normübertretung Strafe nach sich ziehen soll[851]. Soll der Anwendungsbereich strafrechtlicher Normen begrenzt werden, gilt es daher zu klären, wann eine Verhaltensweise einen unvereinbaren Eingriff in fremde Freiheitssphären darstellt, auf den legitimerweise mit Strafe geantwortet werden darf. Straftatbestände bedürfen daher einer doppelten Legitimation[852]: Zunächst muss der in der Strafandrohung bzw. –verhängung liegende Eingriff in die Freiheitssphäre des Einzelnen diesem gegenüber als eine mit dem Gerechtigkeitsgedanken vereinbare Einschränkung seiner Freiheit legitimiert werden können. Gleichzeitig muss die Legitimation des staatlichen Zwangseingriffs selbst begründet werden.

Im Folgenden sollen zunächst das personal orientierte Strafkonzept Hassemers und dessen Auswirkungen auf überindividuelle Schutzgüter dargestellt und sodann auf seine Überzeugungskraft hin untersucht werden. Soweit das systemkritische Potential der Rechtsgutslehre überzeugt, ließe es sich für die hier durchzuführende Legitimitätsprüfung fruchtbar machen. Von Bedeutung ist in diesem Zusammenhang vor allem, ob die systemkritischen Lehren Maßstäbe zur begrifflichen Konturierung der Schutzgüter bieten, an denen die Legitimität einer Vorschrift zuverlässig überprüft werden kann.

---

849 Köhler, Begriff der Strafe, 9 ff.; ders., StrafR. AT, 43 ff.; E.A.Wolff, ZStW 97 (1985), 786 ff., 818 ff.

850 Papageorgiou, Schaden und Strafe, 29, 37 ff.; Noll, FS für Meyer, 229; Wohlers, Deliktstypen, 55.

851 Papageorgiou, Schaden und Strafe, 48 f.; Wohlers, Deliktstypen, 55.

852 Gallas, Grenzen, 4; Hart, Recht, 66 ff.; Neumann, Kritik, 150; Papageorgiou, Schaden und Strafe, 56; Rawls, Regelbegriffe, 137 f.; Schild, FS für E. A. Wolff, 434 ff.; Wohlers, Deliktstypen, 56.

2. Systemkritische Perspektive Hassemers

a) Rechtsgüterschutz als Subjektsschutz

Hassemer verortet den Ursprung seiner systemkritischen Rechtsgutslehre in der Aufklärungsphilosophie[853]. Er legt seinem Ansatz die Überlegung zugrunde, die Lehre vom Rechtsgut stelle das materielle Substrat der Theorie des Verbrechens dar[854]. Die Rechtsgutslehre solle Faktoren aufzeigen, die menschliches Verhalten als Verbrechen erscheinen lasse[855] und damit Aufschluß über die Frage geben, welche Verhaltensweisen legitimerweise als strafwürdiges Kriminalunrecht angesehen werden könnten[856]. Basis der Konzeption Hassemers bildet ein liberales Staatsverständnis, das die Interessen der Allgemeinheit und des Staates vom Einzelnen her funktionalisiert[857].

Einen Schwachpunkt der systemkritischen Rechtsgutskonzeption erblickt Hassemer darin, dass es ihr an hinreichendem gesellschaftlichem Bezug mangelt.[858] Er bemüht sich deshalb, die Lehre durch Herstellung von Wirklichkeitsbezug weiter zu entwickeln[859]. Die Wertschätzung, die eine Gesellschaft ihren Objekten zukommen lasse, solle darüber entscheiden, ob ein Verhalten, das diese Objekte verletzt, derart unerträglich sei, dass es mittels strafrechtlicher Sanktion als ultima ratio zurückgewiesen werden müsse[860].

Später qualifiziert Hassemer das Rechtsgut als „strafrechtlich geschütztes menschliches Interesse“ [861], relativiert den Begriff aber zugleich[862], indem er in

---

[853] Hassemer, Theorie, 27 ff.; ders., NK-StGB, 1. Aufl., Vor. § 1, Rn. 261; ebenso Hohmann, Umweltdelikte, 66 ff.; Marx, Rechtsgut, 40 ff.

[854] Hassemer, Theorie, 16.

[855] Hassemer, Theorie, 133.

[856] Hassemer, Theorie, 140.

[857] Hassemer, Theorie, 231 ff.

[858] Hassemer, Theorie, 61 ff.

[859] Hassemer, Theorie, 98 ff.; irritierend ist, dass Hassemer den gesellschaftlichen Kontextbezug der Rechtsgutkonstitution zu bestimmen sucht, ohne einen Begriff vom Rechtsgut bzw. der Rechtsgutsverletzung zu entwickeln; dies heben auch Amelung, ZStW 87 (1975), 132 ff., 139 f.; Müssig, Schutz abstrakter Rechtsgüter, 60 hervor.

[860] Hassemer, Theorie, 147; aufgrund der Berücksichtigung des Interaktionsprozesses zwischen Gesellschaft und Staat ist der Rechtsgutsbegriff Hassemers auch durch konsensuale Merkmale geprägt, in diesem Sinne ebenfalls Stächelin, Strafgesetzgebung, 40.

[861] Hassemer, NK-StGB, 1. Aufl., Vor. § 1, Rn. 287.

Rechnung stellt, „daß das Rechtsgutsprinzip nicht für sich allein imstande ist, die Strafwürdigkeitsfrage zu beantworten". Außerdem sei das Prinzip ambivalent, da es je nach der historischen Situation der Strafgesetzgebung für eine Kriminalisierung wie für eine Entkriminalisierung votieren könne[863]. Dennoch besteht der Wert des Rechtsgutes für die Kriminalpolitik seiner Ansicht nach nicht darin, ein „Passepartout für sämtliche rationes legis von Strafnormen zu sein"[864]. Vielmehr diene er als „gewichtiger Argumentationstopos für eine eher am Menschen orientierte, eher durchsichtige und nachprüfbare Kriminalpolitik und Strafrechtsanwendung"[865].

Universalrechtsgüter begründet Hassemer damit, dass der Mensch „ein vergesellschaftetes Wesen ist" und daher „seine Interessen und Güter nur in Gemeinschaft mit anderen, und dass heißt: in gesellschaftlichen und staatlichen Institutionen wahren und verwirklichen kann". Der Schutz dieser Institutionen „(...) ist Rechtsgüterschutz im vermittelten Interesse der mit den Institutionen lebenden und handelnden Menschen"[866]. Wegen der nur mittelbaren Bedeutung der Freiheit der Person sei der Schutz von Gütern, die der Zuordnung zu einzelnen Personen entzogen seien, in besonderem Maße legitimierungsbedürftig[867]. Die Erweiterung der Kriminalisierung im Vorfeld einer Rechtsgutsverletzung erfordere, dass der Anlass zum Rechtsgüterschutz besonders dringlich sei und vergleichsweise mild sanktioniert werden müsse[868]. Je mehr Schritte erforderlich seien, um eine Strafdrohung mit einem menschlichen Interesse legitimierend zu vermitteln, desto vorsichtiger müsse man im Ob und Wie der Strafdrohung sein.

Die Aufgabenbestimmung des Strafrechts vom Rechtsgut her beinhalte den „Versuch, dem Gesetzgeber ein plausibles und verwendungsfähiges Kriterium seiner Entscheidungen an die Hand zu geben und zugleich einen externen Prü-

---

[862] Dazu schon Welzel, ZStW 58 (1939), 491 ff., 509; kritisch zur Interessentheorie in ihrer historischen Entwicklung Amelung, Rechtsgüterschutz, 61 ff., 87 ff., 98 ff.
[863] Hassemer, FS für Arthur Kaufmann, 85 ff., 87.
[864] Hassemer, NK-StGB, 1. Aufl., Vor. § 1, Rn. 289; so auch Rudolphi, SK-StGB Vor. § 1, Rn. 11
[865] Hassemer, NK-StGB, 1. Aufl., Vor. § 1, Rn. 289.
[866] Hassemer, NK-StGB, 1. Aufl., Vor. § 1, Rn. 281.
[867] Hassemer, Grundlinien, 85 ff., 92; ders., NK-StGB, 1. Aufl., Vor. § 1, Rn. 281.
[868] Hassemer, Grundlinien, 85 ff., 92; ders., Theorie, 207 ff., 220.

fungsmaßstab für die Gerechtigkeit dieser Entscheidungen zu entwickeln"[869]. Dennoch könne die Entscheidung, bestimmte Verhaltensweisen zu kriminalisieren, nicht allein anhand des Rechtsgüterschutztopos entschieden werden, sondern müsse vor einer Reihe weiterer Prinzipien Bestand haben[870]. Zu diesen Prinzipien gehöre der Grundsatz der Subsidiarität, der Sozialschädlichkeit, der Toleranz, der Humanität und die Wahrung der Menschenwürde. Schließlich besage der Grundsatz „in dubio pro libertate", dass Zweifel an der Legitimität einer Kriminalisierung durch den Verzicht auf eine strafrechtliche Regelung zu lösen seien[871].

b) Positive Generalprävention als regulative Idee der Formalisierung sozialer Kontrolle

Hassemer vertritt einen Ansatz positiver Generalprävention, der auf der Theorie sozialer Kontrolle basiert[872]. Soziale Kontrolle bezeichnet dabei nicht die Unterdrückung und Verformung des autonomen, vorgesellschaftlich konzipierten Subjekts durch die jeweiligen Machtverhältnisse, sondern Vergesellschaftung als Prozess der Subjektskonstitution selbst[873]. Im Ansatz erinnert der Anerkennungsbegriff an Hegel, ohne jedoch dessen etatische Überformung zu übernehmen[874]. Hassemer geht davon aus, dass Normen unser alltägliches Leben regulieren und ein Verstoß gegen sie zu sozialen Sanktionen führt. Funktional besteht für ihn kein wesentlicher Unterschied zwischen sozialen und strafrechtlichen Sanktionen. Beide reagierten auf die Abweichung von der Norm und seien sinnhaft mit der Norm verbunden. Diese Verbindung erst mache die Übelszufü-

---

869 Hassemer, NK-StGB, 1. Aufl., Vor. § 1, Rn. 261.

870 Hassemer, Grundlinien, 85 ff., 87.

871 Hassemer, Theorie, 196 ff.; ders., Grundlinien, 85 ff., 88.

872 Vgl. Hassemer, Grundlagen, 316 ff.; ders., NK-StGB, 1. Aufl., Vor. § 1, Rn. 291 ff.; zur Begriffsgeschichte der Theorie, die Anfang des Jahrhunderts von der pragmatischen Schule Chicagoer Sozialphilosophen um George Mead und John Dewey ausgearbeitet wurde vgl. Müller-Tuckfeld, Anerkennung.

873 In seinem Aufsatz über „Die Genesis des sozialen Selbst und die soziale Kontrolle" fasst Mead dies auf S. 100 wie folgt zusammen: „Wir müssen andere sein, um wir selbst sein zu können (...). Wenn wir die Menschen derart zusammenführen können, daß sie in das Leben des jeweils anderen eintreten können, werden sie zwangsläufig ein gemeinsames Objekt besitzen, das ihr gemeinsames Verhalten kontrolliert".

874 Müller-Tuckfeld, Integrationsprävention, 70; zu einer Perspektive, die den Meadschen und den Hegelschen Anerkennungsbegriff in Beziehung zueinander setzt, vgl. Honneth, Kampf um Anerkennung, 114 ff.

gung zu einer Sanktion. Dadurch bestätige die Sanktion die verletzte Norm und stabilisiere sie als „kontrafaktische Verhaltenserwartung“[875]. Die Verletzung der Norm sei mithin nicht nur normal, sondern hilfreich – nur mit der Sanktionierung von Abweichungen könnten gesellschaftliche Normen wirkungsvoll verdeutlicht werden[876].

Das Strafrecht ist somit für Hassemer ein Teilbereich sozialer Kontrolle, der ebenso wie andere Instrumentarien ein Mittel der Enkulturation und Sozialisation darstellt. Die Unterschiede seien insoweit rein quantitativer, nicht qualitativer Natur. Das Strafrecht bearbeite diejenige Stelle im Gesamtbereich sozialer Kontrolle „an der es um die Verarbeitung der schwersten Konflikte mit den schärfsten Mitteln geht“[877]. Deshalb sei hier die Formalisierung der sozialen Kontrolle in Form einer möglichst genauen Positivierung der Merkmale kriminellen Verhaltens und ein detailliertes Verfahren besonders wichtig. Ergänzt werde diese Formalisierung durch die Bindung an materielle Wertprinzipien[878].

Neben der Einübung von Verhaltensnormen solle durch das Strafrecht aber auch der Umgang mit der Normabweichung beeinflusst werden[879]. Zur Behauptung und Sicherung der fundamentalen Normen der Gesellschaft gehörten die freiheitsbeschränkende und die freiheitsermöglichende Seite des Strafrechtssystems. „Positive Generalprävention stellt sich erst dann her, wenn beide Seiten der Medaille „strafrechtliche Verhaltenskontrolle“ für die gesellschaftliche Normbildung folgenreich werden. Dann nämlich können Strafrecht und Strafe zu einem normativ begründeten Vorbild humanen Umgangs mit Abweichung werden“[880].

---

875 Hassemer, Grundlagen, 317; ders., NK-StGB, 1. Aufl., Vor. § 1, Rn. 299 bezieht sich insoweit ebenfalls auf den oben besprochenen Ansatz Luhmanns.

876 Hassemer, NK-StGB, 1. Aufl., Vor. § 1, Rn. 46 ff. unter Verweis auf Durkheim und die funktionalistische Soziologie

877 Hassemer, Grundlagen, 319.

878 Hassemer, NK-StGB, 1. Aufl., Vor. § 1, Rn. 303 ff. führt diesbezüglich u. a. die Bürgerrechte des Angeklagten auf ein faires Verfahren, ein umfassende Verteidigung, Beweisverbot, rechtliches Gehör die und die Freiheit vom Selbstbezichtigungszwang an.

879 Hassemer, Grundlagen, 320 f.; ders., NK-StGB, 1. Aufl., Vor. § 1, Rn. 308 ff.; vgl. dazu Prittwitz, Risiko, 224 ff., der bemängelt, dass das Verhältnis von Formalisierung, Normeinübung und dem Erlernen humanen Umgangs mit abweichendem Verhalten bei Hassemer ungeklärt bleibt.

880 Hassemer, Grundlagen, 326.

Der Integrationsprävention nach dem Muster Jakobs wirft Hassemer vor, sie sei strukturell nichts anderes als eine Abschreckungspräventionstheorie „in modernisiertem Outfit“[881], die wie schon bei Feuerbach[882] ein Mittel normativer gesellschaftlicher Integration darstelle, das über die Übelszufügung gegenüber dem Straftäter organisiert sei[883]. Die Weisheit der absoluten Straftheorien liege in einem Menschenbild, das die normativen Prinzipien der Tatschuldabhängigkeit der Strafe und des Rechtsschutzes durch einen starken Subjektsbegriff integriert habe[884].

3. Kritik

Es gilt nun zu klären, ob der Ansatz Hassemers hält, was er für sich reklamiert, nämlich die Integration des freiheits- und subjektbezogenen Rechtsgutsbegriffs in eine ebenso ausgerichtete Theorie positiver Generalprävention. Da Hassemer seine Strafzwecktheorie aus dem empirischen Aspekt der Normeinübung und dem normativen Teil der Formalisierung zusammensetzt, handelt es sich nicht mehr um eine klassisch präventive Theorie[885].

a) Problem der Verifizierung

Die Kritik bezieht sich zum einen auf den präventiv-empirischen Aspekt. Hassemer behauptet lediglich, dass das Strafrecht irgendwie an der allgemeinen Sozialkontrolle teilnimmt[886]. Ob und wie stark die lediglich behauptete Wirkung sein muss, um die Legitimation individueller Zufügung von Strafe in einer subjektorientierten Theorie zu rechtfertigen, bespricht er nicht. Bis heute ist allerdings der empirische Beweis nicht erbracht, dass das Strafrecht eine angemessene und durch die es zufügenden Strafen rechtfertigende Leistung der Stärkung der Normanerkennung bewirkt[887]. Obwohl die Konsequenzen dieser Konzeption

---

[881] Hassemer, Variationen, 1.
[882] Siehe zu Feuerbachs psychologischer Zwangstheorie unten, S. 106 ff.
[883] Zur Kritik Hassemers an der Integrationsprävention ders., Grundlagen, 325 ff; ders., NK-StGB, 1. Aufl., Vor. § 1, Rn. 253 f., 433.
[884] Hassemer, NK-StGB, 1. Aufl., Vor. § 1, Rn. 254 grenzt seine Theorie insoweit von der Integrationsprävention ab.
[885] Müller-Tuckfeld, Integrationsprävention, 74 f.
[886] Müller-Tuckfeld, Integrationsprävention, 75.
[887] Müller-Tuckfeld, Integrationsprävention, 75 f. konstatiert insoweit ein „non liquet“; ebenso Wohlers, Deliktstypen, 58.

auf die Gesellschaft schwer überprüfbar sein dürften, sind dennoch berechtigte empirische Zweifel an der Wirksamkeit der Integrationsprävention vermeldet worden. Im Rahmen einer Auswertung des Milgram-Experiments hat Kargl überzeugende Einwände gegen die Effektivität der normstabilisierenden Funktion des Strafrechts vorgebracht[888]. Obwohl die Probanden des Milgram-Experimentes das Tötungsverbot anerkannten, gelang es 62, 5 % von ihnen nicht, die Normanerkennung handlungswirksam werden zu lassen.[889] Als Ursache hierfür betrachtet Kargl nicht etwa mangelndes Wertebewusstsein in der Bevölkerung, sondern ein fehlendes sittliches Verantwortungsurteil, das bei einer großen Mehrzahl der Teilnehmer nicht als eine Einheit von Kognition und Affekt ausgebildet wurde[890].

Neben diesen auf Plausibilitätserwägungen gestützten Einwänden bleibt offen, warum die Formalisierungsleistung des Strafrechts geeignet sein soll, Norm und Sanktion zu legitimieren. Teilweise wird Hassemer so interpretiert, dass bei ihm die Aufgabe des Strafrechts, formalisierte Kontrolle zu gewährleisten, den Rang einer „Letztbegründung" einnehme[891]. Dem wurde zutreffend entgegnet[892], dass Hassemer selbst darauf hingewiesen habe, auch ein terroristisches und zutiefst ungleiches Strafrecht könne formalisiert werden[893]. Ruht seine Straftheorie positiver Generalprävention auf der Formalisierungsleistung des Strafrechts, ist die Rechtfertigung der Strafe gegenüber anderen, weniger formalisierten Formen der Sozialkontrolle nicht erreicht. Wie Jakobs ist demzufolge auch Hassemer nicht imstande zu erklären, warum gerade die Strafe und nicht andere Formen

[888] Kargl, Funktion des Strafrechts, 21 ff., 32 ff., 38 ff., der über die hier erhobene Kritik hinausgehend belegt, dass Ziele wie Resozialisierung, Abschreckung und Normstabilisierung durch außerstrafrechtliche Methoden effizienter gewährleistet werden können.

[889] Mit dem Experiment wollte Milgram Anfang der 60er Jahre herausfinden, wie sich Menschen verhalten, wenn ihnen von einer legitimierten Autoritätsperson befohlen wird, anderen heftig protestierenden Menschen zunehmend Qualen zuzufügen; zu dem Experiment und dessen Ergebnissen, vgl. Kargl, Funktion des Strafrechts.

[890] Kargl, ARSP 1996, 485 ff., 502; ders., Funktion des Strafrechts, 23 ff.; zur Ausbildung von Affekt- und Intellektstrukturen aus frühkindlicher Erfahrung, ders., Kognitive Handlungtheorie, 37 ff.

[891] Lüderssen, Krise, 31; Prittwitz, Risiko, 221.

[892] Müller-Tuckfeld, Integrationsprävention, 77.

[893] Hassemer, Grundlagen, 322.

der Konfliktbearbeitung erforderlich und gerechtfertigt sind[894]. Es bleibt daher offen, was das spezifische des Strafrechts ausmacht, wenn andere soziale Einrichtungen in Fragen der Normstabilisierung mit dem Strafrecht konkurrieren und durch positive Anreize bessere Ergebnisse erzielen.[895] Darüber hinaus bedingt der Strafzweck der Normstabilisierung die von Hassemer selbst angesprochene Konsequenz, dass die Gesellschaftsintegration – ihr Gelingen unterstellt – in moralischen wie in unmoralischen Verhältnissen funktioniert.

b) Probleme mit dem geltenden Recht

Kuhlen hat hervorgehoben, dass die konsequente Verfolgung einer personalen Rechtsgutslehre zu einer anderen strafrechtlichen Schwerpunktsetzung führen würde, als es der heutigen normativen Situation entspricht[896]. Der Autor bemängelt somit die Unvereinbarkeit der personalen Rechtsgutslehre mit dem positiven Recht. Einzelne kollektive Rechtsgüter des positiven Rechts – wie das der §§ 331 ff. StGB – seien unabhängig von ihrer Ableitbarkeit von personalen Rechtsgütern erhöht schutzwürdig und müssten dem strafrechtlichen Schutz aus normativer Perspektive prinzipiell zugänglich sein[897]. In seinen weiteren Ausführungen wendet sich Kuhlen gegen eine Hierarchisierung in Gestalt des von der personalen Rechtsgutlehre propagierten Ableitungsverhältnisses der Kollektiv- von den Individualinteressen[898].

Bei genauerer Betrachtung ist das Argument einer Vereinbarkeit der personalen Rechtsgutslehre mit dem geltenden Recht unschwer zu entkräften, da ein solcher Einwand allenfalls de lege ferenda zu berücksichtigen wäre[899]. Für das Problem

---

[894] So zutreffend Müller-Tuckfeld, Integrationsprävention, 76 f.; diesem Einwand ist allerdings auch sein eigenes Konzept der Integrationsprävention ausgesetzt; zur Kritik Kargl, Rechtstheorie 30 (1999), 371 ff., 377 f.

[895] Kargl, Rechtstheorie 30 (1999), 371 ff., 377 f. nimmt Bezug auf Erziehung, Therapie, Religion, Kultur, Medien, Politik und Wirtschaft.

[896] Kuhlen, ZStW 105 (1993), 697 ff., 703; ebenso Schünemann, GA 1995, 201 ff.; Müssig, Schutz abstrakter Rechtsgüter, ZStW 105 (1993), 697 ff., 705, 234; Jakobs, StrafR AT., 2. Abschn. 41 ff., Rn. 16 ff.

[897] Kuhlen, ZStW 105 (1993), 697 ff., 704.

[898] Kuhlen, ZStW 105 (1993), 697 ff., 704, Fn. 35; ebenso Hefendehl, Kollektive Rechtsgüter, 82; Müssig, Schutz abstrakter Rechtsgüter, 48; Frisch, FS für Stree/Wessels, 74.

[899] Stächelin, Strafgesetzgebung, 76; Wohlers, Deliktstypen, 319.

der Legitimation der vorgegebenen Normen, bleibt er jedoch ohne Bedeutung[900]. Dass es Straftatbestände gibt, die mit einem materiellen Rechtsgutsbegriff nicht zu erfassen sind, wäre nur dann ein durchgreifendes Argument, wenn man bereits vorab von der Legitimität dieser Tatbestände ausginge. Der Hinweis darauf, dass diese Tatbestände unstreitig legitimierbar sind[901], kann die Suche nach den diese Wertung tragenden Gesichtspunkten nicht ersetzen.

c) Problem der Bestimmung von Kollektivrechtsgütern

Schwerer wiegt der Einwand, dass die personale Rechtsgutslehre bisher keine zufriedenstellende Antwort auf die Frage der Schutzwürdigkeit von Universalrechtsgütern und deren Ableitungszusammenhang gefunden hat. Innerhalb der systemkritischen Rechtsgutslehren besteht gerade keine Einigkeit über die Maßstäbe zur begrifflichen Konturierung des Rechtsgutsbegriffs.

Hohmann geht davon aus, dass Universalrechtsgüter nur legitim sind, wenn sie sich auf personale Interessen zurückführen lassen[902]. Er sieht eine Hierarchie begründet, nach der die Rechtsgüter des Einzelnen denen der Gemeinschaft übergeordnet sind[903]. Die Ausführungen Hohmanns lassen jedoch offen, welche Anforderungen an das von ihm propagierte Ableitungsverhältnis zu stellen sind. Jedenfalls fordert er nicht die Streichung des Umweltstrafrechts zugunsten klassischer, dem Individualrechtsgüterschutz dienender Tatbestände wie z.B. der §§ 223 ff.[904]. Als Begründung verweist Hohmann in funktionalistisch-pragmatischer Manier darauf, dass auf die Sanktion besonders sozial schädlicher Handlungen durch das Strafrecht nicht verzichtet werden könne. Darüber hinaus

[900] Dies erkennt wohl auch Kuhlen, ZStW 105 (1993), 697 ff., 704, der an dieser Stelle feststellt, dass es auf die sachliche Vorzugswürdigkeit der diskutierten Systeme ankomme.

[901] Roxin, StrafR. AT 1, § 2, Rn. 5.

[902] Hohmann Umweltdelikte, 142, 189; in Anlehnung an Hassemer, GA 1992, 76 ff., 80 will Hohmann in der Rechtsgutverletzung zwar eine notwendige, aber keine hinreichende Voraussetzung für die Kriminalisierung einer Verhaltensweise erblicken.

[903] Hohmann, Umweltdelikte, 189.

[904] Hohmann, Umweltdelikte, 209; ob diese Forderung im Rahmen der praktischen Umsetzung eines unmittelbaren Ableitungsverhältnisses nahe läge wird unterschiedlich beantwortet und ist nicht Gegenstand der vorliegenden Arbeit; durchgespielt wurde die Problematik von Müller-Tuckfeld, Abschaffung des Umweltstrafrechts, 461 ff., 463; im Anschluss an ihn Hefendehl, Kollektive Rechtsgüter, 62 f; zur entgegengesetzten Ansicht Wohlers, Deliktstypen, 96.

stehe der Einsatz kollektiver Rechtsgüter mit den Grundlagen eines personalen Rechtsgutverständnisses in Einklang[905].

Als Voraussetzung der Legitimität derartiger Normen des Vorfeldschutzes erachtet er die Eignung der sanktionierten Verhaltensweisen zur Verletzung der geschützten Rechtsgüter „Leben“ und „Gesundheit“ und klassifiziert die §§ 324 ff. großteils als abstrakte Gefährdungsdelikte. Das Erfordernis einer realen Verletzungskausalität müsse bei diesem Deliktstyp erfüllt sein[906]. Damit verzicht Hohmann auf ein unmittelbares Ableitungsverhältnis der kollektiven von den personalen Gütern und schwenkt auf ein unpräzises Vermittlungsverhältnis ein[907]. Dies entspricht aber im Wesentlichen der verbreiteten ökologisch-anthroprozentischen Rechtsgutauffassung, nach der Umweltgüter mediatisierten Individualrechtsgüterschutz bezwecken[908]. Vermag Hohmann kein Kriterium anzugeben, welches das Vermittlungsverhältnis konkretisiert, verspielt er die von ihm zugrundegelegte Funktion des Rechtsgutes zur Überprüfung der Legitimität strafrechtlicher Tatbestände[909].

Auch die normative Ansicht von Marx, der Rechtsgüter material als diejenigen Gegenstände definiert, die der Mensch zu seiner freien Selbstverwirklichung benötigt[910] und „überindividualistische“ Güter nur insoweit erfasst wissen möchte, als sie darauf gerichtet sind, die Bedingungen freier menschlicher Entfaltung zu fördern[911], beinhaltet keine hinreichende Materialisierung des Ableitungszusammenhanges. Zwar warnt Marx zu Recht davor, den einheitlichen personalen Rechtsgutsbegriff dualistisch aufzuspalten und ihm einen „sozialen Rechtsgutsbegriff“ gegenüberzustellen[912], da er Individualität und Sozialität als untrennbar ineinander verwobene Aspekte der einheitlich begriffenen Person klassifiziert.

---

905 Hohmann, Umweltdelikte, 209.
906 Hohmann, Umweltdelikte, 196.
907 Hefendehl, Kollektive Rechtsgüter, 63.
908 Vgl. dazu Tröndle/Fischer, Vor. § 324, Rn. 3a; in jüngster Zeit hat die entgegengesetzte Ansicht, die die Natur mit eigenen Rechten ausstatten möchte eine detaillierte juristische Ausarbeitung erfahren, vgl. dazu Gruber, Rechtsschutz für nichtmenschliches Leben, 160 ff.; Bosselmann, Im Namen der Natur; Leimbacher, Rechte der Natur.
909 Ebenso Hefendehl, Kollektive Rechtsgüter, 64.
910 Marx, Rechtsgut, 62.
911 Marx, Rechtsgut, 80.
912 Marx, Rechtsgut, 80; zur Kritik am dualistischen Rechtsgutsverständnis oben S. 136 ff

Dennoch unterlässt er es, diese soziale Komponente seines einheitlichen Rechtsgutsbegriffs zu präzisieren, stattdessen er zieht sich auf den von ihm nicht näher konkretisierten Begriff der „Bedingungen freier menschlicher Entfaltung“ zurück[913]. So bleibt der kommunikative Aspekt, dass die Bedingungen freier menschlicher Entfaltung in Abhängigkeit zur aktuellen kultur-historischen Situation stehen, weitgehend offen. Die Verwirklichung des Einzelnen vollzieht sich nicht in einem starren Rahmen, sondern „in bewusster Konfrontation mit der jeweiligen, einmaligen und unwiederholbaren geschichtlichen Situation“[914]. Können die Bedingungen freier menschlicher Entfaltung aber nicht unabänderlich festgestellt werden, stellt sich das Problem der Konkretisierung der strafrechtlich relevanten Bedingungen freier menschlicher Entfaltung.

d) Problem der Affirmation

Hassemers Variante einer monistisch – personalen Rechtsgutslehre betont zutreffender Weise die Notwendigkeit der Berücksichtigung der aktuellen gesellschaftlichen Bedürfnisse. In seiner Konzeption dürfen diejenigen Güter den Inhalt des Rechtsgutsbegriffs füllen, die durch „normative gesellschaftliche Verständigung“[915], in die der Einzelne als Gesellschaftsmitglied mit einbezogen ist, zu Rechtsgütern erhoben und dann zusätzlich vom Strafgesetzgeber dazu gemacht wurden[916]. Die normative gesellschaftliche Verständigung erfahre oder konstituiere Bedrohungsphänomene, auf die sich das Strafrecht einstellen müsse[917]. Diese Argumentation bedingt die gesetzgeberische Befugnis zur Veränderung des personellen Rechtsgutsbegriffs im Zuge einer Wandlung der gesellschaftlichen Verständnisse[918]. Lasse man jedoch Universalrechtsgüter ohne Be-

---

[913] Marx, Rechtsgut, 33 „Innerhalb dieses einheitlichen Rechtsgutsbegriffs kann man freilich Untergliederungen treffen; auch etwa in Rechtsgüter die zur Disposition eines einzelnen Inhabers stehen und solche, deren Träger eine Vielzahl von Personen ist, in solche die unmittelbar der Selbstverwirklichung des einzelnen dienen und solche, die ihr nur mittelbar dienen“.

[914] Arthur Kaufmann, Sittlichkeit, 15.

[915] Hassemer, AK-StGB, Vor. § 1, Rn. 255 ff., 275, 280, 282 ff.

[916] Hassemer, AK-StGB, Vor. § 1, Rn. 284.

[917] Hassemer, Sozialtechnologie und Moral, 329, 332 nennt z.B. das Phänomen der organisierten Kriminalität.

[918] Zutreffend erkannt von Schwieger, Vorteilsbegriff, 60 f.; vgl. zum Nachweis der Abhängigkeit des Rechtsgutes von der jeweiligen kultur-historischen Situation Lampe, Rechtsgut, 164; Hassemer, Theorie, 98 ff.; vgl. auch Worms, Bekenntnisbeschimpfung, 61 ff.; Hohmann, Umweltdelikte, 114 ff.; insofern trifft die Kritik Schünemanns, GA 1995, 201 ff., Hassemer habe bei seiner Ableitung der personalen Rechtsgutslehre künftige Generationen und den

zug zum Individuum zu, widerspreche dies der derzeitigen sozialen Werterfahrung, da dem Staat eine vom Individuum abgeleitete Funktion zukomme. Universalrechtsgüter hätten den Test zu bestehen, ob sie sich letztlich auf konkrete und berechtigte Interessen von Personen zurückführen ließen[919].

Aufgrund der Wandlungsfähigkeit des Interessenbegriffs erscheint allerdings fragwürdig, ob einer so verstandenen personalen Konzeption der Universalrechtsgüter überhaupt noch eine Legitimationsfunktion zukommt. Otto, der den status negativus des Liberalismus durch den status positivus ergänzen möchte, spricht dem Rechtsgutsbegriff die Eignung zur Beantwortung der zweifelsfreien Legitimität einer Vorschrift ab. Er beinhalte lediglich eine Forderung an den Gesetzgeber, „mit rational nachprüfbaren Argumenten Beweis zu führen, daß er ein sozialwichtiges bonum durch den Deliktstatbestand schützt, und daß sich dieser mit dem Gefüge der Wertentscheidungen der Gesellschaft in Einklang hält"[920]. Dies enthalte zugleich die Forderung nach einer Kriminalpolitik, deren Ziele und Mittel rational nachprüfbar seien und deren Legitimation aus dem Schutz der Entfaltung der Persönlichkeit des Rechtssubjekts in der Rechtsgesellschaft folge[921]. Auch Hassemer räumt ein, Klärung in Legitimationsfragen vom Begriff des Rechtsgutes gar nicht zu erwarten, sondern im Rahmen des gesetzgeberischen Ermessens lediglich die Argumentation einer personalen Ausrichtung strafrechtlicher Schutzgegenstände gestützt wissen zu wollen[922].

Letztlich trifft Hassemers Rechtsgutslehre damit vergleichbare Kritik wie seine Strafzweckkonzeption: Der als systemkritisch präsentierte Rechtsgutsbegriff passt sich den Konstitutionsprozessen gesellschaftlicher Kriminalisierung mehr oder weniger an. Indem er nicht als Ausfluss einer materiellen Theorie, sondern als Ergebnis gesellschaftlicher Werterfahrung begriffen wird, gewinnt der Beg-

---

technologischen Entwicklungsstand einer Gesellschaft außer Acht gelassen, dessen Ansatz nicht.

919 Hassemer, Strafrechtswissenschaft, 259, 283; ders., Grundlinien, 85 ff., 92; ders., ZRP 1992, 278 ff., 383; ebenfalls ein Hierarchieverhältnis – nicht aber ein unmittelbares Ableitungsverhältnis propagieren Lüderssen, ZStW 107 (1995), 877 ff., 899; Stächelin, Strafgesetzgebung, 75; Schulz, Ökologische Ethik, 265, 279, wonach der Schutz mediatisierter Güter diskursiv eine größere Begründungslast trage als der Schutz von Individualrechtsgütern.

920 Otto, Rechtsgutsbegriff, 14 f.

921 Otto, Rechtsgutsbegriff, 15.

922 Hassemer, Grundlinien, 85 ff., 91.

riff des Rechtsgutes ungewollt affirmative Züge gesellschaftlicher Werterfahrung[923]. Die kritische Komponente verlagert sich von der materialen Unwertbestimmung auf die Formalisierung ihrer Umsetzung. Ob ein derart entmaterialisierter Rechtsgutsbegriff als „gewichtiger Argumentationstopos"[924] einer rationalen Kriminalpolitik fungieren kann, erscheint deshalb – auch mit Blick auf die derzeitige kriminalpolitische Entwicklung –[925] einigermaßen fraglich.

Der zentrale gegen Hassemers Theorie positiver Generalprävention gerichtete Vorwurf trifft auch hier: Der kritisch-normative Begriff, der einen idealen Zustand des Strafrechtssystems beschreibt, wird durch die der Strafe zugeschriebene Aufgabe der Kommunikation des jeweiligen gesellschaftsrechtlichen Status quo relativiert. Die Verortung der Straftheorie in der Theorie sozialer Kontrolle zieht die Konsequenz nach sich, dass der qualitative Unterschied staatlicher Sanktionierung zu anderen Formen sozialer Kontrolle eingeebnet und auf die quantitative Verletzungs- und Sanktionsintensität reduziert wird[926]. Es scheint, als sei das Strafrecht nichts anderes als die formalisierte Prägung einer natürlichen gesellschaftlichen Reaktion auf besonders schwere Abweichung.

Dennoch legt Hassemer mit seiner Rechtsgutslehre einen modernen und sozialwissenschaftlich fundierten Ansatz vor, der die Rechtsgutsproblematik auf der für die Gesellschaftstheorie konstitutiven, nämlich kommunikativen Ebene verortet. Sein Ansatz erhellt den Blick dafür, dass die Frage der Rechtsgutsbestimmung ohne Berücksichtigung des gesellschaftlichen Konstitutionszusammenhanges nicht fruchtbar angereichert werden kann und dient daher als Ausgangspunkt der weiteren Betrachtungen.

4. Zusammenfassung

a) Kritik fehlender Präzision des Ableitungsverhältnisses

Bisher steht fest, dass weder eine ausschließlich funktional orientierte systemische Betrachtungsweise noch die personal strukturierten Konzeptionen geeignet

---

923 Ebenso Müssig, Schutz abstrakter Rechtsgüter, 58 ff.; Müller-Tuckfeld, Integrationsprävention, 79.
924 Hassemer/Neumann, NK-StGB, Vor. § 1, Rn. 146.
925 Vgl. dazu oben Einleitung, S. 1 ff., sowie S. 95 ff.
926 Müller-Tuckfeld, Integrationsprävention, 79.

sind, die Legitimationsfrage klar zu beantworten. Die monistisch personalen Rechtsgutskonzeptionen kranken an der Präzisierung des von ihnen geforderten Ableitungsverhältnisses. Wird verlangt, dass sich Universalrechtsgüter zumindest mittelbar auf persönliche Interessen zurückführen lassen, ohne die Anforderungen an das Vermittlungsverhältnis zu konkretisieren, ist die Funktion des Rechtsgutes zur Überprüfung der Legitimität strafrechtlicher Tatbestände obsolet. Bei einer nicht festgelegten Anzahl von Ableitungsschritten lässt sich stets ein scheinbares Individualrechtsgut ausmachen, welches den Bezug zum Individuum vermitteln soll. Besonders die „individuelle Vertrauenskomponente" der abstrakten Gefährdungsdelikte erweist sich als nützliche Argumentationskrücke im Kampf um die Herstellung personalen Bezugs abstrahierter Staatsinteressen. Wandelbare Vertrauensschutzinteressen, die dem Zuge der politisch-gesellschaftlichen Gefahrenabwehrentwicklung nichts entgegenzusetzen haben, bilden die Schablone einer nur scheinbar an individuellen Interessen ausgerichteten Argumentation.

Diese Vorgehensweise lässt sich geradezu exemplarisch am Vertrauensschutzgut der §§ 331 ff. StGB manifestieren: So bestimmt Schwieger den Inhalt des Rechtsgutsbegriffs mittels des vorpositiven Kriteriums des Menschen, da seiner Ansicht nach nur so die Möglichkeit zur Begrenzung des Strafgesetzgebers gewährleistet ist[927]. Grundlage seiner monistischen Rechtsgutskonzeption sind die Entfaltungsvoraussetzungen des Individuums für ein freiheitliches Dasein. Vor diesem Hintergrund erhebt er den Anspruch, das Vertrauensrechtsgut der §§ 331 ff. StGB im Hinblick auf eine personale Rechtgutslehre, die die Bedeutung der Anerkennungsleistung aller Anderen berücksichtigt, zu konkretisieren und die Basis der Rechtsgüter in Gestalt der Freiheit des Einzelnen mit der realen Welt zu verbinden[928]. Einen derart fundierten Rechtsgutsbegriff möchte er als Mittel zur Begrenzung des Gesetzgebers einsetzen.

Da zugleich das ebenso freie Dasein aller anderen Einzelnen schützenswert ist, benötigt der Einzelne nach Ansicht Schwiegers den Staat zur Daseinssicherung. Auch auf gesellschaftlicher Ebene existierten Daseinselemente, die jedes Individuum für seine freie Entfaltung in der Realität benötigt, deren Entstehung und

---

[927] Schwieger, Vorteilsbegriff, 44 ff.
[928] Schwieger, Vorteilsbegriff, 59.

Bestand von der Anerkennungsleistung aller anderen abhängig sei[929]. Der Staat verkörpere die Ebene, „die alle Einzelnen (...) zur Verwirklichung ihres (jeweiligen) freiheitlichen Daseins in der Realität benötigen“[930]. Demzufolge ließen sich entsprechend ihrer Nähe zum Dasein des Einzelnen Rechtsgüter der Person selbst, der Gesellschaft und des Staates beschreiben[931].

Anschließend gelangt Schwieger zu der Frage, welche Entfaltungsvoraussetzungen des Einzelnen für sein freiheitliches Dasein durch die in den Bestechungsdelikten beschriebene Verhaltensweisen tangiert sind[932]. Vielversprechend stellt er sich zunächst auf den Standpunkt, die Bestechungsdelikte seien dann illegitim, wenn sie nicht dem Schutz freiheitlicher Entfaltungsvoraussetzungen (aller) Einzelnen dienten[933]. Am Beispiel der Sanktionierung nachträglicher Unrechtsvereinbarungen schließt der Autor darauf, dass die Tatbestände der §§ 331 ff. StGB neben der Sachlichkeit der Amtsführung dem Schutz eines weiteren Rechtsgutes bezwecken müssten[934]. Im Zuge der „Fixierung der durch §§ 331 ff. StGB geschützten Entfaltungsvoraussetzungen des Einzelnen für sein freiheitliches Dasein“ fällt der erwartungsvolle Ansatz Schwiegers bedauerlicherweise einer auf Vorsorge erweiterten Staatsfunktion zum Opfer[935]. Er gelangt nämlich zu der Ansicht, dass eine nachträgliche Unrechtsvereinbarung die innere Beziehung des Individuums zum Staat beeinträchtige. Diese sei mangels hinreichenden Abstraktionsvermögens der Person nicht etwa am Maßstab des für richtig Befundenen orientiert, sondern maßgeblich von Empfindungen geprägt, deren Intensität von der Einzelperson abhängig seien[936]. Dieses emotionale Verhältnis des Einzelnen zum Staat unterliege aktuellen Schwankungen und sei zum einen durch Skepsis zum anderen durch Vertrauen geprägt[937]. Werde nun der Zusammenhang zwischen einer Amtshandlung nachträglich hergestellt, ziehe dies bei-

[929] Schwieger, Vorteilsbegriff, 66 f.
[930] Schwieger, Vorteilsbegriff, 67, Fn. 141.
[931] Schwieger, Vorteilsbegriff, 69.
[932] Schwieger, Vorteilsbegriff, 72.
[933] Schwieger, Vorteilsbegriff, 73.
[934] Schwieger, Vorteilsbegriff, 83; unter Bezugnahme auf den Wortlaut des § 332 III StGB zum gleichen Schluss gelangt Kargl, ZStW 114 (2002), 763 ff., 786; vgl. dazu die hier vertretene, im Hinblick auf die Zwangsläufigkeit des Schlusses abweichende Position, s.o. S. 78 ff.
[935] Schwieger, Vorteilsbegriff, 67 ff., 78 f.
[936] Schwieger, Vorteilsbegriff, 85 f.
[937] Schwieger, Vorteilsbegriff, 86 f.

nahe zwangsläufig einen Vertrauensverlust nach sich[938]. Das habe eine Entziehung der Anerkennung der staatlichen Leistung zur Folge. Wenn dem aber so sei, könne das nur bedeuten, dass die Verhinderung dieses Effekts Intention der Bestechungsdelikte sei[939].

Warum aber soll das subjektiv geprägte Vertrauensempfindungskriterium wesentliche Entfaltungsvoraussetzungen des Einzelnen verkörpern? Die mit Spannung erwartete Antwort Schwiegers liegt keineswegs – wie von ihm angenommen – „auf der Hand"[940], sondern fällt mit einem Satz ausgesprochen dürftig aus. Der Autor unterstellt, dass ohne Vertrauen in die genannten Funktionsträger, die Freiheit in einer Vielzahl von Lebenssituationen gedanklich obsolet sei. Die entscheidende Frage, ob es sich hierbei um eine Lebenssituation handelt, die allgemeine Anerkennung verdient, bleibt offen. Schwieger erliegt daher einer vergleichbaren Fehlvorstellung wie Hefendehl, der den Individualbezug mit der subjektiven Prägung der Vertrauenskomponente begründet[941].

b) Kritische Würdigung der legitimatorischen Funktion des Rechtsgutsbegriffs

Die historische Betrachtung der Entwicklung des Rechtsgutsbegriffs führt dazu, dessen Ursprung und Eignung zur Überprüfung der Legitimation von Strafnormen in Frage zu stellen. Vor dem Hintergrund seiner Begriffsgeschichte erweist sich das Rechtsgut als „Begriffshülse, welche die sich wandelnden Anschauungen über das Wesen jener sozialen Welt aufnimmt, in die das Verbrechen hineinwirkt"[942]. Das hohe Maß an Akzeptanz gegenüber dem althergebrachten Rechtsgutsverständnis lässt nicht darüber hinweg täuschen, dass der Begriff des Rechtsgutes in der Vergangenheit allenfalls in Ausnahmefällen dazu eingesetzt wurde, ein gesetzlich sanktioniertes Verhalten auf seine Strafwürdigkeit hin zu überprüfen. Der Umstand, dass der Begriff die verschiedensten politischen Systeme überdauert hat und vor dem Hintergrund unterschiedlichster Strafzweck-

---

938 Schwieger, Vorteilsbegriff, 87 begründet diese Feststellung ebensowenig wie die sich anschließenden Ausführungen zur Entziehung der Anerkennung.

939 Schwieger, Vorteilsbegriff, 89 f. gelangt auf diese Weise zum Schutzgut des „Vertrauens der Allgemeinheit in die Sachlichkeit (im Hinblick auf die Aufgabenstellung des Staates: Richtigkeit) der Amtsführung bestimmter Funktionsträger".

940 Vgl. Schwieger, Vorteilsbegriff, 90.

941 Hierzu ausführlich oben, S. 139 ff.

942 So zutreffend Amelung, Rechtsgüterschutz, 61.

konzeptionen Bestand hatte, ist nicht etwa Ausdruck seiner stets Geltung beanspruchenden Vorpositivität, sondern der Grenzen seiner Leistungsfähigkeit.

Besteht auch in den unterschiedlichen Epochen weitgehend Einigkeit über einen gewissen Kernbereich von erhaltenswerten Individualrechtsgütern[943], so hängt bei weniger zeitlosen Rechtsgütern die Frage, was legitimer Weise als Schutzgut strafrechtlichen Schutzes bedarf, von den jeweiligen gesellschaftlichen Systembedingungen ab. Damit bleibt von der kritischen Potenz des Rechtsgutsbegriffs als Legitimationsgrenze strafrechtlicher Verhaltenssanktionierung wenig übrig. Auch wenn der Rechtsgutsbegriff historisch gesehen scheinbare Erfolge für sich verbuchen kann, z.B. die Abschaffung solcher Tatbestände, die nicht dem Schutz greifbarer Güter, sondern bestimmter Moralvorstellungen dienten[944], war dies stets mit einem ohnehin vorhandenen Wandel gesellschaftlicher Wertvorstellungen verbunden und die Überzeugung von der Richtigkeit strafrechtlicher Sanktionierung insoweit bereits zuvor erschüttert[945].

c) Überleitung

Wie oben aufgezeigt, ist das aktuelle kriminalpolitische Klima durch eine Verschärfung strafrechtlicher Kontrolle geprägt und das derzeitig existierende Strafrecht sich aus der Begrenzung des an der freien Entfaltung des Einzelnen orientierten Rechtsgüterschutzes gelöst hat. Vage und großflächig formulierte Uni-

---

[943] Wie etwa das Leben, die körperliche Unversehrtheit oder die Freiheit.

[944] Z.B. im Sexualstrafrecht, die Vorschriften über die Strafbarkeit der Homosexualität und Sodomie, vgl. Jäger, Strafgesetzgebung und Rechtsgüterschutz, 6 ff., 13 hebt den kritischen den Gesetzgeber anleitenden und begrenzenden Gehalt der Rechtsgutslehre hervor. Er beschäftigt sich mit der Strafwürdigkeit der Sittlichkeitsdelikte. Ausgehend von einer historischen Betrachtung möchte er den Nachweis zu führen, dass es sich bei Rechtsgütern um vorpositive Größen handelt, zu denen die geschlechtliche Sittlichkeit nicht gehört. Um diese These zu untermauern verweist er auf den Ursprung des Güterschutzgedankens in der Epoche der Aufklärung. Jäger begreift Rechtsgüter als „werthafte Zustände, die durch menschliches Verhalten verändert und die deshalb auch durch strafgesetzliche Regelungen vor solchen Veränderungen bewahrt werden können.“ Dabei lässt er sich von der Prämisse leiten, „daß Rechtsgut nur sein kann, was bereits vorher Gut (Sozialwert) war.“ Im Hinblick auf die spezifischen Rechtgüter der Sittlichkeit gebe es nicht einmal einen Wertekonsens, der eine Sanktionierung entspreche. Die Sittlichkeit könne nicht Gegenstand des Rechtsschutzes sein, weil sie keine empirische Wirklichkeit sei; Hassemer, Strafrechtswissenschaft, 259, 283 f., spricht von Erfolgen der systemkritischen Rechtsgutslehre bei der Reform des Sexualstrafrechts; vgl. zum Ganzen Amelung, Rechtsgüterschutz, 302 ff.; Frisch, FS für Stree/Wessels, 72.

[945] Ebenso Frisch, FS für Stree/Wessels, 72 f.

versalrechtsgüter haben sich zu einem präventiven Instrument der Kriminalpolitik entwickelt. Neuere Reformen des Besonderen Teils des StGB's sind durch die gesetzgeberische Bekämpfung gesellschaftlicher Problemlagen gekennzeichnet. Die Entwicklung führt weg vom Schutz personaler Entfaltungsvoraussetzungen hin zum Universalgüterschutz, durch die zunehmende Schaffung abstrakter Gefährdungsdelikte[946].

Hinter den Kulissen führt die Schwerpunktverlagerung von der begrenzten Repression des Unrechts im Strafrecht der Aufklärung hin zur unbegrenzten Prävention der Gefahr[947]. Strafwürdiges Unrecht ist damit nicht länger durch eine Freiheitsverletzung gekennzeichnet, sondern ein kriminalpolitischer Selbstbedienungsladen für alle in einem Gemeinwesen verspürte Sanktionsbedürfnisse. An die Stelle der Freiheit als Beginn und Ziel des Strafrechts tritt das gesellschaftliche Interesse an der Sicherung des Status quo für die Zukunft. Aus Unrecht als strafwürdige Handlung wird das sozialschädliche, risikoreiche Verhalten. Im Zuge dieser Entwicklung verschwimmen die Grenzen zwischen polizeirechtlicher Prävention und strafrechtlicher Repression[948].

Dass vom Rechtsgutsbegriff kein Ausweg aus diesem Dilemma erwartet werden kann, ist vor dem aufgezeigten Hintergrund augenscheinlich. Meist wird der Verbindung von kriminellem Verhalten und Rechtsgutsverletzung lediglich der Anschein einer Strafwürdigkeitsprüfung verliehen. In der kriminalpolitischen Diskussion und der hiervon beeinflussten Normsetzung hat sich der Begriff des Rechtsgutes vielmehr zu einem Deckmantel der Legitimierung strafrechtlichen

---

946 Dieser Entwicklung entsprechend: Kuhlen, Umweltstrafrecht – auf der Suche nach einer neuen Dogmatik, ZStW 105 (1993), 697, 712, der die abstrakten Gefährdungsdelikte „praktisch fest eingebürgert und unverzichtbar" nennt und darauf verweist, dass deren „Leistungen" in einer gefahrvollen Welt nicht unterschätzt werden dürfen.

947 Herzog, Prävention; Naucke, KritV 1993, 135 ff., 143 ff.

948 Ebenso Naucke, KritV 1993, 135 ff., 146, der zu Recht auch von Seiten des Polizeirechts auf die Austauschbarkeit der Rechtsgebiete verweist und hervorhebt, dass „vorbeugende Straftatenbekämpfung" in den Polizeigesetzen der Länder wie selbstverständlich als neue Polizeiaufgabe auftaucht, vgl. u. a. § 1 Abs. 4 HSOG; Art. 11 Abs. 2 Nr. 1 BayPAG; auch Denninger, Handbuch des PolizeiR., 161, Rn. 139 hebt hervor, an der Unterscheidung zwischen Prävention und Repression müsse festgehalten werden, weil sonst die rechtsstaatliche Auslegung und Anwendung des Polizei- und Strafverfahrensrechts nicht mehr möglich sei und schlägt vor, Prävention und Repression nach zu erwartender und eingetretener Rechtsgutsverletzung zu unterscheiden.

Vorfeldschutzes entwickelt. Dazu eingesetzt, Verhaltenssanktionierung durch Schaffung abstrakter Gefährdungsdelikte zu legitimieren, stellt er einen Spielball kriminalpolitischer Interessen dar[949] und ist außerstande, die Strafwürdigkeitsfrage zu beantworten.

Dass es sich hierbei keineswegs um ein neues Problem, sondern um eine irreparable Gefahr handelt, die dem Rechtsgutsbegriff bereits seit seiner Entstehung anhaftet, wurde belegt. Die Schwerpunktverlagerung ist bereits in v. Liszts Aufsatz „Der Zweck im Strafrecht" von 1882 sichtbar[950].

Nach den vorangegangenen Ausführungen ist es bereits im Ansatz verfehlt, dem Rechtsgutsbegriff selbst einen kritischen Gehalt zuerkennen zu wollen[951]. Möchte man trotz aller Bedenken am Rechtsgüterschutz als zentralen Prüfungsmaßstab legitimer Verhaltenssanktionierung festhalten, muss die an interne Begrifflichkeiten anknüpfende Rechtsgutslehre verabschiedet und durch einen grundlagentheoretischen externen Ansatz ersetzt werden[952]. Die für die Konstituierung von Rechtsgütern maßgeblichen normativen Kriterien können nicht dem Begriff des Rechtsgutes selbst entnommen werden, sondern müssen von außen an ihn herangetragen und integriert werden[953]. Ist dieses Missverständnis ausgeräumt, gibt es keinen überzeugenden Grund, der Rechtsgutslehre verhaftet zu bleiben[954], vielmehr ist der Weg frei, die Legitimitätsfrage unter Verwendung passenderer Begriffe zu reformulieren, die präzise genug sind, Antworten auf die Legitimationsfrage zu liefern. Die Forderung, dass die staatliche Gemeinschaft

---

949 Kritisch Naucke, Tendenzen, 25 ff. 45 ff.; Volk, JZ 1982, 85 ff., 87.

950 Siehe dazu oben, S. 118 ff.; sowie Eb. Schmidt, Geschichte der deutschen Strafrechtspflege, 37 ff.; Roxin, ZStW 81 (1969), 611 ff.; Naucke, ZStW 94 (1982), 525 ff.; ders., KritV 1993, 135 ff., 144 f.

951 So aber Hohmann, Umweltdelikte, 146, 174 ff.; Sina, Dogmengeschichte, 89 ff.; Hassemer, Theorie, 214; Worms, Bekenntnisbeschimpfung, 83.

952 Wohlers, Deliktstypen, 229 f.; ders., GA 2002, 1 ff., 17; Roxin, JA 1980, 545 ff., 546 f.; vgl. auch Kargl, Kognitive Handlungstheorie, 105, der den Schluss zieht, „daß das Rechtsgutsprinzip für sich allein nicht im stande ist, die Strafwürdigkeitsfrage zu beantworten".

953 Ebenso Wohlers, Deliktstypen, 229; ders., GA 2002, 15 ff., 17; Frisch, FS für Stree/Wessels, 72 f.

954 So aber Amelung, Rechtsgüterschutz, 394; auch Jakobs, StrafR. AT, 2. Abschn. 45, Rn. 24 möchte trotz von ihm aufgezeigter Mängel, die Lehre vom Rechtsgut nicht „überhaupt verwerfen und stets ohne Vermittlung über ein Rechtsgut das Delikt durch die Sozialschädlichkeit des Verhaltens (...) bestimmen".

der Gewährleistung der Freiheit des Einzelnen und damit der Schutz von Kollektivrechtsgütern letztlich der freien Entfaltung des vergesellschafteten Individuums zu dienen hat[955], bildet den Ausgangspunkt eines personal orientierte Strafrechtskonzepts. Für die kollektiven Schutzgüter ist insbesondere die Überlegung von Bedeutung, dass die Einbindung des Individuums in die Gesellschaft einen Teil der Personalität des vergesellschafteten Individuums ausmacht[956].

VI. Entwicklung eines personalen Strafrechtskonzepts

1. Das Schadensprinzip

Es entspricht der Tradition eines liberalen Strafrechtsdenkens, das Verbrechen nicht als Verstoß gegen rechtliche oder moralische Normen anzusehen, sondern als Verletzung der Interessen anderer zu qualifizieren. Das normativ-personenorientierte Schadensprinzip besagt, dass Verhaltensweisen, die anderen schaden, einen guten Grund zum Kriminalisieren liefern[957]. In den 80er Jahren des 20. Jahrhunderts hat sich der amerikanische Rechtsphilosoph Joel Feinberg um eine detaillierte Ausarbeitung des ursprünglich auf Mill zurückgehenden Ansatzes bemüht[958]. Anders als Mill, der im Harm prinziple den alleinigen Pönalisierungsgrund gesehen hat, geht Feinberg davon aus, dass die Legitimation einer Kriminalisierung auch aufgrund anderer Prinzipien z.B. der einem Verhalten immanenten Belästigung („Offence to others“) erfolgen kann[959]. Selbstverletzung („legal paternalism“) oder sonstige moralische Erwägungen („legal moralism“) sollen eine Pönalisierungsentscheidung jedoch in keiner Weise rechtfertigen[960].

---

955 Marx, Rechtsgut, 80; Hohmann, Umweltdelikte, 67 ff., 70 f.

956 Hohmann, Umweltdelikte, 70; Marx, Rechtsgut, 32 f., 38 ff., 41 ff.

957 Ob es sich um einen hinreichenden Grund handelt, wird unterschiedlich beantwortet; ausführlich zum Schadensprinzip und zur Semantik des Schadensbegriffs Papageorgiou, Schaden und Strafe, 89 ff., 101 ff.; Feinberg, Harm to Others, 187 mit einer Rezension von Neumann, ARSP 1986, 118 ff.; Mill, Freiheit, 103 ff.

958 Feinberg, Harm to Others; Mill, Freiheit, 103 ff.

959 Feinberg, Offence to Others, 1 ff.; a.A. Papageorgiou, Schaden und Strafe, 89 ff., 90 der das Belästigungsprinzip lediglich als Abgrenzungstopos nutzen möchte.

960 Feinberg, Harm to Others, 14 f.; Mill, Freiheit, 105, 109.

Damit steht man vor der Frage, welche Verhaltensweisen als schädlich zu klassifizieren sind und deshalb einen stichhaltigen Grund zum Kriminalisieren liefern. Hierbei werden auch die aufgezeigten Defizite des Dogmas vom Rechtsgüterschutz eine Rolle spielen. Wie deutlich wurde, liegt auch dem Gedanken des Rechtsgüterschutzes die Annahme zugrunde, dass für das Strafrecht nur folgenträchtige Handlungen (bzw. Unterlassungen) relevant sind. Ihre Folgenenträchtigkeit besteht in ihrer Geeignetheit, Rechtsgutverletzungen bzw. –gefährdungen an Schutzobjekten herbeizuführen. Seit v. Liszt ist dabei klar, dass das Schutzobjekt kein sinnlich wahrnehmbarer Gegenstand, sondern ein Wert ist[961]. Dennoch entwickelte sich zunächst keine normative Rechtsgutstheorie, innerhalb derer die Plausibilität und Konsistenz von Wertungen überprüft wurde. Stattdessen begnügte man sich mit der Feststellung, dass einer bestimmten Norm ein bestimmter Schutzgegenstand zugrunde liegt, der an kriminalpolitischen Bestrebungen des Gesetzgebers orientiert ist. Der Rechtsgüterschutz blieb einem naturalistisch-positivistischen Weltbild verhaftet und verfehlte die fruchtbare Begründungstradition der Aufklärung, die sich in Feuerbachs materieller Definition des Unrechts als Verletzung eines (subjektiven) Rechts widerspiegelt[962].

Soll das Schadensprinzip seine liberale Funktion wirklich erfüllen, muss es also mit der Aufklärungstradition in Einklang gebracht, d.h. normativ gestützt werden. Geeignet ist ein von der Person ausgehender Ansatz, der dem Gedanken einer möglichst ungestörten und autonomen Entwicklung des Individuums Rechnung trägt[963].

Ausgehend vom Grundwert der Freiheit des Individuums, suchten auch Mill und Feinberg über das Harm Principle die Bedingungen des menschlichen Zusammenlebens dadurch zu schützen, dass wichtige Interessen des Individuums gegen Beeinträchtigungen durch andere Personen abgeschirmt werden. Grenzt

---

[961] Vgl. zur Unterscheidung von Handlungsobjekt und Rechtsgut bei v. Liszt, s.o. S. 119, Fn. 506 dieser Arbeit.

[962] Ebenso Papageorgiou, Schaden und Strafe, 91 f.; zum Ganzen vgl. oben S. 105 ff.

[963] Dazu bereits überzeugend Arthur Kaufmann, Rechtstheorie 17 (1986), 257 ff; Kargl, Kognitive Handlungstheorie; ders., ZfRSoZ 12 (1991), 120 ff.; ders., Handlung und Ordnung im Strafrecht, 104 ff.; Papageorgiou, Schaden und Strafe, 89 ff.; auch Feinberg, Harm to Others, 33 ff. bestimmt die Reichweite des Schadensprinzips durch den Interessenbegriff, da er den Begriff „harm" als rechtswidrige Verletzung („set back") fremder Interessen durch menschliches Verhalten klassifiziert; Mill, Freiheit, 105 ff.

man die Freiheitssphären der Bürger nach dem Harm Principle voneinander ab, hat jeder Bürger die Freiheit, seine eigenen Wünsche und Ziele zu verfolgen, solange er dadurch anderen nicht schadet, d.h. ihre legitimen Interessen nicht beeinträchtigt[964].

2. Personenorientierung

Vor diesem Hintergrund ist Strafe kein Selbstzweck, sondern im Dienste personaler Belange konzipiert[965]. Der Begriff des Interesses vermittelt dabei am Besten die liberale Ethik, die an der Idee der Person orientiert ist[966]. Ausschließlich Personen nicht aber Institutionen können Interessenträger sein. Personen verstanden als Wesen, die über das Selbstbewusstsein verfügen, die Wirklichkeit rational erfassen und gemäß ihrer gesetzten Ziele handeln können[967]. Der Mensch ist von den Naturgesetzlichkeiten nicht vollkommen ausgeformt, es bleibt ihm ein Spielraum, innerhalb dessen er – seinen Interessen entsprechend – sein Leben gestalten kann[968]. Zwar ist auch für andere Entitäten konstruierbar, dass etwas in ihrem Interesse liegt, damit gemeint ist jedoch, dass es förderlich für ihren Zustand ist, ohne an mentale Grundvoraussetzungen anzuknüpfen. Den Leser befremdet ein im Zusammenhang mit Institutionen verwendeter Interessenbegriff. Eher wird von „Schutz“ gesprochen. Menschen als Person sind ihrer Natur entsprechend entwickelbare Wesen, die – wie noch besprochen werden wird – durch die Identifizierung und Anerkennung von Interessen ihrer Natur

[964] Vgl. Feinberg, Harm to Others, umschreibt dies anschaulich mit folgendem Satz: “My freedom to move my arms ends at your nose”; Mill, Freiheit, 107 ff.

[965] Zur Gegenansicht Kant, Metaphysik der Sitten, 192 „Richterliche Strafe (...) kann niemals bloß als Mittel, ein anderes Gute zu befördern, für den Verbrecher selbst oder für die bürgerliche Gesellschaft, sondern muss jederzeit nur darum wider ihn verhängt werden, weil er verbrochen hat; denn der Mensch kann nie bloß als Mittel zu den Absichten eines anderen gehandhabt werden, sowider ihn seine angeborene Persönlichkeit schützt (...) Die Gerechtigkeit hört auf, eine zu sein, wenn sie sich für irgendeinen Preis weggibt (...). Er (der Verbrecher) muss vorher strafbar befunden sein, ehe noch daran gedacht wird, aus dieser Strafe Nutzen für ihn selbst oder seine Mitbürger zu ziehen.; vgl. dazu Naucke, Generalprävention, 9 ff., 14 f. der die Ableitung des Strafrechts aus seiner Nützlichkeit heraus als „politisch naheliegend“ erachtet aber als „prinzipiell anzuzweifeln“ möchte.

[966] Ebenso Arthur Kaufmann, Rechtstheorie 17 (1986), 257 ff.; Papageorgiou, Schaden und Strafe, 107.

[967] Vgl. zum rechtsphilosophischen Begriff der Person Arthur Kaufmann, Schuldprinzip, 102, 117; ders., Sittlichkeit, 203 ff.

entsprechen können. Daraus ergibt sich, dass der Begriff des Interesses eine normative Kennzeichnung eines Sachverhaltes beinhaltet. Die Bemühungen um normativen Konsens erwachsen demzufolge der menschlichen „Interessennatur". „Gäbe es keine Menschen, so gäbe es auch keine Sittengebote und kein Recht".[969] Als autonomes Wesen besitzt er die Würde der Person, um derentwillen er niemals wie eine Sache als bloßes Mittel zum Zweck gebraucht werden darf. Es sind folglich menschliche Interessen, die die Rolle der begründenden Basis moralischer und rechtlicher Ansprüche und Verpflichtungen übernehmen. Sie bilden den Grund strafrechtlicher Verhaltenssanktionierung.

Im Unterschied zum Begriff der subjektiven Rechte der scheinbar durch seine „Radikalität" mit Klarheit besticht, fungieren rational begründete Interessen als Basis personaler Rechte und sind demzufolge grundsätzlicher als (subjektive) Rechte[970]. Setzen zahlreiche Vertreter des Ansatzes subjektiver Rechte diesen als überzeitlich unabänderbar[971], stellt sich ein weiteres Problem. Neue Bedingungen menschlicher Koexistenz machen neue Entwicklungsgrundlagen des Menschen verletzbar, die von vergleichbarer Bedeutung für das Individuum sind, wie die vorpositiven subjektiven Rechte. Die Annahme der Strafgesetzgeber habe ausschließlich Vorpositives zu sanktionieren, erspart Begründung und Anstrengung zur Herstellung der Vermittelbarkeit dieser normativen Entscheidungen[972]. Mit dem Interessenansatz sind idealistische Freiheitskonzeptionen abgewiesen, die die Zirkularität von kognitiven Fähigkeiten und Lebensgeschichten zugunsten einer subjektunabhängigen Objektwelt in Frage stellen[973]. Auf Grundlage der Erkenntnis, dass Menschen infolge ihrer Disposition zur Selbstreflexivität lernen und ihre Motivation ändern können, darf sich ein normatives Strafrechtsverständnis keinesfalls mit vorgegebenen Rechten zufrieden

[968] Arthur Kaufmann, JuS 1978, 361 ff., 364.
[969] Arthur Kaufmann, Strafrechtspraxis, 174.
[970] Ebenso Papageorgiou, Schaden und Strafe, 107 f.; so wohl auch Mill, Freiheit, 103 „Die Verpflichtung besteht erstens darin, die Interessen anderer nicht zu schädigen – besser gesagt: gewisse Interessen, nämlich die, welche man entweder ausdrücklich durch gesetzliche Verfügung oder durch schweigendes Übereinkommen als Rechte betrachten sollte".
[971] Ehret, Gesetzlichkeitsprinzip, 165 ff.
[972] Stächelin, Strafgesetzgebung, 46.
[973] Dazu ausführlich Kargl, Kognitive Handlungstheorie, 83 ff.; ders., ZfRSoZ 12 (1991), 120 ff., 126 ff; Arthur Kaufmann, Rechtstheorie 17 (1986), 257 ff., 274.

geben[974]. Es speist sich statt dessen aus dem Schutz menschlicher Interessen, denen der Institutionenschutz unterzuordnen ist[975]. Die in der kantischen Tradition stehende Berufung auf die Vernunft bietet allein keine ausreichende Basis, da diese erst über die Verankerung moralischer Grundsätze im Persönlichkeitssystem Wirksamkeit erlangt[976]. Ein so verstandener Personenbegriff vereinigt die Zirkularität von kognitiven Fähigkeiten und Lebensgeschichten[977]. Dies sind die Gründe dafür, warum in der vorliegenden Arbeit der Interessenbegriff und nicht der Begriff subjektiver Rechte in der Legitimationsfrage fruchtbar gemacht wird.

Am Beispiel der Tötungsdelikte hat Papageorgiou dargelegt, worin der Schaden besteht, den eine Straftat bewirkt: „So ist also der Tod das schrecklichste der Übel, für uns nichts: Solange wir da sind, ist er nicht da, und wenn er da ist, sind wir nicht mehr. Folglich betrifft er weder die Lebenden noch die Gestorbenen, denn wo jene sind, ist er nicht, und diese (die Verstorbenen) sind ja überhaupt nicht mehr da" verdeutlicht er, dass nicht eine Verletzung des Zustandes „Leben" die Schädlichkeit der Tötung ausmacht, sondern die Verletzung des „Lebensinteresses"[978]. Schützenswert wird das Leben erst als notwendige Bedingung individueller Entfaltung. Die Tötung eines Menschen wird so zu einem Schaden an dessen Entwicklungsinteresse am Leben[979].

3. Personale Interessen und „kollektive Moralität"

a) Staat als Garant der Selbstverwirklichung

Wird der strafrechtlich relevante Schaden dahingehend definiert, dass er personale Interessen verletzt, fragt sich, mit welcher Begründung „überindividuel-

---

[974] Zur Anerkennung des „Faktums des Pluralismus" vgl. Rawls, Theorie der Gerechtigkeit, der hervorhebt, dass miteinander unverträgliche Konzeptionen des Guten gleichwohl vernünftig sein können.

[975] Kargl, Kognitive Handlungstheorie, 105 ff.

[976] Zur unterlassenen Hilfeleistung Kargl, GA 1994, 247 ff., 261 f.

[977] Kargl, Kognitive Handlungstheorie, 90 f. bezeichnet diesen „mittleren Weg" als „strukturelle Kopplung" zwischen Individuum und seiner Umwelt.

[978] Papageorgiou, Schaden und Strafe, 172 ff. bildet dieses Beispiel in Anlehnung an den Brief Epikurs an Menoikens; ihm folgend Kargl, ARSP 1996, 485 ff., 487 ff.

[979] Papageorgiou, Schaden und Strafe, 174 ff.; Kargl, ARSP 1996, 485 ff., 490.

le“[980], „überindividualistische“[981], „kollektive“[982] Rechtsgüter, „Gemeinschafts-“[983] oder „Universalrechtsgüter“[984] des strafrechtlichen Schutzes bedürfen. Von den Vertretern monistisch-personaler Rechtgutskonzeptionen wird zumeist hervorgehoben, auch der Staat und die Rechtsordnung seien Gegenstände, derer der Mensch zu seiner Verwirklichung bedürfe[985]. In diesem Sinne solle der Staat als Garant menschlicher Selbstverwirklichung jedem einzelnen Individuum wertvoll und deshalb ein schützeswertes Gut sein. Inhaber dieses Gutes bleibe unverändert der Mensch, nur eben nicht als einzelner, sondern alle Individuen innerhalb eines staatlichen Organisationsverbandes[986]. Ähnlich knüpft Hassemer daran an, ob die in Frage stehenden Strafnormen dem Schutz der Entfaltungsbedingungen der gesellschaftlichen Existenz des Menschen dienen. Neben den vorrangig strafwürdigen Beeinträchtigungen von Individualrechtsgütern soll die Beeinträchtigung bestimmter Universalrechtsgüter dann strafwürdig sein, wenn sie sich präzise umschreiben und entsprechend den Individualrechtsgütern funktionalisieren lassen[987].

Die volle Bedeutung dieser Integrationsversuche erschließt sich jedoch erst, wenn man den Individualisierungsprozeß als einen Vorgang begreift, in dem der Einzelne dadurch zu einer praktischen Identität gelangt, dass er sich der Anerkennung seiner selbst durch seine Kommunikationspartner zu vergewissern vermag[988]. Das Ziel seiner Selbstverwirklichung als Person kann der Einzelne

980 Baumann/Weber/Mitsch, StrafR. AT, § 3, Rn. 13; Tiedemann, Tatbestandsfunktionen, 125.

981 Marx, Rechtsgut, 79.

982 Hefendehl, Kollektive Rechtsgüter, 1 ff.; Sch/Sch-Lenckner/Eisele, Vor. § 13 ff., Rn. 9.

983 Lagodny, Schranken, 2, 21; Langer, GA 1987, 289 ff., 291.

984 Hassemer, NStZ 1989, 553 ff., 557; ders., ZRP 1992, 376 ff., 381; Stratenwerth, ZStW 105 (1993), 679 ff., 687; Jescheck/Weigend, StrafR. AT, § 26 I, Nr. 3 c.

985 Marx, Rechtsgut, 79 ff.; ähnlich Heinrich, Amtsträgerbegriff, 262 ff., 263, 264, der die „Rahmenbedingungen für die Ausübung persönlicher Freiheit“ geschützt wissen möchte.

986 Marx, Rechtsgut, 82.

987 Hassemer, ZRP 1992, 378 ff., 383; ders., KritV 1993, 198 ff., 206 ff.; ähnlich Hohmann, GA 1992, 76 ff., 79; ders., Umweltdelikte, 209 ff.

988 Vgl. dazu die Anerkennungslehre Hegels, Jenaer Realphilosophie, 194 ff.; Kargl, ARSP 1996, 485 ff., 503, vertritt den Standpunkt, dass sprach- und handlungsfähige Subjekte als Individuen dadurch konstituiert werden, indem sie sich aus der Perspektive zustimmender Anderer auf sich selbst als Wesen zu beziehen lernen; ähnlich ders., Rechtstheorie 30 (1999), 371 ff., 380; vgl. auch Wildt, Autonomie und Anerkennung, 100 ff.; Müller-Tuckfeld, Integrationsprävention, 253 ff.; Seelmann, Anerkennungsverlust, 63 ff.; Herzog, Prävention; E. A.

nicht allein vollbringen, sondern nur in und mit der Gemeinschaft anderer[989]. Die Selbstverwirklichung des Menschen geschieht in der Transzendenz, im Mitsein mit anderen.

b) Identität und Anerkennung

Erkennt man dies an, folgt hieraus, dass die praktische Selbstbeziehung der Menschen auf die stete Rückversicherung der anderen angewiesen ist. Vor diesem Hintergrund bilden Subjekte neben steigendem Individualitätsbewusstsein zugleich auch eine zunehmende Abhängigkeit von Anerkennungsverhältnissen aus, die ihnen ihre Lebenswelt bietet[990]. Honneth sieht im Kampf um Anerkennung eine Denkfigur, die zu erklären vermag, wie die Auseinandersetzung der Subjekte untereinander eine Form von Allgemeinheit generieren kann, die die lebensgeschichtlichen Besonderheiten des Individuums als intersubjektives Verhältnis berücksichtigt.

Im Anschluss an die frühen Schriften Hegels bemüht sich Honneth um einen Weg, der Institutionenbildung durch Verallgemeinerung intersubjektiver Anerkennung, in der sich die Bürger gerade „in einem Maße einer reziproken Anerkennung ihrer Einzigartigkeit untereinander versöhnt wissen können“[991]. Wichtig dabei ist, dass Kämpfe um Anerkennung strukturbildend sind und die Grundlage der kollektiven Sittlichkeit darstellen. Die Interaktionsbeziehungen, die die Subjekte „auf gleicher Augenhöhe“[992] unterhalten, sind als intersubjektive Beziehungen Ausgangspunkt und Grundlage des Vergesellschaftungsprozesses und nicht nur seine Folge[993].

Wolff, ZStW (1985), 786 ff.; Otto, JZ 2005, 473 ff., 478 f.; aus sozialpsychologischer Sicht, George Herbert Mead, Geist, Identität und Gesellschaft.

[989] Arthur Kaufmann, JuS 1978, 361 ff., 364.

[990] Honneth, Kampf um Anerkennung; Integrität und Missachtung, Merkur, Heft 501 (1990), 1043 ff.; ebenso Kargl, ARSP 1996, 48 ff., 502; Arthur Kaufmann, Rechtstheorie 15 (1986), 257 ff., 274 f.; ders., JuS 1978, 361 ff., 364.

[991] Honneth, Kampf um Anerkennung, 97; kritisch zur der Hegelrenaissance in der Strafrechtstheorie Müller-Tuckfeld, Integrationsprävention, 253 ff., 265 ff.

[992] Honneth, Kampf um Anerkennung, 99.

[993] Honneth, Kampf um Anerkennung, 98 ff. distanziert sich an diesem Punkt ausdrücklich kritisch von der Position Hegels, der den Staat nicht als Ergebnis strukturbildender, intersubjektiver Beziehungen begreift, sondern Individuum und Anerkennung im Staat als aufgehoben ansieht, vgl. Hegel, Jenaer Realphilosophie, 260: In dieser Sphäre hat der Mensch „sein Dasein, Sein und Denken allein im Gesetze“.

Der Kampf um Anerkennung ist demzufolge für Honneth als bewegendes Moment sozialer Kämpfe in der Gesellschaft immer anwesend. Annerkennung ist damit zu einer Kategorie geworden, die gleichzeitig in der Lage ist, die Phylogenese und die Ontogenese als Entwicklung zunehmend komplexer werdender normativer Vergesellschaftungszustände zu beschreiben. Als treibendes Moment sieht Honneth Mißachtungsgefühle[994], die als Reaktion auf verweigerte Anerkennung und Verletzung personaler Integrität, Scham, Wut, Kränkung oder Verachtung hervorrufen und dem Subjekt als psychische Symptome die Möglichkeit geben, zu erkennen, dass ihm soziale Anerkennung vorenthalten wird. Nur weil menschliche Subjekte auf soziale Kränkungen, wie sie die physische Misshandlung, die Entrechtung und die Entwürdigung darstellen, nicht gefühlsneutral reagieren können, haben normative Muster der wechselseitigen Anerkennung innerhalb der sozialen Lebenswelt überhaupt eine gewisse Verwirklichungschance[995]. Durch diese Gefühle kann das Subjekt kognitiv das ihm zugefügte Unrecht erschließen und es zum Motiv politischen Widerstands machen. In diesen affektiven Reaktionen äußert sich folglich die kognitive Überzeugung, dass die Verweigerung der Anerkennung den intersubjektiven Bedingungen der menschlichen Individuierung Verletzungen zufügt[996]. Das moderne Recht spiegelt die Wechselseitigkeit des Anerkennungsbegriffs in Form der wechselseitigen Anerkennung der Rechtssubjekte als Personen, die sich den gleichen Normen in individueller Autonomie unterwerfen, wider.

Auf die bei Honneth angelegte Verflechtung des Besonderen mit dem Allgemeinen verweist auch Arthur Kaufmann: „Der andere ist Hilfe und Ergänzung meines eigenen Selbst, und ich bin es für den anderen. Es ist also die geistig-personale Natur des Menschen selbst, die ihn auf den Mitmenschen hinweist, seine Sozialität ist nicht eine zum "eigentlichen" Selbstsein hinzukommende zweite "uneigentliche" Existenzweise, sondern sie gründet in seiner geschichtlichen Personalität, in seiner geistigen Vervollkommungsfähigkeit und Vervollkommungsbedürftigkeit. Der Mensch als reines Selbst, als pure Ichhaftigkeit, als Losgelöstheit von jedwedem mitmenschlichen Bezug ist eine ebensolche Abs-

[994] Honneth, Kampf um Anerkennung, 219 ff.
[995] Honneth, Kampf um Anerkennung, 224.
[996] Kargl, ARSP 1996, 485 ff., 504; nach Honneth, Kampf um Anerkennung, 223 f. erfährt das Subjekt in derartigen Empfindungen vor allem seine konstitutive Abhängigkeit von der Anerkennung Anderer.

traktion wie der Mensch verstanden als bloßes Glied eines sozialen Ganzen. Der wirkliche Mensch ist als Person beides zugleich: *„soziale Individualität"*[997].

Erachtet man jeden Menschen in diesem Sinne als selbstständiges Individuum, das sich durch seine sozialen Beziehungen im konkreten Gesellschaftssystem verwirklicht, werden die sozialen Systeme zu Einrichtungen der Erhaltung menschlicher Interessen[998]. Nach dieser Maßgabe verbietet es sich, Individuen als Bezugspunkte der Gesellschaft auszublenden und soziale Einrichtungen allein mit Blick auf die Erhaltung des Gesamtsystems Gesellschaft zu definieren.

c) Anerkennung und materialer Verbrechensbegriff

Aus dem Konzept der Anerkennung ergeben sich wertvolle Hinweise sowohl für eine Neuformulierung des materiellen Verbrechensbegriffs als auch für Strafzwecküberlegungen. Maßstab für die Richtigkeit der Herrschaftsausübung des Strafgesetzgebers muss die normative Idee der Ausgangsituation bleiben, in der die Menschen durch wechselseitige Anerkennung als gleiche und freie Bürger in eine intersubjektive Existenz treten[999]. Da alle Personen (Täter, Opfer und alle Bürger) die Freiheitssicherung und Anerkennung in gleichem Maße beanspruchen dürfen, muss das Strafrecht gleichzeitig vor der Machtausübung durch den Täter und vor dem Staat schützen. Wo sich diese Strukturen im vorstaatlichen Zustand herausgebildet haben, werden diese personalen Beziehungen in der bürgerlichen Gesellschaft „durch Gesetz gefestigt"[1000]. Strafrechtsgeschichte stellt sich damit „als ein Zunehmen gesetzlicher Absicherung wechselseitiger Respektierung"[1001] dar.

Das Verbrechen zeichnet sich demnach durch die Negation des Anerkennungsverhältnisses aus, in dem sich der Täter anmaßt, die autonome Subjektivität des anderen zu missachten und zum Objekt der eigenen Zwecksetzung zu ma-

---

[997] Arthur Kaufmann, JuS 1978, 361 ff., 364; unter Verweis auf die Bibel, Genesis, Kap. 2, Vers. 18, wo es heißt: „Gott sprach: Es ist nicht gut, daß der Mensch allein sei, ich will ihm eine Hilfe machen als sein Gegenstück"; ders., Rechtstheorie 17 (1986), 257 ff., 274 f.

[998] Kargl, ZfRSoZ 12 (1991), 120 ff., 127; ähnlich ders., GA 2001, 538 ff., 552.

[999] Kargl, Jahrbuch für Rechts- und Kriminsoz. 1999, 93 ff., 105 ff.

[1000] Seelmann, Hegels Straftheorie, 691.

[1001] Seelmann, Hegels Straftheorie, 691.

chen[1002]. Dieser Hintergrund schließt einen auf Vergeltung gestützten Strafzweck aus, da sich der Vergeltungsgedanke als Selbstzweck gegenüber den aufgezeigten menschlichen Interessen verselbstständigt und so seine natürliche Funktion als Barriere des Staatshandelns nicht erfüllen kann[1003].

So betrachtet, ist Strafe stets Antwort auf eine Übeltat. Ohne diese Feststellung ließe sich Strafe nicht abgrenzen von präventiven Handlungen[1004]. Handelt es sich bei der Strafe jedoch um die Reaktion auf das vergangene Ereignis einer menschlichen Freiheits- bzw. Interessenverletzung, eröffnet sich an dieser Stelle der Zugang zu den Missverständnissen, die der strafrechtlichen Wirkung auf die Motivationsbildung zugeschrieben werden. Mehr denn je wird dem Strafrecht die Funktion einer Sozialisationsinstanz zugemutet[1005]. In dieser Zielsetzung sind sich alle Strategien einig, die dem Strafrecht die Funktion zubilligen, sozial-ethisch erwünschte Verhaltensweisen hervorzubringen oder auch nur zu stabilisieren und damit die Normtreue der Bevölkerung zu stärken. Doch muss auch ein präventives Konzept der Verhaltenssteuerung, in Form der v. Lisztschen Gesellschaftssteuerung durch Spezialprävention zur Kenntnis nehmen, dass nicht die Sanktionierung bestimmter Verhaltensweisen gewährleistet, Menschen gegen ihr Wertebewusstsein zu destruktiven Handlungen zu bewegen[1006]. Entspringt menschliches Handeln einem „unentwirrbaren Knäul aus konditionalen und normativen Faktoren“[1007], ist der Einfluss des Strafrechts auf menschliche Verhaltensweisen weder vorhersehbar noch steuerbar.

[1002] Köhler, Begriff der Strafe, 47.

[1003] Kargl, Jahrbuch für Rechts- und Kriminsoz. 1999, 93 ff., 107 f.

[1004] Kargl, Jahrbuch für Rechts- und Kriminsoz. 1999, 93 ff., 107 f.; ders., JA 2001, 714 ff., 719.

[1005] Kritisch zu einem so verstandenen Konzept positiver Generalprävention Lüderssen, FS für Arthur Kaufmann, 487 ff., 490.

[1006] Kargl, Funktion des Strafrechts, 21 ff.; konkrete und wirksame Vorschläge einer Korruptionsprävention außerhalb des Strafrechts Bannenberg, Korruption in Deutschland, 446 ff., 454 ff.; Vahlenkamp, Vahlenkamp/Knauß (Hrsg.), BKA Forschungsreihe 33, 61 ff.; für einen weitgehenden Verzicht des Strafrechts in der Korruptionsverhütung Ransiek, StV 1996, 446 ff., 453; Killias, FS für Schneider, 239 ff.; aus ethischer Sicht Rennstich, Korruption, 51 ff.; mit Alternativvorschlägen zum Strafrecht auch Lüderssen, Strafrechtliche Intervention, 53 ff., 62.

[1007] Kargl, Funktion des Strafrechts, 22.

Ist aber eine teleologische Strafrechtfertigung, die auf Normstabilisierung durch kognitive Belehrung beim Einzelnen oder der Gesellschaft setzt, empirisch ebenso belanglos wie eine Teleologie der Abschreckung, stellt sich die Frage, ob Strafe auf andere Art teleologisch gerechtfertigt werden kann.

Wie bereits festgestellt, ist die strafrechtliche Sanktion eine Reaktion auf eine Anerkennungsverletzung, die in der Verletzung der Entwicklungsinteressen einer Person begründet liegt. Der Mangel an öffentlichen Gesetzen und ihrer unabhängigen Umsetzung würde die Gefahr bergen, dass Kollisionen unterschiedlicher Freiheitsrechte in einer endlosen Gewaltspirale münden. Aus dieser Unsicherheit, der Freiheit und Gerechtigkeit in vorstaatlichen Gesellschaften Geltung zu verschaffen, folgt die Erforderlichkeit des öffentlichen Rechts[1008]. Wann immer der Schrecken der gewaltsamen Selbsthilfe Realität wird, droht sie sich auszubreiten und in einem Sog „gewalttätiger Reziprozität" die gesamte Gesellschaft zu erfassen[1009].

Wenn aber der Zweck staatlicher Strafgewalt die Eindämmung unbegrenzter Selbsthilfe ist, darf mit ihr nur auf grundlegenden Freiheitsinteressenverletzungen reagiert werden. Andernfalls würden die normativen Ausgangsbedingungen der allgemeinen Anerkennungsfähigkeit obsolet und das Gegenteil von Rechtsfrieden bewirkt[1010]. Hieraus ergibt sich, dass solche Kollektivgüter des strafrechtlichen Schutzes bedürfen, deren Verletzung die Grundlagen der staatlichen Gewährleistung individueller Freiheit antasten. Einzig dieses „staatliche Interesse" ist durch das praktische Interesse der Individuen, einen Freiheitseingriff zu sanktionieren, gerechtfertigt. Im Falle des Strafrechts besteht die Konfliktregelung in der Suspendierung unbegrenzter Selbsthilfe durch repressive Antwort auf die vom Täter vorgenommene Freiheitsverletzung. Das Strafrecht betrifft damit nicht länger das Verhältnis von Privatpersonen, sondern wird auf der

---

[1008] Kargl, Jahrbuch für Rechts- und Kriminsoz. 1999, 93 ff., 106, der auf das Zitat Kants, Metaphysik der Sitten Bezug nimmt: „Du sollst, im Verhältnisse eines unvermeidlichen Nebeneinanders mit allen anderen, aus jenen heraus, in einen rechtlichen Zustand, d.i. den einer austeilenden Gerechtigkeit übergehen."; ders., Handlung und Ordnung im Strafrecht, 381 ff.; ders., ARSP 1996, 485 ff., 504 f.

[1009] Kargl, ARSP 1996, 485 ff., 505.

[1010] Kargl, Jahrbuch für Rechts- und Kriminsoz. 1999, 104 ff., 108.

Grundlage formeller Verfahren im Verhältnis des Staates zum Bürger konzipiert.

Auch die Fundierung des Strafrechts in der Person liefert jedoch auf zahlreiche Rechtsfragen keine eindeutigen, allein richtigen Antworten, da unterschiedliche Konzeptionen des „Guten" denkbar sind. Auf dem Weg, intersubjektiv gültige und konsensfähige Antworten zu gewinnen, und die Zahl der Antworten auf „vertretbare" Positionen zu begrenzen, erlangt die Habermas'sche Diskurstheorie Bedeutung.

4. Personale Interessen und normativer Konsens

a) Diskurstheorie

Im vorausgehenden Abschnitt ist deutlich geworden, dass sich die menschlichen Entwicklungen nicht monadisch vollziehen, sondern mit den Lebensplänen anderer Individuen in Berührung kommen. Wollen wir diese unterschiedlichen Entwicklungsprozesse kompatibel machen, müssen wir zwingend auf den „Wert" dieser Lebenspläne vorgreifen[1011]. Zweck und Wert einer liberalen Ethik, die diese einordnenden Ergebnisse erzielen kann, liegt folglich nicht in einem völligen Verzicht auf Wertungen, sondern darin, die Authentizität individueller Lebenspläne zu respektieren und zu gewährleisten, aber gleichsam so wenig wie möglich über ihren Wert zu präjudizieren[1012].

Es bedarf daher eines normativen Anknüpfungspunktes, den die divergierenden Richtigkeitskonzeptionen unter Berücksichtigung ihrer Interessen und Überzeugungen vernünftiger Weise akzeptieren können[1013]. Dies setzt allerdings voraus, dass trotz des aufgezeigten Pluralismus gewisse Übereinstimmungen zwischen den Ansichten der Bürger bestehen, ohne die jede Ordnung unmöglich wird.

[1011] Papageorgiou, Schaden und Strafe, 170; Kargl, ARSP 1996, 485 ff., 495 f.
[1012] Papageorgiou, Schaden und Strafe, 131, 170.
[1013] Ebenso Kargl, Kognitive Handlungstheorie, 108 f., ders., ARSP 1996, 485 ff., 495 f.; ders., GA 1994, 247 ff., 261 f.; a.A. Naucke, Aushöhlung der strafrechtlichen Gesetzlichkeit, 48 ff., 483 ff., der davon ausgeht die Strafwürdigkeit von Verhaltensweisen dürfe „nicht beschlossen", sondern müsse „erkannt" werden, d.h. strafwürdig seien die jeder konkreten Gesellschaftsform vorgegebenen Mindestregeln der Verfassung der allgemeinen Freiheit.

Den Anknüpfungspunkt bildet nach Auffassung von Habermas die Diskurstheorie, wonach die Frage nach dem richtigen Recht eine kooperative Anstrengung erfordert[1014]. Dabei stehen Sprache und Kommunikation im Mittelpunkt der diskursethischen Begründung von Normgeltung. Die Funktion der Sprache erschöpft sich nicht in ihrer Darstellungsfunktion, sondern besteht darüber hinaus in der Handlungskoordinierung und Konsensbildung. Sprachliche Äußerungen sind dieser Ansicht zufolge Handlungen, mit denen sich der Sprecher mit anderen über einen Gegenstand verständigen will[1015]. Kommunikatives Handeln wird also als Mittel zur rationalen Verständigung und Überzeugung verstanden. Die Vernunft wird nicht mehr im Bewusstsein eines einzelnen Subjekts gesucht, sondern als intersubjektive „kommunikative Vernunft" erkannt[1016]. Richtiges Recht sei aus dem Prozess rationaler Kommunikation zu bestimmen. Die Gültigkeit einer Norm ist demgemäß von den Bedingungen abhängig, unter denen ein Konsens über deren Inhalt erzielt wird. Dabei wird davon ausgegangen, dass unter entsprechenden Bedingungen ein begründeter Konsens aufgrund der „Kraft des besseren Arguments" zu erzielen sei[1017].

b) Sprechakt- und Wahrheitstheorie

Habermas behauptet in seiner Konsensustheorie weiter, dass normative Äußerungen, Gebote und Bewertungen in grundsätzlich gleicher Weise begründet werden können wie empirische Aussagen[1018]. Der Wahrheit empirischer Aussagen entspricht dabei die Richtigkeit normativer Äußerungen[1019]. Eine Aussage ist dann als wahr anzuerkennen, wenn der Geltungsanspruch der dazugehörigen Sprechakte berechtigt ist[1020]. Die Berechtigung einer Behauptung soll also nicht mehr, wie man es traditionellerweise annahm, von der Wahrheit des Behaupteten, sondern die Wahrheit des Behaupteten soll von der Berechtigung der Be-

---

[1014] Habermas, Diskursethik, 76 f.

[1015] Dazu ausführlich Habermas, Handlungen, Sprechakte, sprachlich vermittelte Interaktion und Lebenswelt, 63 ff.

[1016] Habermas, Faktizität und Geltung, 17 f.

[1017] Habermas, Wahrheitstheorien, 160 f.

[1018] Habermas, Wahrheitstheorien, 220, 242 ff., 252 ff.; ders., Legitimationsprobleme im Spätkapitalismus, 140 ff.

[1019] Habermas, Wahrheitstheorien, 220, 226 ff.; vgl. zum Begriff der Wahrheit und Wirklichkeit der „falschen Aussage" Kargl, GA 2003, 791 ff.

[1020] Habermas, Wahrheitstheorien, 135.

hauptung abhängen[1021]. Dies gilt entsprechend für die Richtigkeit der durch regulative Sprechakte ausgedrückten normativen Aussagen[1022]. Nach dem Wahrheitskriterium der Konsensustheorie der Wahrheit „darf ich dann und nur dann einem Gegenstand ein Prädikat zusprechen, wenn auch jeder andere, der in ein Gespräch mit mir eintreten könnte, demselben Gegenstand das gleiche Prädikat zusprechen würde. Ich nehme, um wahre von falschen Aussagen zu unterscheiden, auf die Beurteilung anderer Bezug – und zwar auf das Urteil aller anderen, mit denen ich je ein Gespräch aufnehmen könnte (...) Die Bedingung für die Wahrheit von Aussagen ist die potentielle Zustimmung aller anderen"[1023]. Sobald die Richtigkeit einer Aussage in Frage steht und somit der in den Sprechakten erhobene Geltungsanspruch zweifelhaft ist, hat die Überprüfung die Äußerung in der Kommunikationsform des Diskurses zu erfolgen.

c) Logik des Diskurses

In Diskursen werden problematisch gewordene Geltungsansprüche thematisiert und auf ihre Berechtigung hin untersucht[1024]. Während die Prüfung deskriptiver Aussagen im theoretischen Diskurs stattfindet, ist für die Untersuchung normativer Aussagen die Form des praktischen Diskurses vorgesehen. Die Berechtigung einer Aussage richtet sich nach dem Ergebnis des Diskurses, das in der Einlösung oder Auflösung des Geltungsanspruches besteht. Daraus ergibt sich zugleich, dass Geltungsansprüche diskursiv durch Argumentation eingelöst werden. Argumente definiert Habermas als Gründe, die einen mit Sprechakten erhobenen Geltungsanspruch unter Diskursbedingungen einlösen und damit bei den Argumentationsteilnehmern ein rational motiviertes Einverständnis hervor-

---

[1021] Alexy, Theorie, 138 hebt zutreffend hervor, dass mit einer solchen Lösung zwei Ziele erreicht werden. Zum einen kann gezeigt werden, dass Wahrheit nicht in einer problematischen Satz-Welt-Relation besteht. Zum anderen wird ein wichtiger Schritt zur Gleichsetzung von normativen und nicht-normativen Aussagen hinsichtlich ihrer Wahrheitsfähigkeit getan.

[1022] Vgl. dazu nur Habermas, Wahrheitstheorien, 137 ff., 144; ders., Faktizität und Geltung, 277.

[1023] Habermas, Theorie der kommunikativen Kompetenz, 124; ders., Wahrheitstheorien, 219; hiervon abzugrenzen ist die sog. Korrespondenztheorie nach der ein Satz nur dann als wahr zu bezeichnen ist, wenn der Sachverhalt, der durch den Satz zum Ausdruck gebracht wird, besteht. Vgl. dazu m.w.N. Alexy, Theorie, 135 f.

[1024] Habermas, Wahrheitstheorien, 131, 214

rufen[1025]. Eine Aussage ist danach als gültig anzusehen, wenn ihr alle potentiellen Gesprächspartner zustimmen würden[1026].

Dies setzt indessen voraus, dass der Diskurs unter idealen Bedingungen stattfindet, die nur einen begründeten, auf der „Kraft des besseren Arguments" beruhenden Konsens zulassen[1027]. Was aber ist es, das ein Argument besser macht als das andere? Habermas unternimmt es, diese Frage im Rahmen seiner Logik des Diskurses zu klären[1028]. Gegenstand einer Logik des Diskurses sind die formalen Eigenschaften von Argumentationszusammenhängen. Entscheidend ist, dass Argumentationszusammenhänge nicht aus Sätzen, sondern aus Sprechakten bestehen[1029]. Die konsenserzielende Kraft des Arguments als Rechtfertigung in praktischen Diskursen hängt Habermas zufolge mit der Angemessenheit des zur Argumentation verwendeten Sprachsystems zusammen. Das zur Argumentation verwendete Sprachsystem soll darüber entscheiden, welche Klasse von Erfahrungen (in praktischen Diskursen Bedürfnisinterpretationen) in die Argumentation eingehen dürfen. Dies solle möglich sein, weil den Grundprädikaten bewährter Begründungssprache kognitive Schemata als grundlegende Strukturen des Erkenntnisvermögens zugrunde liegen[1030].

1025 Habermas, Faktizität und Geltung, 276; ähnlich ders., Wahrheitstheorien, 241 f. für den das Argument damit im Zentrum der Logik des Diskurses steht. Zur Darstellung der formalen Struktur eines Arguments nutzt Habermas das Toulminsche Schema, vgl. dazu ausführlich Alexy, Theorie, 114 ff., 147 f.

1026 Habermas, Wahrheitstheorien, 136 f.

1027 Habermas, Wahrheitstheorien, 160 f.

1028 Habermas, Wahrheitstheorien, 240.

1029 Die Logik des Diskurses soll deshalb eine pragmatische Logik sein Habermas, Wahrheitstheorien, 241.

1030 Habermas, Wahrheitstheorien, 246; In Anlehnung an Piaget, Piaget´s Theorie, 703 ff sind kommunikative Schema Konstruktionen, die die auf eine bestimmte Weise genetisch ausgestatteten Subjekte durch ihre Handlungen in einer auf bestimmte Weise beschaffenen Welt im Rahmen einer bestimmten Gesellschaft im Laufe ihres Entwicklungsprozesses herstellen. Diese Konstruktionen liegen jeder Erkenntnis voraus und bestimmen sie. Der Übergang einer Reihe singulärer Aussagen zu einer generellen Aussage ist nach Auffassung von Habermas durch „die exemplarische Wiederholung genau des Typs von Erfahrung" gekennzeichnet, „an dem die in die Grundprädikate der Begründungssprache jeweils eingegangenen kognitiven Schemata zuvor ausgebildet worden sind." Die konsenserzielende Kraft des Arguments beruht damit „auf einer die Angemessenheit des Beschreibungssystems verbürgten kognitiven Entwicklung, welche jeder einzelnen Argumentation vorausgeht".

Dies bedeute jedoch nicht, Wahrheit durch Angemessenheit des Sprachsystems zu definieren. Wahrheit könne nur im Hinblick auf Aussagen bzw. auf die zu ihrer Begründung stattfindende Argumentation bestimmt werden. Das „naturwüchsig eingeregelte“ Sprachsystem müsse daher selbst Gegenstand der Argumentation sein. „Ein argumentativ erzeugter Konsens darf dann, aber auch nur dann als Wahrheitskriterium angesehen werden, wenn strukturell die Möglichkeit besteht, die jeweilige Begründungssprache, in der Erfahrungen interpretiert werden, zu hinterfragen, zu modifizieren und zu ersetzen“[1031]. Dem oben schon angesprochenen „Grundsatz der Universalisierung“[1032] bezeichnet Habermas als „den einzigen Grundsatz, in dem sich die praktische Vernunft ausspricht“[1033]. „Vernünftig dürfe der gebildete Wille heißen, weil die formalen Eigenschaften des Diskurses und der Beratungssituation hinreichend garantieren, daß ein Konsens nur über angemessen interpretierte verallgemeinerungsfähige Interessen, darunter verstehe ich: Bedürfnisse, die kommunikativ geteilt werden, zustande kommen kann“[1034]. Der Konsensus über eine Norm hängt damit nach dem Habermasschen Verständnis des Verallgemeinerungsprinzips davon ab, was als von allen zu akzeptierendes Bedürfnis angesehen werden kann.

d) Die ideale Sprechsituation

Damit eine diskursive Überprüfung der den moralischen Begriffen zugrundeliegenden Regeln ermöglicht wird, sind bestimmte formale Eigenschaften des praktischen Diskurses von Nöten. Habermas nennt diese die Eigenschaften der „idealen Sprechsituation“[1035]. Er bezeichnet eine Sprechsituation als ideal, „in der Kommunikation nicht nur nicht durch äußere kontingente Einwirkungen, sondern auch nicht durch Zwänge behindert werden, die sich aus der Struktur der Kommunikation ergeben“[1036]. Eine Kommunikation erzeugt „nur dann keine Zwänge, wenn für alle Diskursteilnehmer eine symmetrische Verteilung der

[1031] Habermas, Wahrheitstheorien, 250 ist damit bei seinem Kriterium für einen begründeten Konsens angelangt.
[1032] Habermas, Wahrheitstheorien, 251 bezeichnet damit Konsens über Normen usw. die alle wollen können.
[1033] Habermas, Legitimationsprobleme im Spätkapitalismus, 149.
[1034] Habermas, Legitimationsprobleme im Spätkapitalismus, 148 f.
[1035] Habermas, Wahrheitstheorien, 255 ff.
[1036] Habermas, Wahrheitstheorien, 255.

Chancen, Sprechakte zu wählen und auszuführen, gegeben ist“[1037]. In der idealen Sprechsituation sind alle Sprecher gleichberechtigt; es herrscht kein Zwang. Damit liegt es auf der Hand, dass in einer solchen Situation ein Konsens nur über solche Normen möglich ist, die „alle wollen können“[1038].

e) Einwände

aa) Kritik des Universalismus

Es bleibt zu fragen, was die Konsensustheorie als Entscheidungskriterium in Legitimationsfragen praktisch zu leisten vermag. Ein häufig gegen das Habermassche Konzept vorgebrachter Einwand bezieht sich darauf, dass die ideale Sprechsituation praktisch nicht zu verwirklichen sei[1039]. Hierfür könnte sprechen, dass die Zahl der aus Vernunftgründen diskursiv unmöglichen Normen gering ist[1040].

Habermas begegnet diesen Einwänden mit seiner Theorie vom kontrafaktischen Charakter der idealen Sprechsituation. Danach ist die ideale Sprechsituation „weder ein empirisches Phänomen noch bloßes Konstrukt, sondern eine in Diskursen unvermeidliche reziprok vorgenommene Unterstellung“[1041]. Dieser Vor-

---

[1037] Habermas, Wahrheitstheorien, 255 f. der aus dieser allgemeinen Symetrieforderung für die von ihm unterschiedenen Klassen von Sprechakten vier Forderungen ableitet: „1. Alle potentiellen Teilnehmer eines Diskurses müssen die gleiche Chance haben, kommunikative Sprechakte zu verwenden, so dass sie jederzeit Diskurse eröffnen sowie durch Rede und Gegenrede, Frage und Antwort perpetuieren können. 2. Alle Diskursteilnehmer müssen die gleiche Chance haben, Deutungen, Behauptungen, Empfehlungen, Erklärungen und Rechtfertigungen aufzustellen und deren Geltungsanspruch zu problematisieren, zu begründen oder zu widerlegen, so dass keine Vormeinung auf Dauer der Thematisierung und der Kritik entzogen bleibt.“ „3. Zum Diskurs sind nur solche Sprecher zugelassen, die als Handelnde gleiche Chancen haben, repräsentative Sprechakte zu verwenden (....).“ „4. Zum Diskurs sind nur Sprecher zugelassen, die als Handelnde die gleiche Chance haben, regulative Sprechakte zu verwenden.“ Die letzten beiden Forderungen sind Ausdruck der Einbettung von Diskursen in Handlungszusammenhänge und sollen die Realisierung von Handlungsfreiheit gewährleisten.

[1038] Habermas, Legitimationsprobleme des Spätkapitalismus, 148.

[1039] Vgl. Luhmann, Systemtheoretische Argumentationen, 336; Schnelle, Sprachphilosophie und Linguistik, 41; Rüssmann, JuS 1975, 352 ff., 355.

[1040] Vgl. dazu Alexy, Theorie, 171, der als diskursiv unmögliche Norm eine solche mit der Folge benennt, dass das Individuum seinen Status zur Beteiligung an den Diskursen aufgibt, da jeder zu jeder Zeit das Recht haben müsse, die diskursive Überprüfung einer Norm zu fordern.

[1041] Habermas, Wahrheitstheorien, 258.

griff auf die ideale Sprechsituation allein „ist Gewähr dafür, daß wir mit einem faktisch erzielten Konsensus den Anspruch eines vernünftigen Konsensus verbinden dürfen; zugleich ist er ein kritischer Maßstab, an dem jeder faktisch erzielte Konsensus auch in Frage gestellt und daraufhin überprüft werden kann, ob er ein hinreichender Indikator für einen begründeten Konsensus ist“[1042]. „Es gehört zur Struktur möglicher Rede, daß wir im Vollzug der Sprechakte kontrafaktisch so tun, als sei die ideale Sprechsituation nicht bloß fiktiv, sondern wirklich – eben das nennen wir eine Unterstellung. Das normative Fundament sprachlicher Verständigung ist mithin beides: antizipiert, aber als antizipierte Grundlage auch wirksam“[1043]. Mit dieser Konzeption vom Ideal entgeht die Diskurstheorie dem Vorwurf, faktisch nicht verwirklicht werden zu können[1044].

Luhmann vertritt dennoch die Ansicht, dass die Diskurstheorie „unter den heutigen Bedingungen einer sehr viel möglichkeitsreicheren Welt“ zum Scheitern verurteilt ist[1045]. Das heute gestellte Problem sei nicht mehr das der inhaltlichen Richtigkeit von Entscheidungen oder Normen, sondern jenes der Bewältigung von Komplexität. Dieses könnte durch einen systemtheoretischen Ansatz, der nicht bei der Forderung idealer Bedingungen stehen bleibe, adäquater erfassen werden[1046]. Das Gerechtigkeitsproblem sei deshalb aus dem alten Zusammenhang von Wahrheit und Begründbarkeit zu lösen und als Frage nach der adäquate(n) Komplexität des Rechtssystems neu zu formulieren[1047].

Zutreffend weist Dreier darauf hin, dass auch heute mit Normen der Anspruch auf Richtigkeit oder Begründbarkeit verbunden bleibt und die Aufgabe dieses Anspruchs die Herausbildung eines „anderen Sozialisationsmodus“ voraussetzen würde, der „von rechtfertigungsbedürftigen Normen abgekoppelt“ ist[1048]. Ist bereits höchst fragwürdig, ob ein solches systemtheoretisches Konzept mit der Natur des Menschen in Einklang zu bringen ist, zeigt ein Blick auf die richterliche, rechtspolitische und vor allem rechtswissenschaftliche Praxis, dass gerade ein

---

[1042] Habermas, Wahrheitstheorien, 258.
[1043] Habermas, Theorie der kommunikativen Kompetenz, 140.
[1044] Ebenso Alexy, Theorie, 159.
[1045] Luhmann, Rechtstheorie 4 (1973), 131 ff., 144, Fn. 33.
[1046] Luhmann, Systemtheoretische Argumentation, 328 ff.
[1047] Luhmann, Rechtstheorie 4 (1973), 131 ff., 142; zur Kritik der Luhmannschen Theorie der Gerechtigkeit vgl. Dreier, Rechtstheorie 5 (1974), 189 ff.

Sozialisationsmodus der Kritik an der Konsensustheorie nicht entgeht: Er ist mit der Wirklichkeit nicht in Einklang zu bringen. Dieser Grundmangel wurde bereits oben in der kritischen Besprechung der Luhmannschen Systemtheorie deutlich: Der Ansatz ist ungeeignet das Individuum in seiner Individualität zu integrieren[1049].

bb) Kritik subjektiver und objektiver Interessen

Demzufolge ergeben sich auf Grundlage der Konsensustheorie Maßstäbe zur Rechtfertigung von Regeln. Eine Norm ist verallgemeinerungsfähig bzw. anerkennungsfähig, wenn ihre Folgen und Nebenfolgen für die Bedürfnisbefriedigung eines jeden Einzelnen von allen akzeptiert werden können. Hieraus folgt, dass Normen nicht auf solche Überzeugungen gegründet sein dürfen, bezüglich derer vernünftige Meinungsverschiedenheiten möglich sind. Das als Grundlage der Strafbarkeit fungierende Interessenkonzept muss vielmehr von unterschiedlichen Vertretern des Guten vernünftigerweise akzeptiert werden können[1050].

Trotz unterschiedlicher menschlicher Bedürfnisse ergibt sich jedenfalls dort eine Schnittmenge, die allgemeine Anerkennungsfähigkeit verdient, wo Menschen aufgrund ihrer natürlichen Ausstattung gleichgestellt sind, nämlich in der Art und Weise ihrer Wahrnehmung, der Art und Weise des Hervorbringens ihrer Weltbilder[1051]. Konsentierte menschliche Interessen lassen sich folglich daran erkennen, dass sie notwendige Voraussetzungen der Ausbildung der kognitiven Vermögen des Menschen sind[1052]. Die Anerkennung personaler Belange, hier als Interessen bezeichnet, ist demzufolge von der selbstständigen und freien Entwicklung der Individualität geleitet. „Für eine solche liberale Moralität sind Interessen kein Selbstzweck, sondern sie leiten ihren Existenzgrund und ihre Be-

---

[1048] Dreier, Rechtstheorie 5 (1974), 189 ff, 199; ebenso Alexy, Theorie, 164.

[1049] S.o. S. 161 ff.

[1050] Vgl. dazu die Rawls'sche Konzeption eines politischen Liberalismus, der die Anerkennung des „Faktums des Pluralismus“ mit Recht als grundlegend für ein vernünftiges Verständnis gerechter Ordnung erachtet, Rawls, Theorie der Gerechtigkeit; Kargl, ARSP 1996, 485 ff., 495 f.; ders., GA 1994, 247 ff., 262; vgl. auch Klaus Günther, Sinn für Angemessenheit, Alexy, Recht, Vernunft, Diskurs.

[1051] Kargl, Kognitive Handlungstheorie, 109 formuliert dies wie folgt: „Übergreifender Konsens ist darum nicht bezüglich der kognitiven Produkte zu erwarten, sondern nur hinsichtlich des sozialen Schutzes jenes autonomen Prozesses der die Produkte erzeugt.“

[1052] Kargl, Kognitive Handlungstheorie, 112.

deutung vom „Entwicklungsgedanken“ ab, der die Rolle eines letzten legitimierenden Prinzips übernimmt“[1053]. Entwicklungsinteressen beschreiben diejenigen Bereiche, die eine Art gemeinsamer Nenner für alle Lebenspläne bilden und deshalb vor der Kontingenz gerettet werden müssen[1054]. Eine Person, die solche Entwicklungsinteressen für ihren eigenen Lebensplan anzweifelt, würde sich als rational denkende Person selbst diskreditieren, so dass an diesem Punkt ein Prädikat allgemeiner Anerkennung vorliegt.

Der Schwerpunkt liegt also weder in der Nichtverletzung von vorgegebenen Rechten anderer noch von Rechten der Allgemeinheit, sondern in der Gewährleistung personaler Belange, die durch den Entwicklungsgedanken vermittelt werden. Im Gegensatz zu einer Moralität, die von gesamtgesellschaftlichen Zwecken ausgeht, behält die Person hier eine zentrale Rolle. Personale Entwicklung wird um der personalen Integrität willen, in Einklang und Entsprechung mit der Eigenart und Individualität der Person konzipiert[1055].

Es liegt auf der Hand, dass eine extensive Verwendung des personalen Interessenbegriffs die liberale Potenz des Schadensprinzips zerstören würde. Aufgrund der denkbaren Vielfältigkeit menschlicher Interessen und Bedürfnisse gilt es nun, den strafrechtlichen Interessenbegriff in der Hoffnung zu präzisieren, ihn im Anschluss zur Überwindung machtorientierter Ordnungsmodelle einzusetzen.

5. Personale Interessen als intrasubjektive Entwicklungsinteressen

a) Methodischer Rekurs auf Mittelstraß

Zur Präzisierung des Interessenbegriffs, der der freiheitlich-subsidiären Ausrichtung des Strafrechts gerecht wird, sei auf einen Beitrags von Jürgen Mittelstraß

[1053] Papageorgiou, Schaden und Strafe, 98; Arthur Kaufmann, Rechtstheorie 17 (1986), 252 ff., 275 „Wenn es also in einem juridischen Diskurs wirklich um das „Recht“, um das „richtige Recht“ oder wenigstens um das „nicht schlechthin unrichtige Recht“ gehen soll und nicht um etwas beliebiges anderes, dann muss ihm ein Idenität gewährleistender Rechtsgehalt eben ein „Unverfügbares“, „Ontologisches“, zugrundliegen. Dieses Unverfügbare ist der Mensch als Person.“; vgl. auch ders., Einführung, 140 ff., 145 ff.

[1054] Kargl, ARSP 1996, 485 ff., 495; ähnlich ders., zum strafrechtlichen Vermögensbegriff, JA 2001, 714 ff., 718 f.

[1055] Papageorgiou, Schaden und Strafe, 99.

verwiesen, der sich erfolgreich bemüht hat, verschiedene Interessenbegriffe zu klassifizieren[1056]. Er unterscheidet zwischen objektiven, subjektiven und transsubjektiven Interessen. Subjektiv sind Interessen, die zu ihrer Begründung nichts außer dem Hinweis ihrer Faktizität aufzubringen vermögen. Ausschließlich aus dem Bestehen individueller Wünsche lässt sich – wie zu zeigen sein wird – kein Kriterium für die Verbindlichkeit von Verhaltensgeboten herleiten. Objektive Interessen sind demgegenüber in einen reicheren Begründungskontext eingebettet, der sich auf die Analyse von Entwicklungen stützt[1057]. Dennoch bleibt ihr Objektivitätscharakter relativ von dem theorieabhängigen Wirkungszusammenhang in den sie eingebettet sind. Mittelstraß hat hieraus zutreffend den Schluß gezogen, es bleibe nur ein normativer Standpunkt und sein Modell der rationalen Interessenkritik auf diese Erkenntnis gegründet. Danach können Interessen erst über den Weg der rationalen Kritik den vollen Anspruch entfalten, begründet zu sein (= intrasubjektive Interessen)[1058].

Die folgenden Ausführungen sind dementsprechend von dem Bemühen getragen, die subjektiven Interessen des Individuums mit dem Standpunkt eines objektiven Betrachters in Einklang zu bringen und auf diese Weise das Problem der perspektivischen Differenz der Interessen rational zu harmonisieren[1059]. Auf diesem Weg sind schutzwürdige Interessen zunächst von subjektiven Wünschen abzugrenzen. Ein psychologisches Wunschinteresse zeichnet sich dadurch aus,

---

[1056] Mittelstraß, Interessen, 126 ff.; an ihn knüpfen die Interessenkonzepte Papageorgious, Schaden und Strafe, 105 ff. und Kargls, ARSP 1996, 485 ff., 494 an.

[1057] Dem entspricht die uns bereits vertraute Interessenklassifizierung v. Liszts, AuV I, 126 ff., 147, als „Lebensbedingungen der staatlichen Gemeinschaft", die „fixiert, gegeneinander abgewogen zu rechtlich geschützten Interessen, zu Rechtsgütern erklärt" werden; ebenso Papageorgiou, Schaden und Strafe, 106, der hervorhebt, dass v. Liszt die „Objektivität der Interessen mit dem theoretischen Gerüst eines sozialdarwinistischen, evolutionistischen Modells statuiert.

[1058] Mittelstraß, Interessen, 126 ff.; ebenso Kargl, ARSP 1996, 485 ff., 494; Papageorgiou, Schaden und Strafe, 106 f.; Patzig, Unterschied, 16; vgl. Klaus Günther, Möglichkeiten, 209 f., der den Begriff des subjektiven Rechts intersubjektivistisch i. S. von verallgemeinerungsfähigen Bedingungen reziproker Verständigung konzipiert. Nach seinem diskurstheoretischen Ansatz besteht die Aufgabe des Strafrechts gerade in dem Schutz von wechselseitig anzuerkennenden Teilnehmerrollen an Interaktionen.

[1059] Dazu ausführlich Papageorgiou, Schaden und Strafe, 109 ff.

dass es nicht ohne weiteres verletzbar ist[1060] und nicht notwendigerweise im eigenen rationalen Interesse liegen muss[1061]. Allein die Einstellung des Interessenträgers kann daher nicht zum Zurechnungsmaßstab intrasubjektiver Interessen erhoben werden. Selbst wenn ein Wunsch einen zentralen Platz im persönlichen Lebensplan einer Person einnimmt, kann er vom objektiven Standpunkt aus als nicht wohlverstanden eingestuft werden.

Könnte man sich darüber einigen, welchen rational anerkennungswerten individuellen Interessen der Person ein wesentlicher Platz im Rahmen der eigenen Lebensplanung zukommt, wäre dieser Interessenbegriff zu weit, um Grundlage einer intersubjektiven Anerkennung zu bilden[1062]. Unter diese Definition wären nämlich auch Erfolgsinteressen zu subsumieren, die die Vervollkommnung des eingeschlagenen persönlichen Entwicklungsprozesses garantieren[1063]. Garantiert werden kann aber sinnvollerweise nur die „Eingangsgarantie in die Verwirklichung eines bestimmten individuellen Entwicklungsprozesses", nicht aber die Vervollkommnung der eingeschlagenen Entwicklung selbst[1064]. Diese Erkenntnis speist sich aus der Tatsache, dass unsere Interessen auf den Konsens anderer Personen angewiesen sind, um realisiert zu werden. Das eigene Interesse ist stets zu den Interessen anderer in Beziehung zu setzen. Da zivilisierte Interessen im Rahmen eines bestehenden Systems entstehen, bildet der konventionell erstellte Handlungsrahmen der bestehenden Ordnung den Ausgangspunkt der Entwicklung[1065].

Damit ist eine weitere Etappe auf dem Weg zur Schutzbedürftigkeit menschlicher Interessen geschafft. Zur Rekapitulation: Der Begriff des Interesses be-

---

1060 Zutreffend hervorgehoben von Patzig, Unterschied, 16, der darauf hinweist, dass die Vereitelung der Realisierung eines Wunschaktes nicht notwendig die Aufgabe desselben zur Folge hat.

1061 Papageorgiou, Schaden und Strafe, 111 bedient sich des Beispiels, dass ein Mensch den Wunsch verspürt einen Nervengift enthaltenden Pantherpilz zu verspeisen, dessen Verzehr Vergiftungserscheinungen nach sich zieht und sogar zum Tod führen kann.

1062 Papageorgiou, Schaden und Strafe, 112 ff.

1063 Papageorgiou, Schaden und Strafe, 115 verdeutlicht dies am Beispiel des Unternehmers, der seiner Konkurrenz erliegt. Zwar erleide er einen Schaden, dieser sei als Erfolgsinteresse jedoch moralisch irrelevant.

1064 So zutreffend Papageorgiou, Schaden und Strafe, 119.

1065 Ebenso Papageorgiou, Schaden und Strafe, 122, der richtigerweise darauf hinweist, dass dies nicht den Ausschluß der Kritik an bestehenden „Moralitäten" verhindere.

zeichnet weder Subjektivität, da sich aus den subjektiven Bedürfnissen von Einzelpersonen kein normatives Kriterium für die Verbindlichkeit von Verhaltensgeboten herleiten lässt, noch vermeintlich objektive Interessen, deren „Objektivität" vor dem Hintergrund des politischen Liberalismus stets relativ bleiben muss. Gemeint ist vielmehr die Qualifizierung eines realen Zustandes als „Entwicklungsinteresse" vom Standpunkt eines „objektiven" Betrachters unter Zugrundelegung des individuellen Lebensplans einer bestimmten Person.

Was objektiv betrachtet für eine unerlässliche Komponente der individuellen Entwicklung der konkreten Person gehalten wird, dem kommt der Status wohlbegründeter Interessen zu. So verstandene Interessen ermöglichen jedem Einzelnen, die immer wieder unterschiedlichen Erfolgsinteressen seines Lebensplanes umzusetzen. Die Grundsätzlichkeit solcher Entwicklungsinteressen ergibt sich folglich aus ihrer Schlüsselrolle zur Entfaltung jedes denkbaren Lebensplanes einer Person[1066]. Gleichzeitig ist damit eine plausible Erklärung dafür verbunden, welche Ereignisse der Strafgesetzgeber als schädlich klassifizieren darf. Erlangt das Schadensprinzip seine Bedeutung aus der rationellen Gestaltbarkeit des individuellen Lebensplanes, handelt es sich jedenfalls bei der Zerstörung in Gestalt der endgültigen oder auch nur vorübergehenden Hinderung des Entwicklungsinteresses um eine strafrechtsrelevante Schädigung schutzbedürftiger Interessen.

Hieraus eröffnet sich der Vorsprung des so verstandenen Begriffs personaler Interessen gegenüber dem althergebrachten Rechtsgutsbegriff. Dem personalen Entwicklungsinteressenbegriff ist eine Verknüpfung mit dem ihn legitimierenden Kontext begrifflich immanent. Dies unterscheidet ihn vom abstrakten Begriff des Rechtsgutes, der mit personalem Bezug angereichert werden muss, und

[1066] Feinberg, Harm to Others 37 ff. hat demgegenüber die sog. Wohlfahrtsinteressen (welfare interests) als Grundinteressen der Person bezeichnet, deren Erfüllung eine notwendige Bedingung ihres Wohlergehens und Glücks sind. Diese Grundvoraussetzungen zur Verwirklichung einzelner Lebenspläne sind bei allen Menschen mit gewissen Differenzierungen, die sich aus den unterschiedlichen Lebensumfeldern ergeben, gleich, und verleihen ihnen so konsentiertes, intrasubjektives Gewicht; ähnlich Papageorgiou, Schaden und Strafe, 132 f; 139. Da der Begriff des „Wohlfahrtsinteresses" nur allzu schnell als Interesse an einem Wohlfahrtsstaat im Sinne des status positivus missverstanden werden kann, wird vorliegend der Terminus des „Entwicklungsinteresses" präferiert.

so Gefahr läuft im Sinne machtorientierter Ordnungsbegriffe funktionalisiert zu werden[1067].

b) Personale Sicherheitsinteressen als Grundlage eines an der Entwicklung des Einzelnen ausgerichteten „Gefährdungsstrafrechts"?

aa) Die Position Kindhäusers

Unter Zugrundelegung der Prämisse der Gestaltbarkeit des individuellen Lebensplanes lässt sich – zumindest scheinbar – plausibel begründen, warum Entwicklungsinteressen nicht nur gegen Verletzung, sondern auch gegen abstrakte Gefährdung oder versuchte Beeinträchtigung geschützt werden müssen. So wird argumentiert, Sicherheit habe „bereits geistesgeschichtlich den Rang eines fundamentalen Menschenrechts" und sei „heute zu einer idée direktrice sozialer Lebensgestaltung geworden"[1068]. Die Legitimation der abstrakten Gefährdungsdelikte rechtfertige sich aus der Überlegung, die Gewährleistung von Sicherheit im Umgang mit Gütern, sei eine notwendige Voraussetzung der personellen Entfaltung des Individuums[1069]. Bietet dieser Ansatz tatsächlich die Basis einer personal orientierten Legitimierung der §§ 331, 332 I i.V.m. III, 333, 334 I i.V.m. III StGB als abstrakte Gefährdungsdelikte?

Kindhäuser hat sich zur Aufgabe gestellt, die Legitimation abstrakter Gefährdungsdelikte aus dieser Überlegung abzuleiten. Sein Ansatz soll daher als Ausgangspunkt zur Frage nach der Legitimation der §§ 331 ff. StGB fungieren[1070].

[1067] Vgl. dazu die Entwicklung des Rechtsgutsbegriffs, S. 112 ff.
[1068] Kindhäuser, Gefährdung, 280.
[1069] Kindhäuser, Gefährdung, 277 ff.
[1070] Die Arbeit möchte gleichzeitig Denkanstöße im Hinblick auf die Legitimationsproblematik abstrakter Gefährdungsdelikte bieten; zu der Ansicht, abstrakte Gefährdungsdelikte hätten einen prinzipiell nicht zu legitimierenden Anwendungsbereich Herzog, Gesellschaftliche Unsicherheit, 3 ff., 25 ff.; Zieschang, Gefährdungsdelikte, 349 ff. Im Übrigen verweisen die unterschiedlichen Lösungsansätze – vom Boden der Rechtsgutslehre ausgehend – in verschiedene Richtungen. Einerseits wird generell auf einen subjektiven Unrechtsbegriff verwiesen, indem strafrechtliche Verbotsnormen auf finale Verletzungshandlungen und nicht auf die Verursachung von Rechtsgutsverletzungen bezogen werden (so Brehm, Dogmatik des abstrakten Gefährdungsdelikts, 90 ff., 97, 137; Horn, Gefährdungsdelikte, 78 ff.; Welzel, StrafR. §§ 11 II, 12 II) oder es wird der Bereich des Rechtsgutes erweitert, indem entweder das Rechtsgut als abstrakter Wert und die Rechtsgutsverletzung als Verletzung eines Achtungsanspruchs

Mit seiner Arbeit „Gefährdung als Straftat" bemüht er sich, abstrakte Gefährdungsdelikte aus der personellen Entfaltung des Individuums heraus zu legitimieren. Die Normen der abstrakten Gefährdungsdelikte ließen sich durch den Zweck, Rechtsgutverletzungen zu vermeiden, nicht befriedigend erklären[1071]. Der Gedanke des Rechtsgüterschutzes könne sich nicht auf die Gewährleistung der Integrität von Gütern beschränken, sondern „muss auch die Gewährleistung der sicheren Verfügungsmöglichkeit über Güter umfassen. Die gefahrlose Verfügung über Güter ist ein Wert, der zwar vom Wert der substanziellen Integrität verschieden, gleichwohl aber schutzwürdig ist"[1072].

Die strafzwecktheoretische Notwendigkeit gefahrloser Verfügung über Güter begründet Kindhäuser damit, dass es Aufgabe des Strafrechts sei, „solche Verhaltensweisen für falsch" zu erklären, „auf deren Ausbleiben zur Ermöglichung eines nach rechtsstaatlichen Präferenzen geordneten Zusammenlebens Verlaß sein muss". Im Ergebnis gelangt er daher zu einer Funktion des Strafrechts, die in der Stabilisierung des Rechtssystems bzw. seiner Elemente liegt[1073]. Dennoch soll sich die Aufgabe des Strafrechts hierin nicht „erschöpfen", sondern die Normgeltung via Strafe zu sichern, sei ihrerseits ein „Derivat des Zwecks (..), die freie persönliche Entfaltung des einzelnen durch reziprokes Vertrauen der Interaktionspartner in ihren Gerechtigkeitssinn zu ermöglichen und zu garantieren"[1074].

Die Legitimation der abstrakten Gefährdungsdelikte gründet hiernach auf der Überlegung, die Gewährleistung von Sicherheit im Umgang mit Gütern sei eine notwendige Voraussetzung der personellen Entfaltung des Individuums[1075]. Bei den Verhaltensnormen, die abstrakten Gefährdungsdelikten zugrundeliegen,

gedeutet wird (Berz, Tatbestandsverwirklichung, 35, 42 ff.); kritisch zusammenfassend zu diesen Positionen Kindhäuser, Gefährdung, 14 ff.

1071 Kindhäuser, Gefährdung, 14 f., 270, insbesondere fehle eine Antwort darauf, warum Rechtsgüter, die durch Verletzungsverbote geschützt seinen, zusätzlich durch Normen, die lediglich potentiell verletzende Verhaltensweisen zum Gegenstand hätten, geschützt werden sollten.

1072 Kindhäuser, Gefährdung, 19.

1073 Unter ausdrücklichem Verweis auf die Konzepte Luhmanns und Jakobs, Kindhäuser, Gefährdung, 30.

1074 Kindhäuser, Gefährdung, 30, Fn. 7.

1075 Kindhäuser, Gefährdung, 277 ff.

handele es sich um Verbote, deren Verletzung geeignet sei, die zur sorglosen Verfügung über Güter notwendigen (heteronomen) Sicherheitsbedingungen zu beeinträchtigen[1076]. Ziel der Verhaltensnormen sei es, den für den rationalen Umgang mit Gütern erforderlichen Zustand an Sicherheit rechtlich zu garantieren: „Die Vermittlung der Gewissheit, gefahrlos über Güter verfügen zu können, ist legitimer Bestandteil des Rechtsgüterschutzes, wenn Rechtsgüter als Güter definiert werden, die der freien persönlichen Entfaltung dienen“[1077]. Sicherheit versteht Kindhäuser im Anschluss an Binding[1078] als berechtigte Sorglosigkeit bei der Verfügung über Güter[1079].

Rechtsgüter sind nach dieser Konzeption auch „Eigenschaften und nichtpersonale Entitäten“, die geschützt werden, „weil ihr Vorhandensein bzw. ihre Geltung um der freien persönlichen Entfaltung des einzelnen willen für erforderlich gehalten wird“[1080]. Diese Überlegungen münden im Begriff des „Gefährdungsschadens“, der als „Beeinträchtigung des Interesses an einer sicheren Existenz des Gutes“ definiert wird[1081].

Wann aber liegt eine Berechtigung in Form einer objektiv begründeten Erwartung eines rational urteilenden Subjekts vor, gefahrlos Güter zur Verwirklichung bestimmter Zwecke einsetzen zu können? Welche Bedingungen sind autonom (durch das Subjekt), welche heteronom (durch das Strafrecht) zu gewährleisten? Kindhäuser lässt die Abgrenzung von heteronomer und autonomer Sicherheit mit dem Argument dahinstehen, dass „sich die Anschauungen über die sozial nützliche Be- bzw. Entlastung des Einzelnen mit Risiken ständig wandeln“ und insoweit ein „gewisses Maß an Positivismus durchaus angebracht“ sei[1082].

[1076] Kindhäuser, Gefährdung, 280.
[1077] Kindhäuser, Gefährdung, 280 ff., 287.
[1078] Binding, Normen I, 390 ff., dem oben, S. 115 ff. bereits ein positivistisches Rechtsgutsverständnis attestiert wurde.
[1079] Kindhäuser, Gefährdung, 282.
[1080] Kindhäuser, Gefährdung, 144.
[1081] Kindhäuser, Gefährdung, 211.
[1082] Kindhäuser, Gefährdung, 279 verweist darüber hinaus darauf, dass die strafrechtliche Garantie des Schutzes dem ultima-ratio-Grundsatz gemäß erst dann eingreifen solle, wenn die Erforderlichkeit heteronomer Sicherheit außer Frage stünde. Hiermit ist freilich wenig gewonnen, da zu beantworten gewesen wäre, wann dies der Fall ist.

Er bemüht sich dennoch, die Anforderungen an Verhaltensnormen als Selbstzwecknormen über die Präzisierung eines normativen Sicherheitsbegriffs in fünf Analyseschritten zu überprüfen. Zunächst solle nach dem Zweck der Norm gefragt, der Gegenstand der Sorge definiert und dessen Berechtigung überprüft werden[1083]. Des Weiteren sei nach dem Begriff der Interessenkoordination zu klären, ob die Schadensvorsorge Sache des Einzelnen sei. Stehe fest, dass Schadensvorsorge erforderlich sei, müsse normativ ausgeglichen werden. Die Sicherung der normativen Kompensation sei Zweck der Sanktionsnorm, diese habe der normativen Garantie Geltung zu verschaffen[1084].

Jedoch bedürften die Bedingungen berechtigter Sorglosigkeit einer Substantiierung der ihnen zugrundeliegenden normativen Begriffe[1085]. Kindhäuser benennt folgende Differenzierungskriterien: Die Unterscheidung nach dem Träger des geschützten Verfügungsinteresses – gefahrlose Verfügung über Güter durch eine bestimmte Person bzw. Personengruppe (speziell) oder die Allgemeinheit (generell) –[1086], die Unterscheidung danach, ob es sich um unmittelbaren oder mittelbaren Schutz handelt, indem die gefahrlose Arbeit von Institutionen, die dem Wohle des Einzelnen diene, gewährleistet wird[1087], und zuletzt die Frage, ob die zu gewährleistende Sicherheit objekt- oder subjektbezogen ist. Mit objektbezogener Sicherheit bezeichnet Kindhäuser die Begründetheit des Vertrauens in die Ungefährlichkeit nicht-personaler Rahmenbedingungen, für die der Einzelne nicht Sorge tragen kann oder braucht[1088].

1083 Kindhäuser, Gefährdung, 288; als berechtigter Gegenstand der Sorge ließe sich in §§ 331, 333 StGB die Befürchtung einer sachwidrigen Dienstausübung in Zukunft legitimieren.
1084 Kindhäuser, Gefährdung, 289.
1085 Kindhäuser, Gefährdung, 287, 289, 294 f.; vor diesem Hintergrund erscheint die Kritik, Kindhäuser erhebe das subjektive Empfindungskriterium des Einzelnen zum Maßstab nicht berechtigt, so aber Meyer, Gefährlichkeitsdelikte, 151; Saal, Vortäuschen einer Straftat, 87.
1086 Kindhäuser, Gefährdung, 294.
1087 Kindhäuser, Gefährdung, 310 benennt die Aussagedelikte als Beispiele mittelbaren Schutzes.
1088 Kindhäuser, Gefährdung, 311 benennt insoweit die Echtheit einer vorgelegten Urkunde als Beispiel; bei der Sachlichkeit staatlicher Dienstausübung handelt es sich entsprechend dieser Differenzierung um mittelbaren Schutz nicht-personaler staatlicher Rahmenbedingungen, für die der Einzelne nicht Sorge tragen kann, da er keinen unmittelbaren Einfluss auf die Entscheidungen staatlicher Funktionsträger hat. Die Legitimität der Tatbestände wäre aus der Sicherheitsinteressenperspektive Kindhäusers demzufolge zu bejahen.

Trotz normativer Substantiierung erkennt der Autor, dass die Sanktionierung durch Strafe und damit die Legitimation der Sanktionsnorm nicht unwesentliche kriminalpolitische Probleme aufwirft, da bei Sicherheitsnormen die gängigen Abgrenzungskriterien zwischen Straf- und Ordnungswidrigkeitenrecht obsolet würden. Die Entscheidung, mit welcher Sanktion die Normen jeweils zu bewehren seien, hänge davon ab, ob Ziele positiver Generalprävention (dann Strafe) oder negativer Generalprävention (dann Geldbuße) verfolgt würden[1089]. Mit dieser Unterscheidung glaubt Kindhäuser gleichzeitig auch das ultima-ratio-Prinzip präzisieren zu können: „Erst dann, wenn sich Sicherheitsnormen durch Abschreckung nicht mehr ausreichend garantieren lassen, kommt Strafe statt Geldbuße überhaupt in Betracht“[1090].

Analytisch ausgefeilt weist die Arbeit auf die Problematik hin, die aus der Legitimation einer Strafnorm durch das Kriterium der generellen Verletzungsrelevanz einer Handlung erwächst[1091]. In diesem Zusammenhang wendet sich der Autor sowohl gegen die These von der Präsumtion der Gefahr als auch gegen die sog. Gegenbeweistheorien und bezeichnet diese Lösungen als mit dem Schuldprinzip unvereinbar[1092]. Umso mehr überrascht es, dass Kindhäuser im Anschluß feststellt, alle Legitimationsprobleme der abstrakten Gefährdungsdelikte verschwänden, wenn deren Normen als Selbstzwecknormen d.h. als Normen deren Zweck durch ihre Verletzung eo ipse verfehlt werde, gedeutet würden[1093].

bb) Einwände

Kindhäuser wurde berechtigterweise dahingehend kritisiert, dass sein Konzept der abstrakten Gefährdungsdelikte keine überzeugende Erklärung dafür liefert, warum die Vornahme der als gefährlich klassifizierten Verhaltensweisen eine

---

1089 Kindhäuser, Gefährdung, 343 ff., 355.

1090 Kindhäuser, Gefährdung, 345.

1091 Kindhäuser, Gefährdung, 235 „Es ist nicht möglich (...) aus der empirischen Hypothese über Häufigkeitsrelationen zwischen Ereignissen eine Aussage über ein konkretes Verhalten abzuleiten. Es kann dem Täter nicht vorgeworfen werden, daß sein tatbestandsmäßiges Verhalten ein Rechtsgut hätte schädigen können; es kann ihm nur vorgeworfen werden, daß sein Verhalten zu einer schadensrelevanten Klasse von Verhaltensweisen gehört“.

1092 Kindhäuser, Gefährdung, 243.

1093 Kindhäuser, Gefährdung, 272.

Pönalisierung zu rechtfertigen vermag[1094]. Selbst wenn die Bestrafung abstrakte Gefährdungen bestimmte Verhaltensweisen als Bestandteil eines institutionalisierten Normkomplexes im Wege positiver Generalprävention stabilisiert, steht die Frage im Raum, warum gerade dieser Normkomplex stabilisiert werden sollen[1095]. Allein das Argument, Sicherheit habe „bereits geistesgeschichtlich den Rang eines fundamentalen Menschenrechts" und sei „heute zu einer idée direktrice sozialer Lebensgestaltung geworden", reicht nicht aus, um „die Möglichkeit unbesorgt über Güter zu verfügen, als schutzwürdigen Zweck einer strafrechtlichen Verhaltensnorm anzusehen, deren Geltungsverlust sozialschädliche Dimensionen annehmen kann"[1096]. Zuvor muss die soziale Funktion des Normkomplexes ermittelt werden, dessen Bestand durch abstrakte Gefährdungsdelikte garantiert werden soll.

Neben der sozialen Funktion ist das Spannungsverhältnis zu berücksichtigen, in dem abstrakte Gefährdungsdelikte seit jeher zur gesellschaftlichen Konstitution von Freiheit stehen[1097]. Kindhäuser versucht dieses Spannungsverhältnis durch sein Konzept der „Sicherheitsnormen" aufzulösen. Dies misslingt Kindhäuser jedoch, da durch seine Vorgehensweise nahezu jegliche Sanktionsbewehrung von Verhaltensverboten legitimierbar wird[1098]. Vermeldet er im Zusammenhang mit den abstrakten Gefährdungsdelikten einen „Schaden sui generis", wird der Eindruck erweckt, es handele sich um Verletzungsdelikte[1099].

Tatsächlich aber erweitert Kindhäuser die „Legitimationsbasis" abstrakter Gefährdungsdelikte durch eine vage gehaltene Formulierung des Schutzinteresses „Sicherheit". Je mehr man die Anforderungen an den individuellen Interessenschutz verringert, desto weniger Schwierigkeiten bereitet die Rechtfertigung der mit dem abstrakten Gefährdungsdelikt einhergehenden Vorverlagerung[1100]. Der

---

[1094] Wohlers, Deliktstypen, 296; Müssig, Schutz abstrakter Rechtsgüter, 201 ff.

[1095] Ähnlich Müssig, Schutz abstrakter Rechtsgüter, 201 ff.

[1096] So aber Kindhäuser, Gefährdung, 280.

[1097] Müssig, Schutz abstrakter Rechtsgüterschutz, 205; Herzog, Gesellschaftliche Unsicherheit, 45.

[1098] Herzog, Gesellschaftliche Unsicherheit, 44.

[1099] Ebenso Zieschang, Gefährdungsdelikte, 355.

[1100] Dazu Zieschang, Gefährdungsdelikte, 354, der de lege ferenda die Streichung der abstrakten Gefährdungsdelikte aus dem Kriminalstrafrecht fordert; Müssig, Schutz abstrakter Rechtsgüter, 195, Fn. 63 spricht von einem „Sicherheitsgürtel" der um die Rechtsgüter gelegt

Begriff der „Sicherheit angstfreier Daseinsgewissheit“[1101] ist in seiner uferlosen Weite außer Stande, sanktionswürdige von sanktionsunwürdigen Interessengefährdungen abzugrenzen. Über ihn wird die mit den abstrakten Gefährdungsdelikten verknüpfte Freiheitsproblematik rhetorisch ausgehebelt.[1102] Je allgemeiner das Schutzkonzept ist, desto leichter fällt es, die Ausweitung des Strafrechts unter Berufung auf den Schutz von Allgemeininteressen zu legitimieren.

Der materiell zunächst farblose Sicherheitsbegriff wird als „Name einer gesellschaftlichen Wertidee“[1103] nur scheinbar normativ angereichert. Die Leichtigkeit, mit der den abstrakten Gefährdungsdelikten, vermittelt über eine geistesgeschichtliche Tradition der Sicherheit als Menschenrecht, eine quasi überpositive Geltungsbedingung zugebilligt wird, verkennt das aufgezeigte Spannungsverhältnis, in dem abstrakte Gefährdungsdelikte zur Freiheit der Person stehen[1104]. Die Normgeltung, von Kindhäuser als allgemeine Funktion der strafrechtlichen Sanktionsnormen ausgewiesen[1105], wird bei den abstrakten Gefährdungsdelikten durch den Sicherheitsbegriff lediglich erneut betont[1106]. Auf diese Aussage kann sich aber die Legitimation der abstrakten Gefährdungsdelikte nicht beschränken, ohne dem Präventionskalkül systemtheoretisch orientierter Gefahrenabwehr zum Opfer zu fallen. Von gesellschaftlichen Sicherheitsbedürfnissen auf den Plan gerufen, gerät das Strafrecht in Gefahr, möglicherweise gefährliches Verhalten im Zuge der bestätigenden Normgeltung zu sanktionieren. Damit gelangt es nicht nur an die Grenzen seiner Leistungsfähigkeit, sondern wird in seiner Kraft geschwächt, fundamentale Normen der interpersonalen Anerkennung zu behaupten[1107].

---

wird, dessen Störung als spezifisches Unrecht der abstrakten Gefährdungsdelikte angesehen wird.

[1101] Vgl. Tiedemann/Kindhäuser, NStZ 1988, 337 ff., 340.

[1102] Müssig, Schutz abstrakter Rechtsgüter, 204.

[1103] F. X. Kaufmann, Sicherheit, 7.

[1104] Herzog, Gesellschaftliche Unsicherheit, 44 f. bezweifelt zu Recht, dass der von Kindhäuser lediglich knapp skizzierte rechts- und staatsphilosophische Hintergrund, mit Zitaten von Althusius über Hobbes bis Christian Wolff, insoweit als Basis *straf*rechtlicher Verhaltensnormen fungieren kann.

[1105] Kindhäuser, Gefährdung, 134 f.; auch nach Papageorgiou, Schaden und Strafe, 158 leiten Sicherheitsinteressen „ihren Berechtigungsgrund von den symbolisch instrumentellen Rollen ab, die ihnen als unerläßliche Entwicklungsbedingungen menschlichen Lebens zukommt“.

[1106] Müssig, Schutz abstrakter Rechtsgüter, 204.

[1107] Ebenso Herzog, Gesellschaftliche Unsicherheit, 72 f.

6. Sicherheiten und personale Freiheit

a) Konzept der rationalen Lebensplanung

Papageorgiou[1108] hat sich bemüht, den Begriff der Sicherheitsinteressen im Anschluß an Wilhelm von Humboldt unter Berücksichtigung der Freiheit der Person zu präzisieren. Sicherheitsinteressen kennzeichnen für ihn fundamentale Voraussetzungen für das Entwicklungsanliegen der Individuen. Ihr Anspruchskern bestehe „im Gegensatz zu den Wohlfahrtsinteressen nicht in der Leistung eines bestimmten Wohlfahrtsniveaus, sondern lediglich in der symbolisch manifestierbaren Achtung gegenüber gewissen Positionen, deren symbolische Unverbrüchlichkeit (Sicherheit) eine notwendige Bedingung zur Konzipierung und Entfaltung eines würdigen Lebens“ ist[1109]. Sicherheitsinteressen sollen so unantastbare Bereiche umschreiben, die als unantastbar erlebt und gedeutet werden müssen, um Personalität und einen rationalen Lebensplan zu ermöglichen. Die inhaltliche Beschränkung möchte Papageorgiou durch die den Sicherheitsinteressen gegenübergestellte Kategorie der Freiheitsinteressen erreichen[1110]. Das Freiheitsinteresse fordere ausschließlich die elementaren Bedingungen der Authentizität einer individuellen Lebensplanung zu gewährleisten[1111].

Tatsächlich gewinnen die als elementare Bedingungen bezeichneten Freiheitsinteressen dann an Kontur, wenn man berücksichtigt, dass die Möglichkeit einer selbstbestimmten Entwicklung des Individuums voraussetzt, dessen Lebensplan so wenig wie möglich durch Zwang zu beeinträchtigen. In dem Zusammenhang erhält der in dieser Arbeit zentrale Vertrauensbegriff eine neue, aber streng begrenzte Bedeutung. Das Individuum ist nur dann imstande seinen Lebensplan

---

[1108] Papageorgiou, Schaden und Strafe, 151 ff., 156; vgl. auch zum Ganzen ders., ARSP 1990, 324 ff.

[1109] Papageorgiou, Schaden und Strafe, 156 f. welche Verhaltensweisen als Beeinträchtigung der unerlässlichen Voraussetzungen für die Umsetzung der autonomen Konzeption eines „guten Lebens“ und deshalb als strafwürdig anzusehen seien, lasse sich nicht a priori und ein für allemal sagen, sondern sei „eine Frage des kulturellen Zusammenhanges.“ Im Anschluss an Hassemer hebt Papageorgiou hervor, dass hier „gewisse quantitative Kategorien“ der Häufigkeit einer Interessenverletzung, der Bedarfsintensität des verletzten Guts und der gesellschaftlich wahrgenommenen Bedrohungsintensität der Verletzung ausschlaggebend sein dürften.

[1110] Papageorgiou, Schaden und Strafe, 158 ff.

[1111] Papageorgiou, Schaden und Strafe, 163 ff.

vertrauensvoll zu gestalten, wenn die notwendigen Bedingungen seiner Entwicklung garantiert sind.

Diese Feststellung bedarf freilich der Präzisierung, um nicht durch ein an sozialstaatlichen Gestaltungsvoraussetzungen orientiertes Strafrecht funktionalisiert zu werden. Unter Rückbezug auf die Funktion des klassischen Strafrechts als Instrument der Gewährleistung bürgerlicher Freiheit erschließt sich die Subsidiarität des Strafrechts als Mittel individuellen Entwicklungsschutzes. Hat das moderne Strafrecht mit den Traditionen der auf die Gewährleistung bürgerlicher Freiheit abzielenden repressiven Geltung gebrochen und bewegt sich weiter auf dem Weg des gesamtgesellschaftlichen Steuerungsinstruments, ist es erforderlich, sich auf die Freiheit der Individuen als schützendes Korrektiv einer nach Effektivität strebenden Kriminalpolitik zu besinnen[1112].

Verkommt die strafrechtliche Zwangsbefugnis von der ultima ratio zur prima ratio des Gesetzgebers, nimmt sie die Entwicklung des Individuums vorweg und untergräbt den Sinn von Autonomie. Ein extensives Sicherheitsverständnis würde demzufolge nicht mehr, sondern weniger Autonomie für alle Individuen bedeuten. Dementsprechend darf ein freiheitlich verstandenes Entwicklungsinteresse lediglich solche Optionen sichern, die Autonomie notwendigerweise ermöglichen[1113]. Sicherheit soll um der Autonomie Willen garantiert sein, nicht umgekehrt[1114]. Das legitime Strafrecht beschränkt sich so „auf die Repression schweren Unrechts an der Freiheit der Person und der Gemeinschaft“[1115].

b) Fazit und Überleitung

Bevor die §§ 331 ff. StGB auf möglicherweise tangierte Freiheitsentwicklungsinteressen durchforstet werden, sollen die bisher gewonnenen Erkenntnisse rekapituliert werden. Auf dem Weg, ein personelles Strafrechtskonzept zu entwi-

---

1112 Hassemer, JuS 1987, 757 ff., 764.

1113 Arthur Kaufmann, Schuldprinzip, 116 hat dies zutreffend wie folgt formuliert: „Nicht nur durch die Garantie unserer Sicherheitsinteressen kann folglich die Entwicklung des Lebensplans ermöglicht werden. Sicherheit ohne Autonomie wäre ein in sich widersprüchliches, selbst vereitelndes Unternehmen, weil sie gerade dasjenige Element zerstört, zu dessen Diensten sie beordert wurde, nämlich menschliche Personalität“.

1114 Papageorgiou, Schaden und Strafe, 168; ders., ARSP 1990, 324 ff., 341.

1115 Naucke, KritV 1993, 135 ff., 143; ders., KritV 1990, 244 ff., 247; vgl. auch Kargl, Rechtsgüterschutz durch Rechtsschutz, 53 ff., 60.

ckeln, bin ich zu der Überzeugung gelangt, dass das Schadensprinzip einen hinreichenden Grund zur Verhaltenskriminalisierung liefert. Demnach dürfen nur schädliche Handlungen strafrechtlich geahndet werden. Welche Handlungen schädlich sind, kann nur im betreffenden gesellschaftlichen Kontext und unter Zugrundelegung einer normativen Theorie strafrechtsrelevanter Schädlichkeit beurteilt werden. Den erforderlichen normativen Rückhalt liefert ein personal orientierter Schadensbegriff. Als relevanter Schaden wurde die Verletzung menschlicher Interessen klassifiziert.

Da es sich hierbei um ein ausfüllungsbedürftiges Kriterium handelt, wurden sowohl rein subjektive als auch rein objektive Interessen im Wege rationaler Interessenkritik als unzureichend qualifiziert, das Fundament strafrechtlich schützeswerter Interessen zu bilden. Interessen erlangen dort transsubjektive Bedeutung, wo sie mit der Idee der Person verknüpft sind. Durch die Identifizierung und Anerkennung von Interessen sind Menschen in der Lage, ihrer Natur als selbstentwickelbare Wesen in ihrem Leben zu entsprechen. Diese Erkenntnis bedingt es, solche Interessen als schutzwürdig zu erachten, die eine Eingangsgarantie in die Verwirklichungsbedingungen eines bestimmten individuellen Entwicklungsprozesses ermöglichen. Davon zu unterscheiden sind Erfolgsinteressen, die die Vervollkommnung des eingeschlagenen Entwicklungsprozesses garantieren. Letztere zu stützen kann nicht Bestandteil eines selbstbestimmten Entwicklungsprozesses sein. Den Wert der Autonomie zeichnet gerade aus, die individuelle Entwicklung des Menschen in dessen Händen zu belassen. Staatliche Intervention darf daher das freiheitlich verstandene Entwicklungsinteresse nicht im Sinne einer vermeintlich sozialeren oder erfolgreicheren Entwicklung zwangsweise determinieren.

Dennoch sind die Freiheitsinteressen jedes Individuums kontextabhängig. Da es nach hier vertretener Auffassung keinen „natürlichen" Kontext gibt, dem menschliche Interessen zugeschrieben werden können, erweist es sich als erforderlich, den Interessenbegriff normativ anzureichern und in eine Ethik einzubetten, die an der Person orientiert ist. Weil die Entwicklung des Menschen im Mitsein mit anderen stattfindet, erlangt der Interessenbegriff kollektive Bedeutung. Erachtet man jeden Menschen als selbstständiges Individuum, das sich durch seine sozialen Beziehungen im konkreten Gesellschaftsystem verwirklicht, werden soziale Einrichtungen zu Einrichtungen zur Erhaltung menschlicher Interessen.

Auch die Begründung staatlicher Strafe steht in Zusammenhang mit Anerkennung und Subjektkonstitution. Das Verbrechen zeichnet sich durch die Negation des Anerkennungsverhältnisses aus, indem sich der Täter anmaßt, die autonome Subjektivität des anderen zu missachten und zum Objekt der eigenen Zwecksetzung zu machen. Die Gewährleistung von Rechtsfrieden nach grundlegenden Freiheitsverletzungen ist Sinn staatlicher Strafe.

E: Neubewertung der §§ 331 ff. StGB

An dieser Stelle schließt sich der Kreis einer aus freiheitlich verstandenen Entwicklungsinteressen legitimierten teleologischen Konzeption der Strafe als Maßnahme der Friedenssicherung im Rahmen der Bestechungsdelikte.

I. Strafrechtfertigung der Bestechung und Bestechlichkeit (§§ 332, 334 StGB)

1. Die Verletzung personaler Entwicklungsinteressen durch pflichtwidrige Diensthandlungen (§§ 332 I II, 334 I II StGB)

Dem Schutzzweck der §§ 332 I und II, 334 I und II StGB müsste nach dem oben aufgezeigten Interessenmaßstab die öffentliche Zustimmung versagt werden, wenn der den Vorschriften zugrundeliegende Schutzzweck nicht dem Schutz freiheitlich begründeter menschlicher Entwicklungsinteressen zu dienen bestimmt ist. Es ist dargestellt worden, dass den §§ 332 I und II, 334 I und II StGB das Interesse an einer an Sachgesichtspunkten orientierten Amtsführung zugrunde liegt, das durch die Vornahme der pflichtwidrigen Diensthandlung verletzt ist[1116]. Es stellt sich die Frage, ob sich dieses Schutzinteresse aus dem hier entwickelten personalen Interessenbegriff heraus legitimieren lässt.

Stellt man den Schutz des einzelnen Rechtsunterworfenen in den Mittelpunkt der Betrachtung, sind folgende Auswirkungen einer Verletzung der Sachlichkeit staatlicher Diensthandlungen denkbar: Einerseits die unmittelbare Verletzung von Individualinteressen als Folge der sachwidrigen staatliche Diensthandlung, andererseits sind jedoch Konstellationen naheliegend, in denen zwar die Sachlichkeit der Amtsführung durch Ausführung der pflichtwidrigen Diensthandlung verletzt ist, aber mangels direkt ersichtlichem Nachteil für ein Individuum eine Verletzung des individuellen Interesses an der Sachlichkeit staatlicher Diensthandlungen dennoch nicht in gleicher Anschaulichkeit auszumachen ist. Zur Verdeutlichung lassen sich folgende Beispiele bilden:

[1116] Vgl. dazu oben S. 86 f.

– Die durch einen Amtsträger vorgenommene rechtswidrige Diensthandlung bestand darin, dem Nachbarn des Vorteilsgebers eine ihm zustehende Baugenehmigung zu versagen. Als Gegenleistung hierfür hat der Amtsträger im Nachhinein einen Vorteil angenommen (§§ 332 I, 334 I StGB).

– Die rechtswidrige Diensthandlung bestand darin, dem Antragsteller eine ausländerrechtliche Aufenthaltserlaubnis zu erteilen, ohne dass die hierfür erforderlichen Voraussetzungen vorlagen. Hierfür hat der Amtsträger im Nachinein einen Vorteil als Gegenleistung angenommen (§§ 332 I, 334 I StGB).

Im ersten Fall ist das individuelle Interesse des Nachbarn an einer sachlich korrekten Diensthandlung durch die rechtswidrige Versagung der Baugenhmigung augenscheinlich verletzt, da ihm die zu Recht beanspruchte Baugenehmigung versagt wird und daraus persönliche Nachteile für seine Entwicklung resultieren. Im zweiten Fall liegt die Verletzung des Individualinteresses an der Sachlichkeit staatlicher Entscheidungen nicht so deutlich auf der Hand, da ein direktes Tatopfer – wie häufig bei der Bestechung – nicht auszumachen ist. Dies verdeutlicht die Notwendigkeit, die Bedeutung von Sachlichkeitsinteressenverletzungen durch pflichtwidrige Diensthandlungen auf einer allgemeinen – wenngleich nicht abstrakten – Ebene zu begreifen.

Bei näherer Betrachtung erlangen beide Beispielsfälle über den konkreten Einzelfall hinaus eine generelle Bedeutung insofern für personale Entwicklungsinteressen, als ein Eingriff in solche (schutzwürdigen) Rahmenbedingungen vorliegt, die für die Entwicklung jedes Individuums in unserer Gesellschaft unerlässlich sind. Der Gewährleistung der Sachlichkeit staatlicher Entscheidungen kommt – über die im Einzelfall eintretenden Folgen hinaus – grundlegende Bedeutung zu. Diese Erkenntnis speist sich aus der Tatsache, dass Personen, die nicht in der Lage sind sich Privilegien zu erkaufen, in ihrer personalen Entwicklung beeinträchtigt wären, da sie die ihnen als Mensch zustehenden Entwicklungsbedingungen nicht realisieren könnten[1117]. Sollten staatliche Funktionsträ-

[1117] Diese Überlegung ist grundsätzlicher Natur und beschränkt sich somit nicht auf den viel zitierten Bereich des Geschäftsverkehrs, betrifft diesen aber natürlich auch, da im geschäftlichen Verkehr finanzkräftige Anbieter ihre weniger solventen Konkurrenten durch die Zahlung von Schmiergeldern ausbooten könnten und nicht mehr derjenige den Auftrag erhielte, der der ger ihre Diensthandlungen nur gegen willkürlich festgesetzte Belohnungen vornehmen, müsste jeder Einzelne die Entfaltungsgrundlagen seines individuellen Lebensplans erst erkaufen, bevor er sie seinen Vorstellungen entsprechend nutzen könnte. Niemand wäre imstande sich darauf einzustellen, in welchen Fragen er sich der staatlichen Zustimmung gewiss sein kann.

Diese Situation macht gleiche Entwicklungschancen in unserer Gesellschaft obsolet und steht in diametralem Gegensatz zu einem auf Chancengleichheit gegründeten Entwicklungsinteressenkonzept, das auf dem Konsens beruht, jedem Menschen die gleichen Grundvoraussetzungen seiner persönlichen Entwicklung einzuräumen. Zu Recht ist daher in diesem Kontext auf die Bedeutung des Gleichheitssatzes und des Prinzips der Rechtsstaatlichkeit hingewiesen worden[1118]. Derjenige, der sich für ihn günstige, aber unrichtige Entscheidungen der Amtsträger erkaufen könnte, wäre in seiner Entwicklung bevorteilt. Als Folge entstünde Neid und Missgunst bei den Personen, die nicht in der Lage sind, sich Privilegien zu erkaufen. Daraus bildet sich ein Kastensystem von privilegierten und nichtprivilegierten Gesellschaftsmitgliedern[1119].

Die Verletzung des Schutzinteresses jedes Einzelnen an der Sachlichkeit staatlicher Entscheidungen erstreckt sich daher über die Konsequenzen unmittelbarer Nachteile hinaus. Freiheitliche Entwicklungsinteressen verlangen einen generellen Schutz im Falle der Verletzung der Sachlichkeit staatlicher Diensthandlungen. Dies lässt sich auf die in §§ 332 II, 334 II StGB sanktionierten rechtswidrigen Entscheidungen der Judikative übertragen.

Durch eine sachlich korrekte Amtsführung wird dem Bürger eine erwartbare Perspektive staatlicher Tätigkeit vorgeführt, die eine unerlässliche Komponente der individuellen Entwicklung in unserem System bedingt. Ein so verstandenes Konzept der Erwartungssicherheit staatlicher Entscheidungen ermöglicht die

---

Verwaltungsbehörde die beste Leistung anbietet, sondern derjenige, der die höchsten Bestechungsgelder zahlt, vgl. dazu Piehl, Bestechungsgelder, 27.

[1118] Dölling, Gutachten, 27; Heinrich, Amtsträgerbegriff, 283.

[1119] Piehl, Bestechungsgelder, 25, der am Beispiel Boliviens aufzeigt, dass solche Vorgänge zum Zerfall einer Gesellschaftsordnung führen könne. Während sich Regierung und Polizei am Drogenhandel bereichern, leidet die Mehrheit der Bevölkerung an den schlechten Lebensumständen.

Konzipierung und Entfaltung jedes individuellen Lebensplans. Sie ist für die personale Entwicklung der Menschen unserer Gesellschaft unerlässlich.

Auch unter dem Aspekt der Friedensicherung erweist sich die Sanktionierung rechtswidriger Diensthandlungen als notwendig. Derjenige, der von der unsachlichen Entscheidung betroffen ist, reagiert mit höchster moralischer Empörung auf die käuflichkeit einer sachwidrigen „Dienstpraxis" des staatlichen Funktionsträgers. Zahlreiche andere Personen, die nicht gewillt oder in der Lage sind sich passende Diensthandlungen zu erkaufen, lehnen sich früher oder später gegen eine derartige Amtsführung auf. Dies birgt die Gefahr unbegrenzter Selbsthilfe als Antwort auf die geschehene Interessenverletzung. Orientiert sich das Verhalten des Funktionsträgers nicht mehr an Gesetz und Recht, sondern am persönlichen Vorteil, so wird sich der Einzelne irgendwann nicht mehr der staatlichen Verwaltung und Rechtsprechung bedienen. Er wird stattdessen versuchen, seine Rechte – an der Exekutive und Judikative vorbei –, selbst durchzusetzen. Ein hiermit einhergehender Vertrauensverlust in Teilen der Bevölkerung dürfte zwar als Folgewirkung gewiß sein, aber als eigentliches Schutzinteresse der Vorschriften kommt er nicht in Betracht. Hinreichend geschützt ist das Vertrauen der Allgemeinheit vielmehr durch eine an Sachgesichtspunkten ausgerichtete, nicht käufliche Amtsführung selbst.

2. Personale Interessen im Vorfeld pflichtwidriger Diensthandlungen (§§ 332 I und II i.V.m. III, 334 I und II i.V.m. III StGB)

§§ 332 I und II i.V.m. III, 334 I und II i.V.m. III StGB unterscheiden sich von §§ 332 I und II StGB, 334 I und II StGB dadurch, dass die gesetzlich sanktionierte Tat bereits vollendet ist, wenn sich der Amtsträger lediglich zu der Handlungsvornahme bereit erklärt hat, die pflichtwidrige bzw. im Ermessen beeinflusste Diensthandlung also noch nicht ausgeführt wurde.

a) Problemaufriss – Legitimationsversuche der §§ 332 I II i.V.m. III, 334 I II i.V.m. III StGB als abstrakte Gefährdungsdelikte

Die §§ 332 I II i.V.m. III, 334 I II i.V.m. III StGB lassen sich aus dem Blickwinkel des Sachlichkeitsschutzes, aber auch aus der Perspektive des Vertrauensschutzes betrachten. Mit dem Wortlaut der Vorschriften sind beide Konzeptionen vereinbar.[1120] Obwohl eine Verletzung des Individualinteresses der Sachlichkeit staatlicher Entscheidungen ist in diesen Absätzen der Vorschriften nicht Tatbestandsvoraussetzung, ließe sich dennoch das Sachlichkeitsinteresse mit der Ausgestaltung der Vorschriften als abstrakte Gefährdungdelikte vereinbaren[1121]. Auch unter Zugrundelegung des Vertrauensschutzkonzeptes scheidet eine Interessenverletzung aus, da die einzelne Tathandlung ungeeignet ist, das Schutzgut des Vertrauens der Allgemeinheit zu verletzen.

Dazu ein weiteres Beispiel: Ein Amtsträger sagt jemanden auf dessen Bitten hin zu, seinem Nachbarn gegen Zahlung einer Belohnung, die diesem rechtlich zustehende Baugenehmigung in Zukunft zu versagen, und nimmt hierfür vorab einen Vorteil an (§§ 332 I II i.V.m. III Nr. 1, 334 I II i.V.m. III Nr. 1 StGB).

Bewirkt die Bestechung/Bestechlichkeit keine Verletzung des individuellen Sachlichkeitsinteresses bzw. des Interesses am Vertrauen der Allgemeinheit in die Sachlichkeit der Amtsfühung, stellt sich die Frage, ob die abstrakte Gefährdung einer dieser Interessen als relevanter Strafgrund fungieren kann. Damit gilt es eine Antwort auf die Streitfrage zu geben, ob das Schutzinteresse der Sachlichkeit staatlicher Diensthandlungen oder das Vertrauensinteresse des Einzelnen am Vertrauen der Allgemeinheit in die Sachlichkeit der Dienstausübung bereits im Vorfeld gegenüber Sachlichkeitsinteressenbeeinträchtigungen abgeschirmt werden darf. In der Rechtsgutslehre wird ein solcher Zusammenhang unter dem Stichwort der „Vorverlagerung des Rechtsgüterschutzes“ diskutiert[1122]. Dieser Bezugspunkt kennzeichnet gleichzeitig die Legitimationsproblematik der abstrakten Gefährdungsdelikte.

[1120] S.o. S. 80 ff.

[1121] Vgl. dazu oben, S. 80 ff., 86 ff. Da der Einritt einer Verletzung des Sachlichkeitsinteresses bei Vornahme der Tathandlung in Gestalt des Bereiterklärens zu einer pflichtwidrigen Diensthandlung von der weiteren Vorgehensweise des Amtsträgers abhängt, handelt es sich bei den Vorschriften um abstrakte Gefährdungsdelikte und nicht um die Sanktionierung eines Versuchs oder um ein konkretes Gefährdungsdelikt. Konkrete Gefährdungsdelikte machen die Gefahr der Verletzung zur tatbestandlichen Voraussetzung. Der Eintritt der konkreten Gefahr ist vorliegend aber gerade nicht Tatbestandsmerkmal. Ein Versuch erfordert gemäß § 22 StGB ein unmittelbares Ansetzen des Täters, das im vorliegenden Fall zu verneinen ist, da dem Amtsträger bewusst ist, dass wesentliche – von ihm selbst auszuführende – Zwischenschritte bis zur Pflichtwidrigkeit noch ausstehen.

[1122] Dazu Jakobs, StrafR. AT, 2. Abschn., Rn. 25a ff.; Schünemann, JA 1975, 787 ff., 798; kritisch Herzog, Gesellschaftliche Unsicherheit, 34 ff., 128 ff.

Betrachtet man strafrechtliche Sanktionen unter dem Aspekt Schadensprinzip als Reaktion auf die Verletzung personaler Interessen, sind abstrakte Gefährdungsdelikte schwer zu legitimieren, da keine Interessenverletzung eingetreten ist und den Tatbeständen aufgrund ihres Wortlautes auch in concreto ungefährliche Verhaltensweisen unterfallen. Im Rahmen der §§ 332 I II i.V.m. III, 334 I II i.V.m. III StGB handelt es sich beispielsweise um solche Fälle, in denen der Amtsträger sich zwar zu einer pflichtwidrigen Diensthandlung bereit erklärt, sich jedoch innerlich vorbehält, diese entgegen seiner Zusage nicht vorzunehmen. Im Rahmen der verbreiteten Tendenz, den Bestechungsdelikten einen deliktischen „Vertrag" in Gestalt der sog. Unrechtsvereinbarung abzuverlangen, vertritt die h.M. den Standpunkt, dass §§ 332 I II i.V.m. III, 334 I II i.V.m. III StGB auch dann erfüllt sind, wenn der Amtsträger lediglich vorspiegelt, eine Diensthandlung erbringen zu wollen, die in dem vorgesehenen Gegenseitigkeitsverhältnis steht[1123].

b) Das Vertrauen der Allgemeinheit in sachliche Diensthandlungen als subjektives Interesse

Es verwundert wenig, dass an diesem kritischen Punkt zumeist das Schutzinteresse des Vertrauens der Allgemeinheit als Legitimationsgrundlage der Sanktionierung fungiert. So stellen Lackner/Kühl fest: „da das durch die §§ 331, 333 geschützte soll. Vertrauen in die Unkäuflichkeit von Amtsträgern (...) nicht durch die Vornahme oder das Unterbleiben der Dienstausübung oder Diensthandlung, sondern allein durch die Unrechtsvereinbarung über sie erschüttert wird, ist es sinnwidrig die Dienstausübung oder Diensthandlung als solche auch objektiv zur Tatbestandsvoraussetzung zu machen"[1124].

Akzeptiert man das Schadensprinzip als Strafgrund, liegt der Wegfall dieses Grundes nahe, wenn sicher ausgeschlossen ist, dass weder ein Schaden noch eine konkrete Gefährdung für das Rechtsgut eingetreten ist. Noch größer werden die geäußerten Bedenken mit Blick auf die Schuld des Täters. Wirft man ihm die

---

[1123] Vgl. Tröndle/Fischer, § 331, Rn. 10; Kuhlen, NStZ 1988, 433 ff., 435; BGHSt 15, 88 ff., 96 f.; kritisch Maiwald, JuS 1977, 353 ff., 355 der an einer Entscheidung des OLG Hamm, MDR 1973, 68 verdeutlicht, dass die „Lehre von der unrechtsbegründenden Qualität des bösen Scheins" inkonsequent dort fallengelassen wird, wo es zum Schein zu einer Entgegennahme des Vorteils gekommen ist.

[1124] Lackner/Kühl, § 331, Rn. 11.

fehlerhafte Einstellung gegenüber den personalen Interessen seiner Mitmenschen vor, kann sich dieses Unrecht nicht auf Verhaltensweisen erstrecken, bei denen der Handelnde ex ante sicher ausschließen kann, dass ein Schaden am Schutzinteresse entsteht.

Dennoch wird als personales Interesse am Vertrauen der Allgemeinheit in die Sachlichkeit staatlicher Entscheidungen zumeist auf das Interesse des Individuums verwiesen, seinen Lebensplan vertrauensvoll gestalten zu können. So hat Schwieger in seiner Arbeit zum Vorteilsbegriff der Bestechungsdelikte hervorgehoben, dass erst Vertrauen in die Sachlichkeit der Amtsführung die Entwicklung von Lebensplänen ermöglicht[1125].

Ob das Interesse des *Einzelnen* am Vertrauen der *Allgemeinheit* in die Sachlichkeit staatlicher Entscheidungen strafrechtlichen Vorfeldschutzes bedarf, ist damit jedoch entgegen seiner Auffassung noch nicht beantwortet und liegt auch nicht „auf der Hand“[1126]. Es wäre vorschnell, das Vertrauen der *Allgemeinheit* als Grundlage der Erwartungssicherheit im Leben jeder *Person* anzusehen und hieraus eine personelle Komponente der §§ 331, 332 I II i.V.m. III, 333, 334 I II i.V.m. III StGB[1127] abzuleiten[1128]. Jeder (zurechenbare) Normbruch drückt mangelnde Anerkennung des jeweiligen Verbotes aus und enttäuscht dadurch die Erwartung der Normbefolgung. Ein tatbestandsmäßiges Verhalten beinhaltet im Falle seiner Publizität stets einen Angriff auf das Normvertrauen der übrigen Gesellschaftsmitglieder.[1129] Staatlich-kollektive Interessen zeichnen sich zudem generell dadurch aus, dass sie auf das Vertrauen der Allgemeinheit als Konstitutionsbedingung angewiesen und rückführbar sind.

Diese Überlegung ist jedoch nicht im Sinne einer Komplexitätsreduktion dahingehend umkehrbar, dass Vertrauen aufgrund einer Risikominimierung erst durch

---

[1125] Schwieger, Vorteilsbegriff, 89 f.; ähnlich Hefendehl, Kollektive Rechtsgüter, 35, 124.
[1126] So aber Schwieger, Vorteilsbegriff, 90.
[1127] Die hier im Rahmen der Legitimität der §§ 332 I II i.V.m. III, 334 I II i.V.m. III StGB erörterten Probleme beziehen sich gleichzeitig auf das den §§ 331, 333 StGB von der h.M. zugrundegelegte Vertrauensschutzinteresse, da diesem Interesse in beiden Fällen der gleiche Abstraktionsgrad zugrundliegt.
[1128] So aber Schwieger, Vorteilsbegriff, 90; Hefendehl, Kollektive Rechtsgüter, 80 ff., 124; vgl. dazu bereits oben, S. 139 ff.
[1129] Otto, ZStW 96 (1984), 339 ff., 344.

Rechtsvorschriften zustande kommt. Entgegen der Luhmann'schen Ansicht, kann Vertrauen in komplexen Gesellschaften nicht ursächlich aufgrund einer Risikominimierung durch Recht entstehen[1130]. Recht setzt vielmehr eine Vertrauensgrundlage voraus, ist aber weder eine Voraussetzung von Vertrauen noch identisch mit ihm. Luhmann verdeckt diese Sachverhalte, indem er personales Vertrauen und Systemvertrauen identifiziert[1131]. Der Umstand, dass Vertrauen durch Rechtsbruch in der beschriebenen Weise tangiert wird, lässt aber keinen Rückschluss auf die Legitimität des geschützten Interesses als soziale Bedingung der personalen Autonomie zu, sondern ist notwendige Folge der Verhaltenssanktionierung[1132].

Der kollektive Vertrauensgegenstand ist ein qualitativ anderer, als das im Schutz von Individualrechtsgütern enthaltene Vertrauen. Der strafrechtliche Schutz von Entwicklungsinteressen ist durch eine Verletzung intersubjektiver Anerkennungsbeziehungen geprägt. Eine Beeinträchtigung des hier bestehenden Vertrauens im Verhältnis der Personen untereinander ist durch die Bekundung von Missachtungsgefühlen gekennzeichnet und lässt sich präzise im Täter-Opfer-Verhältnis verorten. Im Zentrum der „Außenwirkung" der §§ 332 I II i.V.m. III, 334 I II i.V.m. III StGB steht aber gerade kein interpersonales Vertrauen im Rahmen einer Täter-Opfer-Beziehung, sondern abstraktes „Systemvertrauen", das unter Verweis auf die Notwendigkeit des Vertrauens der Allgemeinheit als Konstitutionsbedingung eines funktionsfähigen Staates begründet wird.

Dennoch wird häufig hervorgehoben, der Schutz des Vertrauens in die Wirtschaftsordnung unterscheide sich angesichts wachsender gesellschaftlicher Komplexität, im Hinblick auf seine Relevanz für die persönliche Entwicklung, nicht wesentlich vom Individualrechtsgüterschutz[1133]. Je mehr das ursprüngli-

[1130] Luhmann, Vertrauen, 88 beschreibt dies wie folgt: „Vertrauenserweise werden dadurch ermöglicht (...), dass das vertrauende System über strukturell nicht gebundene innere Ressourcen verfügt, die im Falle einer Enttäuschung des Vertrauens eingesetzt und die Last der Komplexitätsreduktion und Problemlösung übernehmen können".

[1131] Otto, ZStW 87 (1975), 539 ff., 555; dazu auch oben, S. 139 ff.

[1132] Bis zu diesem Punkt ebenso Hefendehl, Kollektive Rechtsgüter, 124 f.; auch Otto, ZStW 96 (1984), 339 ff., 334.

[1133] Am Beispiel des Wirtschaftstrafrechts Otto, ZStW 96 (1984), 339 ff., 343 f.; kritisch Baumann, JZ 1983, 935 ff., 937; Herzog, Gesellschaftliche Unsicherheit, 116 ff.; Knorz, Unrechtsgehalt, 218 ff.

che, unmittelbar in sozialen Beziehungen erlebte Vertrauen im sozialen Raum abnehme und gegenseitiges Misstrauen wachse, desto größer werde das Bedürfnis nach sozialen Regelungen, die die Funktion der Erwartungssicherung erfüllen (Systemvertrauen). Die hieraus resultierenden Vorschriften sollen jedoch „einen Restbestand ursprünglichen Vertrauens (...), der nicht unterschätzt werden darf“ erfordern. „Jenes Vertrauen nämlich, daß die insitutionalisierte Ordnung wirksam sein wird (...)“.[1134]

Dieser Ansatz beinhaltet – auf das wesentliche reduziert – nichts anderes, als eine vertragsorientierte Theorie des Vertrauens. Hobbes hinlänglich bekannte Konstruktion des vertragsförmigen Übergangs in einem befriedeten Gesellschaftszustand wird zugrundegelegt, ohne zu erklären, wie das Subjekt tiefes Misstrauen auf ein Vertrauen auf eine unabhängige Zwangsgewalt verwandelt. Lautet eines der Hobbs'schen Naturgesetze: „Jedermann soll freiwillig, *wenn andere ebenfalls dazu bereit sind*, auf sein Recht auf alles verzichten“[1135], kann Vertrauen vor der Einsetzung eines Souveräns offensichtlich noch keine Rolle spielen.[1136] Im Zentrum des vertragstheoretischen Ansatzes steht damit ein Vertrauensbegriff, der auf einem rationalen Eigeninteresse der Akteure beruht. Nach einer auch in der Strafrechtswissenschaft verbreiteten Annahme soll die Furcht vor Sanktionen eine Person bewegen, ein Versprechen oder einen Vertrag einhalten, der die Grundlage eines Vertrauensverhältnisses bilden soll. Für die §§ 331 ff. StGB bedeutet diese Auffassung, dass die Sanktionierung jedes Scheins der Annahme eines Vorteils, der mit der Dienstausübung bzw. mit einer in Aussicht gestellten pflichtwidrigen Diensthandlung verknüpft ist, das Vertrauen der Allgemeinheit in die Sachlichkeit staatlicher Dienstausübung stärkt.

Dieser Standpunkt differenziert indes nicht hinreichend zwischen interpersonalen Vertrauensbeziehungen und dem vertragstheoretischen Vertrauensmodell. Hobbes' Souverän hat gerade aufgrund seiner asymetrischen Position zu den Untergebenen eine egalisierende Wirkung. Nur weil sich die vertragschließenden Parteien in gleicher Weise seinen potentiell strafenden Maßnahmen unterwerfen, treten sie in ein Vertrauensverhältnis ein.[1137] Vor dem Hintergrund der

[1134] Otto, ZStW 96 (1984), 339 ff., 343 f.
[1135] Hobbes, Leviathan, 100.
[1136] Vgl. Zum Ganzen Hartmann, Einleitung, 7 ff., 11 m.w.N.
[1137] Hartmann, Einleitung, 7 ff., 12.

zahlreichen personalen Vertrauensbeziehungen des täglichen Lebens gewiß eine befremdliche Position. Richtigerweise muss daher zwischen solchen Vertrauensverhältnissen differenziert werden, die auf gegenseitigem Wohlwollen beruhen und jenen Verbindungen, die auf rationalen Eigeninteressen basieren.[1138] Das Vertrauen in andere schwindet jedoch, wenn davon auszugehen ist, dass sie nur dann vertrauenswürdig sein werden, sofern es in ihrem Interesse liegt[1139]. Die ausschließliche Orientierung an Eigeninteressen untergräbt die Bedingungen, die für das Entstehen gegenseitigen Vertrauens förderlich sind.

Es erweist sich somit als notwendig, personales Vertrauen und ein Sich-Verlassen-auf staatliche Institutionen voneinander abzugrenzen. Institutionen werden mit Macht ausgestattet, um das „Verhalten kooperationswilliger Akteure in dem Sinne erwartbar zu machen, dass sie "versprechen", auf Kooperationsbrüche mit Sanktionen zu reagieren"[1140]. Die hieraus resultierende Verlässlichkeit, die für die Funktion unserer Demokratie von hoher Bedeutung ist, darf jedoch nicht mit emotional tiefergehenden Vertrauenserfahrungen identifiziert und zur Grundlage einer Sanktionierung gemacht werden. Diese spielen sich interpersonal ab und brauchen Zeit sowie Erfahrungen, um sich entwickeln zu können. Vertrauen kann nicht befohlen oder durch Sanktionen gefördert werden.

c) Vertrauen der Allgemeinheit als Topos der Strafbarkeitsausdehnung

Auf Basis der Universalrechtsgüter lässt sich das Schutzinteresse zur Abkehr von Systemgefährdungen funktionalisieren. Eine Folge der Universalvertrauensgüter im Strafrecht ist, dass das Schutzinteresse vermehrt zur Abwehr von Systemgefährdungen funktionalisiert wird. Dadurch verwandelt sich der Rechtsgutsbegriff einmal mehr in einen Legitimationsmaßstab flächendeckender Tatbestände des strafrechtlichen Vorfeldschutzes. Wenn man – wie Otto – diese Gefahr erkennt, aber dennoch an einer solchen „modernen Systemfunktion" als Rechtsgutsbestimmung festhalten möchte, bleiben die von ihm betonten Begriffes der „Strafwürdigkeit" und „Strafbedürftigkeit"[1141] ohne Substanz. Begrenzungen lassen diese Kategorien nur noch auf der Ebene von Güterabwägungen und Folgeorientierungen zu. Prinzipielle Einwände gegen die Legitimation des

[1138] Hartmann, Einleitung, 7 ff., 28 ff.
[1139] Hartmann, Einleitung, 7 ff., 29.
[1140] Hartmann, Einleitung, 7 ff., 30.
[1141] Otto, ZStW 96 (1984), 339 ff., 346 ff.

Einsatzes von Strafrecht zur Sicherung abstrakten Systemvertrauens können sich vor diesem Hintergrund keine Geltung verschaffen[1142]. Erneut verliert der strafrechtliche Rechtsgutsbegriff so jede kritisch-begrenzende Dimension und verwandelt sich in eine generalpräventive Legitimationsgrundlage der Tatbestände des staatlichen Vorfeldschutzes.

Statt seine Legitimation aus dem Schutz von Individualinteressen abzuleiten, tritt der Staat selbst als Schutzzweck gesetzgeberischen Tätigwerdens auf. Dies führt zu einer grundlegenden Verschiebung des Kompetenzgefüges zwischen Bürger und Staat. Das Strafrecht dient nicht länger dem Schutz des einzelnen Bürgers vor einem übermächtigen Staat und dem friedlichen Zusammenleben der Individuen in der Gemeinschaft, sondern dem Schutz des Staates vor den Bürgern. Anstatt das Vertrauen in den Staat aus der Sicherung der Grundbedingungen für ein freiheitliches Dasein der Menschen abzuleiten, tritt der Staat den Kampf gegen ungefährliche Verhaltensweisen an, denen allenfalls der Schein der Gefährlichkeit anhaftet.

Mit Hilfe eines solchen „Ausblendungs- und Verschleierungsmechanismus"[1143] mag man der Bevölkerung möglicherweise kurzfristig vorspiegeln können, dass die Lösung dringender gesellschaftlicher Probleme vorankommt. Langfristig gesehen wirkt sich dies jedoch kontraproduktiv aus, da die Bürger früher oder später erkennen, dass die gesellschaftlichen Konflikte weiter bestehen und die immer weiter verschärften Straftatbestände zu ihrer Lösung nichts beigetragen haben.[1144] Diese Entwicklung aber ist es, die dem Vertrauen der Allgemeinheit in die Funktionsfähigkeit des Staates ernstlichen Abbruch tut.

Einem liberalen, am Schadensprinzip orientierten Strafrecht liegt gerade kein general- oder spezialpräventives Effizienzdenken zugrunde, das der staatlichen Strafe die Wiederherstellung eines Vertrauensverlusts in den Staat selbst zumutet. Nicht das Vertrauen der Gesellschaftsmitglieder in das System, sondern freiheitlich verstandene Entwicklungsinteressen der im Staat zusammenlebenden

---

[1142] Vgl. zum Problem abstrakten Systemvertrauens Herzog, Gesellschaftliche Unsicherheit, 116 ff.; ders., Prävention, 107 ff.

[1143] Albrecht, StV 1994, 265 ff., 267.

[1144] Prittwitz, StV 1991, 435 ff., 439 ff., 441; Lisken, ZRP 1994, 264 ff, 270; Knorz, Unrechtsgehalt, 224.

Personen sind es wert, gegen Erschütterungen geschützt zu werden. Auch konstitutive Vertrauensinteressen müssen daher dem Maßstab objektiv-freiheitlicher Betrachtung aus Entwicklungsinteressensicht des Menschen gerecht werden.

Es erweist sich folglich als erforderlich, § 331 ff. StGB aus der möglichen Vielfalt von konstitutiven „Vertrauenssachverhalten" zu lösen, um herauszufinden, ob die Vorschriften tatsächlich des strafrechtlichen Schutzes bedürfen. An dieser Stelle erlangt der in der Vornahme einer pflichtwidrigen Diensthandlung liegende Unterschied zwischen §§ 331, 332, I und II i.V.m. III, 333, 334 I und II i.V.m. III StGB und §§ 332 I und II, 334 I und II StGB erneut Bedeutung, denn das Vertrauen der Allgemeinheit in die Sachlichkeit staatlicher Dienstausübung speist sich aus der personalen Erfahrung mit einer korrekten Amtsführung selbst. Der Schutz eines darüber hinaus gehenden Interesses des Einzelnen am abstrakten Vertrauen der Allgemeinheit in den Schein korrekter Diensthandlungen entbehrt der empirischen Grundlage. Weder besteht bei sachlich zutreffender Amtsführung realistischerweise die Gefahr eines Anerkennungsverlusts bei größeren Teilen der Staatsbürger noch vermag der Anschein eines Angriffs auf die Reinheit der Dienstausübung durch die Entgegennahme bzw. Gewährung von Vorteilen, die im staatlichen Handeln vermittelten Rahmenbedingungen individueller Freiheit zu verletzen. Es ist vielmehr das menschliche Entwicklungsinteresse an einer sachlichen Dienstausübung selbst, das aus anerkennungstheoretischen Gründen relevant ist[1145].

d) Bedeutung des Kumulationseffekts und der Verletzungskausalität für das Vertrauens- und Sachlichkeitsinteresse

Unter dem Aspekt des so verstandenen Sachlichkeitsinteressenschutzes erweist sich der vielfach konstatierte Kumulationseffekt[1146] als entbehrlich. Zuwendun-

---

[1145] Auch andere Vertrauensschutzgüter ließen sich auf diese Weise dahingehend überprüfen, ob ihnen tatsächlich der individuell schutzwürdige Vertrauensgesichtspunkt zugrunde liegt; vgl. zu den Urkundendelikten ablehnend Kargl, ZStW 116 (2004), 762 ff., 774.

[1146] Dazu oben, S. 143 ff. und zur Rekapitulation: mit den Kumulationsdelikten sollen solche abstrakt gefährlichen Verhaltensweisen erfasst werden, die für sich gesehen das jeweils geschützte Interesse in seiner Integrität weder real beeinträchtigen noch konkret gefährden können, bei denen aber eine Beeinträchtigung nicht auszuschließen ist, wenn sich eine Vielzahl von Personen entsprechend verhalten würde; vgl. Rogall, FS Rechtswiss. Fakultät Köln, 520; im Rahmen der Vorteilsannahme bzw -gewährung wird hervorgehoben, dass die einzelne deliktische Handlung eines Beamten ungeeignet sei, die genannten äußeren Funktionsbedingen, die in der Erwartung einer künftig vorzunehmenden sachwidrigen Diensthandlung gegeben werden, bergen die reale Möglichkeit der kausalen Verursachung pflichtwidriger Amtshandlungen. Diese reale Verletzungskausalität unterscheidet das Sachlichkeitsinteresse des Menschen von dem auf die Allgemeinheit bezogenen Vertrauensschutzaspekt, der durch die einzelne Handlung nicht verletzt werden kann.

Entgegen der von Hefendehl vertretenen Ansicht lässt sich die reale Verletzungskausalität in §§ 331, 332 I II i.V.m. III, 333, 334 I II i.V.m. III StGB weder dogmatisch noch moralphilosophisch[1147] durch den „primär egoistischen Charakter der Taten im Bereich der Bestechungsdelikte“[1148] ersetzen. Das Argument, es bestehe ein Schutzbedürfnis des überindividuellen Vertrauensrechtsguts aufgrund der Sensibilität der Vertrauenskomponente bereits im Vorfeld einer Verletzung[1149], ist weder empirisch belegt noch personal legitimierbar. Geht es infolge der Erweiterung des Schutzgutes in den §§ 331, 332 I II i.V.m. III, 333, 334 I II i.V.m. III StGB nicht mehr um den Schutz der Bürger vor rechtswidrigen staatlichen Entscheidungen, sondern um das Vertrauen der Gesamtbevölkerung in den Staat als Voraussetzung seiner Funktionsfähigkeit, ist es unmöglich zu bestimmen, wann und ob eine Verletzung eintreten kann. Eine Verletzung des Schutzzwecks scheint gar ausgeschlossen, da wohl kein Einzelfall der Gewährung eines Vorteils an einen Amtsträger konstruierbar ist, der eine Verletzung des Vertrauens der Allgemeinheit mit der Konsequenz des Funktionsverlusts des Staates nach sich zieht.

Der Einsatz des Strafrechts „als eine die Vertrauenskomponente stabilisierende Maßnahme“[1150], erweist sich auf dem Untergrund einer sachlich korrekten

gungen zu beeinträchtigen und es sich somit nicht um solche Tatbestände handele, bei denen die einzelne Gefährdungshandlung potentiell eine Verletzung auslösen könne; vgl. zu §§ 331 ff. als Kumulationstatbestände Hefendehl, Kollektive Rechtsgüter, 183; Loos, FS für Welzel, 879 ff., 891 f.; Saal, Vortäuschen einer Straftat, 96; Schnitthelm, GA 1983, 310 ff., 320; generell ablehnend zum Kumulationsdelikt Zieschang, Gefährdungsdelikte, 340 ff.

[1147] So aber Hefendehl, Kollektive Rechtsgüter, 190 f.

[1148] Hefendehl, Kollektive Rechtsgüter, 322; zum Ganzen s.o., S. 144, Fn. 640 ff.

[1149] So im Ergebnis Hefendehl, Kollektive Rechtsgüter, 195, der infolge der schwer zu prognostizierenden Toleranzschwelle die Einschätzungsprärogative des Gesetzgebers erweitert sieht.

[1150] Hefendehl, Kollektive Rechtsgüter, 195.

Dienstausübung als überflüssig und untauglich, die ihm zugeschriebene Funktion zu erfüllen. Vertrauen kann wie gezeigt nicht durch Sanktionierung erreicht werden. Das Vertrauen der Allgemeinheit in die Sachlichkeit staatlicher Entscheidungen ist trotz seiner schwer zu prognostizierenden Toleranzschwelle vielmehr dann hinreichend geschützt, wenn der Bevölkerung eine erwartbare, freiheitlich begrenzte Perspektive staatlicher Tätigkeit vorgeführt wird. Darüber hinaus gehende Systemvertrauenssicherungen sind dem Vertrauen in einem freiheitlichen Staat abträglich, da sie die Erhaltung des Staates zum Selbstzweck erklären. An der Kreation des überindividuellen Vertrauensrechtsguts der §§ 331, 332 I II i.V.m. III 333, 334 I II i.V.m. III StGB verdeutlicht sich die eingangs skizzierte Linie der Abkehr von Individualinteressen und die Hinwendung zu einem generalpräventiv orientierten Gefährdungsstrafrecht, das primär Staatsinteressen dient. Ein solcher Systemschutz, der überdies nur den „bösen Scheins“ sanktioniert ist aus Sicht der personalen Entwicklungsinteressen heraus nicht legitimierbar.

Das Gesagte lässt sich auf die den „Bestechungsdelikten“ teilweise zugrundegelegte universelle Rahmenbedingung der Funktionsfähigkeit staatlicher Verwaltung[1151] übertragen. Da mit der Bezugnahme auf die Funktionsfähigkeit staatlicher Verwaltung jedes Amtsdelikt legitimiert werden könnte und dieses Interesse durch die konkrete Tathandlung gar nicht verletzbar wäre, erweist sich auch dieser Ansatz unter dem Aspekt der Entwicklungsinteressen als nicht schutzwürdig. Die Funktionsfähigkeit staatlicher Verwaltung zur Rahmenbedingung zu erheben, zöge einen weitgehend uferlosen Gefährdungsschutz nach sich, der weder als Maßstab einer Strafrechtfertigung fungieren kann noch aus den Entwicklungsinteresse des Einzelnen heraus begründbar ist. Um den staatlichen Institutionenschutz nicht zu verselbstständigen, sondern als von der Person „abgeleitet“[1152] zu begreifen, dürfen vom Strafrecht folglich solche gemeinschaftsbezogenen Interessen erfasst werden, durch deren Verletzung oder konkrete Gefährdung spezielle Grundvoraussetzungen menschlichen Zusammenlebens betroffen sind, die erfüllt sein müssen, damit der Einzelne das ihm zustehende Entwicklungsinteresse realisieren kann.

[1151] Heinrich, Amtsträgerbegriff, 307 f. sieht dieses als einheitliches Schutzgut der Amtsdelikte.

[1152] Hassemer, Theorie, 225, 232; Hohmann, GA 1992, 76 ff., 78.

Die reale Verletzungskausalität gewinnt so gerade bei Interessen mit Gemeinschaftsbezug an Bedeutung. Erfasst werden dürfen ausschließlich Verhaltensweisen, die tatsächlich geeignet sind, ein legitimes personales Schutzinteresse zu verletzen. Diese reale Verletzungseignung ist aber bei dem Interesse des Vertrauens der Allgemeinheit und der Funktionsfähigkeit staatlicher Institutionen zu verneinen, da diese Universalschutzgüter durch die einzelne Tathandlung nicht verletzt oder konkret gefährdet werden können. Das Vertrauensschutzinteresse erweist sich daher bei genauer Betrachtung als „verletzungsresistent" gegenüber den einzelnen in §§ 332 I II i.V.m. III, 334 I II i.V.m. III StGB aufgeführten Tathandlungen. Das Interesse des Einzelnen am Vertrauen der Allgemeinheit bildet somit entgegen der ganz überwiegenden Auffassung in Schrifttum und Rechtssprechung kein taugliches Schutzinteresse, welches als Rechtfertigung einer Sanktionierung der §§ 331, 332 I II i.V.m. III, 333, 334 I II i.V.m. III StGB fungieren kann.

e) Sachlichkeitsschutz im Vorfeld pflichtwidriger staatlicher Diensthandlungen

Offen ist noch, ob sich diese Erkenntnisse auf das Schutzinteresse des Einzelnen an der Sachlichkeit staatlicher Diensthandlungen übertragen lassen oder ob es sich möglicherweise hierbei um ein im Vorfeld einer Verletzung schutzwürdiges Interesse handelt. Hat der Amtsträger in § 332 I II i.V.m. III Nr. 1, 2 StGB einen Vorteil für eine künftige Handlung gefordert, sich versprechen lassen oder angenommen, und sich im Gegenzug bereit erklärt, seine Pflichten zu verletzen oder sich in seinem Ermessen beeinflussen zu lassen, besteht zumindest die reale Möglichkeit einer Verletzung des oben als legitim herausgestellten personalen Schutzinteresses der Sachlichkeit staatlicher Entscheidungen. Diese tritt nämlich dann ein, wenn der Funktionsträger seine Ankündigung zur pflichtwidrigen Entscheidung in die Tat umsetzt. Gleiches gilt für die Verwirklichung des spiegelbildlich ausgestalteten § 334 I II i.V.m. III Nr. 1, 2 StGB.

Dennoch besteht auch hier die Möglichkeit, dass der Täter sich innerlich vorbehält, die pflichtwidrige Diensthandlung nicht vorzunehmen. In dieser Situation stellt sich erneut das oben dargestellte Legitimationsproblem, da es sich um eine für das Schutzgut der Sachlichkeit staatlicher Diensthandlungen in concreto ungefährliche Verhaltensweise handelt, die mit Strafe belegt ist. Die reale Verletzungkausalität reicht daher wiederrum nicht aus, um die Verhaltenssanktionierungen in § 332 I II i.V.m. III Nr. 1, 2, § 334 I II i.V.m. III Nr. 1, 2 StGB zu legitimieren. Eine Regelung, die keinen Platz für ungefährliche Ausnahmen vorsieht, ist vor dem Hintergrund des Schadensprinzip, das an eine Verletzung menschlicher Interessen anknüpft, höchst bedenklich. Abstrakte Gefährdungsdelikte stehen somit in der Tat dem Entwicklungsinteressenschutz „ferner" als andere Delikte[1153].

Damit die Abgrenzung der tatsächlichen Gefährdung von Entwicklungsinteressen zu einem abstrakten Systemschutz gewährleistet bleibt, erweist es sich als erforderlich, die Strafbarkeit auf die Verletzung oder konkrete Gefährdung solcher „Rahmenbedingungen"[1154] zu beschränken, die zur Verwirklichung der personalen Freiheit der Individuen unerläßlich sind. Es stellt sich somit die Frage, ob bereits durch das Inaussichtstellen einer pflichtwidrigen oder im Ermessen beeinflussten Diensthandlung derartige Rahmenbedingungen tangiert sind. Mit anderen Worten gilt es festzustellen, ob bereits das Inaussichtstellen einer pflichtwidrigen Diensthandlung das Interesse des Einzelnen unterminiert, seine Entwicklung innerhalb unserer Gesellschaft gestalten zu können.

Während beim Schadensprinzip Mills unmittelbare Schädigungen von Interessen im Vordergrund standen, stellt Feinberg Schäden unter gewissen Umständen das Risiko schädlicher Konsequenzen gleich. Auf dieser Grundlage bejaht er die Kriminalisierung von abstrakten Gefährdungen verschiedener Art[1155]. Verhaltensweisen, die keinen unmittelbaren Schaden anrichten, sollen dann verboten werden, wenn sie erst später oder allmählich zu schädlichen Konsequenzen führen. Bei der Beurteilung möglicher Folgen sollen Wahrscheinlichkeit und Schwere des eventuellen Schadens maßgeblich sein.

Damit befindet sich Feinberg im Ergebnis in Einklang mit der überwiegenden Ansicht des personal orientierten rechtswissenschaftlichen Schrifttums, das den Einsatz abstrakter Gefährdungsdelikte zwar als in besonderem Maße legitimationsbedürftig erachtet, aber dennoch als legitim ansieht, wenn die Strafnorm dem

---

[1153] Von der Rechtsgutslehre ausgehend: Hassemer, AK-StGB, Vor. § 1, Rn. 400.
[1154] So bezeichnet von Heinrich, Amtsträgerbegriff, 262 ff.
[1155] Feinberg, Harm to Others, 188 ff.

Schutz eines besonders schützenswert erscheinenden Rechtsgutes dient[1156]. Wann aber erweist sich ein Interesse in diesem Sinne als besonders wichtig für die Entwicklung der Person? Bereits jetzt kommen Bedenken auf, an welchen Maßstab dieses Kritierium zu messen ist. Schnell wird an dieser Stelle darauf verwiesen, dass strafrechtlicher Schutz dann erforderlich sei, wenn durch das jeweilige Verhalten „Grundvoraussetzungen des menschlichen Zusammenlebens gestört werden“[1157]. Die Störung dieser Rahmenbedingungen könne dazu führen, dass der Einzelne in den ihm zustehenden Rechten – möglicherweise auch auf längere Sicht gesehen – zumindest gefährdet ist[1158]. Die Gefahr, die mit einer solchen Betrachtung einhergeht, wurde am ebenfalls personal begründeten Sicherheitsinteressenkonzept Kindhäusers verdeutlicht[1159]. Der Kreativität in der Erschaffung neuer „fundamentaler Menschenrechte“, wie der Sicherheit des Einzelnen[1160], sind dann keine Grenzen mehr gesetzt.

Es reicht folglich nicht, die Sachlichkeit staatlicher Entscheidungen rein rhetorisch als fundamentale Voraussetzung der Entwicklung der Person zu beschreiben, die bereits im *Vorfeld* der Verletzung des strafrechtlichen Schutzes bedarf, da weiterhin unklar bleibt, warum die Sanktionierung der in § 332 I II i.V.m. III Nr. 1, 2, § 334 I II i.V.m. III Nr. 1, 2 StGB beschriebenen Verhaltensweisen im Vorfeld einer Interessenverletzung erfolgen muss.

An dieser Stelle gilt es erneut zu bedenken, dass es nicht der böse Anschein oder die Befürchtung sachlich unzutreffender oder im Ermessen beeinflusster staatlicher Diensthandlungen, sondern die in diesem Sinne rechtswidrige Entscheidung selbst ist, die personale Entwicklungsinteressen der Bürger beeinträchtigt.

Ein Vorfeldschutz vermag auf Basis des Schadensprinzips lediglich im Rahmen solcher Existenzvoraussetzungen des Einzelnen eigene Bedeutung zu erlangen, auf deren Eintritt der Täter bei Vornahme der Tathandlung keinen Einfluss mehr hat. So ließe sich die abstrakte Gefährdung der Individualrechtsgüter Leib, Le-

---

[1156] Hassemer, Theorie, 207 f.; ders., Grundlinien, 85 ff., 92; A.H. Meyer, Gefährlichkeitsdelikte, 206; Hohmann, Umweltdelikte, 209; kritisch Stächelin, Strafgesetzgebung, 90 ff.

[1157] Heinrich, Amtsträgerbegriff, 263.

[1158] Heinrich, Amtsträgerbegriff, 264.

[1159] S.o. S. 231 ff.

[1160] Kindhäuser, Gefährdung, 280.

ben und Eigentum in §§ 316, 306 a I Nr. 3 StGB möglicherweise damit rechtfertigen, dass der Täter bei Vornahme der Tathandlung keinen Einfluss auf den Erfolgseintritt hat und die betreffenden personalen Interessen im Falle einer Verletzung für immer zerstört werden könnten[1161].

Der in §§ 331 ff. StGB enthaltene Vorfeldschutz sachlicher Dienstausübung unterscheidet sich von dem eben angeführten Beispielen dadurch, dass es dem Täter bei Vornahme der Tathandlung ohne weiteres möglich ist, die sachwidrige Diensthandlung nicht vorzunehmen. Der Eintritt der Interessenverletzung durch Vornahme der Diensthandlung hängt ausschließlich vom Verhalten des Täters ab. Nicht der Zufall, sondern der Täter selbst entscheidet über die Verwirklichung der Entwicklungsinteressenverletzung. Ein Vorfeldschutz ist unter Berücksichtigung des ultima ratio Prinzips jedenfalls dann nicht notwendig und legitimierbar, wenn dem Schutzinteresse durch Sanktionierung von Verletzungsdelikten hinreichend Rechnung getragen wird. Dies ist aber im Rahmen der Sanktionierung pflichtwidriger bzw. im Ermessen beeinflusster Diensthandlungen auch nach deren Vornahme der Fall, da dem Bürger im Falle der Verletzung des Schutzgutes durch eine pflichtwidrige Entscheidung „Rechtsmittel" zur Überprüfung derselben zustehen, die üblicherweise eine Aufhebung der Entscheidung nach sich ziehen und dem Schutzinteresse Genüge tun.

Ist aber nach Ausführung der die Verletzung verursachenden Tathandlung weder die Gewährleistung des personalen Interesses obsolet noch die letztendliche Entscheidung über die Interessenverletzung dem Wirken des Täters entzogen, gibt es keinen überzeugenden Grund, den Anschein einer drohenden Entwicklungsinteressenverletzung bereits im Vorfeld zu sanktionieren. Das Interesse des Einzelnen an der Sachlichkeit staatlicher Entscheidungen erweist sich daher als ein dem Vorfeldschutz nicht zugängliches personales Interesse, das geeignet ist, die in § 332 I II i.V.m. III Nr. 1, 2, § 334 I II i.V.m. III Nr. 1, 2 StGB enthaltenen Verhaltenssanktionierungen zu legitimieren.

[1161] Dennoch bliebe das Problem der Ungefährlichkeit der Tathandlung im Einzelfall bestehen.

f) Die Tathandlung des „Forderns"

Etwas anderes könnte unter Umständen für die in §§ 332 I und II i.V.m. III, 334 I und II i.V.m. III StGB sanktionierte Tatmodalität des Forderns gelten, die sich ebenfalls im Vorfeld einer Interessenverletzung der Sachlichkeit staatlicher Entscheidungen abspielt. Wagner hat in seiner Untersuchung zu den Amtsdelikten die Erwägung geäußert, dass diese Tathandlung die individuelle Sphäre des Bürgers betrifft und sich hierdurch von den anderen in §§ 331 ff. StGB sanktionierten Verhaltensweisen unterscheidet[1162]. Als Begründung dient der Hinweis, dass mit der Begehr des Vorteils jedenfalls konkludent die Drohung verknüpft ist, die betreffende Diensthandlung zu unterlassen, wenn die Zuwendung ausbleibt. Daher schwinge bei jeder Forderung eines tatbestandsmäßigen Vorteils das Moment der eigennützigen Bedrückung mit[1163], was eine Verletzung der allgemeinen Handlungsfreiheit des Einzelnen beinhalte[1164].

Auch wenn die Tathandlung des Forderns in Anbetracht des Ausschlusses der Genehmigungsmöglichkeit vom Gesetzgeber selbst in §§ 331 III, 333 III StGB besonders bedacht wurde, lassen diese Erwägungen keinen Rückschluss in Fragen der Legitimität des Vorfeldschutzes zu. Wie oben dargestellt, dient das Tatbestandsmerkmal des Forderns, ebenso wie die anderen in den §§ 331 ff. StGB aufgeführten Handlungen, dem Interesse des Einzelnen an der Sachlichkeit staatlicher Entscheidungen und nicht der allgemeinen Handlungsfreiheit[1165]. Einzig dieser Aspekt wird der Fassung der Tatbestände gerecht, die Vorteil und Diensthandlung verknüpfen.

Die Auswirkungen der dem Begriff des Forderns innewohnenden Elemente der Drohung und des Zwangs zur Erlangung eines Vorteils sind bereits durch § 253 StGB hinreichend erfasst[1166]. Für eine darüber hinaus gehende strafrechtliche Erfassung solcher „Bitten" im Vorfeld einer Verletzung der Sachlichkeit staatli-

[1162] Wagner, Amtsverbrechen, 230 ff.
[1163] Geerds, Unrechtsgehalt, 48.
[1164] Wagner, Amtsverbrechen, 233.
[1165] S.o. S. 75.
[1166] Vgl. zu diesem Gedanken auch Kargl, ZStW 114 (2002), 763 ff., 791 f.

cher Dienstausübung, die als „Fordern" ausgelegt werden, besteht unter dem Aspekt des Schutzes von Individualinteressen keine Notwendigkeit[1167].

Dieses Ergebnis entspricht dem hier präferierten Strafzweck der Friedenssicherung als konsequent. Sollen die Vorschriften nicht im Namen positiver generalpräventiver Vertrauensbildung funktionalisiert werden, sondern auf schwerwiegende Individualinteressenverletzungen beschränkt bleiben, erweist sich eine Ausgestaltung der Vorschriften als Verletzungsdelikte zum Schutze der Sachlichkeit staatlicher Entscheidungen als ausreichend.

II. Strafrechtfertigung der Vorteilsannahme und Vorteilsgewährung

1. Schutz des Kollektivvertrauens

Zur Rekapitulation: Im ersten Teil wurden zwei verschiedene Schutzinteressen als mit dem Wortlaut der §§ 331, 333 StGB vereinbar herausgearbeitet. Zum einen das Vertrauen der Allgemeinheit in die Sachlichkeit staatlicher Entscheidungen, zum anderen das Interesse des Einzelnen an sachlich korrekten staatlichen Entscheidungen selbst. §§ 331, 333 StGB unterscheiden sich von dem eben erörterten Vorfeldschutz in §§ 332 I II i.V.m. III, 334 I II i.V.m. III StGB dadurch, dass diese Vorschriften keinen tatbestandlichen Bezug zur Pflichtwidrigkeit der Dienstausübung herstellen.

Die im Hinblick auf das Schutzinteresse des Einzelnen am Vertrauen der Allgemeinheit in die Sachlichkeit staatlicher Entscheidungen gemachten Ausführungen zur Bestechlichkeit und Bestechung lassen sich auf die Vorteilsannahme und -gewährung übertragen. Diesem abstrakten Universalrechtgut liegt kein strafrechtlich schutzwürdiges menschliches Individualinteresse zugrunde, dessen abstrakte Gefährdung zum Legitimationsmaßstab strafrechtlicher Verhaltenssanktionierung erhoben werden dürfte. Insofern unterscheiden sich die §§ 331, 333 StGB nicht von den eben besprochenen §§ 332 I II i.V.m. III, 334 I II i.V.m. III StGB. Das abstrakte Systemvertrauen zeichnet sich auch im Rahmen der

[1167] Zu der strittigen Frage, ob das „Erbitten" oder „Anregen" von Besserstellungen eine Kriminalstrafe rechtfertigt Bauchrowitz, Der immaterieller Vorteilsbegriff, 21 ff.; Merges, Strafausschließungsgründe, 13 ff.

Vorteilsannahme und -gewährung durch seine Ferne zum legitimatorischen Bezugspunkt personaler Entwicklunginteressen aus. Die einzelne Vorteilsannahme bzw -gewährung ist nicht geeignet, das Vertrauen der Allgemeinheit zu verletzen. Die stetig um sich greifende Ausweitung des universellen Vertrauenschutzes rührt aus einer unzureichenden Differenzierung personellen und kollektiven Vertrauens, gefördert durch die generalpräventive Ausrichtung des Strafrechts. Führt man sich erneut vor Augen, dass Sanktionierungen ungeeignet sind, personales Vertrauen zu schaffen, ist eine Legitimierung der §§ 331 ff. StGB mit dem Argument des individuell ausgerichteten Schutzes von Kollektivvertrauen bereits in sich widersprüchlich und damit unhaltbar.

Aus dem hier propagierten Strafzweck der Friedenssicherung heraus sind die in §§ 331, 333 StGB enthaltenen Typisierungen von Handlungen, die als abstrakt gefährlich beschrieben werden, eher als kontraproduktiv für das Vertrauen der Bevölkerung in die Leistungsfähigkeit des Staates. Das Schutzgut des Vertrauens der Allgemeinheit in die Sachlichkeit staatlicher Entscheidungen ist daher jedenfalls kein legitimierbares personales Schutzinteresse.

2. Schutz des Individualinteresses an sachlich korrekten Entscheidungen im Vorfeld der Pflichtwidrigkeit

Im Hinblick auf das Schutzinteresse des Einzelnen an der Sachlichkeit staatlicher Entscheidungen dehnen die §§ 331, 333 StGB die Strafbarkeit auf Verhaltensweisen aus, die sich noch weiter im Vorfeld der Verletzung des Sachlichkeitsschutzes befinden. Unter der Prämisse des individuellen Interessensschutzes ist – angesichts der oben zum Sachlichkeitsschutz im Vorfeld einer Verletzung gewonnenen Erkenntnisse – bereits hier zu vermuten, dass den Vorschriften keinesfalls Entwicklungsinteressen zugrunde liegen, die allgemein anerkennungsfähige Voraussetzung der freien Entfaltung des Einzelnen sanktionieren. Oder sollte die Dienstausübung staatlicher Funktionsträger doch bereits im Vorfeld sachwidriger Diensthandlungen gegen mögliche „Anfütterungsgefahren" abzuschirmen sein, die aus großen wie kleinen Vorteilsgaben resultieren.

Da §§ 331, 333 StGB nicht auf die Pflichtwidrigkeit Bezug nehmen, sind die Tatbestände als sog. „Vorbereitungsdelikte" zu klassifizieren. Das spezifische

Risikopotential dieses Deliktstyps soll darin liegen, dass entweder der Handelnde selbst oder eine andere Person an das Ergebnis der in Frage stehenden Verhaltensweise anknüpft und hieraus die Beeinträchtigung des Schutzinteresses resultieren kann[1168]. Am Beispiel des § 331 StGB wurde eine abstrakte Gefahr für die Ordnungsmäßigkeit der Staatsaktion in der Vergangenheit daraus abgeleitet, dass die „Annahme von Vorteilen für künftige erlaubte Amtshandlungen oft nur die Vorstufe einer (schwere) passiven Bestechung ist"[1169]. Im Anschluss an Binding[1170] hat Arthur Kaufmann darauf hingewiesen, dass der Beamte dem Geschenkgeber regelmäßig mehr Aufmerksamkeit widmen werde als anderen Personen und dass, wenn die Ernte erst einmal in mehreren Fällen gelungen sei, der Hunger nach weiteren Vorteilen erwachsen werde, von wo es dann nur noch ein kleiner Schritt zur bezahlten Ausführung von Amtspflichtwidrigkeiten sei[1171]. Gedanken solcher Art gehen auf Feuerbach zurück, der dargelegt hat, dass bei dem Beamten der erlangte Vorteil den Hunger nach weiteren Zuwendungen erwecke und dass es dann für ihn nur noch ein kleiner Schritt sei, gegen Entgelt auch Amtspflichtwidrigkeiten zu begehen: „Von dem Wenigen geht ferner der Weg zum Vielen, und das Erlaubte dient dem Verbotenen zur Maske"[1172].

Diese Ausführungen verdeutlichen den wesentlichen Unterschied der §§ 332 I II i.V.m. III, 334 I II i.V.m. III StGB und der Vorteilsannahme bzw. -gewährung. Besteht bei Verwirklichung den in der Bestechung und Bestechlichkeit sanktionierten Verhaltensweisen zumindest die Möglichkeit eines hierdurch herbeigeführten Eintritts einer pflichtwidrigen Diensthandlung so, fehlt die reale Verletzungskausalität in §§ 331, 333 StGB vollständig. Die Vorschriften sanktionieren die „Anfütterung" des Amtsträgers im Zuge allgemeiner Klimapflege, ohne einen Bezug zu dessen Dienstpflichten herzustellen. Während die §§ 331, 333 StGB alle Vorteilsgewährungen erfassen, die für die Dienstausübung erfolgen,

1168 Vgl. zum Ganzen Wohlers, Deliktstypen, der zu Recht den auch in der vorliegenden Arbeit herausgestellten, bisher aber unterschätzten Einfluss der Deliktsstruktur auf die Legitimitätsfrage verdeutlicht, vgl. zum Vorbereitungsdelikt 328 ff.

1169 Arthur Kaufmann, JZ 1959, 375 ff., 377; vgl. S. 68 f.

1170 Binding, BT II, 731, der den ursprünglich von Feuerbach hervorgehobenen Gefährdungsgedanken weiter ausgeführt hat.

1171 Arthur Kaufmann, JZ 1959, 375 ff., 377.

1172 Feuerbach, Themis, Teil IV, 185 ff.

ist die Verwirklichung der Bestechung und Bestechlichkeit an die Bereiterklärung zur Pflichtwidrigkeit gebunden.

Die mögliche Gefahr, dass rechtmäßig agierende Funktionsträger durch die Annahme von Vorteilen gefährdet sein könnten, in Zukunft sachwidrige Diensthandlungen vorzunehmen, bildet mangels realer Verletzungskausalität der Einzelhandlung keinen legitimen Strafgrund der §§ 331, 333 StGB.

Unter Zugrundelegung des freiheitlich begrenzten Interessenbegriffs besteht keine Möglichkeit, das Strafrecht als „Steuerungssystem und soziale Handlungsorganisation“[1173] zu begreifen, ohne die gewonnene Begrenzung der gesetzgeberischen Befugnisse preiszugeben. Werden abstrakte Gefährdungsdelikte einzig aus der präventiven Aufgabe des Strafrechts, „durch planmäßige Umgestaltung der Wirklichkeit eine optimale, d.h. möglichst effektive und angemessene Form der Unrechtsbekämpfung durchzusetzen“ legitimiert, um so „durch Beherrschung des Zufalls einen optimalen Rechtsgüterschutz sicherzustellen“[1174], ist dies unter keinen Umständen mit dem hier vertretenen Verständnis vom Handlungsunrecht vereinbar.[1175] Einzig mit dem Argument der Verhinderung möglicherweise drohender Gefahren für die Sachlichkeit der Dienstausübung lässt sich die personale Legitimität der Verhaltenssanktionierung in den §§ 331, 333 StGB nicht begründen.

Die Ferne der Begründung strafrechtlichen Unrechts aus Individualinteressen zeigt sich exemplarisch an den Tatbeständen der Vorteilsannahme und -gewährung. Die allseits als notwendig erkannte „Bekämpfung der Korruption“[1176] soll Schäden für die Funktionsfähigkeit staatlicher Organe im Vorfeld verhindern, statt den Schutz freiheitlicher Entwicklungsinteressen gegen Verletzungen zu gewährleisten. §§ 331, 333 StGB ahnden nicht Entwicklungsinteressenverletzungen, sondern konstruieren Gefahrenzusammenhänge zwischen möglicherweise abstrakt gefährlichen Verhaltensweisen und gesellschaftlichen Gefahrenpotentialen, deren Nachweis nie erfolgt ist. Wird für das Sachlichkeitsinteresse in §§ 331, 333 StGB nicht einmal das Feststehen der realen Verletzungs-

[1173] Kratzsch, Verhaltenssteuerung, 5.
[1174] Kratzsch, Verhaltenssteuerung, 30 f.
[1175] Ähnlich Herzog, Gesellschaftliche Unsicherheit, 38.
[1176] Dazu oben, S. 1 ff., 98 ff.

kausalität gefordert, knüpft die Kriminalstrafe an reine Gefährlichkeitsvermutungen an. Nachweisschwierigkeiten können aber nicht als legitimer Grund strafrechtlicher Verhaltenssanktionierung fungieren[1177]. Es handelt sich hierbei um eine abzulehnende Form des Risikostrafrechts, in dem – zur vermeindlichen Minimierung globaler Unsicherheit – ein auf bloßen Vermutungen basierendes eventuell gefährliches Verhalten pönalisiert wird[1178]. Tatbestände, die selbst das „Anfüttern" des Funktionsträgers mit einem Butterbrot erfassen, das ohne konkrete Auswirkungen auf dessen Amtsführung bleibt, unterwandern die Stellung des Einzelnen als autonomes Subjekt auf Kosten der Freiheit.

III. Konsequenzen für die Fallbeispiele

Aus den gewonnenen Erkenntnissen ergeben sich folgende Schlussfolgerungen für die oben skizzierten Streitfragen: Im Zentrum der §§ 332 I II, 334 I II StGB steht das personale Interesse an der Sachlichkeit staatlicher Entscheidungen. Wie von Arthur Kaufmann[1179] und Eberhardt Schmidt[1180] erkannt, bildet die „pflichtwidrige Amtshandlung" (nach heutigem Gesetzwortlaut: Diensthandlung), die „den Staatswillen verfälscht" und damit eine Verletzung des Schutzinteresses bewirkt, den „großen Qualitätsunterschied" der §§ 331, 332 I II i.V.m. III, 333, 334 I II i.V.m. III StGB und §§ 332 I II, 334 I II StGB.

Dieser Umstand lässt sich nicht durch ein einheitliches Vertrauensrechtsgut relativieren oder durch einen Verweis auf die inneren und äußeren Funktionsbedingungen staatlicher Verwaltung umgehen. Die Tatbestände der §§ 332 I und II, 334 I und II StGB sind nur insoweit legitimierbar, als sie das Interesse jedes Individuums an sachlich korrekten staatlichen Entscheidungen betreffen. Dies als „innere Funktionsbedingung" zu bezeichnen, trifft den Bedeutungsgehalt des Schutzinteresses nicht, da die Tatbestände der Bestechung und Bestechlichkeit nicht das Interesse am Funktionieren staatlicher Einrichtungen, sondern das per-

[1177] Ebenso Zieschang, Gefährdungsdelikte, 385.

[1178] Ebenso Zieschang, Gefährdungsdelikte, 386; vgl. auch zur Kritik am „Risikostrafrecht": Albrecht, KritV 1988, 182 ff., 184 ff.; Frehsee, StV 1996, 222 ff., 227 ff.; Klaus Günther, Von der Rechts- zur Pflichtverletzung, 445 ff., 457 ff.; Hassemer, NStZ 1989, 553 ff., 557 f.; Herzog, Gesellschaftliche Unsicherheit, 48 ff.; Prittwitz, StV 1991, 435 ff.; ders., Risiko; Seelmann, KritV 1992, 452 ff.

[1179] Arthur Kaufmann, JZ 1959, 375 ff., 377.

sonale Entwicklungsinteresse der im Staat zusammenlebenden einzelnen Bürger an einer korrekten Amtsführung bewehren ist.

Vor diesem Hintergrund relativieren sich die oben dargestellten Probleme der tatbestandlichen Reichweite der §§ 331 ff. StGB. Im Einklang mit dem gesetzlichen Wortlaut unterfallen den §§ 332 I II, 334 I II StGB neben geringwertigen Vorteilen auch solche subjektiv als Besserstellung empfundenen Zuwendungen, die objektiv nicht messbar sind, soweit sie eine Gegenleistung für eine pflichtwidrige Diensthandlung darstellen.

In den Ausgangsfällen hätte die Berücksichtigung dieser Überlegungen – de lege ferenda – folgende Konsequenzen: Im Rahmen des Falles des 1. Strafsenates des BGH zur Drittmittelforschung erscheint der Bezug der Zuwendungen zu einer konkreten Diensthandlung fragwürdig, da die „Boni" nicht zweckgebunden gezahlt wurden. Aufgrund der Einhaltung des im Hochschulgesetz vorgeschriebenen Verfahrens für den Umgang mit Drittmitteln scheint hier kein pflichtwidriges Verhalten auszumachen zu sein. Dennoch hätte die Frage, ob eine Beeinflussung in Ermessensentscheidungen (z.B. im Hinblick auf die Anschaffung von Geräten) stattgefunden hat, der tatrichterlichen Feststellung bedürft.

Im zweiten Fallbeispiel drängt sich eine Verwirklichung der objektiven Tatbestände der §§ 332 I, 334 I StGB durch Dr. K und C wegen der Nichteinhaltung des im PartG vorgesehenen Verfahrens für Großspenden und der Verknüpfung von Spenden und Bau des Faktory Outlet Centers – de lege lata – geradezu auf. Die vorliegenden tatsächlichen Feststellungen des Landgerichts hierzu sind mehr als dürftig[1181]. Sollte Dr. K tatsächlich davon ausgegangen sein, dass das PartG eingehalten wurde, käme ihm § 16 StGB in direkter Anwendung zugute,

---

[1180] Eb. Schmidt, Bestechungstatbestände, 147 ff.

[1181] Eine unzureichende Sachaufklärung der tatsächlich entscheidungserheblichen Gesichtspunkte stellt auch der BGH, NJW 2004, 3569 ff., 3570 f., 3576 fest und möchte in einer neuen Verhandlung aufgeklärt wissen, ob eine so hohe Spende, die zur vollständigen Finanzierung des gesamten Wahlkampfes ausreicht, ausschließlich wegen der allgemeinen Ausrichtung der Politik des Wahlbewerbers gegeben wurde und nicht mit Blick auf ein von dem Spender konkret geplantes, kommunalpolitisch umstrittenes Großprojekt sowie die im Zusammenhang mit diesen anstehenden Entscheidungen. Entsprechend bedürfe näherer Feststellung, dass jedenfalls der Amtsträger, der eine Spende in derartiger Höhe entgegennimmt, einen solchen Bezug gegebenenfalls nicht erkennt.

soweit keine anderen pflichtwidrigen oder ermessensbeinflussten Diensthandlungen im Zusammenhang mit dem Outlet Center im Raum nachfolgten.

Im Zentrum der Tatbestände der Bestechung und Bestechlichkeit bliebe dann das legitimierbare Schutzinteresse der Menschen an der Sachlichkeit staatlicher Entscheidungen. Eine Sanktionierung der Verknüpfung einer auch noch so geringwertigen Vorteilsgabe bzw. –annahme mit der Sachlichkeit einer Diensthandlung bedarf im Interesse aller Individuen der Pönalisierung. Auch praktisch ist die Anfälligkeit der Funktionsträger, sich für einen geringwertigen Vorteil zu einer sachwidrigen Diensthandlung hinreißen zu lassen, verschwindend gering. Dies ist wohl einer der Gründe dafür, dass die oben genannten Problemfälle nahezu ausschließlich im Rahmen der §§ 331, 333 StGB diskutiert werden, deren Verwirklichung keinen Bezug zur Sachlichkeit der Dienstausübung erfordert. Zu Recht hat der BGH daher im oben skizzierten Fall zur Frage der Geringwertigkeit nicht Stellung bezogen, sondern die Zahlungen von 5 bzw. 25 DM unter den Begriff des Vorteils subsumiert.[1182]

[1182] Vgl. BGH, NStZ 2000, 596 ff.; dazu oben, S. 17, Fn. 54.

F: Schlussbetrachtung

Wer über diesen Vorschlag hinaus das Strafrecht in der Korruptionsbekämpfung als „Placebo" zur Lösung gesellschaftlicher Probleme missbraucht, betreibt nicht freiheitlich begründete Kriminalpolitik, sondern eine Politik durch Kriminalisierung. Indem das Strafrecht vom Garanten rechtlich verfasster Freiheit zu einem Mittel autoritärer Machtausübung verkehrt wird, verschwimmen die Grenzen polizeilicher Prävention und strafrechtlicher Repression.

Hiermit nicht genug: Selbst für das Schutzinteresse ungefährliche Handlungen, die nur „formal" dem Tatbestand unterfallen, werden erfasst und sanktioniert. Im Zentrum steht die bloße Missachtung des Normbefehls, als reiner „Gehorsamsverstoß" zum Zwecke der Norm- und Vertrauensstabilisierung. Diese Entwicklung ist am Beispiel der §§ 331, 332 I II i.V.m. III 333, 334 I II i.V.m. III StGB belegt worden. Obwohl der Gesetzgeber mit der Bestechung und Bestechlichkeit in den §§ 332 I II, 334 I II StGB bereits Tatbestände bereitgestellt hat, denen ein legitimer Interessenschutz zugrunde liegt, erfolgt die zusätzliche Absicherung des gleichen Interessenschutzes im Vorfeld einer Sachlichkeitsverletzung staatlicher Diensthandlungen über die abstrakten Gefährdungsdelikte in §§ 331, 332 I II i.V.m. III, 333, 334 I II i.V.m. III StGB. Diese Gesetzeslage führt – wie sich am Parteispendenfall gezeigt hat– zu einer „sparsameren" Recherche und Anwendung der Voraussetzungen der §§ 332 I II, 334 I II StGB.

Im Rahmen der tatbestandlichen Ausweitung des „Risikostrafrechts" bleiben die Neujahrszuwendungen an Postboten, Drittmittel und Parteispenden auf der „Strecke". Anstatt die Defizite der Legitimationsbasis zu weit geratener Tatbestände zu beseitigen, versuchen Rechtsprechung und Wissenschaft die Vorschriften entweder über den Vertrauensschutzzweck oder die Verfassung zu korrigieren. Eine solche Korrektur unter Missachtung des Wortlautes stellt nichts anderes als Rechtssetzung durch den Rechtsanwender dar, gleichgültig, ob sie aus Schutzguterwägungen oder verfassungsrechtlichen Gesichtspunkten vorgenommen wird. Auch nachträgliche Einschränkungsbemühungen wie das Prinzip der Sozialadäquanz oder die tatbestandliche Einfügung von Genehmigungsregelungen in den §§ 331 III, 333 III StGB belegen das Eingeständnis, dass die Vorschriften die zulässige Fassung sprengen. Würden – wie bei den Bestechungen in §§ 332 I und II, 334 I und II StGB geschehen – lediglich strafwürdige Verhaltensweisen sanktioniert, wären nachträgliche Korrekturen überflüssig.

De lege ferenda ist daher zu fordern:

1) Beschränkung der §§ 332, 334 StGB auf solche Fälle, in denen eine pflichtwidrige oder im Ermessen beeinflusste Diensthandlung aus der Vorteilsgabe resultiert.

2) Entfernung der Vorteilsannahme und Vorteilsgewährung aus dem Kriminalstrafrecht.

Literaturverzeichnis

Achenbach, H.: Anmerkung zum Urteil des BGH v. 20.1.1987, in: Juristische Rundschau 1988, 251 ff. (zit.: Achenbach, JR 1988)

Albrecht, Peter-Alexis: Das Strafrecht auf dem Weg vom liberalen Rechtsstaat zum sozialen Interventionsstaat, in: Kritische Vierteljahresschrift für Gesetzgebung und Rechtswissenschaft 1988, 182 ff. (zit.: Albrecht, KritV 1988)

Ders.: Das Strafrecht im Zugriff populistischer Politik, in: Strafverteidiger 1994, 265 ff. (zit.: Albrecht, StV 1994)

Ders.: Die vergessene Freiheit. Strafprinzipien in der europäischen Sicherheitsdebatte, Berlin 2003 (zit.: Albrecht, vergessene Freiheit)

Ders.: Prävention als problematische Zielbestimmung im Kriminaljustizsystem, in: Kritische Vierteljahresschrift für Gesetzgebung und Rechtswissenschaft 1986, 55 ff. (zit.: Albrecht, KritV 1986)

Alexy, Robert: Individuelle Rechte und kollektive Güter, in: Recht, Vernunft, Diskurs, Frankfurt am Main 1995, 55 ff. (zit.: Alexy, Recht, Vernunft, Diskurs)

Ders.: Theorie der juristischen Argumentation. Die Theorie des rationalen Diskurses als Theorie der juristischen Begründung, Suhrkamp Taschenbuch Wissenschaft, Frankfurt am Main 1983 (zit.: Alexy, Theorie)

Altenhain, Karsten: Das Anschlussdelikt. Grund, Grenzen und Schutz des staatlichen Strafanspruchs und Verfallrechts nach einer individualistischen Strafrechtsauffassung, Tübingen 2002 (zit.: Altenhain, Anschlussdelikt)

Alternativkommentar zum Strafgesetzbuch, Band 1, §§ 1 – 21, Neuwied 1990 (zit.: Bearbeiter, AK-StGB, §, Rn.)

Amelung, Knut: Buchbesprechung. Hassemer, Winfried, Theorie und Soziologie des Verbrechens, in: Zeitschrift für die gesamte Strafrechtswissenschaft 87. Band (1975), 132 ff. [zit.: Hassemer, ZStW 87 (1975)]

Ders.: Rechtsgüterschutz und Schutz der Gesellschaft. Untersuchungen zum Inhalt und zum Anwendungsbereich eines Strafrechtsprinzips auf dogmengeschichtlicher Grundlage. Zugleich ein Beitrag zur Lehre von der „Sozialschädlichkeit“ des Verbrechens, Frankfurt am Main 1972 (zit.: Amelung, Rechtsgüterschutz)

Ders.: Rechtsgutsverletzung und Sozialschädlichkeit, in: Recht und Moral: Beiträge zu einer Standortbestimmung, Heike Jung/Heinz Müller-Dietz/Ulfrid Neumann (Hrsg.), Baden-Baden 1991, 269 ff. (zit.: Amelung, Rechtsgutsverletzung)

Amelung, Knut/Weidemann, Jürgen: Bestechlichkeit und Förderung einer Selbstschädigung im Maßregelvollzug – BGH NJW 1983, 462, in: Juristische Schulung 1984, 595 ff. (zit.: Amelung/Weidemann, JuS 1983)

Anastasopoulou, Ioanna: Deliktstypen zum Schutz kollektiver Rechtsgüter, München 2005 (zit.: Anastasopoulou, Deliktstypen)

Appel, Ivo: Verfassung und Strafe, Berlin 1998 (zit.: Appel, Verfassung und Strafe)

Arzt, Gunther/Weber, Ulrich: Strafrecht Besonderer Teil, Lehrbuch, Bielefeld 2000 (zit.: Arzt/Weber, StrafR. BT, §, Rn.)

Bannenberg, Britta: Korruption in Deutschland und ihre strafrechtliche Kontrolle. Eine kriminologisch-strafrechtliche Analyse, Neuwied 2002 (zit.: Bannenberg, Korruption in Deutschland)

Barton Stephan: Sozial übliche Geschäftstätigkeit und Geldwäsche (§ 261 StGB), in: Strafverteidiger 1993, 156 ff. (zit.: Barton, StV 1993)

Battis, Ulrich: Bundesbeamtengesetz. Kommentar, 3. Auflage, München 2004 (zit.: Battis, BBG, §, Rn.)

Bauchrowitz, Wolfgang: Der immaterielle Vorteilsbegriff der Bestechungsdelikte im StGB, Frankfurt am Main 1988 (zit.: Bauchrowitz, Der immaterielle Vorteilsbegriff)

Baumann, Jürgen: Annahme von Belohnungen und Geschenken durch Bundesbedienstete, in: Der Betriebs-Berater 1961, 503 ff. (zit.: Baumann, BB 1961)

Ders.: Besprechung zur Monographie von Eberhard Schmidt: „Die Bestechungstatbestände in der höchstrichterlichen Rechtsprechung von 1879 bis 1959“, in: Der Betriebs-Berater 1960, 1251 ff. (zit.: Baumann, BB 1960)

Ders.: Strafrecht und Wirtschaftskriminalität – Eine wegen des E 2. WiKG notwendige Erwiderung, in: Juristen Zeitung 1983, 935 ff. (zit.: Baumann, JZ 1983)

Ders.: Zur Problematik der Bestechungstatbestände, in: Der Betriebs-Berater 1961, 1057 ff. (zit.: Baumann, BB 1961)

Baumann, Jürgen/Weber, Ulrich/Mitsch, Wolfgang: Strafrecht Allgemeiner Teil, 11. Auflage, Bielefeld 2003 (Baumann/Weber/Mitsch, StrafR. AT, §, Rn.)

Beck, Wolfgang: Unrechtsbegründung und Vorfeldkriminalisierung, Berlin 1992 (zit.: Beck, Unrechtsbegründung)

Berger, Johannes: Autopoiesis, Wie "systematisch" ist die Theorie sozialer Systeme?, in: Sinn, Kommunikation und soziale Differenzierung. Beiträge zu Luhmanns Theorie sozialer Systeme, Haferkamp, Hans u.a. (Hrsg.), Frankfurt am Main 1987, 129 ff., 145 ff. (zit.: Berger, Autopoiesis)

Bernsmann, Klaus: Die Korruptionsdelikte (§§ 331 ff. StGB) – eine Zwischenbilanz, in: Strafverteidiger 2003, 521 ff. (zit.: Bernsmann, StV 2003)

Berz, Ulrich: Formelle Tatbestandsverwirklichung und materialer Rechtsgüterschutz, München 1986 (zit.: Berz, Tatbestandsverwirklichung)

Binding, Karl: Handbuch des Strafrechts, Erster Band, Leipzig 1885 (zit.: Binding, Handbuch, 1. Bd.)

Ders.: Lehrbuch des Gemeinen Deutschen Strafrechts, Besonderer Teil, 2. Band, 2. Abteilung, Leipzig 1905 (zit.: Binding, Lehrbuch BT II)

Ders.: Die Normen und ihre Übertretung. Eine Untersuchung über die rechtmäßige Handlung und die Arten des Delikts, Erster Band, Normen und Strafgesetze, 1. Auflage, Leipzig 1872; 2. Auflage, Leipzig 1890; 3. Auflage, Leipzig 1916; 4. Auflage, Leipzig 1922 (zit.: Binding, Normen I, Aufl.)

Birkmeyer, Karl: Bestechung (§§ 331 – 335 RStrGB), in: Vergleichende Darstellung des Deutschen und Ausländischen Strafrechts, Besonderer Teil, IX. Band, Berlin 1906 (zit.: Birkmeyer, Darstellung des Dt. und Ausl. StrafR. BT)

Birnbaum, Johann Michael Franz: Bemerkungen über den Begriff des natürlichen Verbrechens und die römischen Begriffe von Delictum, Juris Civilis, Delictum Juris Gentium und probrum natura, in: Archiv des Criminalrechts, Neue Folge 1836, 560 ff (zit.: Birnbaum, N.Arch.CrimR. 1836)

Ders.: Über das Erfordemiß einer Rechtsverletzung zum Begriffe des Verbrechens, mit besonderer Rücksicht auf den Begriff der Ehrenkränkung, in: Archiv des Criminalrechts, Neue Folge 1834, 149 ff (zit.: Birnbaum, N.Arch.CrimR. 1834)

Bleckmann, Albert: Zu den Methoden der Gesetzesauslegung in der Rechtsprechung des BverfG, in: Juristische Schulung 2002, 942 ff. (zit.: Bleckmann, JuS 2002)

Blei, Hermann: Die Neufassung der Bestechungstatbestände, in: Juristische Arbeitsblätter 1974, 309 ff., 377 ff., 457 ff. (zit.: Blei, JA 1974)

Ders.: Grundfragen der gesamten Strafrechtswissenschaft, in: Festschrift für Heinrich Henkel zum 70. Geburtstag am 12. September 1973, Roxin, Claus (Hrsg.), 109 ff. (zit.: Blei, FS für Henkel)

Bockelmann, Paul: Strafrecht – Besonderer Teil I, in: Zeitschrift für die gesamte Strafrechtswissenschaft, 251 ff. [zit.: Bockelmann, ZStW 72 (1960)]

Bockelmann, Paul/Volk, Klaus: Strafrecht, Allgemeiner Teil, 4. Auflage, München 1987 (zit.: Bockelmann, Volk, StrafR. AT, §, Rn.)

Böllinger, Lorenz: Strafrecht, Drogenpolitik und Verfassung, in: Kritische Justiz 24 1991, 393 ff. (zit.: Böllinger, KJ 1991)

Bohne, Gotthold: Anmerkung zu den Urteilen des OLG Celle vom 14. Februar 1948 und des OLG Hamburg vom 02.07.1947, in: Süddeutsche Juristenzeitung 1948, Spalte 693 (zit.: Bohne, SJZ 1948)

Bohnert, Joachim: Die Abstraktheit der abstrakten Gefährdungsdelikte – BGH, NJW 1982, 2329 ff., in: Juristische Schulung 1984, 182 ff. (zit.: Bohnert, JuS 1984)

Ders.: Paul Anselm Feuerbach und der Bestimmtheitsgrundsatz im Strafrecht, Heidelberg 1982 (zit.: Bohnert, Bestimmtheitsgrundsatz)

Bosselmann, Klaus: Im Namen der Natur: der Weg zum ökologischen Rechtsstaat, Darmstadt 1992 (zit.: Bosselmann, Im Namen der Natur)

Bottke, Wilfried: Anmerkung zu der Entscheidung des BGH vom 09.09.1947 – 2 StR 352/88, in: Juristische Rundschau 1989, 430 ff. (zit.: Bottke, JR 1989)

Braum, Stefan: Verdeckte Ermittlung – Kontinuitätsphänomen des autoritären Strafverfahrens, in: Vom unmöglichen Zustand des Strafrechts, Institut für Kriminalwissenschaften Frankfurt a.M. (Hrsg.), Frankfurt am Main 1995, 13 ff. (zit.: Braum, Verdeckte Ermittlung)

Ders.: Korruption im demokratischen Rechtsstaat, in: Neue Justiz 1996, 450 ff. (zit.: Braum, NJ 1996)

Brehm, Wolfgang: Zur Dogmatik des abstrakten Gefährdungsdelikts, Tübingen 1973 (zit.: Brehm, Dogmatik des abstrakten Gefährdungsdelikts)

Ders.: Die ungefährliche Brandstiftung – BGH, NJW 1975, 1369, in: Juristische Schulung 1976, 22 ff. (zit.: Brehm, JuS 1976)
Bydlinski, Franz: Juristische Methodenlehre und Rechtsbegriff, Wien 1982 (zit.: Bydlinski, Methodenlehre)

Cramer, Peter: Der Vollrauschtatbestand als abstraktes Gefährdungsdelikt, Tübingen 1962 (zit.: Cramer, Vollrauschtatbestand)
Creifelds: Beamte und Werbegeschenke, in: Goldtammer's Archiv 1962, 33 ff. (zit.: Creifelds, GA 1962)

Dahm, Georg: Der Methodenstreit in der heutigen Strafrechtswissenschaft, in: Zeitschrift für die gesamte Strafrechtswissenschaft 57. Band (1938), 225 ff. [zit.: Dahm, ZStW 57 (1938)]
Dahm, Georg/Schaffstein, Friedrich: Liberales oder autoritäres Strafrecht, Hamburg 1933 (zit.: Dahm/Schaffstein, autoritäres Strafrecht)
Dauster, Manfred: Private Spenden zur Förderung von Forschung und Lehre: Teleologische Entschärfung des strafrechtlichen Vorteilsbegriffs nach § 331 StGB und Rechtfertigungsfragen, in: Neue Zeitschrift für Strafrecht 1999, 63 ff. (zit.: Dauster, NStZ 1999)
Daxenberger, Matthias: Kumulationseffekte: Grenzen der Erfolgszurechnung im Umweltstrafrecht, Baden-Baden 1997 (zit.: Daxenberger, Kumulationseffekte)
Deiters, Mark: Die UN-Konvention gegen Korruption – Wegweiser für eine Revision der deutschen Strafvorschriften, in: PVS – Politische Vierteljahresschrift, Dimensionen politischer Korruption, Ulrich von Alemann (Hrsg.), S. 424 ff. (zit.: Deiters, UN-Konvention gegen Korruption)
Dencker, Friedrich: Gefährlichkeitsvermutung statt Tatschuld – Tendenzen der neueren Strafrechtsentwicklung, in: Strafverteidiger 1988, 262 ff. (zit.: Dencker, StV 1988)
Denninger, Erhard: Handbuch der Polizeirechts, in: Hans Lisken/Erhard Denninger (Hrsg.), 3. Auflage, München 2001 (zit.: Denninger, Handbuch des PolizeiR.)
Ders.: Über das Verhältnis von Menschenrechten zum positiven Recht, in: Juristen Zeitung 1982, 225 ff. (zit.: Denninger, JZ 1982)

Ders.: Die Zukunft des Rechts, in: Kritische Justiz 1999, 119 ff. (zit.: Denninger, KJ 1999)

Diettrich, Stefanie/Schatz, Holger: Drittmittelforschung: Überlegungen zur Minimierung des strafrechtlichen Risikos, in: Medizinrecht 2001, 614 ff. (zit.: Diettrich/Schatz, MedR 2001)

Dingeldey, Thomas: Anmerkung zum Urteil des BGH vom 10.03.1983, in: Neue Zeitschrift für Strafrecht 1984, 503 ff. (zit.: Dingeldy, NStZ 1984)

Dionyssopoulou, Athanassia: Der Tatbestand der Geldwäsche, Frankfurt am Main 1999 (zit.: Dionyssopoulou, Geldwäsche)

Dölling, Dieter: Betrug und Bestechlichkeit durch Entgeltannahme für eine vorgetäuschte Dienstpflichtverletzung? – BGH – NJW 1980, 2203, in: Juristische Schulung 1981, 570 ff. (zit.: Dölling, JuS 1981)

Ders.: Die Behandlung der Körperverletzung im Sport im System der strafrechtlichen Sozialkontrolle, in: Zeitschrift für die gesamte Strafrechtswissenschaft 96. Band (1984), 36 ff. [zit.: Dölling, ZStW 96 (1984)]

Ders.: Die Neuregelung der Strafvorschriften gegen Korruption, in: Zeitschrift für die gesamte Strafrechtswissenschaft 112. Band (2000), 334 ff. [zit.: Dölling, ZStW 112 (2000)]

Ders.: Empfehlen sich Änderungen des Straf- und Strafprozessrechts, um der Gefahr von Korruption in Staat, Wirtschaft und Gesellschaft wirksam zu begegnen? Gutachten C für den 61. Deutschen Juristentag, in: Verhandlungen des einundsechzigsten Deutschen Juristentages Karlsruhe 1996, Band I (Gutachten), Teil C, München 1996 (zit.: Dölling, Gutachten)

Dornseifer, Gerhard: Die Vorteilsgewährung (einfache aktive Bestechung) nach dem Entwurf eines Einführungsgesetzes zum StGB, in: Juristen Zeitung 1973, 267 ff. (zit.: Dornseifer, JZ 1973)

Dreier, Ralf: Zu Luhmanns systemtheoretischer Neuformulierung des Gerechtigkeitsproblems, in: Rechtstheorie 5. Band (1974), 189 ff. [zit.: Dreier, Rechtstheorie 5 (1973)]

Driendl, Johannes: Zur Notwendigkeit und Möglichkeit einer Strafgesetzgebungswissenschaft in der Gegenwart, Reihe: Recht und Staat Band 511, Tübingen 1983 (zit.: Driendl, Strafgesetzgebungswissenschaft)

Duden: Deutsches Universalwörterbuch. Bedeutungswörterbuch der deutschen Gegenwartssprache: umfassend, fundiert, aktuell, auf der Grundlage mehrerer Millionen authentischer Sprachbelege, 4. Auflage, Mannheim 2001 (zit.: Duden, Universalwörterbuch)

Duttge, Gunnar: Zur Bestimmtheit des Handlungsunwertes bei den Fahrlässigkeitsdelikten, Tübingen 2001 (zit.: Duttge, Bestimmung des Handlungsunwertes)

Ebert, Udo: Verletzung der amtlichen Schweigepflicht als Bezugshandlung der Bestechungstatbestände? Zur Auslegung des Begriffs „Diensthandlung" in den §§ 331 ff. n. F. StGB, in: Goldtammer's Archiv 1979, 361 ff. (zit.: Ebert, GA 1979)

Ebert, Udo/Kühl, Kristian: Das Unrecht der vorsätzlichen Straftat, in: Juristische Ausbildung 1981, 225 ff. (zit.: Ebert/Kühl, Jura 1981)

Ehret, Susanne: Franz von Liszt und das Gesetzlichkeitsprinzip. Zugleich ein Beitrag wider die Gleichsetzung von Magna-Charta-Formel und Nullum-crimen-Grundsatz, Frankfurt am Main 1996 (zit.: Ehret, Gesetzlichkeitsprinzip)

Eidam, Gerd: Korruption als Betriebsmodus, in: Kriminalstatistik 1996, 543 ff. (zit.: Eidam, Kriminalstatistik 1996)

Endreß, Martin: Vertrauen und Vertrautheit – Phänomenologisch-anthropologische Grundlegung, in: Vertrauen. Die Grundlage des sozialen Zusammenhalts, Martin Hartmann/Claus Offe (Hrsg.), Frankfurt am Main 2001, 161 ff. (zit.: Endreß, Grundlagen des sozialen Zusammenhalts)

Erhardt, Elmar: Kunstfreiheit und Strafrecht, Heidelberg 1989 (zit.: Erhardt, Kunstfreiheit)

Feinberg, Joel: The Moral Limits of the Criminal Law, Volume One, Harm to Others, Oxford 1984 (zit.: Feinberg, Harm to Others)

Ders.: The Moral Limits of the Criminal Law, Volume Two, Offense to Others, Oxford 1985 (zit.: Feinberg, Offense to Others)

Ders.: The Moral Limits of the Criminal Law, Volume Four, Harmless wrong doing, Oxford 1988 (zit.: Feinberg, Harmless wrong doing)

Feuerbach, Paul Johann Anselm: Anti-Hobbes oder über die Grenzen der höchsten Gewalt und das Zwangsrecht der Bürger gegen den Oberherrn, Erfurt 1798 (zit.: Feuerbach, Anti-Hobbes)

Ders.: Kritik des Kleinschrodrischen Entwurfes zu einem peinlichen Gesetzbuche für die Chur-Pfalz-Bayrischen Staaten, Gießen 1804, Werner Schmidt (Hrsg.), Frankfurt am Main 1988 (zit.: Feuerbach, Kritik des Kleinschrodrischen Entwurfes)

Ders.: Lehrbuch des gemeinen in Deutschland gültigen Peinlichen Rechts, 1. Auflage, Gießen 1801; 14. Auflage, Gießen 1847 (zit.: Feuerbach, Lehrbuch, Aufl., §)

Ders.: Themis oder Beiträge zur Gesetzgebung, Teil IV: Über die Bestechung der Staatsbeamten, Landshut 1812 (zit.: Feuerbach, Themis, Teil IV)

Ders.: Revision der Grundsätze und Grundbegriffe des positiven peinlichen Rechts, Teil 1, Neudruck der Ausgabe Erfurt 1799, Aalen 1966; 2. Teil, Neudruck der Ausgabe Chemnitz 1800, Aalen 1966 (zit.: Feuerbach, Revision I, II)

Ders.: Über die Strafe als Sicherungsmittel vor künftigen Beleidigungen des Verbrechers, Nachdruck der Ausgabe Chemnitz 1800, Darmstadt 1970 (zit.: Feuerbach, Strafe als Sicherungsmittel)

Ders.: Über Philosophie und Empirie in ihrem Verhältnisse zur positiven Rechtswissenschaft, Neudruck der Ausgabe Landshut 1804, Darmstadt 1969 (zit.: Feuerbach, Über Philosophie und Empirie)

Findeisen, Michael: Der Präventionsgedanke im Geldwäschegesetz – Anforderungen der Bankenaufsicht an die internen Sicherungsmaßnahmen der Kreditinstitute gem. § 14 Abs. 2 GWG zur Bekämpfung der Geldwäsche, in: Zeitschrift für Wirtschafts- und Steuerstrafrecht 1997, 121 ff. (zit.: Findeisen, wistra 1997)

Frank, Reinhard: Strafgesetzbuch für das Deutsche Reich nebst dem Einführungsgesetz, 17. Auflage, Tübingen 1926 (zit.: Frank, Strafgesetzbuch für das Deutsche Reich)

Frehsee, Detlev: Die Strafe auf dem Prüfstand. Verunsicherungen des Strafrechts angesichts gesellschaftlicher Modernisierungsprozesse, in: Strafverteidiger 16 1996, 222 ff. (Frehsee, StV 1996)

Freisler, Roland: Das neue Strafrecht. Grundsätzliche Gedanken zum Geleit, in: Franz Gürtner/Roland Freisler, Berlin 1936 (zit.: Freisler, Das neue Strafrecht)

Freund, Georg: Strafrecht. Allgemeiner Teil: personale Straftatlehre, Berlin 1998 (zit.: Freund, StrafR. AT, §, Rn.)

Frisch, Wolfgang: An den Grenzen des Strafrechts, in: Festschrift für Walter Stree und Wolfgang Wessels, Wilfried Küper und Jürgen Welp (Hrsg.), Heidelberg 1993, 69 ff. (zit.: Frisch, FS für Stree/Wessels)

Ders.: Tatbestandsmäßiges Verhalten und Zurechnung des Erfolges, Heidelberg 1988 (zit.: Frisch, Zurechnung)

Frommel, Monika: Präventionsmodelle in der deutschen Strafzweckdiskussion: Beziehungen zwischen Rechtsphilosophie, Dogmatik, Rechtspolitik und Erfahrungswissen, Berlin 1987 (zit.: Frommel, Präventionsmodelle)

Fuhrmann, Hans: Berechtigung der Rechtsprechung des Reichsgerichts und des Bundesgerichtshofs zu § 332 StGB über den Ermessensbeamten, in: Zeitschrift für die gesamte Strafrechtswissenschaft 72. Band (1960), 534 ff. [zit.: Fuhrmann, ZStW 72 (1960)]

Ders.: Die Annahme von sogenannten Aufmerksamkeiten durch Beamte, in: Goldtammer's Archiv 1959, 97 ff. (zit.: Fuhrmann, GA 1959)

Gallas, Wilhelm: Gründe und Grenzen der Strafbarkeit. Gedanken zum Begriff des Verbrechens, in: Beiträge zur Verbrechenslehre, Berlin 1968, 1 ff. (zit.: Gallas, Grenzen)

Geerds, Friedrich: Anmerkung zum Urteil des BGH v. 2.7.1980, in: Juristische Rundschau 1981, 301 ff. (zit.: Geerds, JR 1981)

Ders.: Über den Unrechtsgehalt der Bestechungsdelikte und seine Konsequenzen für die Rechtsprechung und Gesetzgebung, Eine strafrechtliche und kriminologische Studie, Tübingen 1961 (zit.: Geerds, Unrechtsgehalt)

Georgakis, Jannis A.: Geistesgeschichtliche Studien zur Kriminalpolitik und Dogmatik Franz von Liszts, Leipzig 1940 (zit.: Georgakis, Geistesgeschichtliche Studien)

Geppert, Klaus: Repetitorium Strafrecht, Amtsdelikte (§§ 331 ff. StGB), in: Juristische Ausbildung 1981, 42 ff. (zit.: Geppert, JA 1981)

Ders.: Anmerkung zum Urt. des BGH v. 25.10.1984, in: Neue Zeitschrift für Strafrecht 1985, 264 ff. (zit.: Geppert, NStZ 1985)

Giegel, Hans Joachim: Interpenetrationen, in: Sinn, Kommunikation und soziale Differenzierung. Beiträge zu Luhmanns Theorie sozialer Systeme, Hans Haferkamp u.a. (Hrsg.), Frankfurt am Main 1987, 212 ff., 222 ff. (zit.: Giegel, Interpenetrationen)

Göben, Jens: Die Auswirkungen des Gesetzes zur Bekämpfung der Korruption auf die Forschungstätigkeit von Hochschulangehörigen, in: Medizinrecht 1999, 345 ff. (zit.: Göben, MedR 1999)

Gössel, Karl Heinz/Dölling, Dieter: Strafrecht Besonderer Teil 1, 2. Auflage, Heidelberg 2004 (zit.: Gössel/Dölling, StrafR. BT 1, §, Rn.)

Graul, Eva: Abstrakte Gefährdungsdelikte und Präsumtionen im Strafrecht, Berlin 1991 (zit.: Graul, Abstrakte Gefährdungsdelikte)

Graupe, Johannes: Die Systematik und das Rechtsgut der Bestechungsdelikte, München 1988 (zit.: Graupe, Systematik und Rechtsgut)

Gribl, Kurt: Der Vorteilsbegriff bei den Bestechungsdelikten, Heidelberg 1992 (zit.: Gribl, Vorteilsbegriff)

Grimm, Dieter: Die Zukunft der Verfassung, Frankfurt am Main 1991 (zit.: Grimm, Zukunft)

Gruber, Malte-Christian: Rechtsschutz für nichtmenschliches Leben. Der moralische Status des Lebendigen und seine Implementierung in Tierschutz-, Naturschutz- und Umweltrecht, Robert Alexy und Ralf Dreier (Hrsg.), Baden Baden 2006 (zit.: Gruber, Rechtsschutz für nichtmenschliches Leben)

Gülzow, Hagen: Die vorgetäuschte Diensthandlung. Ein Beispiel für die Auslegung von Straftatbeständen, in: Monatsschrift für Deutsches Recht 36 1982, 802 ff. (zit.: Gülzow, MDR 1982)

Günther, Hans-Ludwig: Die Genese des Straftatbestandes, in: Juristische Schulung 1978, 8 ff. (zit. Hans-Ludwig Günther, JuS 1978)

Günther, Klaus: Der Sinn für Angemessenheit. Anwendungsdiskurse in Moral und Recht, Frankfurt am Main 1988 (zit.: Klaus Günther, Sinn für Angemessenheit)

Ders.: Möglichkeiten einer diskursethischen Begründung des Strafrechts, in: Recht und Moral, Heike Jung/Heinz Müller-Dietz/ Ulfrid Neumann (Hrsg.), Baden-Baden 1991, 205 ff. (zit.: Klaus Günther, Möglichkeiten)

Ders.: Schuld und kommunikative Freiheit. Studien zur personalen Zurechnung strafbaren Verhaltens im demokratischen Rechtsstaat, in: Juristische Abhandlungen Band 45, Cornelius Prittwitz (Hrsg.), Frankfurt am Main 2005 (zit.: Klaus Günther, Schuld und kommunikative Freiheit)

Ders.: Vom Zeitkern des Rechts, in: Rechtshistorisches Journal 14 (1995), 13 ff. [zit.: Klaus Günther, RJ 14 (1995)]

Ders.: Von der Rechts- zur Pflichtverletzung, Ein „Paradigmenwechsel" im Strafrecht?, in: Vom unmöglichen Zustand des Strafrechts, Institut für Kriminalwissenschaften Frankfurt a.M. (Hrsg.), Frankfurt am Main 1995, 445 ff. (zit.: Klaus Günther, Von der Rechts- zur Pflichtverletzung)

Habermas, Jürgen: Erläuterungen zur Diskursethik, 2. Auflage, Frankfurt am Main 1992 (zit.: Habermas, Diskursethik)

Ders.: Faktizität und Geltung: Beiträge zur Diskurstheorie des Rechts und des demokratischen Rechtsstaates, Frankfurt am Main 1998 (zit.: Habermas, Faktizität und Geltung)

Ders.: Legitimationsprobleme des Spätkapitalismus, 5. Auflage, Frankfurt am Main 1979 (zit.: Habermas, Legitimationsprobleme des Spätkapitalismus)

Ders.: Vorbereitende Bemerkungen zu einer Theorie der kommunikativen Kompetenz, in: Theorie der Gesellschaft oder Sozialtechnologie – Was leistet die Systemforschung?, J. Habermas/N. Luhmann (Hrsg.), Frankfurt am Main 1971, 101 ff. (zit.: Habermas, Theorie der kommunikativen Kompetenz)

Ders.: Wahrheitstheorien, in: Wirklichkeit und Reflexion, Festschrift für Walter Schulz zum 60. Geburtstag, Helmut Fahrenbach (Hrsg.), Pfullingen 1973, 211 ff. (zit.: Habermas, Wahrheitstheorien)

Haferkamp, Hans: Autopoietiches soziales System, in: Sinn, Kommunikation und soziale Differenzierung. Beiträge zu Luhmanns Theorie sozialer Systeme, Hans Haferkamp. u.a. (Hrsg.), Frankfurt am Main 1987, 51 ff., 65 ff. (zit.: Haferkamp, Autopoietiches soziales System)

Hamann, Andreas: Grundgesetz und Strafgesetzgebung, Neuwied 1963 (zit.: Hamann, Strafgesetzgebung)

Hart, Herbert Lyonel Adolphus: Der Positivismus und die Trennung von Recht und Moral, in: Recht und Moral, ders. (Hrsg.), Göttingen 1971, 14 ff. (zit.: Hart, Recht)

Hartmann, Martin: Einleitung., in: Vertrauen. Die Grundlage des sozialen Zusammenhalts, Martin Hartmann /Claus Offe (Hrsg.), 143 ff. (zit.: Hartmann, Einleitung)

Hassemer, Winfried: Buchbesprechung. Amelung, Knut, Rechtsgüterschutz und Schutz der Gesellschaft, in: Zeitschrift für die gesamte Strafrechtswissenschaft 87. Band (1975), 132 ff. [zit.: Hassemer, ZStW 87 (1975)]

Ders.: Einführung in Rechtsphilosophie und Rechtstheorie der Gegenwart, Kaufmann/Hassemer/Neumann (Hrsg.), 7. Auflage, Heidelberg 2004, 251 ff. (zit.: Hassemer, Einführung)

Ders.: Grundlinien einer personalen Rechtsgutslehre, in: Jenseits des Funktionalismus, Arthur Kaufmann zum 65. Geburtstag, Scholler/Philipps (Hrsg.) Heidelberg 1989, 85 ff. (zit.: Hassemer, Grundlinien)

Ders.: Juristische Hermeneutik, in: Archiv für Rechts- und Sozialphilosophie 1986, 195 ff. (zit.: Hassemer, ARSP 1986)

Ders.: Kennzeichen und Krisen des modernen Strafrechts, in: Zeitschrift für Rechtspolitik 1992, 378 ff. (zit.: Hassemer, ZRP 1992)

Ders.: Produktverantwortung im modernen Strafrecht, Heidelberg 1994 (zit.: Hassemer, Produktverantwortung)

Ders.: Professionelle Adäquanz. Bankentypisches Verhalten und Beihilfe zur Steuerhinterziehung Teil 1 und 2, in: Zeitschrift für Wirtschaft Steuer Strafrecht 1995, 46 ff. und 81 ff. (zit.: Hassemer, wistra 1995)

Ders.: Sozialtechnologie und Moral; Symbole und Rechtsgüter, in: Recht und Moral, Heike Jung/Heinz Müller-Dietz/Ulfrid Neumann (Hrsg.), Baden-Baden 1991, 329 ff. (zit.: Hassemer, Sozialtechnologie und Moral)

Ders.: Strafrechtswissenschaft in der Bundesrepublik Deutschland, in: Rechtswissenschaft in der Bonner Politik. Studien zur Wissenschaftsgeschichte der Jurisprudenz, Dieter Simon (Hrsg.), Frankfurt am Main 1994, 259 ff. (zit.: Hassemer, Strafrechtswissenschaft)

Ders.: Strafziele im sozialwissenschaftlich orientierten Strafrecht, in: Hauptprobleme der Generalprävention, Winfried Hassemer/Klaus Lüderssen/Wolfgang Naucke (Hrsg.), Frankfurt am Main 1979, 39 ff. (zit.: Hassemer, Strafziele)

Ders.: Symbolisches Strafrecht und Rechtsgüterschutz, in: Neue Zeitschrift für Strafrecht 1989, 553 ff. (zit.: Hassemer, NStZ 1989)

Ders.: Tatbestand und Typus: Untersuchungen zur strafrechtlichen Hermeneutik, Köln 1968 (zit.: Hassemer, Tatbestand und Typus)

Ders.: Theorie und Soziologie des Verbrechens. Ansätze zu einer praxisorientierten Rechtsgutslehre, Frankfurt 1973/1980 (zit.: Hassemer, Theorie)

Ders.: Variationen der positiven Generalprävention, in: Positive Generalprävention, Schünemann u.a. (Hrsg.), Heidelberg 1998 (zit.: Hassemer, Variationen)

Ders.: „Vorteil“ und „Unrechtsvereinbarung“ bei den Bestechungsdelikten, Anmerkung zu den Urteilen des OLG Düsseldorf vom 13. 10. 1986 – 5 Ss 295/86 und 228/86 – und des BGH vom 28.10. 1986 – 5 StR 244/86, in: Juristische Schulung 1987, 662 ff. (zit.: Hassemer, JuS 1987)

Hardtung, Bernhard: Erlaubte Vorteilsannahme - §§ 331 StGB, 70 BBG, 10 BAT – Zugleich ein Beitrag zur Einheit der Rechtsordnung und zur „Rückwirkung“ behördlicher Genehmigungen im Strafrecht, Berlin 1994 (zit.: Hardtung, Vorteilsannahme)

Hefendehl, Roland: Die Materialisierung von Rechtsgut und Deliktsstruktur, in: Goldtammer's Archiv 2002, 21 ff. (zit.: Hefendehl, GA 2002)

Ders.: Kollektive Rechtsgüter im Strafrecht, München 2002 (zit.: Hefendehl, Kollektive Rechtsgüter)

Hegel, Georg Wilhelm Friedrich: Die Philosophie des Geistes, in: Werke in zwanzig Bänden, Band 10, Enzyklopädie der philosophischen Wissenschaften im Grundrisse 1830), Dritter Teil, Frankfurt am Main 1970 (zit.: Hegel, Philosophie des Geistes)

Ders.: Grundlinien der Philosophie des Rechts oder Naturrecht und Staatswissenschaft im Grundrisse, Werke Band 7, (Edition Moldenhauer/Michel), Frankfurt am Main 1986 (zit.: Hegel, Grundlinien der Philosophie, Bd. 7, §)

Ders.: Jenaer Realphilosophie: Vorlesungsskripte zur Philosophie der Natur und des Geistes von 1805 – 1806, in: Johannes Hofmeister (Hrsg.), unveränderter Nachdruck der 1. Auflage 1931, Hamburg 1969 (zit.: Hegel, Jenaer Realphilosophie)

Hegler, A.: Die Merkmale des Verbrechens, in: Zeitschrift für die gesamte Strafrechtswissenschaft 36. Band (1916), 19 ff. [zit.: Hegler, ZStW 36 (1916)]

Heinrich, Bernd: Der Amtsträgerbegriff im Strafrecht, Auslegungsrichtlinien unter besonderer Berücksichtigung des Rechtsgutes der Amtsdelikte, Berlin 2001 (zit.: Heinrich, Amtsträgerbegriff)

Ders.: Rechtsprechungsüberblick zu den Bestechungsdelikten (§§ 331, 335 StGB) – (1998-2003) – 2. Teil, in: Neue Zeitschrift für Strafrecht 2005, 256 ff. (zit.: Heinrich, NStZ 2005)

Henkel, Heinrich: Die Bestechlichkeit von Ermessensbeamten, in: Juristen Zeitung 1960, 507 ff. (zit.: Henkel, JZ 1960)

Hermann, Wolfgang: Die Reform der Aussagetatbestände, Berlin 1973 (zit.: Hermann, Aussagetatbestände)

Herzog, Felix: Gesellschaftliche Unsicherheit und strafrechtliche Daseinsvorsorge: Studien zur Vorverlegung des Strafrechtsschutzes in den Gefährdungsbereich, Heidelberg 1991 (zit.: Herzog, Gesellschaftliche Unsicherheit)

Ders.: Prävention des Unrechts oder Manifestation des Rechts. Bausteine zur Überwindung des heteronom-präventiven Denkens in der Strafrechtstheorie der Moderne, Frankfurt am Main 1987 (zit.: Herzog, Prävention)

Hettinger, Michael: Das Strafrecht als Büttel? – Fragmentarische Bemerkungen zum Entwurf eines Korruptionsbekämpfungsgesetzes des Bundesrates vom 3.11.1995, in: Neue Juristische Wochenschrift 1996, 2263 ff. (zit.: Hettinger, NJW 1996)

Hetzer, Wolfgang: Der Geruch des Geldes – Ziel, Inhalt und Wirkung des Gesetzes gegen Geldwäsche, in: Neue Juristische Wochenschrift 1993, 3298 ff. (zit.: Hetzer, NJW 1993)

Hirsch, Hans Joachim: Soziale Adäquanz und Unrechtslehre, in: Zeitschrift für die gesamte Strafrechtswissenschaft 74. Band (1962), 78 ff. [zit.: Hirsch, ZStW 74 (1962)]

Hobbes, Thomas: Leviathan oder Stoff, Form und Gewalt eines kirchlichen und bürgerlichen Staates, Iring Fletscher (Hrsg.), Suhrkamp Taschenbuch Wissenschaft, Frankfurt am Main 1994 (zit.: Hobbes, Leviathan)

Hof, Hagen: Schwellenphänomene in Verhalten und Recht. Für Recht und Staat, in: Festschrift für Heribert Helmrich zum 60. Geburtstag, München 1994, 1125 ff. (zit.: Hof, FS für Helmrich)

Hofmeister, Karl: Die Bestechung im geltenden Strafrecht und im Vorentwurf mit Berücksichtigung des österreichischen Vorentwurfs, Heidelberg 1911 (zit.: Hofmeister, Bestechung)

Hohmann, Olaf: Das Rechtsgut der Umweltdelikte. Grenzen des strafrechtlichen Umweltschutzes, Frankfurt am Main 1991, (zit.: Hohmann, Umweltdelikte)

Ders.: Von den Konsequenzen einer personalen Rechtsgutsbestimmung im Umweltrecht, in: Goldtammer's Archiv 1992, 76 ff. (zit.: Hohmann, GA 1992)

Holthausen, Dieter: Der Verfassungsauftrag des Art. 26 II GG und die Ausfuhr von Kriegswaffen, in: Juristen Zeitung 1995, 284 ff. (zit.: Holthausen, JZ 1995)

Hommel, Karl Ferdinant D.: Philosophische Gedanken über das Criminalrecht. Aus den hommelschen Handschriften als ein Beitrag zu dem hommelischen Beccaria (ed. und mit einer Vorerinnerung und eigenen Anmerkungen begleitet von Karl Gottlob Rössig), Breslau 1784 (zit.: Hommel, Philosophische Gedanken über das Criminalunrecht)

Honneth, Axel: Integrität und Missachtung, Merkur Heft 501 (1990), 1043 ff. (zit.: Honneth, Integrität und Missachtung)

Ders.: Kampf um Anerkennung. Zur moralischen Grammatik sozialer Konflikte, Frankfurt am Main 1994 (zit.: Honneth, Kampf um Anerkennung)

Honig, Richard: Die Einwilligung des Verletzten, Leipzig 1919 (zit.: Honig, Einwilligung)

Horn, Eckhard: Konkrete Gefährdungsdelikte, Köln 1973 (zit.: Horn, Gefährdungsdelikte)

Horn, Eckard/Hoyer, Andreas: Rechtsprechungsübersicht zum 27. Abschnitt des StGB – „Gemeingefährliche Straftaten“ – , in: Juristen Zeitung 1987, 965 ff. (zit.: Horn/Hoyer, JZ 1987)

Hügel/Junge/Lander/Winkler: Deutsches Betäubungsmittelrecht, Kommentar, Loseblattsammlung, 8. Auflage mit 2. Ergänzungslieferung, Stand: März 2004 (zit.: Hügel/Junge/Lander/Winkler, §, Rn)

v. Ihering, Rudolph: Der Zweck im Recht, Erster Band, 2. Auflage, Leipzig 1884; 3. Auflage, Leipzig 1893; Zweiter Band, 2. Auflage, Leipzig 1886 (zit.: v. Ihering, Zweck im Recht)

Jäger, Herbert: Strafgesetzgebung und Rechtsgüterschutz bei Sittlichkeitsdelikten. Eine kriminalsoziologische Untersuchung, Stuttgart 1957 (zit.: Jäger, Strafgesetzgebung und Rechtsgüterschutz)

Jakobs, Günther: Das Strafrecht zwischen Funktionalismus und „alteuropäischem“ Prinzipiendenken. Oder: Verabschiedung des „alteuropäischen“ Strafrechts, in: Zeitschrift für die gesamte Strafrechtswissenschaft 107. Band (1995), 843 ff. [zit.: Jakobs, ZStW 107 (1995)]

Ders.: Kriminalisierung im Vorfeld einer Rechtsgutverletzung, in: Zeitschrift für die gesamte Strafrechtswissenschaft 97. Band (1985), 71 ff. [zit.: Jakobs, ZStW 97 (1985)]

Ders.: Norm, Person, Gesellschaft. Vorüberlegungen zu einer Rechtsphilosophie, 2. Auflage, Berlin 1999 (zit.: Jakobs, Norm, Person, Gesellschaft)

Ders.: Schuld und Prävention, Tübingen 1976 (zit.: Jakobs, Schuld und Prävention)

Ders.: Strafrecht Allgemeiner Teil. Die Grundlagen und die Zurechnungslehre, 2. Auflage, Berlin 1991 (zit.: Jakobs, StrafR. AT, Abschn., Rn.)

Jarass, Hans D./Pieroth, Bodo: Grundgesetz für die Bundesrepublik Deutschland, Kommentar, 7. Auflage, München 2004 (zit.: Jarass/Pieroth, Art., Rn.)

Jaques, Henning: Die Bestechungstatbestände unter besonderer Berücksichtigung des Verhältnisses der §§ 331 ff. zu § 12 UWG, Kiel 1996 (zit.: Jaques, Bestechungstatbestände)

Jescheck, Hans-Heinrich: Deutsche und österreichische Strafrechtsreform, in: Festschrift für Richard Lange zum 70. Geburtstag, Günther Warda u.a. (Hrsg.), Berlin 1976, 365 ff. (zit.: Jescheck, FS für Lange)

Jescheck, Hans-Heinrich/Weigend, Thomas: Lehrbuch des Strafrechts, Allgemeiner Teil, 5. Auflage, Berlin 1996 (zit.: Jescheck/Weigend, StrafR. AT, §, Nr.)

Kahlo, Michael: Das Problem des Pflichtwidrigkeitszusammenhangs bei den unechten Unterlassungsdelikten. Eine strafrechtlich-rechtsphilosophische Untersuchung zur Kausalität menschlichen Handelns und deren strafrechtlichem Begriff, Berlin 1990 (zit.: Kahlo, Pflichtwidrigkeitszusammenhang)

Kant, Immanuel: Beantwortung der Frage: Was ist Aufklärung? In: Werke in zwölf Bänden, Theorie-Werkausgabe, Band XI, Schriften zur Anthropologie, Geschichtsphilosophie, Politik und Pädagogik 1, 53 ff, Frankfurt 1964 (zit.: Kant, Beantwortung der Frage: Was ist Aufklärung?)

Ders.: Metaphysik der Sitten, Hans Ebeling (Hrsg.), Stuttgart 1990 (zit.: Kant, Metaphysik der Sitten)

Kaiser, Eberhard: Spenden an politische Parteien, in: Neue Juristische Wochenschrift 1981, 321 f. (zit.: Kaiser, NJW 1981)

Kargl, Walter: Das Recht der Gesellschaft oder das Recht der Subjekte? Anmerkungen zu den „Rechtsphilosophischen Vorüberlegungen" von Günther Jakobs, in: Goldtammer's Archiv 1999, 53 ff. (zit.: Kargl, GA 1999)

Ders.: Der strafrechtliche Vermögensbegriff als Problem der Rechtseinheit, in: Juristische Arbeitsblätter 2001, 714 ff. (zit.: Kargl, JA 2001)

Ders.: Der strafrechtliche Vorsatz auf der Basis der kognitiven Handlungstheorie, in: Frankfurter kriminalwissenschaftliche Studien, Bd./Vol. 40, Frankfurt am Main 1993 (zit.: Kargl, Der strafrechtliche Vorsatz)

Ders.: Die Funktion des Strafrechts in rechtstheoretischer Sicht. Schlussfolgerungen aus dem Milgram-Experiment, Heidelberg 1995 (zit.: Kargl, Funktion des Strafrechts)

Ders.: Friede durch Vergeltung. Über den Zusammenhang von Sache und Zweck im Strafrecht, Goldtammer's Archiv 1998, 53 ff. (zit.: Kargl, GA 1998)

Ders.: Friedenssicherung durch Strafrecht, in: Archiv für Rechts- und Sozialphilosophie 82 (1996), 485 ff. (zit.: Kargl, ARSP 1996)

Ders.: Gesellschaft ohne Subjekte oder Subjekte ohne Gesellschaft? Kritik der rechtssoziologischen Autopoiese-Kritik, in: Zeitschrift für Rechtssoziologie 12 (1991), 120 ff. [zit.: Kargl, ZfRSoz 12 (1991)]

Ders.: Handlung und Ordnung im Strafrecht. Grundlagen einer kognitiven Handlungs- und Straftheorie, Berlin 1991 (zit.: Kargl, Handlung und Ordnung im Strafrecht)

Ders.: Integrationsprävention, in: Rechtstheorie 30. Band 1999, 371 ff. [zit.: Kargl, Rechtstheorie 30 (1999)]

Ders.: Körperverletzung durch Heilbehandlung, in: Goldtammer's Archiv 2001, 538 ff. (zit.: Kargl, GA 2001)

Ders.: Kollektive Rechtsgüter im Strafrecht, in: Zeitschrift für die gesamte Strafrechtswissenschaft 116. Band (2004), 762 ff. [zit.: Kargl, ZStW 116 (2004)]

Ders.: Kommunikation kommuniziert?, in: Rechtstheorie 21. Band (1990), 352 ff. [zit.: Kargl, Rechtstheorie 21 (1990)]

Ders.: Kritische Anmerkungen zum Vertragsgedanken im Strafprozeß, in: Jahrbuch für Rechts- und Kriminalsoziologie 1999, Mediationsverfahren Horizonte, Grenzen, Innensichten, Christa Pelikan (Hrsg)., 93 ff. (zit.: Kargl, Jahrbuch für Rechts- und Kriminalsoz. 1999)

Ders.: Parteispendenakquisition und Vorteilsannahme, in: Juristen Zeitung 2005, 503 ff. (zit.: Kargl, JZ 2005, 503 ff.)

Ders.: Probleme der Strafbegründung bei Einwilligung des Geschädigten am Beispiel des Dopings, in: Juristen Zeitung 2002, 389 ff. (zit.: Kargl, JZ 2002)

Ders.: Probleme des Tatbestandes der Geldwäsche (§ 261 StGB), in: Neue Justiz 2001, 57 ff. (zit.: Kargl, NJ 2001)

Ders.: Rechtsgüterschutz durch Rechtsschutz, in: Institut für Kriminalwissenschaften Frankfurt am Main (Hrsg.), Vom unmöglichen Zustand des Strafrechts, Frankfurt am Main 1995, 53 ff. (zit.: Kargl, Rechtsgüterschutz durch Rechtsschutz)

Ders.: Sachbeschädigung und Strafgesetzlichkeit. Probleme einer rechtsgutorientierten Auslegungsmethode, in: Juristen Zeitung 1997, 283 ff. (zit.: Kargl, JZ 1997)

Ders.: Über die Bekämpfung des Anscheins der Kriminalität bei der Vorteilsannahme (§ 331 StGB), in: Zeitschrift für die gesamte Strafrechtswissenschaft 114. Band (2002), 763 ff. [zit.: Kargl, ZStW 114 (2002)]

Ders.: Unterlassene Hilfeleistung. Zum Verhältnis von Recht und Moral, in: Goldtammer's Archiv 1994, 247 ff. (zit.: Kargl, GA 1994)

Kaufmann, Arthur: Analogie und Natur der Sache: zugleich ein Beitrag zur Lehre vom Typus, 2. Auflage Heidelberg 1982 (zit.: Arthur Kaufmann, Analogie und Natur der Sache)

Ders.: Anmerkung zum Urteil des BGH vom 21.11.1958, Fortsetzungszusammenhang zwischen einfacher und schwerer Bestechlichkeit ist ausgeschlossen, in: Juristen Zeitung 1959, 375 f. (zit.: Arthur Kaufmann, JZ 1959)

Ders.: Das Schuldprinzip, 2. Auflage, Heidelberg 1976 (zit.: Arthur Kaufmann, Schuldprinzip)

Ders.: Einführung in Rechtsphilosophie und Rechtstheorie der Gegenwart, Kaufmann/Hassemer/Neumann (Hrsg.), 7. Auflage, Heidelberg 2004, 1 ff. (zit.: Arthur Kaufmann, Einführung)

Ders.: Recht und Sittlichkeit, Tübingen 1964 (zit.: Arthur Kaufmann, Sittlichkeit)

Ders.: Strafrechtspraxis und sittliche Normen. Zugleich ein Beitrag zu den §§ 218 ff. StGB n.F., in: Juristische Schulung 1978, 361 ff. (zit.: Arthur Kaufmann, JuS 1978)

Ders.: Unrecht und Schuld beim Delikt der Volltrunkenheit, in: Juristen Zeitung 1963, 425 ff. (zit.: Arthur Kaufmann, JZ 1963)

Ders.: Vorüberlegungen zu einer Juristischen Logik und Ontologie der Relationen. Grundlegung einer personalen Rechtstheorie, in: Rechtstheorie 17. Band 1986, 257 ff. [zit.: Arthur Kaufmann, Rechtstheorie 17 (1986)]

Kaufmann, Franz-Xaver: Sicherheit als soziologisches und sozialpolitisches Problem: Untersuchungen zu einer Wertidee hochdifferenzierter Gesellschaften, Stuttgart 1970 (zit.: F.X. Kaufmann, Sicherheit)

Kempf, Eberhard: Die Funktion von Strafrecht und Strafverteidigung in einer modernen Gesellschaft, in: Neue Juristische Wochenschrift 1997, 1729 ff. (zit.: Kempf, NJW 1997)

Kerner, Hans-Jürgen/Rixen, Stephan: Ist Korruption ein Strafrechtsproblem?, in: Goldtammer's Archiv für Strafrecht 1996, 355 ff. (zit.: Kerner/Rixen, GA 1996)

Kersting, Wolfgang: Die politische Philosophie des Gesellschaftsvertrags, Darmstadt 1994 (zit.: Kersting, Gesellschaftsvertrag)

Ders.: Rechtsverbindlichkeit und Gerechtigkeit bei Thomas Hobbes, Archiv für Rechts- und Sozialphilosophie 1998, 354 ff. (zit.: Kersting, ARSP 1998)

Ders.: Wohlgeordnete Freiheit. Immanuel Kants Rechts- und Staatsphilosophie, Frankfurt am Main 1993 (zit.: Kersting, Wohlgeordnete Freiheit)

Killias, Martin: Korruption: Vive la Repression! – oder was sonst? Zur Blindheit der Kriminalpolitik für Ursachen und Nuancen, in: Festschrift für Hans-Joachim Schneider zum 70. Geburtstag am 14. November 1998, Hans-Dieter Schwind u.a. (Hrsg.), Berlin 1998, 239 ff. (zit.: Killias, FS für Schneider)

Kindhäuser, Urs: Gefährdung als Straftat, Frankfurt am Main 1989 (zit.: Kindhäuser, Gefährdung)

Ders.: Rationaler Rechtsgüterschutz durch Verletzungs- und Gefährdungsverbote, in: Aufgeklärte Kriminalpolitik oder Kampf gegen das Böse?, Band I: Legitimationen, Klaus Lüderssen (Hrsg.), Baden-Baden 1998, 263 (zit.: Kindhäuser, Rationaler Rechtsgüterschutz)

Ders.: Strafrecht Allgemeiner Teil, 1. Auflage, Baden-Baden 2005 (zit.: Kindhäuser, Strafrecht AT, §, Rn.)

Ders.: Tagungsbericht. Diskussionsbeiträge der Strafrechtslehrertagung 1993 in Basel, in: Zeitschrift für die gesamte Strafrechtswissenschaft 105 (1993), 803 ff. [zit.: Kindhäuser, zitiert nach Vitt, ZStW 105 (1993)]

Kirschbaum/Schmitz: Grenzen der Bestechungstatbestände. (Entgegnung auf eine Monographie von Prof. Dr. Eb. Schmidt), in: Goldtammer's Archiv 1960, 321 ff. (zit.: Kirschbaum/Schmitz, GA 1960)

Kissel, Norbert: Aufrufe zum Ungehorsam und § 111 StGB – Grundrechtlicher Einfluss bei der Feststellung strafrechtlichen Unrechts, Frankfurt am Main 1996 (zit.: Kissel, Aufrufe)

Klug, Ulrich: Psychologische Vereinfachungen und strafrechtliche Folgerungen bei der Auslegung der Bestechungstatbestände, in: Juristen Zeitung 1960, 724 ff. (zit.: Klug, JZ 1960)

Knauß, Ina: Korruption – hinnehmen oder handeln? in: Vahlenkamp, Werner/Knauß, Ina (Hrsg.), BKA-Forschungsreihe Band 33, Wiesbaden 1995, 251 ff. (zit.: Knauß, BKA Forschungsreihe 33)

Kniesel, Michael: „Innere Sicherheit" und Grundgesetz, in: Zeitschrift für Rechtspolitik 1996, 33 ff. (zit.: Kniesel, ZRP 1996)

Knorz, Johannes: Der Unrechtsgehalt des § 261 StGB, Frankfurt am Main 1996 (zit.: Knorz, Unrechtsgehalt)

Köhler, Michael: Der Begriff der Strafe, Heidelberg 1986 (zit.: Köhler, Begriff der Strafe)

Ders.: Freiheitliches Rechtsprinzip und Betäubungsmittelstrafrecht, in: Zeitschrift für die gesamte Strafrechtswissenschaft 104. Band (1992), 1 ff. [zit.: Köhler, ZStW 104 (1992)]

Ders.: Iustitia distributiva. Zum Begriff und zu den Formen der Gerechtigkeit, in: Archiv für Rechts- und Sozialphilosophie 1993, 459 ff. (zit.: Köhler, ARSP 1993)

Ders.: Rechtsgut, Tatbestandsstruktur und Rechtswidrigkeitszusammenhang, in: Monatsschrift für Deutsches Recht 1992, 739 ff. (zit.: Köhler, MDR 1992)

Ders.: Strafrecht Allgemeiner Teil, Berlin 1997 (zit.: Köhler, StrafR. AT)

König, Peter: Neues Strafrecht gegen Korruption, in: Juristische Rundschau 1997, 397 ff. (zit.: König, JR 1997)

Koller, Peter: Theorien des Sozialkontrakts als Rechtfertigungsmodelle politischer Institutionen, in: Gerechtigkeit Diskurs oder Markt?, Lucian

Kern/Hans-Peter Müller (Hrsg.), Opladen 1986, 7 ff. (zit.: Koller, Rechtfertigungsmodelle)

Korte, Matthias: Anwendungsbereich des Tatbestandes der Vorteilsannahme – Drittmittel, in: Neue Zeitschrift für Strafrecht 2003, 156 ff. (zit.: Korte, NStZ 2003)

Ders.: Bekämpfung der Korruption und Schutz des freien Wettbewerbs mit den Mitteln des Strafrechts, in: Neue Zeitschrift für Strafrecht 1997, 513 ff. (zit.: Korte, NStZ 1997)

Kratzsch, Dietrich: Prävention und Unrecht – eine Replik, in: Goldtammer's Archiv 1989, 49 ff. (zit.: Kratzsch, GA 1989)

Ders.: Verhaltenssteuerung und Organisation im Strafrecht, Berlin 1985 (zit.: Kratzsch, Verhaltenssteuerung)

Krauß, Detlef: Sicherheitsstaat und Strafverteidigung, in: Strafverteidiger 1989, 315 ff. (Krauß, StV 1989)

Krey, Volker: Gesetzestreue und Strafrecht. Schranken richterlicher Rechtsfortbildung, in: Zeitschrift für die gesamte Strafrechtswissenschaft 101. Band 1989, 839 ff. [zit.: Krey, ZStW 101 (1989)]

Ders.: Strafrecht Besonderer Teil, Band 1: Besonderer Teil ohne Vermögensdelikte, 12. Auflage, Stuttgart 2002, (zit.: Krey, Strafrecht BT 1, §, Rn.)

Krönig, Georg: Probleme der Bestechung, in: Monatsschrift für Deutsches Recht 1949, 658 ff. (zit.: Krönig, MDR 1949)

Krümpelmann, Justus: Die Bagatelldelikte, Untersuchungen zum Verbrechen als Steigerungsbegriff, Berlin 1966 (zit.: Krümpelmann, Bagatelldelikte)

Kube, Erwin/Vahlenkamp, Werner: Korruption – hinnehmen oder handeln?, in: Verwaltungsarchiv Zeitschrift für Verwaltungsrechtslehre, Verwaltungsrecht, Verwaltungspolitik, 85. Band 1994, 432 ff. (zit.: Kube/Vahlenkamp, VerwArch. 1994)

Kuhlen, Lothar: Der Handlungserfolg der strafbaren Gewässerverunreinigung, in: Goldtammer's Archiv 1986, 389 ff. (zit.: Kuhlen, GA 1986)

Ders.: Sollten §§ 331 Abs. 1, 333 Abs. 1 StGB neuerlich geändert werden?, in: Festschrift für Friedrich-Christian Schroeder zum 70. Geburtstag, Andreas Hoyer, Henning Ernst Müller, Michael Pawlik, Jürgen Wolter (Hrsg.), Heidelberg 2006, 535 ff. (zit.: Kuhlen, FS für Schroeder)

Kunz, Karl-Ludwig: Das strafrechtliche Bagatellprinzip. Eine strafrechtsdogmatische und kriminalpolitische Untersuchung, Berlin 1984 (zit.: Kunz, Bagatellprinzip)

Küper, Wilfried: Strafrecht Besonderer Teil. Definitionen mit Erläuterungen, 5. Auflage, Heidelberg 2002 (zit.: Küper, StrafR. BT)

Ders.: Umweltstrafrecht – auf der Suche nach einer neuen Dogmatik, in: Zeitschrift für die gesamte Strafrechtswissenschaft 105. Band 1993, 697 ff. [zit.: Kuhlen, ZStW 105 (1993)]

Ders.: Untreue, Vorteilsannahme und Bestechlichkeit bei Einwerbung universitärer Drittmittel. – Zugleich eine Anmerkung zu den Urteilen des BGH vom 23. 5. 2002 und vom 23. 10. 2002 –, in: Juristische Rundschau 2003, 231 ff. (zit.: Kuhlen, JR 2003)

Ders.: Zu den Tathandlungen bei Vorteilsannahme und Bestechlichkeit – Zugleich eine Besprechung von BGH – 4 StR 554/87, in: Neue Zeitschrift für Strafrecht 1988, 433 ff. (zit.: Kuhlen, NStZ 1988)

Lackner, Karl: § 13 – eine Fehlleistung des Gesetzgebers?, in: Festschrift für Wilhelm Gallas zum 70. Geburtstag am 22. Juli 1973, Karl Lackner (Hrsg.), 117 ff. (zit.: Lackner, FS für Gallas)

Lackner, Karl/Kühl, Kristian: Strafgesetzbuch mit Erläuterungen, 25. Auflage, München 2004 (zit.: Lackner/Kühl, §, Rn.)

Lagodny, Otto: Strafrecht vor den Schranken der Grundrechte, Tübingen 1996 (zit.: Lagodny, Schranken)

Lampe, Ernst-Joachim: Der neue Tatbestand der Geldwäsche (§ 261 StGB), in: Juristen Zeitung 1994, 123 ff. (zit.: Lampe, JZ 1994)

Ders.: Rechtsanthropologie: eine Strukturanalyse des Menschen im Recht, Berlin 1970 (zit.: Lampe, Rechtsanthropologie)

Ders.: Rechtsgut, kultureller Wert und individuelles Bedürfnis, in: Festschrift für Hans Welzel zum 70. Geburtstag, Günther Stratenwerth u.a. (Hrsg.), Berlin 1974, 151 ff. (zit.: Lampe, Rechtsgut)

Langer, Winrich: Aktuelle Probleme der falschen Verdächtigung, in: Goldtammer's Archiv 1987, 289 ff. (zit.: Langer GA 1987)

Larenz, Karl/Canaris, Klaus-Wilhelm: Methodenlehre der Rechtswissenschaft, 3. Auflage, Berlin 1995 (zit.: Larenz/Canaris, Methodenlehre, Rn.)

Larenz, Karl: Das Problem der Rechtsgeltung, Berlin 1929 (zit.: Larenz, Problem der Rechtsgeltung)

Ders.: Die Bindung des Richters an das Gesetz als hermeneutisches Problem, in: Festschrift für Rudolf Huber zum 70. Geburtstag am 8. Juni 1973, Ernst Forsthoff u.a. (Hrsg.), Göttingen 1973, 291 ff. (zit.: Larenz, FS für Huber)

Ders.: Die Rechts- und Staatsphilosophie des deutschen Idealismus und ihre Gegenwartsbedeutung, in: Staatsphilosophie, Karl Larenz/Gunter Holstein (Hrsg.), München 1933 (zit.: Larenz, Rechts- und Staatsphilosophie des deutschen Idealismus)

Laufs, Adolf: Ärzte und Sponsoren, in: Neue Juristische Wochenschrift 2002, 1770 ff. (zit.: Laufs, NJW 2002)

Leimbacher, Jörg: Die Rechte der Natur, Basel 1988 (zit.: Leimbacher, Rechte der Natur)

Leipziger Kommentar: Strafgesetzbuch Großkommentar, §§ 13 – 14, §§ 311 c – 314; §§ 324 – 335 a, Burkhard Jähnke (Hrsg.), 11. Auflage, 1993 und 1997 (zit.: LK-Bearbeiter, §, Rn.)

Lenkner, Theodor: Privatisierung der Verwaltung und „Abwahl des Strafrechts". Zur Frage der strafrechtlichen Amtsträgerschaft am Beispiel der für die Bauverwaltung tätigen privaten Planungsbüros, in: Zeitschrift für die gesamte Strafrechtswissenschaft 106. Band 1994, 502 ff. [zit.: Lenckner, ZStW 106 (1994)]

Letzgus, Klaus: Der Begriff der Diensthandlung und des Vorteils der Bestechlichkeit sowie die Konkurrenz zwischen Bestechlichkeit und „strafbarer" Diensthandlung, Anmerkung zum Urteil des BGH vom 28.10.1986, in: Neue Zeitschrift für Strafrecht 1987, 309 ff. (zit.: Letzgus, NStZ 1987)

Leyendecker, Hans: Die Korruptionsfalle. Wie unser Land im Filz versinkt, 2. Auflage, Reinbeck 2003 (zit.: Leyendecker, Korruptionsfalle)

Lippert, Hans-Dieter: Vorteilsannahme, Bestechlichkeit und die Einwerbung von Drittmitteln bei der Beschaffung von Medizinprodukten, in: Neue Juristische Wochenschrift 2000, 1772 ff. (zit.: Lippert, NJW 2000)

Ders.: Die problematische Einwerbung von Drittmitteln, in: Versicherungsrecht 2000, 158 ff. (zit.: Lippert, VersR 2000)

Lisken, Hans: Vorfeldeingriffe im Bereich der „Organisierten Kriminalität" – Gemeinsame Aufgabe von Verfassungsschutz und Polizei? in: Zeitschrift für Rechtspolitik 1994, 264 ff. (zit.: Lisken, ZRP 1994)

von Liszt, Franz: Der Begriff des Rechtsgutes im Strafrecht und in der Encyklopädie der Rechtswissenschaft, in: Zeitschrift für die gesamte Strafrechtswissenschaft 8. Band (1888), 133 ff. [zit.: v. Liszt, ZStW 8 (1888)]

Ders.: Der Zweckgedanke im Strafrecht, Marburger Universitätsprogramm 1882, in: Strafrechtliche Aufsätze und Vorträge, Bd. 1, Berlin 1905, 126 ff. (zit.: v. Liszt, AuV I)

Ders.: Der Zweckgedanke im Strafrecht, in: Zeitschrift für die gesamte Strafrechtswissenschaft 3. Band (1883), 1 ff. [zit.: v. Liszt, ZStW 3 (1883)]

Ders.: Die strafrechtliche Zurechnungsfähigkeit. Vortrag, gehalten am 4. August 1896 auf dem III. Internationalen Psychologen-Kongreß, in: Strafrechtliche Aufsätze und Vorträge, Bd. 2, Berlin 1905, 214 ff. (zit.: v. Liszt, AuV II, 214 ff.)

Ders.: Lehrbuch des Deutschen Strafrechts, 2. Auflage, Berlin 1884; 3. Auflage, Berlin 1988; 14./15. Auflage, Berlin 1905; 21./22. Auflage, Berlin 1919 (zit.: v. Liszt, Lehrbuch, Aufl.)

Ders.: Rechtsgut und Handlungsbegriff im Bindingschen Handbuch. Eine kritischer Beitrag zur juristischen Methodenlehre, in: Strafrechtliche Aufsätze und Vorträge, Bd. 1, Berlin 1905, 212 ff. (zit.: v.Liszt, AuV I)

Loos, Fritz: Bemerkungen zur historischen Auslegung, in: Festschrift für Rudolf Wassermann zum sechzigsten Geburtstag, Christian Broda u.a. (Hrsg.), Neuwied 1985, 123 ff. (zit.: Loos, FS für Wassermann)

Ders.: Zum „Rechtsgut" der Bestechungsdelikte, in: Festschrift für Hans Welzel zum 70. Geburtstag am 25. März 1974, Günter Stratenwerth u. a. (Hrsg.), Berlin 1974, 879 ff. (zit.: Loos, FS für Welzel)

Lüderssen, Klaus: Alternativen zum Strafen, in: Strafgesetzlichkeit: Festschrift für Arthur Kaufmann zum 70. Geburtstag, Fritjof Haft u.a. (Hrsg.), Heidelberg 1993, 487 ff. (zit.: Lüderssen, FS für Arthur Kaufmann)

Ders.: Antikorruptionsgesetze und Drittmittelforschung, in: Juristen Zeitung 1997, 112 ff. (zit.: Lüderssen, JZ 1997)

Ders.: Das moderne Strafrecht. Eine Zerreißprobe zwischen ultima ratio, Pragmatismus und kulturellem Hochgefühl, in: Strafverteidiger 2004, 97 ff. (zit.: Lüderssen, StV 2004)

Ders.: Das Strafrecht zwischen Funktionalismus und „alteuropäischem" Prinzipiendenken, in: Zeitschrift für die gesamte Strafrechtswissenschaft 107. Band (1995), 877 ff. [zit.: Lüderssen, ZStW 107 (1995)]

Ders.: Die Krise des öffentlichen Strafanspruchs, in: Abschaffen des Strafens?, 1. Auflage, Frankfurt am Main 1995 (zit.: Lüderssen, Krise)

Ders.: Die generalpräventive Funktion des Deliktssystems, in: Hauptprobleme der Generalprävention. Winfried Hassemer/Klaus Lüderssen/Wolfgang Naucke (Hrsg.), Frankfurt am Main 1979, 54 ff. (zit.: Lüderssen, Generalprävention)

Ders.: Die Symbiose von Markt und Staat – auseinanderdividiert durch Strafrecht?, Strafverteidiger 1997, 318 ff. (zit.: Lüderssen, StV 1997)

Ders.: Die Zusammenarbeit von Medizinprodukte-Industrie, Krankenhäusern und Ärzten – strafbare Kollusion oder sinnvolle Kooperation?, Stuttgart 1998 (zit.: Lüderssen, Zusammenarbeit von Medizinprodukte-Industrie, Krankenhäusern und Ärzten)

Ders.: Primäre oder sekundäre Zuständigkeit des Strafrechts?, in: Menschengerechtes Strafrecht, Festschrift für Albin Eser zum 70. Geburtstag, Jörg Arnold (Hrsg.), München 2005, 163 ff. (zit.: Lüderssen, FS für Eser)

Ders.: „Wär'der Gedank' nicht so verwünscht gescheit, man wär' versucht, ihn herzlich dumm zu nennen, in: Rechtshistorisches Journal 5 (1986), 343 ff. [zit.: Lüderssen, RJ 5 (1986)]

Luhmann, Niklas: Die Autopoiesis des Bewusstseins, in: Selbstthematisierung und Selbstzeugnis: Bekenntnis und Geständnis, Alois Hahn (Hrsg.), Frankfurt am Main 1987, 44 ff. (zit.: Luhmann, Autopoiesis des Bewusstseins)

Ders.: Die Codierung des Rechtssystems, in: Rechtstheorie 17 (1986), 171 ff. [zit.: Luhmann, Rechtstheorie 17 (1986)]

Ders.: Gerechtigkeit in den Rechtssystemen der modernen Gesellschaft, in: Rechtstheorie 4. Band (1973), 131 ff. [zit.: Luhmann, Rechtstheorie 4 (1973)]

Ders.: Legitimation durch Verfahren, Frankfurt am Main 1983 (zit.: Luhmann, Legitimation durch Verfahren)

Ders.: Rechtssoziologie, 3. Auflage, Opladen 1987 (zit.: Luhmann, Rechtssoziologie)

Ders.: Soziale Systeme. Grundriß einer allgemeinen Theorie, Frankfurt am Main 1984 (zit.: Luhmann, soziale Systeme)

Ders.: Systemtheoretische Argumentationen. Eine Entgegnung auf Jürgen Habermas, in: Theorie der Gesellschaft oder Sozialtechnologie – Was leistet die Systemforschung?, J. Habermas/N. Luhmann (Hrsg.), Frankfurt am Main 1972, 291 ff. (zit.: Luhmann, Systemtheoretische Argumentationen)

Ders.: Vertrauen: ein Mechanismus der Reduktion sozialer Komplexität, 4. Auflage, Stuttgart 2000 (zit.: Luhmann, Vertrauen)

Ders.: Vertrautheit, Zuversicht, Vertrauen: Probleme und Alternativen, in: Vertrauen. Die Grundlage des sozialen Zusammenhalts, Martin Hartmann/Claus Offe (Hrsg.), Frankfurt am Main 2001, 143 ff. (zit.: Luhmann, Grundlagen des sozialen Zusammenhalts)

Maihofer, Werner: Rechtsstaat und menschliche Würde, Frankfurt 1968 (zit.: Maihofer, Rechtsstaat)

Maiwald, Manfred: Die Amtsdelikte. Probleme der Neuregelung des 28. Abschnitts des StGB, in: Juristische Schulung 1977, 353 ff. (zit.: Maiwald, JuS 1977)

Marcelli, Walter: Anmerkung zu BGH, Urt. v. 244.1985 – 3 StR 66/85 (LG Krefeld), in: Neue Zeitschrift für Strafrecht (zit.: Marcelli, NStZ 1985)

Martin, Jörg: Strafbarkeit grenzüberschreitender Umweltbeeinträchtigungen. Zugleich ein Beitrag zur Gefährdungsproblematik und zum Umweltvölkerrecht, Freiburg i. Br. 1989, (zit.: Martin, Umweltbeeinträchtigungen)

Marx, Michael: Zur Definition des Begriffs „Rechtsgut“, Köln 1972 (zit.: Marx, Rechtsgut)

Marxen, Klaus: Strafsystem und Strafprozeß, Berlin 1984 (zit.: Marxen, Strafsystem)

Maturana, Humberto Romecin: Erkennen: Die Organisation und Verkörperung der Wirklichkeit, ausgewählte Arbeiten zur biologischen Epistemologie, Braunschweig 1985 (zit.: Maturana, Erkennen)

Maturana, Humberto R./Valera, Francesco J.: Der Baum der Erkenntnis: die biologischen Wurzeln des menschlichen Erkennens, 2. Auflage, München 1991 (zit.: Maturana/Valera, Baum der Erkenntnis)

Maurach, Reinhart/Schroeder, Reinhart/Maiwald, Manfred: Strafrecht Besonderer Teil, Teilband 2 (Straftaten gegen Gemeinschaftswerte), 8. Auflage, Heidelberg 1999 (zit.: Maurach/Schroeder/Maiwald, StrafR. BT 2, §, Rn.)

Maurach, Reinhart/Zipf, Heinz: Strafrecht. Allgemeiner Teil, Teilband 1: Grundlehren des Strafrechts und der Aufbau der Straftat. Ein Lehrbuch, 8. Auflage, Heidelberg 1992 (zit.: Maurach/Zipf, StrafR. AT 1, §, Rn.)

Mead, Georg Herbert: Geist, Identität und Gesellschaft, Frankfurt am Main 1968 (zit.: Mead, Geist, Identität und Gesellschaft)

Meliá, Manuel Cancio: Finale Handlungslehre und objektive Zurechnung. Dogmengeschichtliche Betrachtungen zur Lehre von der Sozialadäquanz, in: Goldtammer's Archiv 1995, 179 ff. (zit.: Meliá, GA 1995)

Merges, Hans Dieter: Die Strafausschließungsgründe der Bestechungsdelikte, Tübingen 1995 (zit.: Merges, Strafausschließungsgründe)

Meyer, Andreas H.: Die Gefährlichkeitsdelikte: ein Beitrag zur Dogmatik der „abstrakten Gefährdungsdelikte" unter besonderer Berücksichtigung des Verfassungsrechts, Münster 1992 (zit.: A.H. Meyer, Gefährlichkeitsdelikte)

Mill, John Stuart: Über die Freiheit, Reclam Stuttgart 1974 (zit.: Mill, Über die Freiheit)

Miller, Max: Selbstreferenz und Differenzerfahrung. Einige Überlegungen zu Luhmanns Theorie sozialer Systeme, in: Sinn, Kommunikation und soziale Differenzierung, Beiträge zu Luhmanns Theorie sozialer Systeme, Haferkamp, Hans u.a. (Hrsg.), Frankfurt am Main 1987, 145 ff. (zit.: Miller, Selbstreferenz)

Mittelstraß, Jürgen: Über Interessen, in: Methodologische Probleme einer normativ-kritischen Gesellschaftstheorie, Jürgen Mittelstraß (Hrsg.), Frankfurt am Main 1975, 126 ff. (zit.: Mittelstraß, Interessen)

Mittermaier, Carl Josef Anton: Über den Zustand der Criminalgesetzgebung in Deutschland, Heidelberg 1825 (zit.: Mittermaier, Zustand der Criminalgesetzgebung)

Ders.: Über die Grundfehler der Behandlung des Criminalrechts in Lehr und Strafgesetzbücher, Bonn 1819 (zit.: Mittermaier, Grundfehler der Behandlung des Criminalunrechts)

Moos, Reinhard: Der Verbrechensbegriff in Österreich im 18. und 19. Jahrhundert. Sinn- und Strukturwandel, Bonn 1968 (zit.: Moos, Verbrechensbegriff)

Müller Friedrich/Christensen, Ralph: Juristische Methodik, Band I, Grundlagen öffentliches Recht, 9. Auflage, Berlin 2004 (zit.: F. Müller, Juristische Methodik)

Müller, Andreas: Das Verhältnis von rechtlicher Freiheit und sittlicher Autonomie in Kants Metaphysik der Sitten, Frankfurt am Main 1996 (zit.: Andreas Müller, rechtliche Freiheit und sittliche Autonomie)

Müller-Dietz, Heinz: Aspekte und Konzepte der Strafbegrenzung, in: Festschrift für Rudolf Schmitt zum 70. Geburtstag, Klaus Geppert u.a. (Hrsg.), Tübingen 1992, 95 ff. (zit.: Müller-Dietz, FS für R. Schmitt)

Ders.: Gibt es Fortschritt im Strafrecht?, in: Festschrift für Otto Triffterer zum 65. Geburtstag, Kurt Schmoller (Hrsg.), Wien 1996, 677 ff. (zit.: Otto, FS für Triffterer)

Müller-Tuckfeld, Jens Christian: Integrationsprävention. Studien zu einer Theorie der gesellschaftlichen Funktion des Strafrechts. Frankfurter Kriminalwissenschaftliche Studien, Bd./Vol. 61, Frankfurt am Main 1998 (zit.: Müller-Tuckfeld, Integrationsprävention)

Ders.: Strafrecht und die Produktion von Anerkennung. Hypothesen zur normativen Integration durch Strafrecht und deren Theoretisierung, in: Kritische Kriminologie in der Diskussion. Theorien, Analysen, Positionen, Kai D. Bussmann/Reinhard Kreissel (Hrsg.), Opladen 1996 (zit.: Müller-Tuckfeld, Anerkennung)

Ders.: Traktat für die Abschaffung des Umweltstrafrechts, in: Vom unmöglichen Zustand des Strafrechts, Institut für Kriminalwissenschaften Frankfurt am Main (Hrsg.), Frankfurt am Main 1995, 461 ff. (zit.: Müller-Tuckfeld, Abschaffung des Umweltstrafrechts)

Von Münch, Ingo/Kunig, Philip: Grundgesetz-Kommentar, Band 1 (Präambel bis Art. 19), Hrsg. Philip Kunig, 5. Auflage, München 2000 (zit.: v. Münch/Kunig, §, Rn.)

Münchener Kommentar: Strafgesetzbuch, §§ 1 – 51, Band 1, Wolfgang Joecks/Klaus Miebach (Hrsg.), München 2003 (zit.: MüKo-Bearbeiter, Einl./§, Rn)

Müssig, Bernd: Schutz abstrakter Rechtsgüter und abstrakter Rechtsgüterschutz, Frankfurt am Main 1994 (zit.: Müssig, Schutz abstrakter Rechtsgüter)

Naucke, Wolfgang: Der materielle Verbrechensbegriff im 19. Jahrhundert, in: Naturrecht im 19. Jahrhundert, Diethelm Klippel (Hrsg.), Goldbach 1997 (zit.: Naucke, Naturrecht)

Ders: Der Nutzen der subjektiven Auslegung im Strafrecht, in: Festschrift für Karl Engisch zum 70. Geburtstag, Paul Bockelmann u.a. (Hrsg.), 274 ff. (zit.: Naucke, FS für Engisch)

Ders.: Die Aushöhlung der strafrechtlichen Gesetzlichkeit durch den relativistischen politisch aufgeladenen Positivismus, in: Vom unmöglichen Zustand des Strafrechts, Institut für Kriminalwissenschaften Frankfurt a. M. (Hrsg.), Frankfurt am Main 1995, 483 ff. (zit.: Naucke, Aushöhlung der strafrechtlichen Gesetzlichkeit)

Ders.: Die Kriminalpolitik des Marburger Programms 1882, in: Zeitschrift für die gesamte Strafrechtswissenschaft 94. Band (1982), 525 ff. [zit.: Naucke, ZStW 94 (1982)]

Ders.: Die Legitimation strafrechtlicher Normen – durch Verfassung oder durch überpositive Quellen?, in: Aufgeklärte Kriminalpolitik oder der Kampf gegen das Böse?, Klaus Lüderssen (Hrsg.), Band I: Legitimation, Baden – Baden 1998, 156 ff. (zit.: Naucke, Legitimation strafrechtlicher Normen)

Ders.: Generalprävention und Grundrechte der Person, in: Hauptprobleme der Generalprävention, Winfried Hassemer/Klaus Lüderssen/Wolfgang Naucke (Hrsg.), Frankfurt am Main 1979, 9 ff. (zit.: Naucke, Generalprävention)

Ders.: Kants Kritik an der empirischen Rechtslehre, in: Sitzungsberichte der wissenschaftlichen Gesellschaft an der Johann Wolfgang Goethe-Universität Frankfurt am Main, 1996, 198 ff. (zit.: Naucke, Kritik an der empirischen Rechtslehre)

Ders.: Kant und die psychologische Zwangstheorie Feuerbachs, Hamburg 1962 (zit.: Naucke, Kant und die psychologische Zwangstheorie Feuerbachs)

Ders.: Notizen zur relativen Verbindlichkeit des Strafrechts, in: Festschrift für E.A.Wolf zum 70. Geburtstag am 1.10.1998, Rainer Zaczyk u.a. (Hrsg.), Berlin 1998, 361 ff. (Naucke, FS für E.A. Wolff)

Ders.: Rechtsphilosophische Grundbegriffe, 3. Auflage, Neuwied 1996 (zit.: Naucke, Rechtsphilosophische Grundbegriffe)

Ders.: Schwerpunktverlagerungen im Strafrecht, in: Kritische Vierteljahresschrift für Gesetzgebung und Rechtswissenschaft 1993, 135 ff. (zit.: Naucke, KritV 1993)

Ders.: Strafrecht. Eine Einführung, 10. Auflage, Frankfurt am Main 2002 (zit.: Naucke, Strafrecht)

Ders.: Tendenzen in der Strafrechtsentwicklung, Karlsruhe 1975 (zit.: Naucke, Tendenzen)

Ders.: Über die Zerbrechlichkeit des rechtsstaatlichen Strafrechts, in: Kritische Vierteljahresschrift für Gesetzgebung und Rechtswissenschaft 1990, 244 ff. (zit.: Naucke, KritV 1990)

Ders.: Von Feuerbach zu Mittermaier: ein Fortschritt in der Strafrechtswissenschaft?, in: Wilfried Küper (Hrsg.), Carl Anton Mittermaier. Symposium in Heidelberg Vorträge und Materialien, 91 ff. (zit.: Naucke, Von Feuerbach zu Mittermaier)

Nestler, Cornelius: Rechtsgüterschutz und Strafbarkeit des Besitzes von Schußwaffen und Betäubungsmitteln, in: Vom unmöglichen Zustand des Strafrechts, Institut für Kriminalwissenschaften Frankfurt a. M. (Hrsg.), Frankfurt am Main 1995, 65 ff. (zit.: Nestler, Rechtsgüterschutz)

Neumann, Ulfrid: Einführung in Rechtsphilosophie und Rechtstheorie der Gegenwart, Kaufmann/Hassemer/Neumann (Hrsg.), 7. Auflage, Heidelberg 2004, 333 ff. (zit.: Neumann, Einführung)

Ders.: Moralische Grenzen des Strafrechts, in: Archiv für Rechts- und Sozialphilosophie 1986, 118 ff. (zit.: Neumann, ARSP 1986)

Ders.: Normative Kritik der Theorie der positiven Generalprävention – 10 Thesen –, in: Positive Generalprävention, Bernd Schünemann u.a. (Hrsg.), Heidelberg 1998, 147 ff. (zit.: Neumann, Normative Kritik)

Ders.: Rechtsontologie und juristische Argumentation: zu den ontologischen Implikationen juristischen Argumentierens, Heidelberg 1979 (zit.: Neumann, Rechtsontologie und juristische Argumentation)

Ders.: Rechtswissenschaft zwischen Ontologie und Ideologiekritik – Überlegungen zum Objektivitätsideal bei der Rechtsfindung, in: Archiv für Rechts und Sozialphilosophie, Beiheft 13 1980, 215 ff. (zit.: Neumann, ARSP Beiheft 13 1980)

Ders.: Verhaltenssteuerung und Organisation im Strafrecht, in: Goltdammer's Archiv für Strafrecht 1987 (zit.: Neumann, GA 1987)

Ders.: Zum Entwurf eines Verbrechensbekämpfungsgesetzes, in: Strafverteidiger 1994, 273 ff. (zit.: Neumann, StV 1994, 273 ff.)

Nocke, Joachim: Autopoiesis – Rechtssoziologie in seltsamen Schleifen, in: Kritische Justiz 1986, 363 ff. (zit.: Nocke, KJ 1986)

Noll, Peter: Schuld und Prävention unter dem Gesichtspunkt der Rationalisierung des Strafrechts, in: Festschrift für Helmut Meyer zum 70. Geburtstag am 1. Mai 1965, Friedrich Geerds/Wolfgang Naucke (Hrsg.), Berlin 1966, 219 ff. (zit.: Noll, FS für Meyer)

Nommos Kommentar zum Strafgesetzbuch, Gesamtredaktion: Ulfrid Neumann, Ingeborg Puppe, Wolfgang Schild, Loseblattsammlung, Band 1, 1. Auflage, 14. Lieferung, Band 5, 1. Auflage, 11. Lieferung, Baden-Baden 2003 (zit.: Bearbeiter, NK-StGB, 1. Aufl., §, Rn.)

Nommos Kommentar: Strafgesetzbuch, Kindhäuser, Urs/Neumann, Ulfrid/Paeffgen, Hans-Ullrich (Hrsg.), Band 1 und 2, 2. Auflage, Baden-Baden 2005 (zit.: Bearbeiter, NK-StGB, §, Rn.)

Oetker, Friedrich: Rechtsgüterschutz und Strafe, in: Zeitschrift für die gesamte Strafrechtswissenschaft 17. Band (1897), 493 ff. [zit.: Oetker, ZStW 17 (1897)]

Offe, Klaus: Wie können wir unseren Mitbürgern vertrauen?, in: Vertrauen. Die Grundlage des sozialen Zusammenhalts, Martin Hartmann/Claus Offe (Hrsg.), Frankfurt am Main 2001, 241 ff. (zit.: Offe, Grundlagen des sozialen Zusammenhalts)

Ostendorf, Heribert: Das Geringfügigkeitsprinzip als strafrechtliche Auslegungsregel, in: Goldtammer's Archiv 1982, 333 ff. (zit.: Ostendorf, GA 1982)

Otto, Harro: Das Strafbarkeitsrisiko berufstypischen, geschäftsmäßigen Verhaltens, in: Juristen Zeitung 2001, 436 ff. (zit.: Otto, JZ 2001)

Ders.: Geldwäsche § 261 StGB, in: Juristische Ausbildung 1993, 329 ff. (zit.: Otto, Jura 1993)

Ders.: Grundkurs Strafrecht. Allgemeine Strafrechtslehre, 7. Auflage, Berlin 2004 (zit.: Otto, StrafR. AT, §, Rn.)

Ders.: Grundkurs Strafrecht. Die einzelnen Delikte, 6. Auflage, Berlin 2002 (zit.: Otto, Grundkurs StrafR. BT, §, Rn.)

Ders.: Konzeption und Grundsätze des Wirtschaftsstrafrechts (einschließlich Verbraucherschutz), in: Zeitschrift für die gesamte Strafrechtswissenschaft 96. Band (1984), 339 ff. [zit.: Otto, ZStW 96 (1984)]

Ders.: Personales Unrecht, Schuld und Strafe, in: Zeitschrift für die gesamte Strafrechtswissenschaft 87. Band (1975), 539 ff. [zit.: Otto, ZStW 87 (1975)]

Ders.: Rechtsgutsbegriff und Deliktstatbestand, in: Strafrechtsdogmatik und Kriminalpolitik, Heinz Müller-Dietz (Hrsg.), Köln 1971, 1 ff. (zit.: Otto, Rechtsgutsbegriff)

Papageorgiou, Konstantinos A.: Kant, ein Rechtsmoralist?, in: Rechtssystem und praktische Vernunft, Robert Alexy (Hrsg.), Archiv für Rechts- und Sozialphilosophie Beiheft 51 (1993), 198 ff. [zit.: Papageorgiou, ARSP-Beiheft 51 (1993)]

Ders.: Schaden und Strafe, Baden-Baden 1994 (zit.: Papageorgiou, Schaden und Strafe)

Ders.: Sicherheit und Autonomie. Zur Strafrechtsphilosophie Wilhelm von Humboldts und John Stuart Mills, in: Archiv für Rechts- und Sozialphilosophie 1990, 324 ff. (zit.: Papageorgiou, ARSP 1990)

Patzig, Günther: Der Unterschied zwischen subjektiven und objektiven Interessen und seine Bedeutung für die Ethik, Göttingen 1978 (zit.: Patzig, Unterschied)

Paulduro, Aurelia: Die Verfassungsgemäßheit von Strafrechtsnormen, insbesondere der Normen des Strafgesetzbuches im Lichte der Rechtsprechung des Bundesverfassungsgerichts, München 1992 (zit.: Paulduro, Verfassungsgemäßheit)

Pelke, Bernhard: Die strafrechtliche Bedeutung der Merkmale „Übel" und „Vorteil" – Zur Abgrenzung der Nötigungsdelikte von den Bestechungsdelikten und dem Wucher, München 1990 (zit.: Pelke, Merkmale „Übel" und „Vorteil")

Peters, Karl: Sozialadäquanz und Legalitätsprinzip, in: Festschrift für Hans Welzel zum 70. Geburtstag am 25. März 1974, Günther Stratenwerth u.a. (Hrsg.), Berlin 1974, 415 ff. (zit.: Peters, FS für Welzel)

Pfeiffer, Gerd: Von der Freiheit der klinischen Forschung zum strafrechtlichen Unrecht?, in: Neue Juristische Wochenschrift 1997, 782 (zit.: Pfeiffer, NJW 1997)

Piaget, J.: Piaget's Theory, in: Carmichal's Manual of Child Psychology, Bd. 1, P. H. Mussen (Hrsg.), 3. Auflage, New York 1970, 703 ff. (zit.: Piaget, Piaget's Theory)

Piehl, Hansjörg: Bestechungsgelder im internationalen Wirtschaftsverkehr, Heidelberg 1991 (zit.: Piehl, Bestechungsgelder)

Pieroth, Bodo/Schlink, Bernhard: Grundrechte. Staatsrecht 2, 20. Auflage, Heidelberg 2004 (zit.: Pieroth/Schlink, StaatsR. 2, Rn.)

Pieth, Mark: „Do ut des" – oder wo beginnt die Kriminalität? Internationale Initiativen gegen die Korruption, in: Aufgeklärte Kriminalpolitik oder Kampf gegen das Böse? Klaus Lüderssen (Hrsg.), Bd. III, 1. Auflage 1998, 433 ff. (zit.: Pieth, „do ut des")

Popitz, Heinrich: Die normative Konstruktion von Gesellschaft, Tübingen 1980 (zit.: Popitz, Konstruktion von Gesellschaft)

Prittwitz, Cornelius: Die Geldwäsche und ihre strafrechtliche Bekämpfung – oder: Zum Einzug des Lobbyismus in die Kriminalpolitik, in: Strafverteidiger 1993, 498 ff. (zit.: Prittwitz, StV 1993)

Ders.: Funktionalisierung des Strafrechts, in: Strafverteidiger 1991, 435 ff. (zit.: Prittwitz, StV 1991)

Ders.: Strafrecht und Risiko, Frankfurt 1993 (zit.: Prittwitz, Risiko)

Ransiek, Andreas: Strafrecht und Korruption Zum Gutachten C für den 61. Deutschen Juristentag, in: Strafverteidiger 1996, 446 ff. (zit.: Ransiek, StV 1996)

Ders.: Unternehmensstrafrecht, Heidelberg 1996 (zit.: Ransiek, Unternehmensstrafrecht)

Rawls, John: Eine Theorie der Gerechtigkeit, Sonderausgabe zum 30jährigen Bestehen der Reihe Suhrkamp Taschenbuch Wissenschaft, Frankfurt am Main 2003 (zit.: Rawls, Theorie der Gerechtigkeit)

Ders.: Zwei Regelbegriffe, in: Einführung in die utiliaristische Ethik, Tübingen 1992, 135 ff. (zit.: Rawls, Regelbegriffe)

Rengier, Rudolf: Strafrecht Besonderer Teil II. Delikte gegen die Person und die Allgemeinheit, 6. Auflage, München 2005 (zit.: Rengier, StrafR. BT 2, §, Rn.)

Rennstich, Karl: Korruption: eine Herausforderung für Gesellschaft und Kirche, 1. Auflage, Stuttgart 1990 (zit.: Rennstich, Korruption)

Roeder, Hermann: Die Einhaltung des sozialadäquaten Risikos, Berlin 1969 (zit.: Roeder, Einhaltung des sozialadäquaten Risikos)

Rönnau, Thomas: Untreue und Vorteilsannahme durch Einwerbung von Drittmitteln? – BGH, NJW 2002, 2801, in: Juristische Schulung 2003, 232 ff. (zit.: Rönnau, JuS 2003)

Rogall, Klaus: Gegenwartsprobleme des Umweltstrafrechts, in: Festschrift der Rechtswissenschaftlichen Fakultät zur 600 – Jahr Feier der Universität zu Köln, Köln 1988, 505 ff. (zit.: Rogall, FS Rechtswiss. Fakultät Köln)

Ronzani, Marco: Erfolg und individuelle Zurechnung im Umweltstrafrecht, Freiburg 1992 (zit.: Ronzani, Erfolg und individuelle Zurechnung)

Rousseau, Jean-Jaques: Vom Gesellschaftsvertrag oder Grundsätze des Staatsrechts, Hans Brockhard (Hrsg.), Stuttgart 1977 (zit.: Rousseau, Gesellschaftsvertrag)

Roxin, Claus: Bemerkungen zur sozialen Adäquanz im Strafrecht, in: Festschrift für Ulrich Klug zum 70. Geburtstag, Günter Kohlmann (Hrsg.), Band II, Köln 1983, 303 ff (zit.: Roxin, FS für Klug)

Ders.: Franz von Liszt und die kriminalpolitische Konzeption des Alternativentwurfs, in: Zeitschrift für die gesamte Strafrechtswissenschaft 81. Band (1969), 613 ff. [zit.: Roxin, ZStW 81 (1969)]

Ders.: Strafrecht AT, Band 1, Grundlagen – Der Aufbau der Verbrechenslehre, 3. Auflage, München 1997 (zit.: Roxin, StrafR. AT 1, §, Rn.)

Ders.: Zur Entwicklung der Kriminalpolitik seit den Alternativentwürfen, in: Juristische Arbeitsblätter 1980, 545 ff. (zit.: Roxin, JA 1980)

Rudolphi, Hans-Joachim: Die verschiedenen Aspekte des Rechtsgutsbegriffs, in: Festschrift für Richard M. Honig zum 80. Geburtstag, Juristische Fakultät der Universität Göttingen (Hrsg.), Göttingen 1970, 151 ff. (zit.: Rudolphi, FS für Honig)

Ders.: Inhalt und Funktion des Handlungsunwertes im Rahmen der personalen Unrechtslehre, in: Festschrift für Reinhart Maurach zum 70. Geburtstag, Friedrich-Christian Schroeder u.a. (Hrsg.), Karlsruhe 1972, 51 ff. (zit.: Rudolphi, FS für Maurach)

Ders.: Spenden an politische Parteien als Bestechungsstraftaten, in: Neue Juristische Wochenschrift 1982, 1417 ff. (zit.: Rudolphi, NJW 1982)

Rügemer, Werner: Die deutsche Justiz und die Korruption, in: Kritische Justiz, 458 ff. (zit.: Rügemer, KJ 1997)

Rüssmann, Helmut: Zur Einführung: Begründung von Werturteilen, in: Juristische Schulung 1975, 352 ff. (zit.: Rüssmann, JuS 1975)

Saal, Martin: Das Vortäuschen einer Straftat (§ 145 d) als abstraktes Gefährdungsdelikt, Berlin 1997 (zit.: Saal, Vortäuschen einer Straftat)

Sack, Fritz: Strafrecht und Kriminalität in einer freiheitlichen Gesellschaft – ihre Folgerungen für das Verhältnis zwischen Rechtsanwalt und Mandant, Holfort (Hrsg.) (zit.: Sack, Strafrecht in einer freiheitlichen Gesellschaft)

Samson, Erich: Tagungsbericht. Diskussionsbeiträge der Strafrechtslehrertagung 1987 in Salzburg, in: Zeitschrift für die gesamte Strafrechtswissenschaft 99. Band (1987), 637 ff. [zit.: Samson, zitiert nach Perron, ZStW 99 (1987)]

Sax, Walter: Das strafrechtliche „Analogieverbot": eine methodologische Untersuchung über die Grenzen der Auslegung im geltenden deutschen Strafrecht, Göttingen 1953 (zit.: Sax, Analogieverbot)

Ders.: „Tatbestand" und Rechtsgutsverletzung (II). Folgerungen aus der Neubestimmung von Gehalt und Funktion des „gesetzlichen Tatbestandes" und des „Unrechtstatbestandes", in: Juristen Zeitung 1976, 429 ff. (zit.: Sax, JZ 1976)

Ders.: Zur rechtlichen Problematik der Sterbehilfe durch vorzeitigen Abbruch einer Intensivbehandlung. Überlegungen zum „Unterlassen durch Tun", zum „Schutzzweck der Norm" und zur „scheinbaren Rechtgutverletzung," in: Juristen Zeitung 1975, 137 ff. (zit.: Sax, JZ 1975)

Satzger, Helmut: Bestechungsdelikte und Sponsoring, in: Zeitschrift für die gesamte Strafrechtswissenschaft 115. Band (2003), 489 ff. [zit.: Satzger, ZStW 115 (2003)]

Schaffstein, Friedrich: Das Verbrechen als Pflichtverletzung, in: Grundfragen der neuen Rechtswissenschaft, Berlin 1935, 108 ff (zit.: Schaffstein, Pflichtverletzung)

Ders.: Das Verbrechen eine Rechtsgutverletzung? in: Deutsches Strafrecht 2 (1935), 97 ff. [zit.: Schaffstein, D.StrR. 2 (1935)]

Ders.: Soziale Adäquanz und Tatbestandslehre, in: Zeitschrift für die gesamte Strafrechtswissenschaft 72. Band 1960, 369 ff. [zit.: Schaffstein, ZStW 72 (1960)]

Schaupensteiner, Wolfgang J.: Das Korruptionsbekämpfungsgesetz. Eine scharfe Waffe gegen ein verbreitetes Übel, in: Kriminalistik 1996, 237 ff. (zit.: Schaupensteiner, Kriminalistik 1996)

Ders.: Gesamtkonzept zur Eindämmung der Korruption, in: Neue Zeitschrift für Strafrecht 1996, 409 ff. (zit.: Schaupensteiner, NStZ 1996)

Schelle, H.: Sprachphilosophie und Linguistik, Reinbeck 1973 (zit.: Schelle, Sprachphilosophie)

Scheu, Udo: Parteispenden und Vorteilsannahme, in: Neue Juristische Wochenschrift 1981, 1195 ff. (zit.: Scheu, NJW 1981)

Schild, Wolfgang: Die staatliche Strafmaßnahme als Symbol der Strafwürdigkeit, in: Festschrift für E.A.Wolf zum 70. Geburtstag am 1.10.1998, Rainer Zaczyk u.a. (Hrsg.), Berlin 1998, 429 ff. (zit.: Schild, FS für Wolff)

Schlemmer, Hans: Der Begriff des Vorteils und seine Stellung innerhalb der Bestechungstatbestände, München 1962 (zit.: Schlemmer, Begriff des Vorteils)

Schlüchter, Ellen: Zur (Un-)Lauterkeit in den Volksvertretungen, Kriminalistik und Strafrecht, in: Festschrift für Friedrich Geerds zum 70. Geburtstag, Ellen Schlüchter (Hrsg.), 713 ff. (zit.: Schlüchter, FS für Geerds)

Schmid, Michael: Autopoiesis und soziales System: Eine Standortbestimmung, in: Sinn, Kommunikation und soziale Differenzierung. Beiträge zu Luhmanns Theorie sozialer Systeme, Haferkamp, Hans u.a. (Hrsg.), Frankfurt am Main 1987, 25 ff., 36 ff. (zit.: Schmid, Autopoiesis)

Schmidhäuser, Eberhard: Strafgesetzliche Bestimmtheit: Eine rechtsstaatliche Utopie, in: Gedächtnisschrift für Wolfgang Martens, Peter Selmer und Ingo von Münch (Hrsg.), Berlin 1987, 231 ff. (zit.: Schmidhäuser, GS für Martens)

Ders.: Der Unrechtstatbestand, in: Festschrift für Karl Engisch zum 70. Geburtstag, Paul Bockelmann u.a. (Hrsg.), Frankfurt am Main 1969, 433 ff. (zit.: Schmidhäuser, FS für Engisch)

Schmidt, Eberhard: Die Bestechungstatbestände in der höchstrichterlichen Rechtsprechung von 1879 bis 1959, München und Berlin 1960 (zit.: Eb. Schmidt, Bestechungstatbestände)

Ders.: Die Grenze zwischen schwerer und leichter passiver Bestechung eines Ermessensbeamten, in: Neue Juristische Wochenschrift 1960, 802 f. (zit.: Schmidt, NJW 1960)

Ders.: Einführung in die Geschichte der deutschen Strafrechtspflege, 3. Auflage, Göttingen 1963 (zit.: Eb. Schmidt, Geschichte der Strafrechtspflege)

Schmidt/Leicher: Die Bestechungstatbestände in der höchstrichterlichen Rechtsprechung von 1879 – 1959. Zugleich Besprechung der gleichnamigen Monographie von Eberhard Schmidt, in: Neue Juristische Wochenschrift 1960, 846 ff. (zit.: Schmidt/Leicher, NJW 1960)

Schmitt, Rudolf: Die Bestechungstatbestände im Entwurf 1960 (Übersicht und Kritik), in: Zeitschrift für die gesamte Strafrechtswissenschaft 73. Band 1971, 414 ff. [zit.: Schmitt, ZStW 73 (1971)]

Ders.: Der Anwendungsbereich von § 1 StGB, in: Festschrift für Hans-Heinrich Jescheck zum 70. Geburtstag, Theo Vogler u.a. (Hrsg.), 227 ff. (zit.: Schmitt, FS für Jescheck)

Schneider, Dieter: Verhütung und Bekämpfung von Korruption, - Konsequenz einer Situationsanalyse: Prävention, Kontrolle und Repression in einem ganzheitlichen Ansatz -, in: Die Öffentliche Verwaltung, 578 ff. (zit.: Schneider, DÖV 1997)

Schneider, Hartmut: Das Inbrandsetzen gemischt genutzter Gebäude, in: Juristische Ausbildung 1988, 460 ff. (zit.: Schneider, Jura 1988)

Schnitthelm, Ulrike: Probleme der umweltgefährdenden Abfallbeseitigung nach § 326 StGB, in: Goldtammer's Archiv 1983, 310 ff. (zit.: Schnitthelm, GA 1983)

Schönke, Adolf/Schröder, Horst: Strafgesetzbuch. Kommentar, 25. und 27. Auflage, München 1997 und 2006 (zit.: Sch/Sch-Bearbeiter, Aufl. bei 25. Auflage, §, Rn.)

Schröder, Horst: Das Rechtsgut der Bestechungsdelikte und die Bestechlichkeit des Ermessensbeamten, in: Goldtammer's Archiv 1961, 289 ff. (zit.: Schröder, GA 1961)

Scholz, Rainer: Korruption in Deutschland. Die schmutzigen Finger der öffentlichen Hand, Reinbeck 1995 (zit.: Scholz, Korruption in Deutschland)

Schreiber Hans-Ludwig.: Gesetz und Richter: zur geschichtlichen Entwicklung des Satzes nullum crimen, nulla poena sine lege, Frankfurt am Main 1976 (zit.: Schreiber, Gesetz und Richter)

Schroth, Ulrich: Einführung in Rechtsphilosophie und Rechtstheorie der Gegenwart, Kaufmann/Hassemer/Neumann (Hrsg.), 7. Auflage, Heidelberg 2004, 270 ff. (zit.: Schroth, Einführung)

Ders.: Theorie und Praxis subjektiver Auslegung im Strafrecht, in: Schriften zur Rechtstheorie, Heft 107, Berlin 1983 (zit.: Schroth, Theorie und Praxis)

Schubert, Gernot: Feuerbachs Entwurf zu einem Strafgesetzbuch für das Königreich Bayern aus dem Jahre 1824, Berlin 1978 (zit.: Schubert, Feuerbachs Entwurf)

Schünemann, Bernd: Die Gesetzesinterpretation im Schnittfeld von Sprachphilosophie, Staatsverfassung und juristischer Methodenlehre, in: Festschrift für Ulrich Klug zum 70. Geburtstag, Band I, Köln 1983, in: Kohlmann, Günther (Hrsg.), 169 ff. (zit.: Schünemann, FS für Klug)

Ders: Kritische Anmerkungen zur geistigen Situation der deutschen Strafrechtswissenschaft, in: Goldtammer's Archiv 1995, 201 ff. (zit.: Schünemann, GA 1995)

Ders.: Moderne Tendenzen in der Dogmatik der Fahrlässigkeits- und Gefährdungsdelikte, in: Juristische Arbeitsblätter 1975, 787 ff. (zit.: Schünemann, JA 1975)

Schulz, Lorenz: Das anthroporelationale „Rechtsgut" im Umweltstrafrecht, in: Ökologische Ethik und Rechtstheorie, Julian Nida-Rümelin und Dietmar v. d. Pforten (Hrsg.), Baden-Baden 1995, 265 ff. (zit.: Schulz, Ökologische Ethik)

Ders.: Strafrecht als Rechtsgüterschutz – Probleme der Mediatisierung am Beispiel „ökologischer" Güter, in: Aufgeklärte Kriminalpolitik oder Kampf gegen das Böse?, Klaus Lüderssen (Hrsg.), Band I: Legitimation, Baden – Baden 1998, 208 ff. (zit.: Schulz, Strafrecht als Rechtsgüterschutz)

Schwieger, Dirk: Der Vorteilsbegriff in den Bestechungsdelikten des StGB, Frankfurt am Main 1996 (zit.: Schwieger, Vorteilsbegriff)

Schwinge, Erich: Teleologische Begriffsbildung, Bonn 1930 (zit.: Schwinge, Teleologische Begriffsbildung)

Schwinge, Erich/Zimmerl, Leopold: Wesensschau und konkretes Ordnungsdenken im Strafrecht, Bonn 1937 (zit.: Schwinge/Zimmerl, konkretes Ordnungsdenken)

Seelmann, Kurt: Anerkennungsverlust und Selbstsubsumtion. Hegels Straftheorien, in: Alber-Reihe Rechts- und Sozialwissenschaften, München 1995 (zit.: Seelmann, Anerkennungsverlust)

Ders.: Rechtsphilosophie, 3. Auflage, München 2004 (zit.: Seelmann, Rechtsphilosophie)

Ders.: Risikostrafrecht. Die „Risikogesellschaft“ und ihre „symbolische Gesetzgebung“ im Umwelt- und Betäubungsmittelstrafrecht, in: Kritische Vierteljahresschrift für Gesetzgebung und Rechtswissenschaft 1992, 452 ff. (zit.: Seelmann, KritV 1992)

Seydel, Max: Der Bundesstaatsbegriff, in: Zeitschrift für die gesamte Staatswissenschaft, 28. Band (1872), 185 ff. [zit.: Seydel, ZStW 28 (1872)]

Siegert, Karl: Grundzüge des Strafrechts im neuen Staate, Tübingen 1934 (zit.: Siegert, Grundzüge des Strafrechts)

Sina, Peter: Die Dogmengeschichte des strafrechtlichen Begriffes „Rechtsgut“, Baseler Studien zur Rechtswissenschaft, Heft 62, Basel 1962 (zit.: Sina, Dogmengeschichte)

Sonnen, Bernd-Rüdeger: Strafrecht BT: Bestechlichkeit durch Annahme von Geldzuwendungen zur Weiterleitung an politische Parteien, Anmerkung zu BGHSt 35, 128, in: Juristische Arbeitsblätter 1988, 232 ff. (zit.: Sonnen, JA 1988)

Stächelin, Gregor: Interdependenzen zwischen der Rechtsgutstheorie und den Angriffswegen auf die dadurch bestimmten Güter, in: Aufgeklärte Kriminalpolitik oder Kampf gegen das Böse?, Klaus Lüderssen (Hrsg.), Band I: Legitimationen, Baden-Baden und Frankfurt 1997, 239 ff. (zit.: Stächelin, Interdependenzen)

Ders.: Strafgesetzgebung im Verfassungsstaat, Berlin 1998 (zit.: Stächelin, Strafgesetzgebung)

Stock, Ulrich: Entwicklung und Wesen der Amtsverbrechen, Leipzig 1932 (zit.: Stock, Amtsverbrechen)

Stöger, Fritz: Der Versuch des untauglichen Täters. Zugleich ein Beitrag zur strafrechtlichen Lehre vom Unrecht, Berlin 1961 (zit.: Stöger, Versuch des untauglichen Täters)

Stratenwerth, Günther: Zukunftssicherung mit den Mitteln des Strafrechts? in: Zeitschrift für die gesamte Strafrechtswissenschaft 105. Band (1993), 679 ff. [zit.: Stratenwerth, ZStW 105 (1993)]

Stübinger, Stephan: – Nicht ohne meine Schuld! – Kritik der systemtheoretischen Reformulierung des Strafrechts am Beispiel der Schuldlehre von Günther Jakobs, in: Kritische Justiz 1993, 33 ff. (zit.: Stübinger, KJ 1993)

Suhr, Christian: Die Begriffsbestimmung von Rechtsgut und Tatobjekt im Strafrecht, in: Juristische Arbeitsblätter 1990, 303 ff. (zit.: Suhr, JA 1990)

Systematischer Kommentar zum Strafgesetzbuch: Gesamtredaktion: Hans-Joachim Rudolphi, Allgemeiner Teil, Band I, §§ 1 – 37, 7. Auflage, 39. Lieferung, Besonderer Teil, Band II, §§ 267 – 358, 6. Auflage, 58. Lieferung, Neuwied/Kriftel 2003 (zit.: Bearbeiter, SK-StGB)

Sztompka, Piotr: Vertrauen: Die fehlende Ressource in der postkommunistischen Gesellschaft, in: Nedelmann, Britta (Hrsg.), Politische Institutionen im Wandel, Kölner Zeitschrift für Soziologie und Sozialpsychologie, Sonderheft 35, Opladen 1995, 254 ff. (zit.: Sztompka, Politische Institutionen im Wandel)

Tenckhoff, Jörg: Anmerkung zum Urteil des BGH vom 03.12.1987, in: Juristische Rundschau 1989, 33 ff. (zit.: Tenckhoff, JR 1989)

Tiedemann, Klaus: Tatbestandsfunktionen im Nebenstrafrecht – Untersuchungen zu einem rechtstaatlichen Tatbestandsbegriff, entwickelt am Problem des Wirtschaftsstrafrechts, Tübingen 1969 (zit.: Tiedemann, Tatbestandsfunktionen)

Ders.: Verfassungsrecht und Strafrecht, Heidelberg 1991 (zit.: Tiedemann, Verfassungsrecht)

Ders.: Wirtschaftsrecht – Einführung und Übersicht, in: Juristische Schulung 1989, 689 ff. (zit.: Tiedemann, JuS 1989)

Tiedemann, Klaus/Kindhäuser, Urs: Umweltstrafrecht – Bewährung oder Reform?, in: Neue Zeitschrift für Strafrecht 1988, 337 ff. (zit.: Tiedemann/Kindhäuser, NStZ 1988)

Tondorf, Günter/Waider, Heribert: Strafrechtliche Aspekte des sogenannten Herzklappenskandals, in: Medizinrecht 1997, 102 ff. (zit.: Günter/Waider, MedR 1997)

Tröndle, Herbert/Fischer, Thomas: Strafgesetzbuch und Nebengesetze, 53. Auflage, München 2006 (zit.: Tröndle/Fischer)

Ule, Carl Hermann: Beamtenrecht, Köln 1970 (zit.: Ule, BeamtenR., §, Rn.)

Vahlenkamp, Werner: Korruption – hinnehmen oder handeln?, in: BKA Forschungsreihe 33, 61 ff. (zit.: Vahlenkamp, BKA Forschungsreihe 33)

Velten, Petra/Mertens, Oliver: Zur Kritik des grenzenlosen Gesetzesverstehens. Grund und Umfang der Wortsinnbindung im Strafrecht, in: Archiv für Rechts- und Sozialphilosophie 1990 (zit.: Velten/Mertens, ARSP 1990)

Volk, Klaus: Kronzeugen praeter legem? Vernehmungspraxis, Vorteilsversprechen, Verdunklungsgefahr, in: Neue Juristische Wochenschrift 1996, 879 ff. (zit.: Volk, NJW 1996)

Ders.: Strafrecht und Wirtschaftskriminalität – Kriminalpolitische Probleme und dogmatische Schwierigkeiten - , in: Juristen Zeitung 1982, 85 ff. (zit.: Volk, JZ 1982)

Vormbaum, Thomas: „Politisches" Strafrecht, in: Zeitschrift für die gesamte Strafrechtswissenschaft 107. Band (1995), 734 ff. [zit.: Vormbaum, ZStW 107 (1995)]

Wagner, Heinz: Amtsverbrechen, Strafrechtliche Abhandlungen (Neue Folge, Band 24), Berlin 1974 (zit.: Wagner, Amtsverbrechen)

Ders.: Rechtsprechungsbericht: Die Rechtsprechung zu den Straftaten im Amt seit 1975 – Teil 1, in: Juristen Zeitung 1987, 594 ff. (zit.: Wagner, JZ 1987)

Waitz, Georg: Grundzüge der Politik nebst einzelnen Ausführungen, Kiel 1862 (zit.: Waitz, Grundzüge der Politik)

Walter, Steffen: Medizinische Forschung mit Drittmitteln – lebenswichtig oder kriminell? in: Zeitschrift für Rechtspolitik 1999 (zit.: Walter, ZRP 1999)

Weigend, Thomas: Bewältigung von Beweisschwierigkeiten durch Ausdehnung des materiellen Strafrechts?, in: Festschrift für Otto Triffterer zum 65. Geburtstag, Kurt Schmoller (Hrsg.), Wien 1996, 695 ff. (zit.: Weigend, FS für Triffterer)

Ders.: Über die Begründung der Straflosigkeit bei Einwilligung des Betroffenen, in: Zeitschrift für die gesamte Strafrechtswissenschaft 98. Band (1986), 44 ff. [zit.: Weigend, ZStW 98 (1986)]

Welzel, Hans: Das Deutsche Strafrecht. Eine systematische Darstellung, 11. Auflage, Berlin 1958 (zit.: Welzel, StrafR.)

Ders.: Studien zum System des Strafrechts, in: Zeitschrift für die gesamte Strafrechtswissenschaft 58. Band (1939), 491 ff. [zit.: Welzel, ZStW 58 (1939)]

Wessels, Johannes/Beulke, Werner: Strafrecht, Allgemeiner Teil. Die Straftat und ihr Aufbau, 36. Auflage, Heidelberg 2006 (zit.: Wessels/Beulke, StrafR. AT, §, Rn.)

Wessels, Johannes/Hettinger, Michael: Strafrecht, Besonderer Teil/1, Straftaten gegen Persönlichkeits- und Gemeinschaftswerte, 30. Auflage, Heidelberg 2006 (zit.: Wessels/Hettinger, StrafR. BT 1, §, Rn.)

Wild, Andreas: Autonomie und Anerkennung. Hegels Moralitätskritik im Lichte seiner Fichte-Rezeption, Stuttgart 1982 (zit.: Wild, Autonomie und Anerkennung)

Ders.: Zum Verhältnis von Recht und Moral bei Kant, in: Archiv für Rechts- und Sozialphilosophie 1997, 159 ff. (zit.: Wild, ARSP 1997)

Wohlers, Wolfgang: Deliktstypen des Präventionsstrafrechts – zur Dogmatik „moderner Gefährdungsdelikte, Berlin 2000 (zit.: Wohlers, Deliktstypen)

Ders.: Rechtsgutstheorie und Deliktsstruktur, Goldtammer´s Archiv 2002, 15 ff. (zit.: Wohlers, GA 2002)

Wolf, Erik: Die Wertung der Rechtsgüter, in: Die Justiz 3 (1927/28), 110 ff. [zit.: E. Wolf, Die Justiz 3 (1927/28]

Wolf, Erik: Die Stellung der Verwaltungsdelikte im Strafrechtssystem, in: Festgabe für Reinhard von Frank zum 70. Geburtstag: 16. August 1930, Band II, August Hegler (Hrsg.), Neudruck der Ausgabe Tübingen 1930, 516 ff. (zit.: Wolf, Frank-FG, Bd. II)

Wolff, Ernst Amadeus: Das neuere Verständnis von Generalprävention und seine Tauglichkeit für eine Antwort auf Kriminalität, in: Zeitschrift für die gesamte Strafrechtswissenschaft 97. Band 1985, 786 ff. [zit.: E. A. Wolff, ZStW 97 (1985)]

Wolter, Jürgen: Objektive und personale Zurechnung von Verhalten, Gefahr und Verletzung in einem funktionalen Strafsystem, Berlin 1981 (zit.: Wolter, Zurechnung)

Worms, Martin J.: Die Bekenntnisbeschimpfung im Sinne des § 166 Abs. 1 StGB und die Lehre vom Rechtsgut, Frankfurt am Main 1984 (zit.: Worms, Bekenntnisbeschimpfung)

Yi, Sang-Don: Wortlautgrenze, Intersubjektivität und Kontexteinbettung: das strafrechtliche Analogieverbot, Frankfurt am Main 1992 (zit.: Yi, Wortlautgrenze)

Zachert, Hans-Ludwig: Vorwort zu Wahlenkamp/Knauß, Korruption – hinnehmen oder handeln, BKA-Forschungsreihe Bd. 33, 1995, 5 (zit.: Zachert, BKA Forschungsreihe 33)

Zaczyk, Rainer: Das Unrecht der versuchten Tat, Berlin 1989 (zit.: Zaczyk, Unrecht)

Zieschang, Frank: Anmerkung zum Beschl. des OLG Karlsruhe v. 30.3.2000, in: Strafverteidiger 2001, 290 ff. (zit.: Zieschang, StV 2001)

Ders.: Besprechung von Klaus Lüderssen: Die Zusammenarbeit von Medizinprodukte-Industrie, Krankenhäusern und Ärzten – strafbare Kollusion oder sinnvolle Kooperation, in: Juristen Zeitung 2000, 95 (zit.: Zieschang, JZ 2000)

Ders.: Die Auswirkungen des Gesetzes zur Bekämpfung der Korruption auf den Forschungsbereich, in: Wissenschaftsrecht 32. Band 1999, 111 ff. (zit.: Zieschang, WissR. 1999)

Ders.: Die Gefährdungsdelikte, Berlin 1998 (zit.: Zieschang, Gefährdungsdelikte)

Zipf, Heinz: Rechtskonformes und sozialadäquates Verhalten im Strafrecht, in: Zeitschrift für die gesamtc Strafrechtswissenschaft 82. Band (1970), 633 ff. [zit.: Zipf, ZStW 82 (1970)]

FRANKFURTER KRIMINALWISSENSCHAFTLICHE STUDIEN

Band 1 Peter Böning: Die Lehre vom Unrechtsbewußtsein in der Rechtsphilosophie Hegels 100 S., 1978.

Band 2 Wolfgang Schneider: Kriminelle Straßenverkehrsgefährdung (§ 315c Abs. 1 Ziff. 2, Abs. 3 StGB). Eine kriminologische und strafrechtliche Untersuchung zur Problematik dieser Verkehrsstraftaten unter Berücksichtigung ausländischer Rechte. 342 S., 1978.

Band 3 Lothar Kuhlen: Die Objektivität von Rechtsnormen. Zur Kritik des radikalen labeling approach in der Kriminalsoziologie. 178 S., 1978.

Band 4 Günther Grewe: Straßenverkehrsdelinquenz und Marginalität. Untersuchungen zur institutionellen Regelung von Verhalten. 148 S., 1978.

Band 5 Dieter Haberstroh: Strafverfahren und Resozialisierung. Eine Studie über Verstehen und Nicht-Verstehen, über Verstanden-Werden und Nicht-Verstanden-Werden und deren Bedingungen in der Hauptverhandlung. 202 S., 1979.

Band 6 Thomas Vogt: Die Forderungen der psychoanalytischen Schulrichtungen für die Interpretation der Merkmale der Schuldunfähigkeit und der verminderten Schuldfähigkeit (§§ 51 a.F., 20, 21 StGB). 182 S., 1979.

Band 7 Andreas Michael: Der Grundsatz in dubio pro reo im Strafverfahrensrecht. Zugleich ein Beitrag über das Verhältnis von materiellem Recht und Prozeßrecht. 214 S., 1981.

Band 8 Ilias G. Anagnostopoulos: Haftgründe der Tatschwere und der Wiederholungsgefahr (§§ 112 Abs. 3, 112 a StPO). Kriminalpolitische und rechtssystematische Aspekte der Ausweitung des Haftrechts. 1984.

Band 9 Helga Müller: Der Begriff der Generalprävention im 19. Jahrhundert. Von P.J.A. Feuerbach bis Franz v. Liszt. 1984.

Band 10 Frowin Jörg Kurth: Das Mitverschulden des Opfers beim Betrug. 1984.

Band 11 Martin J. Worms: Die Bekenntnisbeschimpfung im Sinne des § 166 Abs. 1 StGB und die Lehre vom Rechtsgut. 1984.

Band 12 Jong-Dae Bae: Der Grundsatz der Verhältnismäßigkeit im Maßregelrecht des StGB. 1985.

Band 13 Helmut Fünfsinn: Der Aufbau des fahrlässigen Verletzungsdelikts durch Unterlassen im Strafrecht. 1985.

Band 14 Christoph Krehl: Die Ermittlung der Tatsachengrundlage zur Bemessung der Tagessatzhöhe bei der Geldstrafe. 1985.

Band 15 Walter-Hermann Kiehl: Strafrechtliche Toleranz wechselseitiger Ehrverletzungen - Zur ratio legis der §§ 199, 233 Strafgesetzbuch -. 1986.

Band 16 Matthias Krahl: Die Rechtsprechung des Bundesverfassungsgerichts und des Bundesgerichtshof zum Bestimmtheitsgrundsatz im Strafrecht (Art. 103 Abs. 2 GG). 1986.

Band 17 Patrick Carroll Campbell: § 220a StGB. Der richtige Weg zur Verhütung und Bestrafung von Genozid? 1986.

Band 18 Winfried Hassemer (Hrsg.): Strafrechtspolitik. Bedingungen der Strafrechtsreform. 1987.

Band 19 Felix Herzog: Prävention des Unrechts oder Manifestation des Rechts. Bausteine zur Überwindung des heteronom-präventiven Denkens in der Strafrechtstheorie der Moderne. 1987.

Band 20 Astrid Michalke-Detmering: Die Mindestanforderungen an die rechtliche Begründung des erstinstanzlichen Strafurteils. Zur Auslegung des § 267 StPO. 1987.

Band 21 Lothar Kuhlen: Die Unterscheidung von vorsatzausschließendem und nichtvorsatzausschließendem Irrtum. 1987.

Band 22 Michael Buttel: Kritik der Figur des Aufklärungsgehilfen im Betäubungsmittelstrafrecht (§ 31 BtMG). 1988.

Band 23 Matthias Kögler: Die zeitliche Unbestimmtheit freiheitsentziehender Sanktionen des Strafrechts. Eine vergleichende Untersuchung zur Rechtslage und Strafvollstreckungspraxis in der Bundesrepublik Deutschland und den USA. 1988.

Band 24 Klaus Lüderssen/Cornelius Nestler-Tremel/Ewa Weigend(Hrsg.): Modernes Strafrecht und ultima-ratio-Prinzip. 1990.

Band 25 Jürgen Taschke: Die behördliche Zurückhaltung von Beweismitteln im Strafprozeß. 1989.

Band 26 Daniela Westphalen: Karl Binding (1841-1920). Materialien zur Biographie eines Strafrechtsgelehrten. 1989.

Band 27 Sigrid Jans: Die Aushöhlung des Klageerzwingungsverfahrens. 1990.

Band 28 Dimitris Spirakos: Folter als Problem des Strafrechts. Kriminologische, kriminalsoziologische und (straf-)rechtsdogmatische Aspekte unter besonderer Berücksichtigung der Folterschutzkonvention und der Pönalisierung der Folter in Griechenland. 1990.

Band 29 Stephan Moll: Strafrechtliche Aspekte der Behandlung Opiatabhängiger mit Methadon und Codein. 1990.

Band 30 Stefan Werner: Wirtschaftsordnung und Wirtschaftsstrafrecht im Nationalsozialismus. 1991.

Band 31 Xanthi Bassakou: Beiträge zur Analyse und Reform des Absehens von Strafe nach § 60 StGB. 1991.

Band 32 Rainer Runte: Die Veränderung von Rechtfertigungsgründen durch Rechtsprechung und Lehre. Moderne Strafrechtsdogmatik zwischen Rechtsstaatsprinzip und Kriminalpolitik. 1991.

Band 33 Olaf Hohmann: Das Rechtsgut der Umweltdelikte. Grenzen des strafrechtlichen Umweltschutzes. 1991.

Band 34 Klaus Jochen Müller: Das Strafbefehlsverfahren (§§ 407 ff. StPO). Eine dogmatisch-kriminalpolitische Studie zu dieser Form des schriftlichen Verfahrens unter besonderer Berücksichtigung der geschichtlichen Entwicklung – zugleich ein Beitrag zum StVÄG 1987. 1993

Band 35 Sang-Don Yi: Wortlautgrenze, Intersubjektivität und Kontexteinbettung. Das strafrechtliche Analogieverbot. 1991.

Band 36 Birgit Malsack: Die Stellung der Verteidigung im reformierten Strafprozeß. Eine rechtshistorische Studie anhand der Schriften von C. J. A. Mittermaier. 1992.

Band 37 Rüdiger Schäfer: Die Privilegierung des "freiwillig-positiven" Verhaltens des Delinquenten nach formell vollendeter Straftat. Zugleich ein Beitrag zum Grundgedanken des Rücktritts vom Versuch und zu den Straftheorien. 1992.

Band 38 Cornelius Nestler-Tremel: AIDS und Strafzumessung. 1992.

Band 39 Christine Gutmann: Freiwilligkeit und (Sozio-)Therapie – notwendige Verknüpfung oder Widerspruch? 1993.

Band 40 Walter Kargl: Der strafrechtliche Vorsatz auf der Basis der kognitiven Handlungstheorie. 1993.

Band 41 Jürgen Rath: Zur strafrechtlichen Behandlung der aberratio ictus und des error in objecto des Täters. 1993.

Band 42 Martin Fischer: Wille und Wirksamkeit. Eine Untersuchung zum Problem des *dolus alternativus*. 1993.

Band 43 Regina Harzer: Der Naturzustand als Denkfigur moderner praktischer Vernunft. Zugleich ein Beitrag zur Staats- und Rechtsphilosophie von Hobbes und Kant. 1994.

Band 44 Helmut Pollähne: Lockerungen im Maßregelvollzug. Eine Untersuchung am Beispiel der Anwendung des nordrhein-westfälischen Maßregelvollzugsgesetzes im Westfälischen Zentrum für Forensische Psychiatrie (Lippstadt). 1994.

Band 45 Hans-Joachim Leonhardt: Rechtsmittelermessen der Staatsanwaltschaft. Eine Gegenüberstellung von § 296 StPO mit Nummern 147 und 148 Richtlinien für das Strafverfahren und das Bußgeldverfahren (RiStBV). 1994.

Band 46 Rolf Grünebaum: Zur Strafbarkeit des Therapeuten im Maßregelvollzug bei fehlgeschlagenen Lockerungen. 1996.

Band 47 Barbara Bialas: Promille-Grenzen, Vorsatz und Fahrlässigkeit. 1996.

Band 48 Christine Pott: Die Außerkraftsetzung der Legalität durch das Opportunitätsdenken in den Vorschriften der §§ 154, 154a StPO. Zugleich ein Beitrag zu einer kritischen Strafverfahrensrechtstheorie. 1996.

Band 49 Wolfgang Köberer: *Iudex non calculat*. Über die Unmöglichkeit, Strafzumessung sozialwissenschaftlich-mathematisch zu rationalisieren. 1996.

Band 50 Institut für Kriminalwissenschaften Frankfurt a.M. (Hrsg.): Vom unmöglichen Zustand des Strafrechts. 1995.

Band 51 Petra Kamberger: Treu und Glauben (§ 242 BGB) als Garantenstellung im Strafrecht? 1996.

Band 52 Anastassios Triantafyllou: Das Delikt der gefährlichen Körperverletzung (§ 223a StGB) als Gefährdungsdelikt. (Zugleich ein Beitrag zur Dogmatik der Gefährdungsdelikte). 1996.

Band 53 Norbert Kissel: Aufrufe zum Ungehorsam und § 111 StGB. Grundrechtlicher Einfluß bei der Feststellung strafbaren Unrechts. 1996.

Band 54 Susanne Ehret: Franz von Liszt und das Gesetzlichkeitsprinzip. Zugleich ein Beitrag wider die Gleichsetzung von Magna-charta-Formel und Nullum-crimen-Grundsatz. 1996.

Band 55 Stefan Braum: Geschichte der Revision im Strafverfahren von 1877 bis zur Gegenwart. Zugleich eine Kritik der Kontinuität politischer Macht im Recht. 1996.

Band 56 Katja Diel: Das Regreßverbot als allgemeine Tatbestandsgrenze im Strafrecht. 1997.

Band 57 Christoph Koller: Die Staatsanwaltschaft – Organ der Judikative oder Exekutivbehörde? Die Stellung der Anklagebehörde und die Gewaltenteilung des Grundgesetzes. 1997.

Band 58 Frank Schößler: Anerkennung und Beleidigung. Rechtsgut und Strafzweck des § 185 StGB. 1997.

Band 59 Regina Engelstädter: Der Begriff des Unfallbeteiligten in § 142 Abs. 4 StGB. Zugleich eine Kritik an aktuellen Zurechnungslehren. 1997.

Band 60 Jörg Reinhardt: Der Ausschluß und die Ablehnung des befangen erscheinenden Staatsanwaltes. 1997.

Band 61 Jens Christian Müller-Tuckfeld: Integrationsprävention. Studien zu einer Theorie der gesellschaftlichen Funktion des Strafrechts. 1998.

Band 62 Peter Maria Rohe: Verdeckte Informationsgewinnung mit technischen Hilfsmitteln zur Bekämpfung der Organisierten Kriminalität. Zugleich eine rechtsvergleichende Analyse der polizeilichen Abhörbefugnisse in den U.S.A. 1998.

Band 63 Dirk Fabricius: Was ein Lehrbuch lehrt ... Eine exemplarische Untersuchung von Jakobs *Strafrecht – Allgemeiner Teil*. 1998.

Band 64 Stefan Sinner: Der Vertragsgedanke im Strafprozeßrecht. 1999.

Band 65 Sebastian Schattenfroh: Die Staatsphilosophie Giovanni Gentiles und die Versuche ihrer Verwirklichung im faschistischen Italien. 1999.

Band 66 Athanassia Dionyssopoulou: Der Tatbestand der Geldwäsche. Eine Analyse der dogmatischen Grundlagen des § 261 StGB. 1999.

Band 67 Klaus von Lampe: *Organized Crime*. Begriff und Theorie organisierter Kriminalität in den USA. 1999.

Band 68 Christian Hanssen: "Trennung der Märkte". Rechtsdogmatische und rechtspolitische Probleme einer Liberalisierung des Drogenstrafrechts. 1999.

Band 69 Institut für Kriminalwissenschaften und Rechtsphilosophie Frankfurt a.M. (Hrsg.): *Irrwege der Strafgesetzgebung*. 1999.

Band 70 Konstantinos Chatzikostas: Die Disponibilität des Rechtsgutes Leben in ihrer Bedeutung für die Probleme von Suizid und Euthanasie. 2000.

Band 71 Bettina Wirmer-Donos: Die Strafrechtstheorie Karl Christian Friedrich Krauses als theoretische Grundlage des spanischen Korrektionalismus. 2001.

Band 72 Christine Löw: Die Erkundigungspflicht beim Verbotsirrtum nach § 17 StGB. 2001.

Band 73 Florian Ufer: Der Verwertungswiderspruch in Theorie und Praxis. Prozessuale Obliegenheiten des Verteidigers und ihre Bedeutung für die Rechtsposition des Beschuldigten. 2002.

Band 74 Katja Melzer: Psychisch kranke Straftäterinnen. Frauen im Maßregelvollzug. 2001.

Band 75 Gregor Kuntze-Kaufhold: Lebenswelt und Unparteilichkeit. Kriterien für eine Rechtsanwendungslehre am Beispiel der Analyse von fünf Hauptverhandlungen in Strafverfahren. 2002.

Band 76 Iris Kristina Passek: Die erstinstanzliche Zuständigkeit der Oberlandesgerichte in Staatsschutzstrafsachen. Historische Entwicklung und aktuelle Probleme. 2002.

Band 77 Michael Krebs: Die Weisungsgebundenheit des Staatsanwalts unter besonderer Berücksichtigung des rechtstatsächlichen Aspekts. 2002.

Band 78 Kerstin Degenhardt: Europol und Strafprozeß. Die Europäisierung des Ermittlungsverfahrens. 2003.

Band 79 Domenico Siciliano: Das Leben des fliehenden Diebes: Ein strafrechtliches Politikum. 2003.

Band 80 Marc Colussi: Produzentenkriminalität und strafrechtliche Verantwortung. 2003.

Band 81 Thilo Lars Hild: Grenzen einer strafrechtlichen Regulierung des Kapitalmarktes. Eine kriminalrechtliche Untersuchung von Börsengängen und Aktienhandel in Deutschland und den USA. 2004.

Band 82 Philipp Rau: Schweigen als Indiz der Schuld. Ein Vergleich des deutschen und englischen Rechts zur Würdigung des Schweigens des Beschuldigten. 2004.

Band 83 Alexandra Pfeiffer: Die Regelung der Lebendorganspende im Transplantationsgesetz. 2004.

Band 84 Elena Fischer: Recht auf Sterben?! Ein Beitrag zur Reformdiskussion der Sterbehilfe in Deutschland unter besonderer Berücksichtigung der Frage nach der Übertragbarkeit des Holländischen Modells der Sterbehilfe in das deutsche Recht. 2004.

Band 85 Jörg Ziethen: Grundlagen probabilistischer Zurechnung im Strafrecht. 2004.

Band 86 Stefanie Schork: Ausgesprochen schuldig. Dogmatische und metadogmatische Untersuchungen zum Schuldspruch. 2005.

Band 87 Claudia Schubert: Verbotene Worte? Versuch einer Neubestimmung im Umgang mit rassistischen Äußerungen jenseits des Strafrechts. 2005.

Band 88 Ulfrid Neumann / Cornelius Prittwitz (Hrsg.): Kritik und Rechtfertigung des Strafrechts. 2005.

Band 89 Denis Basak: Die Zuständigkeitsregeln internationaler Strafgerichte und Art. 101 GG. Zum Verhältnis der deutschen Strafgerichtsbarkeit zu den Internationalen Tribunalen für Jugoslawien und Ruanda sowie zum Ständigen Internationalen Strafgerichtshof. 2005.

Band 90 Hsiao-Wen Wang: Der universale Strafanspruch des nationalen Staates. Eine Untersuchung über das Weltrechtsprinzip im Internationalen Strafrecht. 2005.

Band 91 Leonie Frenz: Faktizität des Rechts in der forensischen Psychiatrie. Eine Untersuchung im LKH Moringen. 2005.

Band 92 Eva-Maria Unger: Schutzlos ausgeliefert? Der Europäische Haftbefehl. Ein Beispiel für die Missachtung europäischer Bürgerrechte. 2005.

Band 93 Marcus Bastelberger: Die Legitimität des Strafrechts und der *moralische Staat*. Utilitaristische und retributivistische Strafrechtsbegründung und die rechtliche Verfassung der Freiheit. 2006.

Band 94 Marc Reiß: Rechtliche Aspekte der Präimplantationsdiagnostik. Unter besonderer Berücksichtigung der Rechte der von einem Verbot betroffenen Paare. 2006.

Band 95 Alexander Kolz: Einwilligung und Richtervorbehalt. 2006.

Band 96 Vasco Reuss: Eine Kritik der juristischen Vernunft. Rezeptionsversuche der Negativen Dialektik Adornos für die Dogmatik des Strafrechts. 2007.

Band 97 Lutz Eidam: Die strafprozessuale Selbstbelastungsfreiheit am Beginn des 21. Jahrhunderts. 2007.

Band 98 Christiane Rüdiger: Schutzinteresse und Deliktsstruktur der „Bestechungsdelikte" (§§ 331 ff. StGB). 2007.

Band 99 Urte Eisenhardt: Das nemo tenetur-Prinzip: Grenze körperlicher Untersuchungen beim Beschuldigten. Am Beispiel des § 81a StPO. 2007.

Band 100 Institut für Kriminalwissenschaften und Rechtsphilosophie Frankfurt a. M. (Hrsg.): Jenseits des rechtsstaatlichen Strafrechts. 2007.

Alexander Kolz

Einwilligung und Richtervorbehalt

Frankfurt am Main, Berlin, Bern, Bruxelles, New York, Oxford, Wien, 2006.
189 S.
Frankfurter kriminalwissenschaftliche Studien.
Verantwortlicher Herausgeber: Winfried Hassemer. Bd. 95
ISBN 3-631-55271-8 · br. € 39.–*

Die Arbeit setzt die Institutionen Einwilligung und Richtervorbehalt in Zusammenhang. Dies geschieht am Beispiel ihres Zusammentreffens bei der molekulargenetischen Untersuchung und Speicherung der Gendaten gemäß § 81 g StPO. Es wird zunächst untersucht, unter welchen Voraussetzungen überhaupt eine Einwilligung als Legitimationsgrundlage staatlicher Eingriffe dienen kann. Hierbei wird auch Stellung zu der Frage bezogen, inwieweit der Staat den Einzelnen paternalistisch vor seinen eigenen Entscheidungen schützen kann. Sodann wird der Richtervorbehalt angesichts der gewonnenen Ergebnisse auf seine (individuellen oder auch überindividuellen?) Funktionen untersucht. Schließlich kommt es zu der Beantwortung der Frage, ob die Einwilligung den Richtervorbehalt bei § 81 g StPO ersetzen kann.

Aus dem Inhalt: Verhältnis von Einwilligung und Richtervorbehalt: Ersetzt die Einwilligung den Richtervorbehalt? · Untersuchung bei § 81 g StPO: Ist die richterliche Genehmigung trotz Einwilligung erforderlich? · Paternalismus vs Entscheidungsfreiheit · Komplette Streichung des Richtervorbehaltes bei 81 g StPO möglich?

Kolibri 360 GmbH
Ferdinand-Jühlke-Straße 7
99095 Erfurt, Deutschland
produktsicherheit@kolibri360.de

Druck:
CPI Druckdienstleistungen GmbH
im Auftrag der
Kolibri 360 GmbH
Ferdinand-Jühlke-Str. 7
99095 Erfurt